加拿大前沿著作翻译丛书

总主编 唐小松

"Race" and Ethnicity in Canada:
a critical introduction

加拿大"种族"与族群：
批判性导论

[加]维克·萨茨维奇　尼古劳斯·里达吉斯　著

郑春生　余洁　宋晏　译

天津出版传媒集团

天津人民出版社

图书在版编目（CIP）数据

加拿大"种族"与族群：批判性导论 / （加）维克
·萨茨维奇，（加）尼古劳斯·里达吉斯著；郑春生，余
洁，宋晏译. -- 天津：天津人民出版社，2021.4
（加拿大前沿著作翻译丛书 / 唐小松总主编）
书名原文："Race" and Ethnicity in Canada：a
critical introduction(Third Edition)
ISBN 978-7-201-17205-7

Ⅰ. ①加… Ⅱ. ①维… ②尼… ③郑… ④余… ⑤宋
… Ⅲ. ①种族主义—研究—加拿大 Ⅳ. ①D771.162

中国版本图书馆 CIP 数据核字(2021)第 061474 号

" '*Race*' and Ethnicity in Canada：a critical introduction(*Third Edition*) was originally pub-
lished in English in 2013. This translation is published by arrangement with Oxford University
Press. Tianjin People's Publishing House is solely responsible for this translation from the origi-
nal work and Oxford University Press shall have no liability for any errors, omissions or inaccu-
racies or ambiguities in such translation or for any losses caused by reliance thereon. "
天津市版权局著作权合同登记:图字 02 - 2021 - 027 号

加拿大"种族"与族群:批判性导论
JIANADA ZHONGZU YU ZUQUN PIPANXING DAOLUN

出　　版	天津人民出版社
出 版 人	刘　庆
地　　址	天津市和平区西康路 35 号康岳大厦
邮政编码	300051
邮购电话	(022)23332469
电子信箱	reader@tjrmcbs.com
策划编辑	王　康
责任编辑	王　玎
封面设计	汤　磊
印　　刷	天津新华印务有限公司
经　　销	新华书店
开　　本	710 毫米 × 1000 毫米　1/16
印　　张	24.25
插　　页	2
字　　数	340 千字
版次印次	2021 年 4 月第 1 版　2021 年 4 月第 1 次印刷
定　　价	98.00 元

谨献给迪米特拉和扬尼斯

尼古劳斯·里达吉斯

谨献给永远的老朋友杰克和露西

维克·萨茨维奇

Library and Archives Canada Cataloguing in Publication
Satzewich, Vic, 1961 –
"Race" and ethnicity in Canada : a critical introduction / Vic Satzewich
& Nikolaos Liodakis. -- 3rd ed.
(Themes in Canadian sociology)
Previous title: Race & ethnicity in Canada.
Includes bibliographical references and index.
ISBN 978-0-19-544901-3

"加拿大前沿著作翻译丛书"编辑委员会

总　序

　　"加拿大前沿著作翻译丛书"由广东外语外贸大学加拿大研究中心组织翻译。这是国内首套系统研究加拿大国情的丛书，将为国际问题等领域的研究学者提供重要参考，也为关注和想要了解加拿大的读者开启一扇窗口。

　　加拿大位于北美洲最北端，领土面积位居世界第二，是八国集团、20国集团、北约、联合国、法语国家组织、世界贸易组织等国际组织的成员国，加拿大元是世界上七大流通货币之一。加拿大是最早与我国建交的西方国家之一，中加合作已经并将继续为两国人民带来实实在在的利益。

　　只有进一步加深两国之间的相互了解和认识，才能最大程度地实现互惠共赢。但是目前国内系统研究加拿大的著作和译作非常少。经加拿大研究相关专家推荐，我们选取了一系列时效性强、学术价值高、在该领域具有代表性的著作引进版权并进行翻译。本丛书涵盖加拿大政党政治、对外政策、国家安全战略、社会与文化、民族种族等重要领域，旨在为国内加拿大研究提供重要参考书目。

　　广东外语外贸大学加拿大研究中心是教育部全国42家国别和区域研究培育基地之一，较早专门从事加拿大教学与研究工作，2015年开始招收硕士研究生。本丛书翻译团队成员主修英语专业，具有扎实的国际问题专业知识、严谨的治学态度和高度的责任心，力求翻译准确。但由于参考资料有限,尤其是专有名词缺乏对应的中文表达,难免会出现一些偏差。不当之处,请各位读者指正。

本丛书的翻译出版,得到了相关加拿大研究专家及原著作者的关注,也得到天津人民出版社总编辑王康的大力支持,在此表示诚挚谢意!同时,也对多年来一直支持和关心广东外语外贸大学加拿大研究中心发展的各界人士,表示衷心的感谢!

此外,本书为广东外语外贸大学学术精品翻译资助项目。广东女子职业技术学院胡安娜老师对本书提出了宝贵的修改意见,特致谢忱!

是为序。

唐小松

广东外语外贸大学加拿大研究中心主任、教授、博导

于 2021 年 2 月

目录

Contents

前　言

　　对移民学生来说，会面临原住民/非原住民关系和更复杂的"种族"和族群关系，加拿大就像个社会大花园。这个国家有着异常丰富和复杂的环境来验证一些跟当地人/移居者关系的关键问题；人们为什么移民，他们怎么融入社会，他们如何保持自身文化和身份的某些方面，以及种族主义、歧视和多元文化主义如何产生作用。加拿大的研究如此令人感兴趣的部分原因是移民和"种族"的方式拒绝简单描述和解释。此外，还存在很多看起来自相矛盾的悖论。

　　为了给自己以及下一代更好的生活，世界各地有很多人对移民加拿大乐此不疲。每年加拿大允许25万人移民到本国，这使得获取加拿大居民身份相对来说比较容易。如果你在加拿大居住满三年，通过一门多选题考试，你就能得到加拿大护照，获得大选投票权，拥有跟出生在加拿大或者祖先几百年前就来到加拿大的人一样的权利。但是尽管加拿大需要也渴求永久移民，成千上万外国劳动者只是临时被允许在加拿大生活工作，并没有基本的公民权利。换句话说，加拿大需要并渴求移民，但同时，有些人被认为只适合在加拿大工作，并不适合留下来组建家庭、追求"加拿大梦"。是什么使个人成为良好移民？又是什么使个人成为是好的劳动者，而不是优质的潜在的未来的加拿大公民？

从经济角度看，有些移民非常成功。弗兰克·斯特罗纳克（Frank Stronach）来到加拿大时，只是个身无分文的年轻匈牙利移民，但随后他建立了世界上最大的汽车零部件帝国。牙买加移民后代李秦（Michael Lee Chin），是加拿大最大的财富管理基金首席执行官。虽然有些人会说这些例子只不过是霍瑞修·爱尔杰（Horatio Alger）笔下的个例，跟大部分来到加拿大的移民没什么关系。但它确实说明很多移民和他们的后代都收入不菲，从事商业，经营公司，成为受人尊敬的专业人士，住在装潢华丽的房子里，过着大部分人都会羡慕的生活。他们移民到加拿大的梦想得到了实现。但与此同时，也有一部分移民在加拿大生活潦倒。他们来了之后，生活每况愈下，一生困顿、失业，要不就是干着洗厕所、洗碗这样的粗重活。那些在海外接受过专业教育的医生、律师、护士和工程师，因为棘手的从业执照要求或"加拿大工作经验"的要求，也不能从事相关职业工作，这并不是都市传说。在加拿大过上好生活，可能对他们的小孩来说更现实。

从不同国家移民来的加拿大人通常相处融洽。尽管把加拿大归为一个欢迎和包容多样性的多文化社会是种陈词滥调，但和其他国家比，不同背景的加拿大人通常不会仅仅因为他们不喜欢某人的肤色或者来自哪个国家，而时不时伤害或者杀害其他人。我们鼓励不同种族加拿大人赞美并保留他们的身份、文化和宗教。在过去的三十年里，跨种族结婚率一直在增长。很多城市有着不同文化的节日，那些所谓的族群餐馆也并不只招待本族群成员——他们的客人多种多样。有人说这些现象只是包容性和多样性的表面指标，更像是族群的象征性反映，但事实确实是加拿大并不存在大规模的族群、"种族"或宗教暴力。

然而我们也有种族主义和种族歧视的案例。事实上，好像我们越赞美多样性和平等，对加拿大社会种族主义的指控也越来越多，加拿大许多机构都被指控过存在种族主义。有些加拿大人，包括那些在权威机构的人（比如警察）对某些宗教团体和民族团体（ethnocultural communities）的加拿大和加拿大人的价值观持严重怀疑态度。祖国的政治和争端有时会给在加拿大的他们带来悲剧后果。1985 年印度航空公司爆炸事件就被认为跟锡克寻求国家独立有关。

我们很多国家象征和美好的文化艺术品都源于原住民文化。哈德逊湾公司和 2010 年加拿大奥林匹克代表队采用——有人会说挪用——科维昌式厚毛衣作为温哥华奥林匹克运动会的官方服装。许多加拿大人喜欢划船，他们认为这是种出行方式，也是接近大自然的方式。还有我们奇特的国家象征——海狸，在某种程度上也是在称颂 17—18 世纪皮毛贸易期间，早期欧洲人和印第安人之间复杂的经济和文化交往。但是印第安人的对峙、封锁，对未许可的游行示威和土地掠夺在加拿大太普遍了。正如我们在 1995 年安大略省伊佩沃什省立公园（Ipperwash Provincial Park）发生的达德利·乔治（Dudley George）枪击案中所见，这些对峙并不总是有个愉快的结局。

本书的目的是帮助学生分析理解一些复杂又矛盾的移民方式，原住民/非原住民关系，以及加拿大"种族"和族群关系。这些方式，正如本书所体现的，充满了讽刺，自相矛盾，剑拔弩张。在本书中，我们立足多元主义理论和方法论，鼓励学生批判性思考，不要把媒体或其他学者，甚至是我们所说的一些论断作为理所当然的事实。本书并不试图评价、总结和综合该领域学者和实践者提出的海量知识，而是提出对这一领域至关重要的诸多问题的主要方法和解释。

第一章讨论"种族"和族群关系领域一些关键概念。概念很重要，因为它们帮助定义我们的研究主体。我们需要它们来充当理解并跟其他问题建立联系的基石。

第二章延伸第一章中的讨论，探讨研究"种族"和族群的诸多理论方法。像社会生物学、政治经济学和批判"种族"理论，这些都为我们解释一些事件提供了视角。

第三章我们探讨了一些当代移民方式、法英关系、"种族"和族群关系以及原住民/非原住民关系的历史问题。我们并非持历史决定论，认为历史解释一切的拥趸，我们认为，为了理解像土地主权争端和加拿大移民体系是种族主义者这样的论断,必须了解过去。

第四章讨论的问题跟当代移民体系有关。本章思考为什么加拿大存在移民,也讨论不同移民分类的诸多争议。这些问题包括但不限于:家庭移民是否消耗了加拿大经济?新的第三世界国家安全规则是否使难民面临风险?商务移民项目对加拿大的社会影响是什么?

第五章讨论移民、非移民和"种族"以及族群群体之间的经济不平等问题。尽管证据表明加拿大的垂直马赛克被重塑了,但我们提出另一个角度来理解不平等。我们认为,社会科学家们也需要在基本的族群和"种族"分类下学习内在的阶级和性别差异。

第六章我们检视了多样性、多元文化主义和跨文化主义的问题。我们对加拿大联邦政府的多元文化主义政策开展了广泛又辩证的讨论后认为,多元文化主义政策是加拿大人最喜爱的替罪羊,有些人称它极力鼓励多样性,也有人称它并没有真正确保多样性的发展。我们还探讨了魁北克省的跨文化主义政策,在该省的有些紧张局势源于"合理适应"的问题。

第七章关注种族主义的问题。我们回顾了一些加拿大社会中关于种族主义的争议和案例。我们质疑种族主义是否只是"仅限白人"的现象,同时我们也质疑在许多西方社会是否存在"新形式种族主义"的这种说法。该章案例及制度化种族主义、反犹太主义/种族主义案件,以及学校是否把黑人和其他少数群体置于不利地位。

第八章我们把注意力转到了当代原住民/非原住民关系上。

最后在第九章,我们讨论了研究移民和族群关系的两种新路径。这一章我们引入了"离散"和"跨国"的概念,并对它们进行了解释和批判。该章会涉及研究者对社区的定义,即跨种族还是离散。这两个概念对于理解移民方式和"种族"族群关系非常有帮助。

第一章　族群和"种族"的概念

学习目标

◎族群和"种族"这两个词的内涵从历史角度来说非常具体。比如说对于不同时期生活在不同地方、各式各样的人来说,这两个词就意味着不同的含义。

◎族群和"种族"是社会群体形成的重要基础。历史上它们曾构成了人们或真实或虚构的团体。

◎族群和"种族"相互联系,两者都是社会关系,因此他们体现了个人或群体的生活经历,是出现社会不公的重点维度。

◎族群通常与人们的文化特点密不可分,最典型的比如说习俗、信仰、观念、道德观、语言、历史、民间传说或者其他凝聚群体,并使群体各自区分开来的标志。

◎"种族"是基于成员的生理特征来划分群体的非理性方式。"种族"分类植根于 19 世纪西方的伪科学,启蒙运动又从意识形态上给予了它支持和正名。殖民、剥削和奴隶制导致了非西方人几个世纪的物质奴役。

◎自我和他人的构建被主导群体用来划分和维持群体边界,重现排斥下级群体的过程。

◎身份在机构内得以产生和维系。组织完整度(Institutional Completeness)衡量的是族群经由成员和为了成员而形成机构的程度。

◎人口统计是一次简单计算人口的政治行为——并非无缘无故或不偏不倚,人们对它看法不一。政府在定义、认可、制裁和重塑族群和"种群"时,人口统计发挥着重要作用。

第一节 引言

2012 年 1 月 30 日在加拿大安大略省京士顿,安大略最高法院法官罗伯特·马兰杰(Robert Maranger)判处穆罕默德·沙非(Mohammad Shafia)、其第二个妻子也耶(Tooba Mohammad Yahya Shafia)及二人儿子哈密(Hamed Mohammad Shafia)无期徒刑。三人被控于 2009 年 6 月 20 日杀害沙非夫妇三名未成年女儿:西纳(Zainab Shafa)、萨哈尔(Shahar Shafa)和姬蒂(Geeti Shafa)以及沙非第一个妻子罗娜(Rona Amir Mohammad)。三名被告均被判一级谋杀罪。

这次审判受到广泛关注,因为许多人认为它是一次"荣誉谋杀"(honour killing)。马兰杰法官向被告宣读判决并称:"本次残酷无情、毫无人道的谋杀背后,一个显而易见的原因是四名受害者违背了你们对荣誉扭曲的定义。这个定义建立在对女性的统治和控制之上,在任何开化的社会,这种病态的定义绝无容身之处。"(Blatchford,2012:A2)公诉人的论点是被告"完全沉溺于荣誉和女性贞洁"。审判过程中,起诉表明沙非是沙非家族的家长,他伙同第二任妻子及两人儿子,计划并实施了"卑劣的荣誉谋杀史上最骇人听闻"的谋杀案之一。

1992 年,沙非家族离开阿富汗,前往巴基斯坦。随后迁往澳大利亚,又辗转至阿联酋。据悉,穆罕默德·沙非靠房地产在迪拜身家暴涨。通过魁北克省的商业移民项目(business immigrant program),沙非家族来到了加拿大,并于 2007 年定居蒙特利尔。沙非此前与罗娜结为夫妻,但据说后者不能生育,因此沙非娶了第二任妻子也耶(也就是重婚)。沙非与也耶育有三个女儿。沙非的第一任妻子罗娜,即受害者之一,后来通过数次访问签证,假扮沙非家族的女眷,来到了蒙特利尔。但她作为穆罕默德·沙非第一任妻子的真实身份并未向移民当局透露。起诉称沙非家族所犯谋杀案背后的动机,是其腐朽的家族荣誉感作祟。这种荣誉感在沙非家族三个女儿都接受了西方的穿着、态度、价值观以及交男朋友后引爆,大概是与沙非家族一直遵循的阿富汗和/或伊斯兰教什叶派习俗(Afghan and/or Shiite Islamic customs)相悖。显而易见,沙非是个非常严厉、独断专行又固执己见的父亲,他并不认可女儿们的行为。警方搜集到了沙非家族谋划并实施谋杀行为的证据:沙非几人将他/她们乘坐的车推入京士顿运河,致使她们全部溺亡。目击证人称沙非曾因为女儿们的举止,训斥她们是"骗子"和"下贱的人"。谋杀发生后,警方的窃听器提供了进一步线索,将案件指向荣誉谋杀。在窃听录音中,沙非说了些和案件有关的话,比如"神诅咒他们的后代,他们是下贱堕落的人","让她们跟男朋友一起下地狱去吧,让他们永不翻身",以及"即使他们把我吊在绞架上,也没有什么比我的荣誉更重要"。

加拿大此前曾发生过类似审判,从族群(ethnic)或者"种族"(racial)角度切入后,也几乎成为同沙非案一样轰动的事件。此次审判提出了关于"加拿大现状"的重要问题。和预期的一样,保守评论和大众媒体很快指出沙非家族的外族背景和宗教信仰。此外,还掀起了关于加拿大移民政策、文化和宗教在族群身份、多重配偶制、父权制形成中的角色及女性人权和自由的讨论。加拿大的多元文化主义与加拿大价值观念、身份和文化的"腐蚀"可能有关,它鼓励移民不用适应和向加拿大规范同化。同时,许多信奉伊斯兰教的加拿大人和伊斯兰教组织加入了这场辩论,否认荣誉谋杀与伊斯兰教有关,并认为这场谋杀所反映的对待妇女的态度并不仅仅局限于沙非家族。比如说,加拿大伊斯兰最高委员会称"这些罪行在伊斯兰教看来是重罪,会受到法律和阿拉的惩罚"。委员会还发布了一项教敕(Fatwa,一种宗教道德法令)反对荣誉谋杀。位于渥太华的阿富汗驻加拿大大使馆谴责了荣誉谋杀,声明该行为是"违背人性的暴行",在阿富汗宪法和司法系统中是不能容忍的。另外,声明还称"这种罪行,既不属于阿富汗文化,又不属于伊斯兰教文化,从任何角度来说都不可接受。对人类的暴行,尤其是对无辜女性,没有一点荣誉可言"(Chung,2012)。有些人则辩解称此案就是荣誉谋杀。跟2007年12月阿克莎·巴维(Aksa Parvez)被其父杀害案相似,一些评论员认为,沙非谋杀案应当被视作对妇女施加暴行的另一种形式,并且这种暴行在众多团体以多种形式存在。这么做影响就在于称其荣誉谋杀,就带上了种族主义色彩,成了加拿大人反移民、反穆斯林的表达方式之一。

你认为这种骇人听闻的罪行为什么会发生?它有可能被阻止吗?与沙非家族打交道的社工早就意识到专横父亲与女儿们之间的矛盾,看起来似乎曾有机会帮助沙非的女儿们避免被害的惨剧。她们学校的老师们也都知情。这些社工和教育者是否应该多接受关于文化差异的教育,从而使他们能够辨认出潜在的针对女性的暴力、采取保护措施?这次案件是否会给某些团体打上烙印,人们会猜想,通常也确实如此,既然群体内所有成员有着同样的信仰和价值观,那么他们的行为一定相同?你认为荣誉谋杀与民族起源或文化有关吗?本案事实上是否就是一次荣誉谋杀,抑或如果不再强调本案显而易见的文化或者宗教角度,而把它看成对女性施暴的延伸问题,是否会更有效?这些都是棘手的问题。社会科学家试图通过简化一些概念,对分析中使用的术语下定义来回答这些复杂的问题。

本章我们先了解"族群"和"种族"的几层意思,然后了解其历史发展及当前用法。我们认为,族群和"种族"是社会群体形成的重要基础。从历史上来看,它们都决定了人类实际存在或想象中群体的形成。族群和"种族"是相互关联的概念。在我们看来,构建自我(Self)和他人(Other)的意识,对于理解"种族"和族群非常关键。我们进一步研究在族群组织(ethnic groups)中,身份如何产生和保留。组织完整度衡量的是族群在何种程度上由其成员组成以及为其成员形成组织的程度。最后,我们将人口统计视为一种统计人口和甄别群体的政治活动,并且我们认为政府在甄别和重现族群和种群时扮演着重要角色。

第二节　族群:历史起源及路径

　　不管是出于需要还是渴望,西方思想对于回答"我们是谁""我们与他们有什么不同"所做的努力,可以追溯到很早之前。今天,社会学家依据"自我"和"他人"的概念,也提出了这些问题。换言之,群体是如何理解和定义自身(自我),又是如何区分、定义和理解其他群体(他人)? 这个简单的区分对帮助我们理解"族群"和"种族"这两个术语的前世今生大有裨益。

　　"族群"这个术语,源于希腊词 ethnos,意思是"人",第一位希腊历史学家希罗多德(Herodotus)对族群交流进行了早期的描述。他的《历史》(Histories)一书中记载了希波战争(Persian wars),花了大量笔墨描写了许多不同族群的方方面面:它们的语言、信仰的神、习俗、"气质"、分布、与别的族群的交往,以及它们的历史、政治、社会分工和经济(Herodotus,Books Ⅰ - Ⅳ)。希罗多德还给族群下了个大致定义,这一定义不仅在当时适用于其他群体,今天也还有适用性。比如说希腊人,他承认虽然他们被地理因素和政治因素分隔开,但他们还是一个族群,因为他们有共同祖先、共同语言、共同信仰的神、神殿、祭祀节日、习俗、道德观念和生活方式,以及"共同的性格"(Herodotus,Books Ⅷ)。

　　对于这些族群差异,他解释为环境使然。也就是说,它们是历史和希腊人共有的自然环境的产物。但是这些差异并非"自我"和"他人"之间简单直观的差异。他经常把族群与可观察到的社会、精神,和行为特征联系起来。比如说,他的研究假设群体应当有一套等级制度。他把希腊人与野蛮人区分开来,但是他的等级制度从现代术语意义上来说,并不包含"种族"意义;它不以躯体差异为基础。相反,它基于对自由的理解。对希罗多德而言,希腊人是自由的,野蛮人却相反。前者身上有着预期的特征,这些特征(语言优雅、聪明、勇敢、敢于冒险、虔诚、整洁、受上天眷顾)常被认为优于野蛮人的特征(智力欠佳、打扮怪异、邋遢、粗俗、狡诈、目无神灵、茹毛饮血、吃生肉,等等)。

讨论族群相同点和不同点,将它们与道德、行为和智力特点联系起来,并试图从他们生活的环境来解释这些特点,希罗多德并非唯一一位这么做的历史学家。两千年之后,英国知名历史学家爱德华·吉本(Edward Gibbon)孜孜不倦研究了罗马帝国和拜占庭帝国,也对"种族"差异采用了环境论来解释。

自我与他人、文明与野蛮、优等与劣等这些二元概念是其他欧洲启蒙思想家思考的主要方面。许多人进一步探讨差异,提出导致差异的并非只有环境因素,还有一些更深层的东西,一些在不同人群基本性格中存在的东西。因为许多启蒙思想家观点相似,因此试举两例即可。约翰·洛克(John Locke)坚持起草卡罗来纳宪法,17世纪末在《政府论》(Two Treatises of Government)中他明确列出了战争合理以及俘获"黑人"奴隶的条件。他认为,皇家非洲公司(Royal Africa Company)的奴隶贩卖不啻战争,被俘获的黑奴丧失了生存权。按照他的认识论,理性就是"命名的基本属性"(nominal essential property),同样也是人类宪法的前提。在他眼中,有色人种缺乏理性。这给"黑人"不算人和奴隶制提供了依据;黑人被视为奴隶、牲口是无可厚非的。

法国著名哲学家、政治家伏尔泰(Voltaire),是欧洲倡导种族平等的杰出代表,也是多祖论(polygenism)的支持者。多祖论认为,人类由相互独立的群体发展演变而来。1734年,伏尔泰为反对人类同源说(monogenism),即人类演化自同一个人类群体,写道:"胡须茂盛的白人、毛发浓密的黑人、长发美髯的黄种人和须发稀疏的人并不是同一人种的后裔。……(白人)比黑人优越,黑人比猿猴优越,猿猴又比牡蛎优越……只有盲人才能怀疑白人,黑人和白化病人……是完全不同的种族。"(Voltaire, 1754, in Poliakov, 1974: 176)伏尔泰认为,可以观察到的群体生理特征源于种族差异。他认为不存在单一的人种。

上述简要讨论将漫长历史过程指向关系社会群体形成。在此基础上，根据人们的文化和/或身体特征，比如说优秀的或欠佳的智慧、道德或行为特点，又形成了团体。正如你所见，将自我描述为正面的、优越的、有文化的过程与将他人描述为负面的、劣等的、粗鄙的过程是辩证的，有联系的；对于"自我"优越性的定义几乎总是与"他人"的劣等性如影随形（Miles and Brown，2003：84－86）。

一、两种早期社会学方法

早期社会科学家在19世纪末20世纪初的著作中解释族群现象，与之前欧洲历史学家和哲学家们的方式有所不同。他们虽然也有自己的个人偏见。但他们似乎对不同群体人们的特征进行评估和排序不太感兴趣。他们对参与族群形成的社会进程方面的问题很感兴趣。

埃米尔·涂尔干（Émile Durkheim）使用集体意识作为身份形成的基本渠道。在他的《社会分工论》（The Division of Labour in Society，1964）一书中，他试图解释前现代社会凝聚力强的原因，并强调集体感或群体感超越个人感的重要性。社会团结是基于个人意识与集体意识的一致和服从。此外，成员之间的相似性或社会群体内部的一致性使得他们与别的成员（非本群体成员）区别开来，并倾向于本群体。涂尔干认为，人们的集体意识使他们"热爱祖国……互相友爱，在外国人中辨认出彼此"。这种"我们"与"他们"相对的感觉，在社会群体形成、重组和维系中非常重要。随着时间推移，它在群体成员（自我）和非群体成员（他人）之间划分和再现了清晰的界限。

群体形成与社会融入/排斥行为直接相关，反过来，这些行为在生产和分配重要稀缺资源，比如工资、社会地位和身份象征、经济和政治权力、平等、投票权和公民权、参与社会项目、人权、自决，以及自治活动时，具有重要作用。它们组成了决定社会回报和社会制裁的基础。

虽然关于族群的研究并不是马克斯·韦伯全部研究的(1864—1920)重心,但他却提出了对族群、部落和民族的界定。他对族群的定义在该领域之后进行的辩论中影响深远。他关于族群的定义与希罗多德的并无二致,他也没有太脱离环境论。在韦伯(1978)看来,共同的祖先、部落、文化(包括语言和其他符号)、宗教和民族(启蒙运动的产物)是决定是否为同一族群的决定因素。在区别(小)亲属关系和(大)族群时,韦伯写道:

> 我们应当把那些有着共同祖先,因为相似的生理类型或生活习俗或两者兼而有之,或因为殖民和移民的记忆而拥有同一种主观信仰的人类群体称之为"族群";这种信仰对群体形成的传播非常重要;相反地,客观血缘关系存在与否并不重要。族群成员关系与亲属团体的不同,正是在于族群成员是假定身份,并不是像后者一样具有具体社会行为的团体。(1978:389)

韦伯用术语"种族"表示基于等级制度和同族婚姻形成的拥有共同身份的群体。他认为,种族等级制度历史上就是描述社会群体的基础。风俗习惯以及其他可以看到的相同点和不同点,不管多么细微,可以作为喜欢欣赏或者排斥蔑视的潜在来源(Driedger,1996:5)。韦伯如是说:"几乎任何相似或相反的生理类型或者生活习惯,能造成群体之间存在亲密关系或者差异,从而相互吸引或者相互排斥。"(1978:386)文化差异既是象征性的,又是物质性的,随着时间推移不断产生和再产生,也形成了"种类意识"(consciousness of kind)建构的基础。

这些文化特点,反过来,可以作为垄断封闭倾向的(monopolistic closure)的出发点(Weber,1978:386)。垄断封闭,简单来说就是组织形成的过程和行为,通过这些过程和行为,群体内成员可以得到前文提过的稀缺资源,而非成员(群体外)则排除在外。前者垄断资源,后者被排除在外。社会界限由此形成。从这些微小但并非不重要的"小差异"中,就产生了垄断封闭。

文化差异可能变得明显,"因为之前地域相隔较远的或平和或好战的移民群体,习惯了别的生存方式"(Weber,1978:388)。

韦伯澄清道,这些差异可能确实很细微,但真正关键的,是渗透在差异中的信仰。在评论受工业化和殖民浪潮驱使,进行劳工大迁移人们的早期经历时,他建议:"即使文化差异是表面的,或者说实际上并不存在,移民生存的信仰却可能存在,如果有真实移民记忆,不管是殖民还是个人迁移,它还有能发展成群体的力量。以前生活方式的深远影响和对童年的回忆,让移民的故国情结不断酝酿,即使移民已经完全适应了新的国家,再也融入不进家乡。"(Weber,1978:388)

韦伯认为,部落(tribe)是族群的历史前身。部落的一个特点是,它是由亲属团体发展而来的。同一家族的人们一起生产和分享资源、保护彼此、生存、发动战争和进行移民,他们形成了共同历史记忆的基础,大部分是口耳相传的历史,还有"民族"的概念(德语词 volk)。韦伯还认为,这种多半假设而来的民族共同记忆隐隐暗示着,(群体成员内部)明显的共同情感必须源于共同祖先(Weber,1978:395)。

更进一步地说,"民族感"(volk-feeling)最终产生了国家的概念,于启蒙运动时期出现。随后,法国大革命期间,"民族-国家"(nation-state)的概念凸显出来。当时似乎有些激进的口号,呼吁基于民族成立国家。直到那时,大型政治实体才朝多族群和多国籍变化。罗马帝国、拜占庭帝国、奥斯曼帝国、中国、奥匈帝国和神圣罗马帝国全部是多族群帝国。国家的原始概念是基于共同语言之上的。韦伯建议:"在语言冲突时代,共有的语言首先被认为是国家的常见基础。"(Weber,1978:395)民族-国家这个术语俨然成了基于同种语言而成立的国家。如今,只有很少几个国家是单一语言的。然而在18、19 世纪的欧洲,推动民族国家成立的设想是这样的,民族群体变得足够大,由此产生成立国家的历史诉求,后延伸到要求成立自己独立的一个民族国家。

族群同国籍和国家之间有着千丝万缕的联系。但是韦伯和希罗多德一样,他对少数民族的定义也包括了宗教。宗教被视为意识形态系统的象征,是文化密不可分的一部分。就其本身而言,共同的宗教信仰是群体自我识别和团结的来源。宗教形成了群体价值、理念、习俗、道德和"世界观"的构建基础(Weltanschauung)。作为意识形态的一部分,宗教还有重要的实质影响。举个例子,韦伯认为如果没有对"新教伦理"(Protestant ethic)的全面研究,我们不可能理解资本主义的发展(Weber,1958)。

二、文化、族群和身份

基于这些早期研究,今天的许多社会学家对族群身份(ethnic identities)如何在几代人中获取和传递很感兴趣。文化可以被界定为一系列动态的社会过程和行为;它是构成社会的个人对于不断变化着的外部条件的集体反应;并非完全一致、静态、统一或同质的。重要的是最好要记住族群和文化之间的联系很薄弱。族群并不能等同于文化(Li,1988)。在个人、文化和族群或国家之间,不存在简单的一一对应。同化(assimilation),是指群体成员融入社会主流文化的过程(Isajiw,1999;inculturation,他将之称为文化适应,1999:170)。接下来的第二章我们会谈到,许多人猜测同化了的移民后代更享受向上层社会和经济流动。那么族群身份最开始又是如何获取的呢?个人,特别是当他们处于像加拿大这样多元文化的社会中时,通过哪些过程和做法,在哪个地方或社会空间获得了他们的族群身份?

伊芙琳·凯伦(Kallen,1995)曾经说过,族群身份包括主观(微观－个人)和客观(宏观－结构)因素。我们可以区分一下个人(individual)和集体族群身份(collective ethnic identity)。集体族群身份,指的是群体内某种共识的存在,这种共识是关于群体的本身构成和自身群体与其他群体的区别,而个人族群身份则指的是个人与族群集体的关系——也就是说,能够将个人区分开来的鲜明而广泛的族群特点(Kallen,1995:83－4)。族群身份被认为是影响个人或族群集体在族群历时维度和共时维度之间相互关系的产物。

族群历时维度(Diachronic dimensions of ethnicity)包括祖先、故土以及与我们的种族群体有关的文化。它们组成了我们族群身份的核心。同族婚姻(Endogamy)和文化濡化(enculturation)(学习本族文化)过程随着时间推移把种族群体成员显著性的文化从一代人传递给另一代人。另一方面,族群共时维度(Synchronic dimensions of ethnicity)指的是别人用来定义、评价和对待个人或者族群集体的方式。因为"种族"身份的历史维度、核心维度必须在任一指定地方长时间重现,族群外部人员共时社会构建族群身份时也或有出现,因此族群身份形成是一个相互的过程,会随着时间和地点不断变化。(1995:79 – 80)。

三、组织完整度

族群机构(Ethnic institutions),是指长久以来产生和维系族群身份的场所或社会空间。评价族群群体身份可以通过群体的表现力(expressive strength)、组织力(organizational strength)和辅助力(instrumental strength)进行确定(Kallen,1995:88 – 90)。表现力,指的是族群的民间习俗诸如音乐、服饰和舞蹈、价值判断、宗教信仰、语言使用、可观察的社会经济"成效",以及人口特点,比方说人口多少、同族婚姻(年龄比和性别比)潜力。此外,族群封闭(ethnic closure)也可能被视为群体表现力的一部分,举个例子,通过行为(规则、同族婚姻、隔离)或者意识形态(民族意识、群体成员标准、民族优越感)来"执行规则"和长时间维持族群边界(融入和排斥)的能力。组织力,指的是族群群体成立的实体机构,包括它们的范围和领域(省级、国家级、国际级,政治的、经济的、社会的、宗教的)、族群通信(纸媒和电子新闻媒体、网络等)和可靠的族群领导团体同它在关乎个人或群体权益的问题和/或对政府有经济需求时,动员群体的能力。辅助力,指的是群体的相对集体政治权力(大小、投票方式、政党成员关系、权力和当权者的位置),加拿大的族群领导团体与政治和经济权势的关系,还有群体共有经济资源。

理解和分析族群身份的关键在于厘清组织完整度的概念（Breton，1964；Weinfeld，2001）。它指的是在某个特定地点、特定时间的族群依靠其成员，为其成员形成组织的程度（Herberg，1989：208 - 9）。这些自发形成的组织和机构——不管是教育方面的、宗教方面的、经济方面的还是社会方面的，满足了族群群体成员的需求。有这样一种说法，"在民族社区里，众多机构和组织的出现，不仅在族群组织成员之间带来了社会生活，还延伸到社区中不是群体成员的个人，总而言之，它们给社区带来了社会生活"（Isajiw，1999：200）。

民族社区内大量组织的出现意味着族群群体高度的组织完整度。它们倾向于减少与非群体成员的"不必要"联系。一个族群组织完整度越高，它的成员就越有可能保持它们的族群身份。机构对于族群群体意识的发展不可或缺（Kallen，1995：86 - 7）。族群群体的第一代成员——就是那些出生在加拿大以外的人——致力于把他们的族群身份传递给后代。第二代加拿大人的父母至少有一位出生于加拿大以外。第三代加拿大人父母均出生在加拿大等。赖茨认为，第一代父母参加族群机构给后代们树立了社会化模范，这些后代可能抵触他们的族群背景或者易被主流文化同化。父母所在的族群组织或机构对有着主流文化背景的后代来说，可能是他们选择加入的待选项、补充项和平行项。比如说，虽然自认属于某一具体族群群体的个人会把他们的小孩送到公立学校，但他们可能还会把孩子们送到族群教育机构，学习本族语言、历史和文化。多伦多和蒙特利尔的犹太人、希腊人、亚美尼亚人和穆斯林日校就是为此服务的。

尽管族群内部成员会与大型加拿大银行开展银行业务，但他们也可能在他们自己的族群信用社（ethnic credit union）进行（比如说有一些波兰信用社、葡萄牙信用社、乌克兰信用社和其他族群信用社）。族群组织可能还会给未加入加拿大社会主流机构和组织的成员提供服务。比方说，很多族群社区有自己的社会服务组织，来照顾他们的青年、老人、新来者、妇女、失业人员和其他有需要的成员。这些服务对非群体成员不开放。更有甚者，在许多大城市,族群群体成员能够享受由同"种族"成员提供的专业服务。牙医、律师、房产中介、移民顾问和其他用本族群语言在电台、电话、族群报纸或者互联网上提供建议的专业人士。他们这么做是为了增加客户,拓展业务,但是正是通过这些做法,他们进一步提高了组织完整度,因为他们给个人提供了另外的使用本族语言的场所、表达和重申他们的身份感以及对社区的归属。

布雷顿(Breton)曾经说过,族群组织是政治实体,它们是嵌在加拿大社会政治经济框架内的"压缩版政治体系"。族群群体有对内事务,也有对外事务,其机构还给成员们提供实质性和象征性服务。族群组织的对内事务通常包括提供实质性服务,比方说为新移民和年长者提供住宿;还包括象征性服务,比方说维系和发展族群占主导地位的文化标准和价值的活动。庆祝历史事件和历史人物的活动,对发生在本国或者在加拿大的群体受害者发起悼念活动、语言指导、舞蹈、戏剧表演和音乐会都属于这类活动的范畴。族群群体的对外事务与以下事情有关:①政府移民政策、多文化政策、公共教育政策、人权政策、经济政策等事宜,②歧视和偏见问题,③同比自身更大型的社会机构的关系(比如说主流大众媒体、联盟、警察),④与原住地国家及其代表的关系(Breton,1991:3)。

如今,大部分人猜测,正是因为加拿大的多元文化政策,才导致族群群体向各自成员提供实质性和象征性服务(参见本书第六章)。事实却并非如此。就历史而言,族群提供这类服务要早于加拿大多元文化政策和意识形态出现。即使是在1971年以前的盎格鲁化和法兰西化时期,许多族群组织就提供族群语言指导,帮助刚来加拿大的移民,反对偏见与歧视,努力在加拿大保留自己文化的元素,并将之传递给后代。因此,多元文化政策并非是社区在这些领域开展活动的前提。即使是在那些未将多元文化政策视为官方政策的国家(如德国、法国、意大利、希腊、南非、阿根廷),许多民族社区也存在类似活动(Liodakis,1998)。

在加拿大,族群组织首先以互惠组织出现,满足其成员象征性需求,有

17

助于凝聚群体,帮助新移民应对新的——通常比较艰难的——社会经济环境。赫伯格(Herberg,1989)曾经深入讨论说族群组织完整度是"群体凝聚力最重要的影响因素,因为它包含了所有群体为了生存所必须使用的族群文化场景……族群文化必须体现在公共事务中,与公共且'正式的'活动关联,他们的言行举止不再是个人随意的行动,而是民族中心主义的体现,这正是在加拿大生存下来所必需的。"

第三节 "种族"简介

族群通常是由群体成员的文化特点来定义的,"种族"则指的是生理或基因特点,或者说先赋性特点(ascriptive characteristic)。给"种族"加上引号是为了表明这个术语在划分人群时侧重社会类别,并无实际生物指示对象,我们随后会稍作分析、讨论它在社会科学中的独特价值。过去,区分人类群体的生理特征包括肤色、眼珠颜色、头发、鼻型、唇形、体毛和颧骨结构(Hooten,1946,in Driedger,1996:234-5)。

当我们问学生有多少个"种族"存在时,通常得到的回答是一个——"人类"。但当我们开始讨论殖民遗留影响或社会群体内部不平等问题时,则很难避免使用白人、黑人、有色人种、原住民(Aboriginals)这些术语。这些术语暗示着"种族"似乎是真实存在的。

根据班顿(Banton)的说法(1987:1),"种族"这个术语于1508年在威廉·邓巴(William Dunbar)的诗中首次以书面形式出现。19世纪末以前,"种族"意味着直系血统,这是由有共同历史的社会群体造成的(Banton,1987:xi)。到19世纪初,"种族"的含义发生了改变。造成改变的部分原因在与殖民与科学出现了历史交叉。班顿(1977)称欧洲科学家在解释新"发现"的民族和群体所体现的生理和文化多样性时,容易有种先入为主的解释,认为它们是因为殖民扩张才聚在一起。"种族"的概念被越来越频繁地用来解释民族之间的生理、社会、道德和智力差异。欧洲科学家寻找能够解释这些差异的原因,但他们却没能抛开偏见,不可避免地在不知不觉中陷入了对那些所谓差异的社会评价,于是"种族"划分问题就与种族歧视问题紧密联系在一起。

一、"种族"和科学种族主义(Scientific Racism)

班顿认为,种族主义这个术语应当被适当局限在科学观点的范围内。他还警告,我们不要把这个术语延伸到"种族"指代对象缺失,以及日常信仰的民俗领域等情形中去(第七章将更详细讨论这两个特别问题)。班顿把种族主义定义为"认为决定一个人行为靠的是内在稳定的特征,这些特征源于独立的"种族"世系所具有的独特特质,且通常被视为与优劣不可分割"(Banton,1970:18)。班顿称对生物学意义上的种族主义进行的首次系统论述,是以19世纪中后期某些欧洲科学家发展的种族类型学学说形式出现的。

根据班顿的定义,第一个真正的种族主义者之一是罗伯特·诺克斯(Robert Knox),他是爱丁堡解剖学家,于1850年出版了《人类的种族》(The Race of Men)。诺克斯的研究表明,"种族"一词的社会意义发生了变化:从直系个人和集体后代变成了不同群体之间的横向差异。诺克斯之后的那些坚持种族类型学学说的欧洲科学家认为:大量人类历史以及人类文化中的诸多变化,都可以通过参考群体之间存在的先天生理差异得到解释,并且"种族"可以随着优等和劣等的连续统一来安排。尽管倡导种族类型学学说的科学理论因为科学家们和情境的不同而采取不同形式,但它们都有某些基本的共同猜想:①现代人有明显的、永久的不同类型;②个人的外貌特征和行为举止是永久的、不连续的生物型表现;③文化差异由生物型差异决定;④生物学变异是人际冲突和国际冲突的根源;⑤"种族"的不同是先天的,因此有些"种族"天生就不如别的"种族"(Banton,1977)。

科学家们也会犯错。假说被证明是错的,数据被错误解读,甚至变量未得到正确测量。班顿称,种族主义就是这些科学错误之一;科学家们错误地将生物差异等同于文化差异。班顿告诫我们,在解释这些理论时一定要谨慎小心,科学家们犯的错误跟他们的个性特点有关:

> 归纳法优越论者对于科学错误的解释不仅有误而且危险。它暗示,像诺克斯这样的人犯错误是因为他们的内心有所偏颇,今天我们为了避免和反对种族主义,需要的是一颗纯净之心。我认为我们还需要清醒的头脑。(Banton,1970:27)

换言之,简单说犯这些错误是因为他们是不好的"白"人,这种说法太过轻率。

虽然 20 世纪 20 年代,有些科学家开始对基于"种族"的人类发展理论持保留意见,但科学种族主义在纳粹德国时期达到顶峰。纳粹"种族"科学家决心要证明雅利安"民族"的优越性和犹太民族、黑人、斯拉夫民族、吉卜赛族,以及其他很多民族的劣等性。体质人类学家阿尔弗雷德·博伊勒(Alfred Baeumler)是名纳粹支持者,他认为,"种族"是"一种明确的心理－生理类型,对大范围内国家和部落的人来说是普遍的,它通过遗传得以维系。……种族始终是国家的全部生活"(引用自 Montagu,1964:33)。

二战期间,与"种族"、历史、文化和"民族命运"有关的理论决不局限于纳粹德国时期,承认这点很重要(Montagu,1964:31)。同样重要的是,我们还要承认这些观点并未受到科学论述的限制。政客、行业巨头和许多国家的普罗大众深信并明确表示,种族主义学说解释了不同团体的过去和可能的未来。我们在第四章中将看到,人类发展和人类能力的种族理论直到 20 世纪 60 年代都指导着加拿大的移民政策。

20 世纪中叶,种族观念在加拿大无处不在,在整个世界也是如此。与此同时,多数人都理解二战期间犯下的许多残忍罪行都打着"种族"的幌子。个人和组织开始深入思考种族观念,二战后一段时期,在科学和公共讨论层面上,出现了一些质疑种族划分和种族观念的声音。二战后,联合国教科文组织(UNESCO)在质疑科学种族主义过程中发挥了主导作用,它通过举办一系列大会就是为了推翻纳粹式种族意识形态。会议于 1950 年、1952 年、1964 年和 1967 年召开,与会人员是来自人类学领域、生物领域、群体遗传学领域、社会学领域、动物学领域的世界知名学者。每次大会后,联合国教科文组织出版一系列"声明",总结"种族"是什么、不是什么、为什么把群体划分等级是错误的。这些声明尽管论证方法不同,也存在细微差别,但是在这些由联合国发起的大会中,始终贯穿着一个主题,即关于不同群体生物优势和劣势的理论,以及声称生物特征、基因特征和人类文化之间存在决定性关系的理论,都是缺乏科学基础的。比如说,1950 年《关于种族的宣言》(*1950 Statement on Race*)解释道:

……

(2)根据目前知识,没有证据表明人类群体的先天心智特征,如智力或性格,存在着差异。科学依据显示所有族群群体的心智水平大致一样。

(3)历史和社会研究支持下列观点:遗传差异在决定现代人(Homo-sapiens)群体的社会和文化差异中并无重要作用;不同群体的社会和文化差异在基本上不受先天构造支配。发生的众多社会变化无论如何都同种族类型变化没有关系。

(4)从生物学角度看,没有证据表明跨种族结合会产生不良结果。跨种族结合的社会效果不管好坏,还是要追溯到社会效果。(Montagu,1964:365 - 6)

多次参加联合国大会的科学家们致力于推翻科学种族主义。虽然他们认为仅仅靠介绍和推广有关"种族"和"种族差异"本质的事实可以根除种族主义的想法并不可笑,但加入这些项目的科学家却认为,挑战种族主义权威的关键之一是削弱其作为科学概念的地位。然而参加大会的科学家们所做的努力中,又有一个固有的自相矛盾之处,那就是:他们没能有效削弱"种族"本身概念的科学性。他们质疑种族等级的概念,质疑"种族"决定文化和历史发展的说法,但与此同时,他们并未动摇"种族"的概念。也就是说,他们还是承认存在着某种能够被合法公正称之为"种族"的东西。因此,有评论家抨击称联合国教科文组织在削弱基于种族思维的科学基础上,并未取得实质性进步。

二、现代版本的"种族"科学("Race" Science)

二战后,尽管联合国教科文组织动员起来的诸多专家认为他们在终结种族划分(racial categorizations)、种族主义和种族科学的道路上顺利前行,但仍有学者继续研究基于生理的智力、社会行为和性行为差异,并坚持把这些差异认定为"种族"差异。20世纪90年代中期,理查德·赫恩斯坦(Richard Herrnstein)和查尔斯·默里(Charles Murray)(1994)在美国出版了《钟形曲线:美国生活中的智力结构和阶层结构》(*The Bell Curve: Intelligence and Class Structure in American Life*)一书。该书覆盖面广,讨论了若干复杂问题,围绕环境、基因组成、智力、社会不平等和社会行为之间的关系展开。赫恩斯坦和默里(1994)称,人类在心理学家所说的"一般智力因素(general factor)"上确有不同。它指的是"从经验中推断和运用关系的一般能力",用 g 指代(Herrnstein and Murray, 1994:4)。赫恩斯坦和默里解释说:

能够领会,比如说,均可表示产量的一组词"收获"(harvest)和"收成"(yield)之间的关系,或能够倒背数字,抑或是将某几何图形上下颠倒也能看出形状,这些都是利用 g 实现的任务……(1994:4)

他们称美国社会根据认知能力的差异正在慢慢分层,认知精英逐渐获得社会、政治和经济权力。据他们来看,认知能力的缺失还与众多社会问题,比如说犯罪、卖淫、福利依赖、失业、贫穷、工伤和落后教养方式有关。他们认为拥有少量 g 的个人比拥有较多一般智力的个人,表现出更多的病态社会行为方式。

赫恩斯坦和默里还认为,一般智力不仅在人与人之间不一样,在不同族群和"种族"之间也不一样。一般来说,他们声称已经发现表明亚洲人、白人和黑人之间基本差异的模式:亚洲人的一般智力平均水平略高于白人。亚洲人和白人的智力平均水平明显高于黑人。根据他俩的说法(1994),这些智力上的种族差异是由基因差异和环境差异结合所致。

加拿大心理学家菲利普·拉什顿(Phillippe Rushton)进一步发展了这种观点,与赫恩斯坦和默里相比,他甚至对解释种族行为差异的生理基础给予了更多重视。比方说,他表示"东方人(Orientals)、白人和黑人"在性行为上有差异。特别是,这三个群体在他所说的"性约束"上有差异。性约束是由诸如婚前性行为比例、婚后性行为频率和性行为大致兴趣水平组成的复合变量。他指出,黑人表现出比白人更少的性约束,而"东方人"则表现出比白人和黑人更多的性约束。白人在性约束程度上较黑人和"东方人"处于居中位置(Rushton and Bogaert,1987:535–6)。拉什顿和波捷特(1987)进一步称,黑人、白人和"东方人"从性解剖学上看也有所不同。黑人男性平均性器官大小超过白人男性,白人男性的又超过"东方"男性的大小。女性也是如此,黑人女性的阴道和阴蒂比白人女性更大,白人女性又比"东方"女性大(Rushton and Bogaert,1987:536)。

虽然拉什顿和波捷特(1987:543)承认环境差异或许可以解释三组群体的"性约束"差异,但他们认为,性器官的尺寸和性约束之间的关系可能受生理驱使。这些模式,他们称为"人类错综复杂生活历史特点的产物,这些特点又是由精子量与其他适应性行为(比如说教养方式和社会组织)之间此消彼长所致"(Rushton and Bogaert,1987:545)。简而言之,黑人性约束力不如白人。"东方人"最有约束力,因为他们的性器官跟想象中的有差异。在另一本著作中,拉什顿称黑人、白人和"东方人"的颅容量与脑部大小是不一样的,这也解释了他们智力上的差异(Rushton,1988)。拉什顿有次在《滚石》杂志(*Rolling Stone magazine*)的采访中说道:"即使你考虑运动能力或性能力——不是为了强化刻板印象——它确实是种妥协:更精明(more brain)或更有精力(more penis)。"(转引自 Rosen and Lane,1995:60)

拉什顿的著作与赫恩斯坦和默里的著作遭到了猛烈的抨击。罗森(Rosen)和雷恩(Lane,1995:58)对这些著作不屑一顾,称其是"臭名昭著的种族理论者和怪诞不经的优生学家"。其他人质疑他们得出结论所使用的数据和方法,以及他们对于智力测验领域和遗传学领域的理解(Devlin et al.,1997;Fraser,1995)。虽然这些批评非常复杂,但这类型研究的评论者称,赫恩斯坦、默里和拉什顿夸大了智力作为遗传特征,而非环境影响特征的程度,但在很大程度上,他们低估了社会经济成就更多地受教育、家庭背景和生活地点的影响,而非一般智力概念影响的程度(Cawley et al.,1997)。拉什顿关于种族性行为差异的著作,数据存在问题,论证站不住脚,对于人类性征具有多样性这一本质的理解陈旧迂腐。不同族群的性行为、癖好,以及身份即使在族群内部也是千差万别的;拉什顿似乎在某些生理差异与天生的"种族"差异之间画了等号。

三、人类基因组项目(The Human Genome Project)

对于"种族"差异的存在和含义的讨论在人类基因组项目推动下,重新迸发了研究动力,再次受到关注。始于 1987 年的人类基因组项目资金来源广泛,试图追踪人类基因组,绘制组成人类脱氧核糖核酸(DNA)的 30 亿核苷酸图谱。核苷酸按照特定顺序排列组合形成了大约 25000 个基因。我们的基因提供能够帮助产生人体特征的蛋白质,这些特征包括一个人食指的长度、肺部的工作方式(Abraham,2005)。该项目有诸多发现,其中之一就是人类的相似之处远比不同之处多。事实上,该项目发现人类高达 99.9% 的遗传物质都是一致的。简单来说,这意味着从遗传学角度看,世界不同地区的人,99.9%是相似的。它还意味着人类的差异其实只是0.1%的遗传物质差异。这0.1%的遗传差异是导致肤色、头型和患上某些易感染疾病的基础。

在如何解读人类基因组项目研究成果上,学者们各执一词。有些科学家侧重宏观层面,称人类基因组项目发现的99.9%的遗传物质相似性证实了"种族"只是一个空洞的生物概念。相反,其他专家则表明,虽然0.1%的遗传物质差异看上去微不足道,但它的影响却不容小觑,它更进一步证明了生理上确实存在某种跟"种族"相关的东西。此外,名为国际单体型项目的第二项研究,已经开始研究这0.1%差异的重要性。这项计划包括绘制四个种群的基因组合:拥有欧洲血统的美国犹他州居民、尼日利亚的约鲁巴人、中国北京的汉族人和日本东京的居民。

绘制人类基因组图谱的相关发展,引发了一系列关于所谓的种族研究的伦理道德问题。伦理学家关注长期的社会影响。保险公司、雇主和他人是否会根据个人的基因档案来评判个人? 对那些易患某种疾病的个人,他们在何种程度上会遭受不平等待遇和歧视?

回答这些问题并非易事。然而另外一个需要提出的问题是绘制基因图谱是否真的能够动摇"'种族'是社会所构建的标签"这种观点? 对"种族"的社会构建本质进行相同观察,在过去绘制基因图谱时有所关联,今天也依然如此。人与人之间,确实有可能存在一小部分遗传差异。但是它们也仅仅只是——遗传差异。在社会中,我们仍然选择将这些遗传差异称之为"种族"差异,但它们真的纯粹只是基因差异而已。

四、种族化(Racialization)

许多社会学家选择使用种族化的概念(Miles,1982,1984,1993;Miles and Torres,1996;Banton,1979,1987;Small,1994)作为挑战"种族"是人类客

观可测量的差异这一观点的方式。虽然迈尔斯（Miles）和布朗（Brown）
（2003:101）对种族化的定义有点烦冗，但他们认为种族化是社会历程和社
会行为，借此，"人们之间的社会关系通过人类显示出来的生理特征得到构
建，这样就定义和形成了不同的社会集群"。种族化的概念强调"种族"概念
的社会构建本质。在本章中，我们已经说过，在人类历史长河中，许多不同
的变量都被用来定义过"种族"类别。"种族"从多方面被定义为直系血统，
或者是类似肤色、鼻型这些某种身体的特点，又或者是某些基因组合。关键
是，所有这些，没有一种是"种族"的正确内在定义。人们的"种族"从生物学
意义上讲并不实际存在。"种族"，简单来说，是人类和社会创造出来的，用
来描述和解释某些身体和/或遗传差异的术语。在使用这一概念的社会学
家看来，需要研究的重要问题是就"种族"而言，某些群体和/或社会关系是
如何和为什么被定义和构建的。

迈尔斯和布朗称在使用"种族"这一术语时，最广为接受的、日常的、常
识上的用法和该词的社会－科学内涵是不相符的。他们批评把"种族"作为
一种分析类别，认为社会科学家应当抛弃"种族"这一观点，并拒绝把它当成
一种描述性和解释性的概念（Miles and Torres, 1996:32）。原因很简单。社
会科学家往往会把"种族"具体化（把它当作一样东西），"通常在解释复杂
社会历程的结果这一情况下，其结果会被解释成'种族'，而不是社会历程本
身"（同上）。

我们要如何抵制使用种族主义语言、种族主义"解释"以及缺乏科学依
据的种族主义术语的诱惑呢？在这之中，存在着一个重大的理论和实践难
点。虽然我们说"种族"并没有一个真实的社会所指对象——也就是说，生
物学上的分类与真实社会群体并不吻合——我们缺少能够从学术和通俗方
面，抓住"种族"类术语历史发展、变迁和具体用法的语言。我们必须抵制种
族主义者所谓的分类术语（白人、黑人、蒙古人，等等），而要寻找关于社会不
平等的社会科学定义和解释。但我们还是缺少这种恰当的语言。古登堡
（Goldberg）称：

加强抵制种族主义的过程必须杜绝激起在这一反对过程中,与基本的种族类别有关的概念。抵制不仅需要破除一些压迫的行为,这是首要任务。抵制还需要反对语言压迫,包括压迫者(或种族主义者),用来表示抵制术语(1990:313-4)。

我们在下一部分即将看到,加拿大社会除了讨论"种族"概念的理论缺陷,还试图估量和量化"种族"多样性。

第四节 族群、"种族"和加拿大人口普查

我们前面概述了族群、"种族"的理论定义和种族化,帮助社会科学家解释了一些事件。但从实际意义上来看,这些概念也非常重要,因为许多科学家认为统计和收集他们的族群和"种族"组成信息非同小可。历史上,在加拿大这样的西方国家,统计"谁是谁"这样的问题,简单做几次人口普查就算是回答了。1666年,让·塔隆(Jean Talon)开展了加拿大第一次人口普查,记录了当时还是殖民地的加拿大321个居民的信息。加拿大当局自那之后开展人口普查。即使2011年,保守党政府试图在加拿大人中大范围宣称人口普查侵犯了个人隐私,但大部分加拿大人似乎觉得回答人口普查中的一些问题并无不妥。对我们大多数人而言,填人口普查问卷已经成了我们每五年就体验一番的惯例了。有些人甚至还很期待在邮箱收到此前人口普查的"长式问卷",因为我们喜欢这种梳理和回顾自己家族历史和结构的机会。2011年加拿大人口普查过程中,因为少数保守党政府的决定,引发了一场争议。他们决定把以前冗长的问卷改为《2011年全国家庭调查》(2011 National Household Survey),并且填写表格仅凭自愿,不再强制,而2006年以前填表都是强制的。许多社会研究员反对这种改变及与之前普查数据的可比

性。也许我们不应该把2011年的统计结果与之前的数据作比较。加拿大统计局（Statistics Canada）负责人穆尼尔·申克因不同意哈珀政府的决定而辞职。2011年，保守党称长问卷侵犯隐私、太有强制性，因此废除了人口普查强制性的长问卷，改用自愿性的《全国家庭调查》。

加拿大人口普查变化的讨论意外地极具争议。少数保守党政府发现他们处于崩溃的边缘，因为竟有如此多的加拿大人对新的人口普查如何记录信息不抱希望。在别国，人口普查遭到的反对甚至比这里更激烈。在尼日利亚，2006年3月人口普查时，一名人口统计调查员被杀，其他几名调查员因在普查期间终日惶恐不安而辞职。有些尼日利亚族群群体领导者抵制人口普查，还有些领导者警告人口统计员不要试图去统计他们群体的成员。2006年尼日利亚人口普查的大部分争议，并不是因为问了什么问题，反而是因为没问什么问题引起的。具体来说就是，尼日利亚人口统计并未问及个人的族群起源和宗教信仰。批评尼日利亚人口统计的人称，这是联邦政府为维持尼日利亚政权的一贯平衡、继续不平等分配资源而有意为之的（Odunfa，2006）。尼日利亚宪法规定，每届政府任命的领导班子必须反映尼日利亚的"联邦特色"。根据Odunfa（2006：2）的说法："这意味着在任命行政部门、武装力量，和政治机构人员时，必须考虑每个种族群体和宗教群体的相对优势。"一直以来被认为占了大多数人口的穆斯林群体，反对关于种族起源和宗教的问题，因为他们真实的人口数量可能会破坏他们享有更多国家资源的诉求。另一方面，一直被认为是少数，但现在却成了多数的基督教群体，为了合理获得更多的资源，他们又希望在人口普查中加入族群和宗教问题。没有这些问题，基督教群体认为人口普查就是场骗局。

由上文可知，人口调查回避宗教和族群并不局限于尼日利亚社会，还应该知道，按照法律，美国人口调查局（American Census Bureau）也不被允许询问美国人的宗教信仰，法国政府不允许人口普查统计员、私人调查公司（private polling firms）或者高校研究员开展询问别人"种族"、族群或宗教的调查。如果在这些国家变更相关法律，毫无疑问也会引发热议。

截至目前,加拿大尚无人员死于人口普查争议。然而当谈及人口普查和族群政治建设的深层问题时,加拿大和尼日利亚并无太大区别。2001 年人口普查时,有些印第安民族社区(First Nations communities)不允许加拿大统计局收集个人信息。理由是收集此类信息对他们社区鲜有裨益,因此他们质疑为何要配合普查行动。更进一步来说,国家资源的分配是基于加拿大人口特定分支的相对多少进行的。加拿大已经将加拿大人的起源追溯到了加拿大联邦(Confederation)成立之前。加拿大统计局验证族群和"种族"起源的有关问题,是因为这些信息对于政策发展、政策监管和政府资源的公平分配非常实用和重要。

本章接下来的部分,我们讨论下加拿大人口普查尤其是在统计族群和"种族"时遇到的困难和争议。这些争议表明族群和族群身份并不仅仅是个人选择,祖先和遗产这些简单问题,还包括由更宽泛的政治关系和结构所决定的概念(Curtis,2001)。它们还表明如何定义这些看似理论性的问题,不仅仅对学术界来说意义重大。

为了了解家庭结构、经济地位、人口地位和加拿大人的"起源",加拿大人口普查问了许多问题。全国家庭调查(NHS:National Household Survey)包括教育、婚姻状况、年龄、职业、收入、语言能力、宗教、出生地、祖籍(aboriginal origin)、族群起源(ethnic origin)和"种族"起源问题,等等。

一、族群起源

为了统计加拿大人的族群起源,2011 年全国家庭调查问了如下问题:

Q17 这个人的祖先是哪种族群起源或文化起源?

祖先通常指祖父母辈以前的人。

比如说,加拿大人、英国人、法国人、中国人、东印度人、意大利人、德国人、苏格兰人、爱尔兰人、克里族人、米克马克人、萨利希人、梅蒂斯人、因纽特人、菲律宾人、荷兰人、乌克兰人、波兰人、葡萄牙人、希腊人、韩国人、越南人、牙买加人、犹太人、黎巴嫩人、萨尔瓦多人、索马里人、哥伦比亚人,等等。

通过使用大写字母的规定,更多表示起源的词更适用了。

从1981年的人口普查开始,允许个人填写一种以上祖先起源(ancestral origin),因此,对族群起源问题的回应把人们分成了两个类别:一类是自认只有一个族群起源(他们推测祖先可能是同一个起源),另一类是自认有多个起源(他们认为祖先有不同起源)。当然,还有第三类人,他们祖先有不同起源,但是他们认为自己只有一个祖先,是因为他们只辨认出他们遗传中属于该祖先的成分。以这种方式来回应普查的,并未被视为单独一个社会类别。表格1.1提供了2005年加拿大单一和多个"种族"起源的信息。

显然,加拿大统计局使用的族群定义是基于人们对他们祖先或起源的理解(Kordan,2000)。这种定义并没有考虑个人是如何看待他们的祖先或起源的,他们觉得和自己的族群是否联系在一起,也没有得出他们族群中的哪些成分对他们而言意义非凡。因此,这个表格里的信息需要谨慎解读。比如说,表格1.1中2006年人口普查的数据显示,在加拿大有88685名匈牙利起源的人,那这意味着什么呢?它最多意味着约有89000名加拿大人认为自己唯一的族群根源是匈牙利人。然而这是否意味着在加拿大有88685名匈牙利人呢?可能不行。毕竟,不是所有匈牙利起源的人理所当然地认为他们是匈牙利人,有匈牙利的族群身份、做代表匈牙利起源的事、说或听懂匈牙利语、吃传统匈牙利食物、遵守传统匈牙利宗教或习俗,或者认为其匈牙利起源对他们如今在加拿大的生活非常重要。此外,只有一部分认为自己有匈牙利起源的人加入了匈牙利族群组织。显然,加拿大统计局统计族群在个人对族群祖先的主观归属上并无反映(Isajiw,1999:47)。这并非对人口普查的批评,反而指出了这类问题的局限所在。增加一个关于人们主观身份(subjective identity)的问题,加拿大的多样性可能会呈现截然不同的答案。

表 1.1   2005 年加拿大前 30 名族群起源

族群起源	总调查数	单选	多选
人口汇总	31241030	18319580	12921445
加拿大人	10066290	5748725	4317570
英国人	6570015	1367125	5202890
法国人	4941210	1230535	3710675
苏格兰人	4719850	568515	4151340
爱尔兰人	4354155	491030	3863125
德国人	3179425	670640	2508785
意大利人	1445335	741045	704285
中国人	1346510	1135365	211145
北美印第安人	1253615	512150	741470
乌克兰人	1209085	300590	908495
荷兰人	1035965	303400	732560
波兰人	984565	269375	715190
东印度人	962665	780175	182495
俄罗斯人	500600	98245	402355
威尔士人	440965	27115	413855
印尼人	410850	321390	114800
挪威人	432515	44790	387725
葡萄牙人	410850	262230	148625
加拿大土著和欧洲混血人	409065	77295	331770
不列颠群岛人*	403915	94145	309770
瑞典人	334765	28445	306325
西班牙人	325730	67475	258255
美国人	316350	28785	287565
匈牙利人	315510	88685	226820
犹太人	315120	134045	181070

族群起源	总调查数	单选	多选
希腊人	242685	145250	97435
牙买加人	231110	134320	96785
丹麦人	200035	33770	166265
澳大利亚人	194255	27060	167195
罗马尼亚人	192170	79650	112515
越南人	180125	136445	43685
比利时人	168910	33670	135240
黎巴嫩人	165150	103855	61295
魁北克人	146585	96835	49750
韩国人	146550	137790	8755

* 不含其他地区

来源:《2005 年加拿大种族起源前 30》,改编自加拿大统计局刊物《2006 年人口普查种族起源和可见少数群体》,目录 97-562-XWE2006006,url:www. statcan. gc. ba/bsolc/olc-cel? lang = eng&canto =97562-X2006006,检索日期:2010 年 3 月 17 日。

　　另外,许多社会科学家和族群社区(ethnic community)首领对那些认为自己有不止一种族群祖先的个人不知该如何是好,也不知道该怎么解读他们的族群归属(ethnic attachments)(Bourhis,2003:15)。拥有多种起源的个人是否是族群社区中血统不那么纯正的成员? 族群社区组织在何种程度上适应那些族群传统语言不流利的成员? 宗教和社区领袖何种程度上鼓励或打击同族通婚呢?

　　关于目前加拿大人口普查中族群起源,一个富有争议的方面是如何解读回答"加拿大人"是族群起源的问题。1996 年的人口普查将"加拿大人"正式列为回答族群起源问题的合法答案,在此之前,很少有人认为自己的族群起源是加拿大人。1991 年,只有 4% 的人认为"加拿大人"是其族群起源。可是在 2001 年的人口普查中,670 多万人(23.7% 的人口)认为加拿大人是他们的唯一起源。在 2006 年的人口普查中,约有三分之一的人认为加拿大人是他们的唯一族群起源(参见表1.1)。

1991年至2006年间,选择"加拿大人"这一选项的人数不断增加,但有些人对此不予置评,认为这只是措辞的影响而已。在人口普查问卷上列举了"加拿大人"这一选项,结果越来越多的人选了它。因此,关于加拿大人如何看待自己的起源,这一结果并未反映出任何有意义的变化。另一方面,有人又认为,这种变化不仅是一种回忆或措辞,它其实反映了更有形的东西。确实,这种说法促使有些学者提出,加拿大人是一个新兴族群,与其他更传统的族群并无二致(Howard – Hassmann,1999)。霍华德·哈斯曼解释道,说英语的加拿大人之所以是个族群,是因为他们有着一样的风俗习惯、愿望理想、规范和共同价值观。在她看来:

> 说英语的加拿大人可能具有各种族群或种族背景。他可能除了英国新教祖先,还有乌克兰或加纳祖先。虽然他父辈们的位置感(sense of place)可能是乌克兰或加纳,但他的位置感却是他自身的周围环境,他了如指掌到四处走也不会迷路的小镇或者城市——他自己关于学校、商店、办公室、亲戚、朋友等的地图。他的个人生活将在加拿大,而不是国外展开。虽然他吃的食物可能跟其他加拿大人不一样,他可能在清真寺或寺庙而不是教堂祈祷,但他还是上跟其他加拿大人一样的学校,学一样的加拿大历史和地理,接受一样的家族研究和性教育课程。(Howard – Hassmann,1999:531)

有种观点认为,越来越多的加拿大人把"加拿大人"当作他们的根源,这表明一种超越以前的族群和身份的新型泛加拿大族群已出现,然而并非所有人都同意这种观点(Bourhis,2003;Jedwab,2003)。在分析1996年人口普查后,博伊德(Boyd)和诺里斯(Norris)认为那些更倾向选择"加拿大人"作为自己祖先之一的人,主要是英法后裔的"旧时"(old stock)加拿大人。他们还发现,只有1%的第一代移民和2%的有色人种少数裔(visible minorities)选择"加拿大人"作为其族群起源之一。此外,由于普查中只有54%的魁北克人选择加拿大起源,因此有人建议把说法语的加拿大人对加拿大人(Canadien)的概念与说英语的加拿大人对加拿大裔族群(ethnic Canadian)的概念合并成一类。换言之,人口普查中加拿大人这个术语,对不同的人来说似乎意味着不同的东西(Jedwab,2003)。

二、"种族"

对"种族起源"的统计在经过55年的空缺后,重新成为加拿大人口普查的重要部分。1951年,加拿大政府停止统计加拿大人的"种族起源",部分原因在于二战后"种族"一词受到普遍怀疑(Bourhis,2003:17)。1996年,在加拿大人口普查中引入"种族起源"问题,部分理由是为了监控一些政策,比如联邦政府就业公平政策(employment equity policy)是否成功,需要了解一些必要信息。联邦就业公平法规推行于1986年,旨在增加妇女、有色人种少数裔、原住民和残疾人的就业机会。它迫使联邦规约雇主(federally regulated employers)和联邦承包商(federal contractors)制定就业公平计划和报告,概述他们为增加这四类目标群体就业机会拟承担的积极措施,来消除工作场所中的系统性歧视。为了监督该政策是否成功,政府称它需要一些关于"种族起源"的基本信息,才能跟踪政策进展(Bourhis,2003:20)。

基于此,2011年全国家庭调查中涉及"种族"问题如下:

19. 这个人是:

如果适用,请多项选择或另行补充。

为支持提高每一个加拿大人在社会,文化和经济生活中享受平等机遇的项目,本信息的收集遵照《就业公平法案》及其规定和指导意见执行。

· 白人

· 南亚人（比如说东印度人、巴基斯坦人、斯里兰卡人等）

· 华人

· 黑人

· 菲律宾人

· 拉丁美洲人

· 阿拉伯人

· 东南亚人（比如说越南人、柬埔寨人、马来西亚人、老挝人等）

· 西亚人（比如说伊朗人、阿富汗人等）

· 韩国人

· 日本人

其他请补充。

人们对在人口普查中加人对"种族"的选择颇有争议。有些人认为，此举有助于进一步把"种族"具体化。之前我们说过，"种族"并不是生物学上真正存在的种类，而是一个用来描述和解释某些人类差异（human differ-ence）的社会标签。

加拿大统计局试图统计加拿大人口的"种族"组成的做法，再次助长了从生物学角度来理解"种族"的老派落后做法。此外，就认为"种族"之间确定的生物学差异是种族主义者思维的基石这一方面来说，批评者表示联邦政府无意之中使公共政策种族化了。正如加州州立大学泛非研究学教授，《美国的种族化》（*The Racialization of America*）一书作者耶胡迪·韦伯斯特（Yehudi Webster）解释说，加拿大统计局试图统计全国的"种族"构成是种"不加区分的愚蠢行为"：

政治轻率地把种族理论者在 18 世纪和 19 世纪形成的种族概念写进了法律。加拿大政府显然没有意识到，当他们把种族融入政策时，他们实际上助长了种族意识，而这恰恰就是美国社会的祸根。他们给种

族主义盖上了官方印鉴。加拿大以后将为此付出沉重代价。(引自 Bourhis,2003:18)

支持在人口普查或者像刑事司法体系中收集基于"种族"数据的人认为,这些数据对于实现社会公正不可或缺。但是政府显然在正式定义和再现族群和"种族"类别时扮演着核心角色。

小　结

本章首先从历史角度描述术语族群和"种族"的意义,陈述其历史具体性。对不同时期不同地域不同的人来说,它们意味着不同的事物。族群和"种族"是社会群体形成的稳固基础。在过去,它们曾决定人们实际存在或想象中群体的形成,并且这种影响可能持续下去。族群通常与人们的主要的标志性文化特征联系在一起,比如说他们的习俗、信仰、观念、道德观、语言、历史、民谣等团结一个群体,让别人一下子就能区分出来的标志。身份在机构中得以产生和维持。组织完整度衡量的是族群经由成员和为了成员而形成机构的程度。

许多社会科学家认为,"种族"基于成员的生理特征,将人们分为不同群体是不理智的。"种族"类别源于19世纪的伪科学,启蒙运动又从思想上给予支持,为其正名。殖民、剥削和奴隶制使对非西方人长达几个世纪的物化从属(material subordination)变得合理合法。自我和他人概念的不合理建构,被主要群体(dominant group)用来划定和维持群体边界,重现排斥其他次要群体(subordinate group)的过程。最后,我们揭示了人口普查是项统计人口的政治,而非中立的活动。政府在定义、识别和再现族群和"种族"类别中发挥重要作用。在接下来的章节里,我们解释、讨论和处理一些当代和历史的问题,如了解移民、社会不公、多元文化主义、原住民关系、种族主义和加拿大广义上"种族"和族群关系的问题。

思考题

1. 希罗多德《历史》一书中提到的有些族群至今仍然存在,大部分名字还是一样(希腊人、阿拉伯人、埃塞俄比亚人、印度人、埃及人、亚述人等)。选择一个你熟悉的群体,并解释千年来该群体的物质文化和象征文化的变迁。群体成员语言是否一样?他们今天的服饰是否同过去一样?他们有没有一样的标志?他们是否还用同样的方式制造和交换商品?什么发生了改变?什么又得到了保留?这些变化为什么会发生?牢记文化是一个动态过程。

2. "种族"存在吗?如果存在,又有多少个"种族"呢?基于生理特征划分人类的标准又是什么?为什么我们不根据人们的鞋码大小来定义社会群体?

3. 为什么历史上只有族群群体(不是"种族"群体)称要建立民族和/或者国家呢?族群和民族国家之间是何种关系?后者有益于形成前者吗?

4. 你能想到哪些同化加拿大少数裔的社会过程和/或政府政策?

5. 在由第三代加拿大人父母或祖父母建立的族群机构中,第三代加拿大人的加入可能有什么影响?

讨论题

1. 根据联合国数据,每年死于"荣誉谋杀"的妇女和女孩多达5000人。它们大都发生在中东、北非和南亚部分地区(Chung, 2012)。"荣誉谋杀"是个体行为的一种文化特色么?它们为何会发生?

2. 越来越多加拿大人口普查受访者质疑他们祖辈填报"加拿大人"的族群或文化背景。在2006年的人口普查中,三分之一的人填报"加拿大人"为自身族群/文化出身。此外,还有大部分填报的混血出身。这些回答对加拿大统计局的分类是否造成问题?是不是不存在单一起源的族群群体呢?

3.2011 年全国家庭调查的第 19 题,询问受访者的"种族"身份。它列举了一系列选项,比如白种人。中国人,南亚人,黑人,印尼人,阿拉伯人,西亚人,日本人,韩国人或其他。试试对上述形容词的使用进行辩护或批评。

4.加拿大人是一个族群类别吗?请仔细阅读霍华德·哈斯曼提出的论点和布尔里、博伊德、诺里斯和杰德韦伯后来的评论后,再列出正反观点。

延伸阅读

1. Geller, Ernest. 1983. *Nations and Nationalism*. Oxford: Blackwell.

作者将族群和国家联系起来,并追溯了国家的历史建构。

2. Goldberg, David Theo. 1993. *Racist Culture: Philosophy and the Politics of Meaning*. Oxford: Blachwell.

古登堡是美国加利福尼亚大学人文研究院主任,该书提供了关于现代和后现代种族化过程的持续性批判。

3. Hobsbawm, Eric. 1990. *Nations and Nationalism since 1780: Programme, Myth, Reality*. Cambridge: Cambridge University Press.

该书对民族主义的历史分析将现代族群与国家联系在一起,并对后现代性的族群和民族主义的未来进行了预言。国家创建了想象中的社区,例如族群、语言和(错误的)历史,即他们的神话传说。

4. Jablonski, Nina. 2006. *Skin: A Natural History*. Berkeley: University of California Press.

这项细微的工作为人类皮肤的生物学和文化方面提供了有趣而全面的描述。亚布隆斯基(Jablonski)首先研究了皮肤的结构和功能,然后探究其三亿年的演变过程,并研究了诸如皮肤如何反射和影响情感,以及环境条件如何影响肤色的话题。

5. Steinberg, Stephen. 1989. *The Ethnic Myth: Race, Ethnicity and Class in America, 2nd ed*. Boston: Beacon Press.

作者认为,通常被认为是"族群"的文化"特征"可能与阶级、地区和其他社会条件更直接地有所联系。该书对最近的移民状况进行了苛刻的评论，并对美国的黑人底层阶级进行了深入的重新评估。

6. Taloy, Paul. 2003. Race: *A Philosophical Introduction*. Cambridge: Polite Press.

该书从哲学领域对"种族"理论领域以及"种族"的非生物学和情境概念进行了介绍。书中探讨了围绕"种族"、"种族"身份和"种族"思维概念的许多复杂问题。它涉及诸如"混合种族"身份、"白人至上"思想、"种族"概念与其他社会身份类别之间的关系，以及"种族"思维对我们的性和浪漫生活的影响等主题。

相关网址

1. CBC's The Fifth Estate

http://www.cbc.ca/fifth/2011 – 2012/thehouseofshafia/

此专题讲述了沙非家庭的"荣誉杀人"事件。它提供了有关此案的重要信息，并揭露了有关社会服务人员和教育工作者的不作为问题。

2. Herodotus Online

http://classics.mit.edu/Herodotus/history.html

该网站由麻省理工学院托管，提供《希罗多德史》的翻译版本。

3. Max Weber Online

http://cepa.newschool.edu/het/profiles/weber.htm

该网站讨论了马克斯·韦伯的工作，并提供了许多其他资源的链接。

4. Statistics Canada

http://www.statcan.gc.ca/start – debut – eng.html

该网站为加拿大统计部门官网，负责人口普查。

5. Greek Community of Toronto

www.greekcommunity.org

多伦多希腊裔加拿大社区组织负责运营该网站。

6. Ukrainian – Canadian Congress

www. ucc. ca

乌克兰－加拿大代表大会是代表乌克兰裔加拿大人的国家级庇护组织。

第二章　族群和"种族"的理论

学习目标

◎概念在生成关于社会世界的假说时有着核心作用。社会科学家们使用包含一系列相互联系、条理清晰的概念和理论来检验和解释社会现象。

◎关于族群和"种族"的理论非常多。这些理论是关乎许多社会现象的广泛概念框架和研究路径的一部分。

◎探讨族群和"种族"时,原生论与社会－生物学路径联系密切。

◎文化主义理论强调文化在解释族群和"种族"差异和不平等中的作用,而批判政治经济路径倾向于关注社会结构的作用,二者差异明显。

◎交叉分析使族群和"种族"与社会阶级和性别联系起来。他们共同组成了社会不平等的基础。

◎批判种族理论(critical race theories),后殖民分析和"白人特性"(whiteness)研究都源于殖民经历。它们和冲突视角联系紧密,希望不仅能分析种族歧视和社会不平等,还能纠正错误。

第一节　引言

2005 年 10 月 27 日巴黎郊区,因警察追赶致使两名非裔法国男孩死亡。查奥尔(Bouma Traoré)(15 岁)和本纳(Zyed Benna)(17 岁)与其他伙伴在一个中产阶级生活区踢足球,该生活区靠近 La Pama,在他们家附近。他们住在那里的一间小公寓大楼里,主要居民是非裔和阿拉伯裔法国人。这两个男孩为了躲避警察例行盘查("你从哪里来?""你在这里干什么?""看看你的证件"),跑进了一间变电站,却不幸触电身亡。(Toronto Star,2005)他们的死引发了一场持续两周的暴乱,迫使巴黎和许多其他法国城市进入紧急状态。法国最近一次进入紧急状态还是在 1968 年 5 月,当时法国政府为镇压学生起义;再上一次就是二战期间了。

许多非裔和阿拉伯裔法国人和其他族群成员涌上法国街头,抗议警察暴行、移民群体的高失业率、贫穷、歧视和彻底的种族主义、"法国化"政策,及其可能被迫接受主流法国文化同化的必然结果。破坏也有发生,成千上万辆车被烧毁,私人财产受到损坏,示威者和警察都受到伤害。保守派政府分崩离析。受人敬重的欧盟领导人,时任法国总统雅克·希拉克(Jacques Chirac)和时任法国公共秩序部部长(minister of Public Order)、后来的法国总统尼古拉·萨科齐(Nicolas Sarkozy)为寻找解决办法焦头烂额。他们最后做法是:短期内先动用更多警力镇压。长远来看,承诺自由、平等、友爱,进一步完善经济和社会政策,最终使法国的大部分下层阶级的黑人、穆斯林和移民受益。

头条写道:"被法国抛弃"(Cast aside by France)(Toronto Star,2005)谁抛弃了谁? 为什么? 怎样抛弃? 出了什么问题? 在法国,警察通常盘查"看起来像犯罪分子"的黑人是否属实? 移民是否更加贫穷? 人们是否已经受够了,必须要做点什么来改善他们的社会境遇了? 多年来,同化"外国人",

即"非真正法国人"的政策,是否没有给少数族裔带来任何切实成效? 同化政策是否并未生效,因而我们应当采取多元文化主义政策呢? 法国多年历史上的殖民和长期的歧视似乎又死灰复燃。

作为社会科学家,我们怎么解释在法国发生的类似事件呢? 毕竟,我们生活在一个多民族国家,而且和法国不同,加拿大对自己采取多元文化政策,而不是同化政策感到自豪。这也不是美国式的大熔炉,没有法国式的强制同化。这样的暴乱有可能在多伦多发生吗? 或者蒙特利尔? 还是在任何其他的多民族和多"种族"加拿大城市呢? 它是一个族群/"种族"问题吗? 是社会阶层的问题? 还是性别的问题? 它是法国特有的问题,而不是加拿大问题? 我们已经解决族群/"种族"不平等问题了吗? 这些都是迫在眉睫、亟待解决的问题,这需要从简单的分析开始。第一章中,我们说到,为了理解和解释社会现象,我们需要从概念着手。在本章中,我们建议接下来要把概念和理论联系起来。

社会科学家为了分析、解释和预测社会现象,都会使用理论。"理论"这个术语,起源于希腊词汇 theoria,意为看某物、思考某物以及系统地检查某物。但是他们对于理论是什么,或者理论应当是什么,又有着截然不同甚至有时自相矛盾的看法。有些人为了把我们对社会世界的观察加以分类,就把理论简单地视为宽泛的工作理念;其他人坚持必须从源头上来使用理论包含的明确定义的、相互关联的和结构完整的命题和概念,也就是说,揭示社会现象背后的偶然机制。(Mason,1986)通常来说,理论为了联系、定义以及理解社会实际,会立足于假说和经验证据。

理论的部分作用是对世界产生影响,改变世界,更乐观地说,去改善它。理论寻求形成社会关系的多重原因。它们分析,或详解社会现象为什么会发生、是怎样发生的。它们使用相互联系的概念,共同组成了尝试去定义和解释社会世界的解释性方案。一种社会理论能够解释所有的社会现象吗?或者,是不是每一种可识别出的社会现象都要有一种特定理论? 是否需要特定理论来解释族群和"种族"现象,是不是把这些理论同解决阶级、性别,或其他社会不公平维度的问题要区别开? 简单回答这些问题的话,答案是"否"。就像梅森(Mason)指出的,大部分"种族"和族群关系的理论"被认为是群体形成、维持边界和构建身份的更广泛过程的特例……"(Mason,1986:11)同样,基于"种族"和族群的冲突过程也是如此。本章我们简要总结了一些关于"种族"和族群的重要理论,讨论当代在这个领域内几个影响深远的学派,包括社会生物学、芝加哥学派、文化理论、政治经济学、交叉分析(intersectional analysis)、批判种族理论、后殖民主义和"白人特性"(whiteness)研究。

第二节 原生论(Primordialism)和社会生物学

从原生论路径来理解族群和"种族"现象有种别样的吸引力,因为它们强调人类群体天生不可避免地有种"凝聚在一起"的意愿。原生论将族群和"种族"概念化为出生时就有的个体先天性特征,这些特征源于客观的生物学血缘关系。群体成员被认为是共享遗传基因。他们衍生自亲属关系和氏族社会的生物结构等,族群和"种族"群体或多或少较为稳定、持久。族群,包括个体得以繁衍的原始亲缘关系和依赖。(Isaacs,1975)它表现了对自己"同类"中其他成员深厚、长期的感情和冲动。寻找群体其他成员是源于想跟其他相似的个体聚在一起的本能需求。据称,人类的基因遗传会产生自发的情感依赖渴望。(Fleras,2012)人类进化和生存需要使我们相互联系,因此人类自然而然地就跟"同类"发展关系。群体内的血缘关系使群体内成员做出相似的行为。

社会生物学角度是原生论的一个变体,皮埃尔·万·登·贝格(Pierre van den Berghe)是典型代表。1981 年,他出版了一本饱受争议的著作——《族群现象》(*The Ethnic Phenomenon*)。在书中他认为,族群纽带(ethnic bonding)的起源是血缘关系下群体团结的延伸。在他看来,血缘群体(kinship groups)往往会集体行动以达到自我保护。族群群体(ethnic groups)可以被视为"亲属关系的习惯用法延伸"或者"近亲繁殖的超级大家庭"。因为有着共同的祖先,所以他们团结一致,相互合作,互帮互助。可以说,团结在一起确保了他们所在的群体能够长期生存和繁衍。这种关系保护和促进了族群的渐进式发展(Fleras,2012)。万·登·贝格认为,个人为了使生存概率最大化,往往会依靠内含适应性(inclusive fitness);他们选择在自己人中繁衍后代。这一术语源于生物学,指的是生物体尽可能多遗传基因物质给后代的倾向。为此,它们选择在群体内部繁衍后代来实现这一目的。人类也有这种做法。他还称族群团结的基本机制是裙带关系(nepotism),即展示出群体内偏见的倾向,或者偏爱同一族群群体或"种族"群体的成员。少数民族族群裙带关系增强了基因共性,这种共性例如阶级兴趣使自己群体与其他群体区别开来。(van den Berghe,1986:256)。

那文化呢?我们在第一章中看到,文化的概念在任何一种族群的定义中都非常重要。尽管万·德·贝格认识到族群群体的出现和形成不能仅仅简化为生物学和基因,但他却将之认为是与遗传过程有关(像其他文化一样)的文化事件,通过有血有肉的人类得以进行。族群永远包括一个繁衍生息的群体所具有的文化和基因边界,也就是说,受规则或"同族婚姻"约束的群体(1986:256)。为给其著作辩护,他说道:

> 认为文化因素、生态因素与基因因素没有关联的这种误解只会在人们落后地认为基因与环境是不相关的现实时才存在。从生物学角度来看世界并非是文化决定论的对立面。它是一个互动范式,其中基因、生物环境和自然环境以及从人类来说还有文化,它们总是相互作用来产生行为(1986:257)。

专栏2.1提出了同性和异性的约会网站上反映的原生论(primordialism)问题。约会网站上的族群或"种族"过滤条件是否认可了社会生物学呢,还是它是一种受文化和结构影响的偏好?

专栏2.1　爱情、谎言和经验

现在数百万的美国人在网上寻找真爱。但他们不知道的是,科学家团队也在密切关注着这个过程。

这些学者们就像是当代的玛格丽特·米兹(Margaret Meads),他们从一些约会网站,比如说从 Match. com、OKCupid 和 Yahoo Personals 上收集数据,来研究吸引力、信任和欺骗,甚至是种族和政治在有可能进一步发展的关系中所扮演的角色。

他们还观察到,比如说,许多约会者宁愿承认自己长得胖,也不愿意承认自己是自由党或保守党人;白人不愿意和非本种族人约会;撒谎者总会有迹可循。这些发现引出了一个从亚当和夏娃时期,就一直困扰人们的一个更宽泛的问题,那就是人们怎样以及为什么会爱上彼此?

美国加州大学伯克利分校心理学系教授杰拉尔德·门德尔松(Gerald A. Mendelsohn)称:"关于约会的数据,相对来说比较少,并且文学作品中关于伴侣选择和关系形成的大部分是基于美国人口普查的数据。"

他的研究经费部分来自美国国家科学基金会(National Science Foundation)的拨款,研究对象包括一百多万份网上约会的数据。他表示,现在,我们有了一种从未有过的途径去分析约会。(总的来说,根据互联网追踪公司益佰利的说法,单月美国主要的约会网站浏览量超过了 5.93 亿。)

脸谱网数据科学家美国密歇根州立大学前客座助理教授安德鲁·费奥雷(Andrew T. Fiore)称:"网上约会跟实验室的研究不一样,它从生态学角度提供了一种真实有效、接近现实生活的场景,以前所未有的规模来检测开始真实关系时所面临的各种风险、不确定性以及回报。"

"随着人们越来越多地把生活倾注到网上,网上的生活不再像真空一样",他补充说:"它已经成了现实生活。"

根据美国斯坦福大学社会学副教授迈克尔·罗森菲尔德(Michael J. Rosenfeld)的研究,自 2007 年到 2009 年,美国的情侣关系中,21%的异性恋者和61%的同性爱人均结识于网上。(学者称,大部分采用网上约会数据的研究,都是关于异性恋爱的,因为他们所占人口比重更大。)

约会网站和学者们曾一直保持良好关系,以罗格斯大学生物人类学家海伦·费舍尔(Helen Fisher)为例,她是 Chemistry. com 的首席科学顾问,帮助该网站不断完善。这个网站是与 Match. com 同类型的约会网站。

但是作为回报和礼尚往来,约会网站也会给学者们提供匿名数据,让他们来进行学术研究。通常研究者们会通过在学校里、在报纸上或者在一些网站上,发布招募网上约会者的消息,来进行私人面谈或者调查以作为数据补充。

在他们的发现中,有一些给单身人士的准则:为什么性格迥异却并没有相互吸引? 为什么诚实并非总是上上策?

……

猜猜谁不来赴约

《西区故事》的副歌中有这样一句,"跟你的同类人在一起"(译者注:歌曲 A Boy Like That)。社会学家们把这一现象称之为同质性(homophily),即偏爱同类。他们在网上约会者中也发现了这一现象。但是还有一个出乎他们意料的发现:同一种族人的约会率非常高。

"互联网可能会如何影响约会的理论之一是,它可能会冲击人们习惯和与自己相似的人约会的倾向",罗森费德说:"我真的很希望能够在网上约会中看到更多的跨种族的关系,但事实并非如此。"

2009 年 2 月至 2010 年 2 月期间,门德尔松教授和他的同事对一个主要约会网站进行了调查。调查发现,白人主动提出的约会中,超过80%都是和白人约会,而和黑人的约会仅占3%。黑人相对来说没这么死板,他们主动约会白人比白人主动约会他们要高十倍左右。

"我们发现,美国白人并不愿意去约会和接触其他种族的人,特别是约会

第三节　文化和同化

芝加哥大学的社会学家们,早在 20 世纪初就曾著书立说,他们非常深刻地认识到移民和殖民,在宏大的历史背景下对于促进美国形成的作用。他们研究了不同族群相互接触的过程、接触的形式、相互竞争的本质以及群体要么保持要么失去族群特色的过程。芝加哥学派(Chicago School)两位社会学家非常有影响力。大家认识托马斯(W. I. Thomas)可能是始于他的名言:"人们头脑中真实存在的东西之后都会发生"(What is real in people's mind is real in its consequences);罗伯特·帕克(Robert Park)则提出了种族关系周期(race relations cycle)理论。

托马斯在将族群和"种族"研究引入社会学领域过程中,发挥了重要作用(Parsons,1991),他的研究内容是近期移民为适应美国社会所做的调整。他和弗洛里安·兹纳涅茨基(Florian Znaniecki)合作,出版了《身处欧美的波兰农民》(*The Polish Peasant in Europe and America*)一书,该书共五卷,分析了波兰农民离乡背井,移民到美国芝加哥等大城市的经历。他们认为,在波兰农民离开本国农村社区的环境,去像芝加哥一样更发达、更复杂、更有竞争力的社会寻求更好的生活时,波兰农民应当会经历一种变化。事实上,他们是在研究从封建农耕环境到工业资本主义环境的过渡和转变。从逻辑上来说,他们希望在农民身上看到社会重组。家庭是生产和消费的单位,是家庭团结和支持的来源,但在芝加哥劳动力市场富有竞争力的资本主义和个人主义环境下,遭遇了严峻考验。波兰农民只会很简单或者没有技能,他们不仅要跟其他族群社区的成员竞争,还要和自己族群的人竞争工作岗位,以获得更高的薪水和更好的机遇。这种内外兼有的竞争通常会导致社区解体(community disorganization)、绝望和无序混乱,这是所有先进工业社会的特点。此外,他们发现在后代中,家庭变成了更小、支持力减少的结构(Driedger,1996:18)。波兰农民的经历,如托马斯和兹纳涅茨基分析,其实跟成千上万加拿大移民来到多伦多、蒙特利尔和汉密尔顿这些工业中心的经历一样,并无二致。

随着移民美国化(Americanization)的压力增加,托马斯反对强迫放弃族群文化、语言、宗教或其他族群身份的基础。他并不支持移民融入美国这个大熔炉。相反,跟时代潮流相悖,他呼吁保持族群语言和印记、身份、制度、社区和组织,还呼吁对族群差异保持宽容,以及和解。约杰(Driedger)认为,托马斯属于最先开始传播多元文化主义(cultural pluralism)的一拨人,尽管托马斯本人从未使用过这一术语(1996:19)。从他的著作中,我们可以发现多元文化论(multiculturalism)的早期萌芽,是种加拿大人引以为豪的价值观,他也将加拿大与其邻居美国区分开来。

罗伯特·帕克的关注点则不同。他研究看起来更复杂的"种族"群体联系和互动的过程。他同美国南部黑人打交道的经验极其丰富,他还把白人和黑人之间的交往用周期形式表现出来,这就是现在著名的"种族关系周期"理论,被广泛运用于族群关系中。这一周期包涵几个阶段和两条不同路线,但只有一个结果:同化,占从属地位的少数群体被占主导地位的主要群体所同化。在开始的时候,这两个群体之间先接触,为获取和占有重要稀缺资源而竞争。这种竞争要么会导致适应并最终实现融合/同化,要么会导致冲突转而再适应以及融合/同化。这个周期背后的基本原则就是从融合中产生的"新"文化对双方都有利,对于"民族"来说更是如此。融合还意味着社会和谐,甚至是社会平等。简单来说,这就是美国族群和"种族"关系的熔炉理论(Park,1914)。

芝加哥学派另一位社会学家米尔顿·戈登(Milton Gordon)在20世纪60年代早期曾对帕克的分析加以拓展,他认为,同化的过程可以分为七个阶段。这七个阶段包括:①文化或行为同化(适应主流社会的文化模式);②结构同化(大规模地进入主流社会的基层群体机构,比如说俱乐部和运动队等);③婚姻同化(不同族群大规模地通婚);④认同同化(与社会中定居时间更长的人产生族群感);⑤态度接受同化(主流社会不再抱有偏见);⑥行为接受同化(主流社会不再抱有歧视);⑦世俗生活同化(不再有价值观和权利冲突)(Gordon,1964:71)。戈登和帕克的观点不同,他认为群体并非一定要经历这些阶段,这些阶段的顺序也不是固定的。也就是说,有些群体可能会停留在同化的早期阶段很久,也有些群体可能先经历后面的阶段再经历前面的阶段。

帕克和戈登用来理解同化的方法招致了许多批评。对于帕克的范式,评论家指出他可能准确地描述出了欧洲移民在美国的同化过程,但是有些少数群体可能不会经历同样的过程。更进一步说,同化可能并非是过程的终点,在某些情况下,群体可能会以长期的、不可调和的冲突状态存在。戈登的范式因其对同化过程第二阶段(结构同化)的过于简单的理解而备受批评。因为有的群体可能会被同化成社会中的"次要"阶层,工作场所和政治体系,但却在非正式的基层群体生活场合中,与主流社会成员缺乏交流。

在 20 世纪 70 年代和 80 年代的许多年里,同化理论在美加两国社会科学圈中不再受宠。但是阿列汗德罗·波特斯(Alenjandro Portes)、理查德·艾尔巴(Richard Alba)与倪志伟(Victor Nee)的著作使得同化的概念重归如何解释族群和"种族"群体交往的理论争论。大部分争论由怎样解释移民的小孩如何在美国社会中被差别辨认出来的问题,以及第二代移民身上的族群身份是否阻止他们被社会同化的问题触发。为了表达移民和移民后代被同化进的社会并非一致这一想法,波特斯引入了分段同化(segmented assimi-lation)的概念。他(1995)称对移民儿童来说,可能有三种情形:①被主流文化同化(由经济成就大小来衡量);②融入族群聚集地(ethnic enclaves)(由族群身份保留多少来衡量);③社会底层的移民儿童可能在劳动力市场上形成边缘化的身份和职位(Boyd on Kalbach and Kalbach,2000:140 - 1)。经济资源高级一点的移民儿童通常是第一种模式;那些资源较低级或者没有资源的人往往是另外两种模式。在美国,波特斯和周敏所做的关于市中心贫民区黑人青年、华裔青年和西班牙裔青年的研究显示,加勒比裔的移民后代可能拒绝父辈强调把教育和努力工作作为流动机制的文化;他们进入贫民区社会阶层底层,并最终生活在贫困之中。波特斯和周敏称之为"分段"和"截段"同化(Portes and Zhou,1993)。相反,古巴移民和中国移民的后代强调保留族群身份,注重经济发展,因而他们更容易在族群聚集地中取得成功,即便不是主流趋势(Portes and Zhou,1993;Portes,1995)。当然,这也取决于族群经济聚集地的规模和雇佣大量移民儿童的能力。

尽管他们的论点很有说服力,但是这种模式却没有普遍性。正如艾尔巴和倪志伟(1999)称,大部分移民及其后代身处更广阔、非族群的经济环境之中,青年时代的经历——文化经历和教育经历,可能并不一定会延续到成年人时期。玛丽·华特斯(Mary Waters)分析了纽约牙买加、巴巴多斯、特立尼达和圭亚那移民,并把他们同 20 世纪之交的爱尔兰、意大利移民作比较。她还检查了美国黑人和加勒比黑人移民之间的关系和差异,发现反对"美国化"的加勒比移民最有可能获得成功。他们通过保留自己的文化身份,抵制非裔美国人标签,在教育和收入上表现良好。举个例子,当她在分析食品业从业人员时说道,跨国身份或者加勒比裔身份帮助他们更快适应美国种族化和种族歧视的现实。因此,依恋族群身份并非是同化的障碍。她分析了一个烙有"族群身份"的群体,为了将群体自身与美国黑人区分和疏远开来,他们强调加勒比来源。他们大多为中产阶级郊区居民,在校表现优异,坚信"白人"把他们当做非裔加勒比人,这在他们看来比"黑人"要好点。他们还认为,他们的族群价值观给他们带来了更多成功的机会。所以抵制在某些方面被美国文化同化,特别是社会底层阶级文化,给第二代移民带来了更好的机遇(Louie,2004:197)。事实上,路易(Louie)称,在美国现在"成为美国人"与经济成功的联系有所减少。通常,族群身份的保留多少可能会促进,而不是阻碍社会经济进步,还会帮助移民群体对抗歧视和种族主义。在加拿大,博伊德的研究已经表明族群群体的研究结果虽不尽相同,但来自资源匮乏家庭,特别是单亲家庭的"有色人种少数族裔"青年往往处于弱势地位,表现出分段同化的可能。他们要么会待在族群经济聚集地,要么经历下行社会流动(Kalbach and Kalbach,2000:151)。与波特(Porter)1965年关于受阻碍的流动论文相呼应,卡尔巴赫(2000)也认为,族群归属感(ethnic connectedness)阻碍了个人的教育成就和经济成就。他们通过1991年人口普查的数据,展示了"在越传统的族群宗教群体里,他们通过在家庭中大量使用族群语言,表现出更多的族群忠诚或归属感。他们也往往在教育和经济地位上,比那些族群联系较弱的人逊色"(Kalbach and Kalbach,2000:199 – 200)。此外,13岁之前就移民加拿大的人比更大年纪的移民者在学业和经济地位上表现更佳。因此,族群身份可能会阻碍经济进步或族群群体成员的结构融合。

第四节　文化和社会经济成功

　　同化中的社会利益促使了相关理论视角或称作思考学派的发展,该理论旨在揭示文化和社会经济成功之间的关系。简单来说,在这一较大框架下的观点就是:族群和"种族"群体有着共同的价值观、信仰、情感、思想、语言、历史记忆、标志、宗教、历史领导和生态地域。他们对外部条件有具体的应对方式,这些外部条件千差万别,由他们的环境所决定。换句话说,他们有着同一种文化。因此文化,也就成了理解行为差异的关键。此外,如果我们想要解释他们不同的社会－经济表现,我们应该看看他们的文化。文化价值观和生理特征影响群体成员的心理组成并造成"认知能力、精神能力和逻辑能力的差异"(Li,1990:10)。反过来,这些差异又影响了之后的教育和经济成就。于是有些群体在学校和劳动力市场上的表现比其他群体优秀。根据之前讨论的原生论,认为文化解释了为什么有的群体比其他群体表现优秀的说法是种常识。几十年前,弗拉西斯(Vlassis)在谈及希腊裔加拿大人时,称他们有一个由海洋铸就的"国民性格"(据推测这甚至也适用于那些来自农村地区的希腊人,他们在来加拿大之前从来没有见过大海)。更具体来说,这种性格就是"敢于冒险、竭力维持种族内部通婚","希望完全获得加拿大公民身份","对于法律和秩序有着与生俱来的敬畏","天生重视教育","生活节俭,积极进取","骄傲独立,工作勤勉,勇敢无畏,不屈不挠,尽管刚创业时资源贫乏,也没有经验,但通常商业上小有成就(大部分经营饭店,糖果店和酒店)","他们个人主义观念强且排外"。(1942:7－25)

　　20世纪50年代,罗森(Rosen)(1956、1959)研究了六个群体的相对向上社会流动性——希腊人、犹太人、白人新教徒、法裔加拿大人、意大利人和黑人,发现前三个群体因为有着他所谓的成就动机、成就价值和教育渴望,流动性比后三个群体更高。20世纪60年代,人类学家奥斯卡·李维斯(Oscar

Lewis)(1959、1966)在试图解释某些群体中存在的持续性贫穷时,为这一说法发展出另一个变量:贫穷文化(the culture of poverty thesis)。长时间生活在贫困之中会变成一种文化,后代们在这种文化中成长,很难从中逃离。瓦格利(Wagley)和哈里斯(Harris)将"适应能力"作为解释依据。沿着这一思路,有的群体之所以能够比其他人更好适应外部环境、在教育方面和劳动力市场上表现更佳,是因为他们的文化价值已经让他们做好了准备。他们认为,法裔加拿大人和犹太人文化比加拿大本土和"黑人"文化有更强的适应能力。因此,前两个群体的社会 – 经济地位比后两个要高。

在20世纪60年代,约翰·波特(John Porter)在他的著作《垂直马赛克》中,也依赖于从文化方面寻找解释,尽管他在解释收入不平等时强调结构条件(structural conditions)。他区分了行为同化(获得主流群体文化价值观)和结构同化(少数群体融入某国的经济、社会和政治生活)。他认为族群依附(ethnic affiliation)是社会阶层的决定因素之一,它影响了某些群体的向上流动,部分原因在于他们并未在文化上被加拿大资本主义的发展这一新环境所同化。这就是他著名的流动受阻观点(blocked mobility thesis)。

尽管这一方法现在不像以前那么受欢迎,但在讨论族群、"种族"和社会不平等的关系时,它还是很重要。在第八章中,我们会深入讨论这种方法在今天是如何来解释为什么土著在社会 – 经济成就方面持续落后于其他加拿大人。但就目前来说,对这种方法略作评价是非常有用的。

罗森论断的问题之一是他并未调查或者展示他研究群体的组内差异。是不是所有的希腊人在他的量表上都能表现优秀? 是不是所有的法裔加拿大人都表现糟糕? 在他的样本中,是否存在高度积极主动的意大利人呢? 基于文化,我们怎么解释学习成绩优异的法裔加拿大人呢? 根据假设,如果群体的所有成员都有着同样的文化、成就动机、价值观和教育激励,那么在群体内就不应该存在任何差异。比如说,文化因素并没有解释为什么那些应当极富商业头脑的希腊裔加拿大人在工人阶层中人数众多、薪水微薄,有时薪水比那些"有色人种少数族裔"还要低(参见第五章)。尽管在加拿大的希腊人展现出对"勤劳工作和社会经济进步的喜爱",但并非所有"有竞争力"的希腊裔加拿大人在经济博弈中都能取得胜利。正如我们在第五章中所展示的那样,族群内部之间在社会经济成就上差异巨大。

文化毫无疑问,文化在族群的教育和收入潜力中发挥了一些作用。在每一种文化中,对教育、财富、荣誉和权力的重视都有着强大的信仰和信念。文化中还存在一些对社会和经济发展有利的习俗和社会规范。然而并非所有的族群群体成员都完全接受这些信念和规范——至少接受程度不一样。即使他们可能源于同一个"种族",但个人由于地区、时代、社会阶层、性别群体或职业的差异,在接受这些信念,习俗和规范会有所不同。就像我们在第一章沙非案件中所见,父母行为在维护家族荣誉时应当扮演什么角色以规范子女行为,这一点在阿富汗和穆斯林社区中分歧很大。

李胜生(Li,1999:10-13)列举了文化方法的其他缺陷。他认为,关于文化以及文化和族群之间的联系,有很多未加质询的假设。在人、文化和"国家"之间,并不存在简单对应关系。族群不等于文化,它们之间的联系也很薄弱(Li,1988)。另外,长达几个世纪的国际移民和殖民主义以及当代资本主义的发展导致社会群体内部及群体之间,国家内部及国家之间存在文化异质性(cultural heterogeneity)(Wallerstein,1979)。同属一块领土并没有文化同质性(cultural homogeneity)、共同文化、传统、祖先等等。有着共同起源的人并不一定就有相同的经历或文化。即使在族群或"种族"同质的社会——假设这些社会存在的话——在不同的性别群体、社会阶层、年龄段、地区中仍然存在文化差异。移民的价值观和信仰,或标志性的文化,即使能跟移入国社会的主流价值观"兼容",也不能单独用来解释为什么有的群体比其他群体表现优秀,或者为什么同一群体的一些成员比其他人表现优秀。文化的物质组成成分以及组成文化的经济、政治和社会条件的结构一直处于变化之中,这些结构条件在决定族群群体如何适应社会时发挥了巨大作用。最后,文化并不是静态的、整体的、统一的或者同质的。它是一系列社会过程和行为,是社会组成的个人对所处的不断变化着的外部环境(包括物质的和意识形态的)一种动态反应,很大程度上取决于已经存在的社会条件和结构。文化需要解释,但不能是同义重复,也就是说它即解释又被解释(Valentine,1968)。

比如说,在美国,路易质疑当代美国对亚裔美国人作为典型的移民成功事件的印象,通常,这一成功事件从文化角度来看是成功的。他同第二代华裔移民开展了大范围访谈,这些移民有的来自亨特学院(Hunter College),一所寂寂无闻的学习机构;有的来自哥伦比亚大学,一所知名常春藤盟校。所有学院的受访者生活在"城市飞地",比如曼哈顿唐人街或者法拉盛和布鲁克林族群混杂的社区。大部分哥大受访者在中产阶级聚集的郊区长大。路易发现在两个群体中,群体内的收入,居住社区和父母职业差异悬殊。她总结称,"种族"、性别和阶层在机会和选择上确实有影响。尽管大部分中国移民家庭重视高等教育,把它看成是反对潜在"种族"歧视的必要保障,但她发现阶层差异确实会决定学生享有不同的大学教育。父母毕业于中国国内一流大学或之后又来美深造的学生,父母工作是工程师、医生或律师的学生,以及父母居住在封闭社区的学生,他们更有可能进入常春藤盟校学习。而父母在中国国内只有高中学历的学生,他们的父母必须在本族群餐馆或者服装厂长时间工作,仅能负担得起在犹太社区公寓租住,这些学生上的是浪费时间的普通学校,经常转学,通常成绩糟糕,兄弟姐妹辍学,最终蹲监狱或死亡。

第五节　政治经济

在研究族群和"种族"问题时,政治经济研究角度构成了另外一个重要的理论方法。为了解释族群和"种族"这些术语的历史发展以及社会群体之间和群体内部的社会不平等,政治经济便结合起来分析问题。政治经济角度是一个涉及面广、内容丰富的语料库,具有以下特征:①它植根于马克思

（Marx）和韦伯互斥的理论以及它们在当代的变化理论及拥趸理论;②它侧重研究社会中个人和群体之间的经济,政治和意识形态权力的不同分配;③反过来,它又检查了基于私有财产所有权和拥有权的社会关系,以及这些社会关系的历史发展,众多意识形态和社会反映和/或体现;④它的方法都有一个重要前提,即人们在关于他们劳动的方法和对象以及在日常生活的生产和再生产过程中,会参与到有意义的社会行为和实践当中。

这个方法始于个人属于遗传性社会结构且这一结构产生并制约个人社会行为这一原则。这些结构包括那些建立在社会阶层关系、性别、族群或"种族"、年龄、性取向、身体健康和精神健康或疾病。财产、权力和其他资源的不同分布形成了社会既内在又凸显社会政治的特征。何人、何时、为何,以及怎样所有并占有何物是批判政治经济的重大关切（Satzewich,1999:314）。分析代际间这些资源的分配,对于理解社会不公也很必要。用马克思的话来解释就是,人生下来就处于社会关系并不均衡的关系网中,这些关系从父辈那里继承而来,除非他们理解这些关系,并试图改变这些关系,才能直接控制这些关系。尽管这些社会关系是可变的,但它需要持之以恒的社会行为,需要社会实践才能带来社会改变。

大体上,政治经济方法把族群和"种族"视为相互关联的概念。古登堡认为,"种族"（我们认为还有族群）不管是在韦伯的概念中还是马克思的概念中,都曾被用来当作社会地位。作为一种地位,它:

> ……是社会地位或等级的指标,由财富,教育,生活方式,语言能力,居住地点,消费能力或是否受人尊敬等标准反映。地位跟人们在社会系统中,相对于其他人地位的等级有关,这种等级跟自我概念和他人（正/负面）评价的结合有关。那些被认为是"模仿白人"（acting white）的人会被视为"白人"。（1993:69）

至少从历史上看,族群和"种族"曾被定义为阶级,并且通常与阶级相重叠。阶层既是群体间基本的经济关系,也是产生这些关系的结构性条件。主流阶层的社会组成与主流族群或"种族"群体相呼应。尽管族群或"种族"不能跟阶层画等号,但它们却密切相关。一个让政治经济理论家们非常感兴趣的问题是对于种族主义的解释。我们可以深入看看这些解释。

一、种族主义、资本主义和阶层关系

卡尔·马克思在对资本主义起源和资本主义社会怎样运行的分析中鲜少谈到种族主义。但是随后几代政治经济学家对种族主义和族群对抗给予了相当大的关注。政治经济学家认为,人们并不仅仅因为肤色不同而彼此讨厌,相反,在一些冲突例子中,族群和"种族"标志被用来表示"一些其他、更基础的现实"(Bonacich,1979:19)。那什么是"其他现实"?许多政治经济学家认为"种族问题开始表现为劳动力问题"(Bolaria and Li,1988:7)。政治经济学家认为不同群体之间之所以形成联系,不仅仅是因为人口的"简单"混合,而是因为与贸易、殖民、移民以及寻求产地和劳动力相关的经济诉求。这些受经济驱动的联系成为种族敌意和种族主义基础的重要组成部分。

早期的政治经济方法侧重种族主义和奴隶制的关系这一具体问题。奴隶制的出现,并不是因为认为"白色"人种存在优势,"黑色"人种低等,而是因为对廉价、不自由劳动力的需求。种族意识形态的发展为将一个群体的人——非洲人,分配到系统中不自由劳动力的位置。根据美国社会学家奥利弗·克伦威尔·科克斯(Oliver Cromwell Cox)的观点:

有时,或许因为奴隶贸易的明显特征,大家并没意识到它仅仅是为了开发美洲丰富的自然资源而招募劳动力的方式。这种贸易并不是因为印第安人是红色人种,非洲人是黑色人种而发展起来,而是因为他们是能在大西洋彼岸的矿区和种植园从事劳动强度大的最佳人选。

（1948：23）

种植园农场主和奴隶贸易商为了寻求价格低廉的劳动力资源,推行种族主义贬低非洲人种。种族主义为他们的剥削和不平等协议提供合理依据。政治经济学家认为,宣称某一群体在生物学上就比其他群体低等,为他们获得低廉的报酬、生活工作在恶劣环境提供了有力支撑。

阿什利·蒙塔古(Ashley Montagu,1964：50)的说法与此稍有出入,她主张种族主义的出现,恰好是关于奴隶制存在的严重道德和种族问题被提出的时候,也就是呼吁废除奴隶制的呼声在美国和欧洲开始常态化的时候。按照蒙塔古的说法:

> 只有当反对奴隶制非人道贸易的声音被人听见,当这些声音带来有影响力的人和组织时,处于防守状态的奴隶制支持者们不得不四处寻找新的理由,来反驳反对者们提出的危险论点。(1964：39)

蒙塔古认为,奴隶制的支持者紧紧抓住"种族"的概念,宣称黑人和白人天生在心理和生理方面有差异,黑人比白人低等:"事实上,'种族'是剥削阶层为了维护其从被认为是低等阶层身上获利而蓄意提出的概念。"(Montagu,1964：50)

显然,种族主义并没有随着奴隶制的消亡而结束。政治经济学家为了理解更多当代形式的种族主义,使用了广义上相似的论证。尽管形势不一样,但支撑种族主义的潜在力量却还是一样。对有些政治经济学家来说,种族主义被用来当作一种武器,极度剥削某一群体的工人,它也被雇主当作一种策略,区分和征服工人阶层(Castles and Kosack,1973)。资本家鼓吹种族歧视观点,人为地将不同群体的工人区别开来。通过长时间宣扬宗族优越性和劣等性,资本家在工人阶层内部散播不满情绪,分解团结的工人,从而更好地控制他们。依照这一方法,种族主义将工人们的注意力从造成他们社会经济问题的根源——资本主义上转移开,反而鼓励他们将彼此视为问题的症结。种族主义,换言之,转移了工人和其他人的注意力。正如博拉利亚和李胜生(Bolaria and Li)所描述的那样:

> 种族为低成本劳动力的产生提供了便利基础,种族歧视在阻止非白种工人离开恶劣工作时,成了有效障碍。……发达资本主义国家把移民当作雇佣和管理廉价劳动力供应的方法。流入发达国家的移民是来自前殖民地的非白种工人,除了常规移民,他们被雇佣为外籍工人、难民和非法移民。他们地位低下,造成这种现象的部分原因在于移民移入后的政治条件和法律条件,这使得他们非常容易受到剥削。(1988:36)

这种论点的问题之一是,鲜有证据表明种族主义是资本家的阴谋。同时它还错误地假设工人和工人运动是被由资本主义引发的意识形态所填充的空洞容器。

传统政治经济方法的其他研究者试图通过资本或劳动力动态的另一方面来解决这些问题。他们关注阶层冲突的动态,以及寻找种族主义的起源和发展的原因(Bonacich,1972、1976)。在资本主义社会,种族主义和族群对立随着资本家雇主、高薪劳动力和廉价劳动力之间关系的动态而出现。根据劳动力市场分割理论(split labour market theory),族群和"种族"冲突植根于劳动力价格差异(Bonacich,1979:19)。雇主试图以尽可能低的价格雇佣工人。由于历史原因,从农村地区来到城市地区或来自别国的工人经常以比当地工人和资深工人更低的价格提供劳动力。因为一些历史事件而非生物因素,非白种人扮演着廉价劳动力的角色,而白种人往往是高薪劳动力(Bonacich,1979:20)。这些低薪工人的存在对于高薪工人的社会经济地位造成了威胁,因为雇主试图以廉价劳动力取代昂贵劳动力。根据这一理论,高薪劳动力希望通过对低薪工人施加工作地点和工作环境的限制,减少竞争。"种族"敌对和排外行为随之产生,与此同时还有限制廉价劳动力,通常是非白种人劳动力的工作机会。种族主义和族群歧视是这类充满竞争的劳动力市场动态的副产品。

尽管分割的劳动力市场以多种形式存在于各地,但最极端的形式可能存在于种族隔离时期(1948—1994)的南非。种族隔离制度的特点是生活中各个方面都严格实行种族隔离——教育、工作、休闲和住所。虽然种族隔离系统的起源很复杂,但它产生自白种工人从与廉价黑人工人的竞争中寻求了保护,也使当权者和雇主相信严格维持种族隔离符合所有白种人的利益。在就业中,种族隔离制度使得报酬优渥的体面工作由白人来做,还导致了黑人和白人之间悬殊的工资差异。工作保留系统意味着在同一工作领域,黑人不能在白人之上,甚至在一些案例中,黑人被完全排除在某些工作职位之外(Marger,1997:406)。这种政策的后果之一是实质上消除穷困的白人阶层从南非社会中事实上被消除:种族隔离制度本质上其实是黑人补贴白人工资和为白人生活方式买单的政策。许多白人认为,他们的责任是控制国家、阻止"种族"摩擦和劣变,确保种族隔离是他们的责任(Thompson,1985,转引自 Marger,1997:409)。在博纳西奇(Bonacich)看来,与种族隔离关系一道的种族意识形态,本质上是为非洲黑人在白人手中遭受的不平等待遇正名。

加拿大的劳动力市场也有过分割现象(Makabe,1981),只是不如南非那么极端。加拿大的劳动力市场也存在不同程度的分化(Makable,1981),但是这种分化不如南非的极端。艾格尼丝·卡利斯特(Agnes Calliste)记录了20世纪早期和中期时加拿大铁路劳动力市场分化的形成和发展过程。她认为,男性黑人被限制在工资低的工作,如卧铺车搬运工,但是一些工资较高的工作,如卧铺车售票员只对男性白人开放。根据卡利斯特的观点,白人工会会员和雇主合谋将男性黑人排除在铁路高工资工作之外。因为男性黑人非常贫穷、急需工作,因此即便是工作地位低的工作他们也做,对白人来说,被黑人服侍是一种社会地位的象征。此外,因为当时加拿大白人和黑人的社会地位存在差距,即便白人乘坐火车时言行失检,也不用担心此举带来的社会影响(Calliste,1987:3)。

即便劳动力市场分化理论比早期的种族主义之政治经济分析更加令人信服,该理论也存在自身的历史局限性。尽管劳动力市场分化理论有助于理解和分析以往的种族主义,种族就业歧视现在难以在一些国家存在和实施,例如在加拿大,一些国内和国际人权标准阻止了明确地将一个族群或"种族"置于劣势的政策和做法。事实上,根据卡利斯特的观点,黑人工人已经运用1953年平等就业实施法(1953 Fair Employment Practices Act)挑战铁路工会和铁路雇主的歧视性行为。

二、政治经济简缩版

传统的政治经济在工人利益和/或资本家利益之间找出决定性的联系,探讨社会不平等的模式,尽管它已经不再适合解释当前种族主义的表现形式和政治经济的软性方面,即注重种族主义的形式、更广泛的以物质为基础划分的阶级之间的关系,以及和当今世界紧密相关的社会冲突。不同族权间的经济合同,对市场、工作、住房以及其他资源的争夺经常导致冲突和仇恨(Mitchell,2004)。例如,皮特·李(Peter Li)(1998a)认为,加拿大大城市时不时地对"种族商场"发展的争论反映了底层人民的活力以及建立在阶级基础之上的仇恨。此外,1995年安大略省马卡姆(Markham)副市长指出,该市华人不断集聚,以满足华人社区为目标的商场不断发展,造成了社会冲突,导致了该市白人人口的流失。副市长号召限制城市中非英语标语的使用。根据李的理论(1998a,147),对华人企业的敌对和白人与华人居民之间原始的、"天然的"敌意基本毫无联系。相反,这主要和中国商人在郊区商业上取得成功而其他小型企业却难以生存有关。这种敌意多少反映了白人商人对自己无法在充满竞争和不断变化的市场上生存的恐惧和忧虑。

从这个角度来看,种族主义不仅仅是一个飘浮和独立于社会关系与冲突之外的概念。相反,种族主义构成了一种解读方式,用以诠释人们每日面对的生活、经历、人际关系、冲突和矛盾。换句话说,人们使用自己和他人的

"种族"或者生物文化特性来诠释这个复杂多变的世界所发生的种种事情。

这个角度让我们可以认真看待种族主义,并非一定对种族主义的动机或者结果抱有偏见。如果族权中的生物特性和文化特性至上观点能让世界变得有意义,那么我们就需要理解提出这些观点的人的动机和思想。我们也需要承认这些观点没有社会倾向性。种族主义可以造成许多后果,这些后果取决于社会背景,个人和组织给他人强加思想的权力以及人们对种族主义的抵抗程度。

第六节　跨界分析(Intersectional Analysis)

如今,许多调查者都拒斥种族隔离或者跨界研究方法(Stasiulis,1990、1999)。这种研究角度承认了社会不平等问题的多面特性,并试图理解和解释阶级、性别、主要和次要的族群或"种族"形式之间的有活力的互动,以及人们经历事情不同方法的不同维度。据说,尽管这些维度分析起来是清楚的,它们的概念化特征如彼此联系密切、互为决定因素、增强类别特征和互相关联等对社会分析来说至关重要(Fleras,2012)。虽然人们对阶级、性别、族群或"种族"的含义和意义看法不一,这三者已经被加拿大社会调查人员奉为圭臬,阿格纽如是说(Agnew,1996:3)。审视社会不平等问题时,现在的调查人员主张将以上三者考虑在内。例如,与非女性移民做比较时,一些有质性研究传统(qualitative tradition)的研究者主要检查了女性移民(有"色"女性移民)的经历,以及她们经历的与非移民女性不同的种族主义(Ralston,1991;Agnew,1996)。这种方法的中心论点,除阶级和性别因素之外,族群或"种族"是影响个体和/或群体特征的基本因素。拉斯顿采访女性移民之后发现,移民女性的"种族"、阶层及语言相互关联,并对她们的日常生活产生重大的负面影响;阶级、性别和"种族"是少数族裔面临的多重危机的基础;多种因素共同造成了女性移民和非女性移民不同的工作经历(Ralston,

1991:131)。阿格纽(Agnew,1996)对加拿大的女性主义运动非常感兴趣,他调查了"种族"、阶级和性别对亚裔女性移民、非裔女性移民以及加勒比裔女性移民生活的复杂影响。她认为,这"三种因素的组合"(trio)为女性移民的政治运动提供了多种基础支撑,而这对社会实践和社会变化是至关重要的。

不幸的是,哪一个造成社会不平等的基础对个体或者群体身份、生活经历、社会地位影响最大,而人们对此意见不一。例如,斯塔索利斯(Stasiulis,1990、1999)认为,一些黑人女性主义者将"种族"而非性别视为自己遭受压迫的主要原因。在"白人"女性主义者看来,性别的重要性高于"种族"。马克思主义者和新马克思主义者认为,阶级是社会不平等问题的主要根源。斯塔索利斯认为,最近在"白人"女性主义者中出现的阶级、性别、"种族"或族群交叉理论绝没有占据主导地位。在他看来,女性阶级和"种族"差异性只是"象征性的说法",他力促调查人员避免"种族"和性别本质主义(Jhappan,1996)。许多类似的方法忽略了"种族"、阶级、性别等因素的同时存在性和相互交叉性,在别的因素占统治地位的背景下,这是不对的(Stasiulis,1999:348)。

从概念上讲,新型交叉理论的主要论点应该在于理解种族主义、性别主义、阶级剥削是同时存在的,以及在特权和压迫并存的体制内这几种因素相互交叉的事实(Stasiulis,1999:349)。值得一提的是,这种分析的过程中却忽略了阶级。尽管人们一直呼吁从三个维度分析社会不平等问题和相关的文化定义(Stasiulis,1999:378),很少有人从理论或者实践方面给出阶级和与阶级相关或者不相关内容的定义。许多人承认阶级在理论上的重要性,但是很少有人将此与实践有效结合。几乎没有人从性别和族群或"种族"因素分析不同阶级的"经历"。他们经常无法明确解释阶级如何与性别和族群或"种族"相互交叉,常常分不清"种族"和阶级。出生性别差异和"种族"或族群(即"有色"女性移民)的同化是关注的焦点,它要么认为所有的女性移民都是工人阶级的一员,要么没有分析到其他阶级的女性经历。正如吉哈潘(Jhappan)提醒我们的那样,并非所有的"白人"女性都是中产阶级(1966:

38），同样地，并非所有的"非白人"女性都是工人阶级。还存在着一小部分属于资产阶级的女性移民（"有色"或"白人"），资本主义女性移民和专业人才的女性移民如经理和总监，她们的社会经历和社会地位不同于工人阶级的女性移民，但是分析时她们却经常被忽视。吉哈潘认为，在"有色"女性的生活中，种族主义的重要性更加凸显（与哪个阶级相比呢？）"鉴于女性社会地位的不同以及她们置身的主流社会的差异性，这个问题是不是值得质疑呢？"（Jhappan，1996：32）。

阶级、性别和族群或"种族"相互联系，但是很难发现与这方面相关的量的研究（Li，1988，1992；Nakhaie，1999，2000 除外）。有关族群或"种族"中的性别的出生因素的实际阶级构成鲜有报道。借用斯塔索利斯的说法，任何和阶级有关的论述，只是"象征性提一下"。即便是有人将阶级考虑在自己的交叉（质的）分析中，他们也没有分析全部的阶级（Ng，1986，1991；Calliste，1991，1996）。如今人们一直认为，社会不平等的性别维度分析表明，性别关系不能被纳入或者完全被包含在阶级关系内（马克思）（Stasiulis，1990，1999；Boyd，1992；Li，1992；Krahn and Lowe，1993）。性别与族群或"种族"两个维度也不能完全包含阶级维度。但是我们需要忠实于一条重要的社会原则：社会系统内现象的具体性（McAll，1990：216）。是否将理论至上性归类于社会不平等问题的另一种维度这个问题本身就是错误的、误导人的。所有的阶级、性别和族群不平等都在加拿大社会构成中显露出来。因此，所有的维度都应该被拿来分析。加拿大的社会不仅是建立在性别和族群或"种族"之上；不仅是建立在种族主义和性别主义之上，更是建立在资本主义之上。

第七节　批判种族理论

从研究重点、而不是研究方法的角度看，批判种族理论（critical race theory，CRT）与重要的政治经济法和交叉分析法非常相近。这个方法非常多样化,着重于"种族"社会利益分配的不平等,如工作、教育、培训、住房、健康、日常护理和其他社会服务、法律体系及政策。因此,这种方法侧重与研究更广泛的国家经济和社会的不平等问题。尽管客观自由主义、精英制度、中立性以及无视肤色充斥于政府的言行中(以及社会意识形态中),尽管它们实际上倾向"白人",批判种族理论批评这些理论,认为这些都是值得质疑的。"种族"经常以不显眼的非种族语言的形式渗透于社会的方方面面,如政策、意识形态和价值观。从方法论的角度看,批判种族理论非常有趣,因为它坚信个人故事和少数族群的经历,构成社会事实,是非主观的,没有偏见的(Pizarro,1998)。

20世纪70年代,美国出现了批判种族理论,当时反种族主义的律师开始质疑法律体系及其对待最大"黑人"被告和犯人的方式。这些律师们关注"种族"公平。他们承认,尽管20世纪60年代末期在此方面取得了一些进展,美国的诉讼法律体系却反对有利于少数族群的激进的变革。种族主义变得很微妙,美国错综复杂的法律体系损害了弱势族群的权利。激进的律师和学者开始批评和挑战法律面前所谓的种族平等、自由理念,因为在中立原则的掩饰下,国内保守派的法官继续处处针对少数族群。

通常情况下,加拿大的律师不会打出"种族牌",加拿大的制度一般也是建立在法律面前种族平等的原则之上。加拿大法庭常常不会分析甚至是排除"种族"和种族主义的法文、案例以及加拿大法律体系中发挥的作用,许多"有色"法学者对此表示不满和沮丧。艾伟德(Alyward,1999)认为,尽管加拿大法律体系抹去了"种族"色彩,但是事实证明,在某些加拿大警察暴力案件和法官选举中,少数族裔在法庭上提出"种族问题"通常是奏效的。正如艾伟德(1999)所说的,加拿大最高法院表明,一个"正常人"(一个法官为黑人法官的案件)不会无视法律面前的种族平等事实,而是会注意到加拿大社会中广泛存在的种族主义。艾伟德号召法律面前种族平等与实际结合(行动):提高加拿大司法工作人员的"种族"意识。这是"种族"公平的前提。这不仅可以用以分析加拿大社会是如何按照种族来组织构建,是如何形成持久的社会等级,也可用以改造社会使之进步(Foster,2008)。

第八节　后殖民主义

在第一章中,我们简要论述了启蒙运动时期渗透于欧洲哲学界的关于"种族"和族群的主要思想。你可能会回想起欧洲封建王朝时期的"自我"和"他人",这两个术语涉及了欧洲殖民者的优越性和被殖民者的低劣性概念。一般认为,欧洲国家("白人")文明、理性、充满艺术感和自由;"有色"人种被认为不理性的野蛮人,生来就是要被奴役。在资本主义的发展过程中,这个想法非常关键:殖民地的自然资源因此被掠夺、当地文化被摧毁、殖民地的人民被剥削奴役。20世纪中期,众多殖民地纷纷挣脱欧洲帝国主义国家的统治获得独立——经常是通过武装反抗(如阿尔及利亚、安哥拉和越南)。20世纪60年代中期至70年代初期,殖民统治的历史走到了尽头。但是由于欧洲殖民者对原始殖民地经济、政治和文化的统治,兴起了一种新型殖民主义,即殖民地的新贵经常勾结原有的殖民者以及后来居上的美国人,以便在刚刚成立的国家中攫取政治和经济的控制权(这些国家包括拉丁美洲和中美洲、非洲、中东的远东地区等)。与此同时,这些新贵们在治理国家时,为原来的中心大城市的政治经济利益服务,尤其照顾那些大型跨国公司的利益。

一些第三世界国家刚刚赢得独立,在独立后的国家政权形成初期,本土文化也开始复兴,致力于探索本土文化的"灵魂"所在。国家特性这个问题也成了当务之急。后殖民时代这对阿尔及利亚人、印度人、越南人和巴西人意味着什么呢?许多曾为国家独立奋斗的知识分子通过阐述文学和艺术、殖民历史及遭受压迫的影响,成了当地政治和新思想中的杰出人物。这场知识分子的运动以后殖民主义著称。虽然许多著述不尽相同,但是后殖民理论有几个共同的理论渊源:即主要来源于福柯(Foucault)著作关于权力的论述、后结构解构主义（post - structural deconstruction）（例如 Derrida and Bar-thes）以及心理分析理论（例如 Lacan）。它主要关注种族主义的历史遗留问题、种族主义死而不僵的原因，以及种族主义如何改头换面继续存在于新生政权中。本书的目的不是详细阐述后殖民理论，而是提供一些基本参考信息，以方便读者了解"种族"和族群方面最新的理论和讨论。

这种研究思路的重点是，后殖民社会正在探索自己的特性，那些没有被泛化的欧洲中心论的损害的特性。即便殖民统治已不复存在，后来被殖民的国家也相继独立，但是殖民者在殖民地经济、政治和文化方面的影响无处不在。虽然独立不久的国家在经济、政治和社会生活方面已经发生了重大改变，但是这种改变的"意识"仍然存在。从某种程度上说，把殖民者踢出去是最容易的。但是想要将殖民者的文化知识影响也清除出去显然就困难很多。因此，后殖民主义就是一个不断抵制欧洲文化及其他方面霸权的过程（包括自我和他人的定义），在这个过程中，殖民地本土的、更加真实的特性得到重建。因此，新生政权面临许多复杂的问题：例如，语言和话语的运用及其含义（口语和书面语）；男性和女性的角色（女性自由解放）；国家主义（nationalism）（原有的文化应该被新型的"国家感"替代吗?）；混合多种文化的混杂主义（hybridism）（Ashcroft et al. ,2006）。在这个质疑的过程中（用文学审视文化），自我与他人概念的不一致甚至对立至关重要。后殖民主义造成了一种对立，这种对立是由殖民主义的抵抗产生出来的。这种对立使用了殖民者与被殖民者的概念，压迫者与被压迫者的概念，以及不同概念之间的关系；这种对立审视了改变者与被改变者之间的（文化上的）关系，一个人（自我）与他人之间的关系。

许多享誉国际的学者是后殖民主义研究的关键人物（Ashcroft et al. ,2006）。由于篇幅有限，本文不对他们的著作进行详细讨论，在这些名人中，有两位非常有影响力的学者：弗朗兹·法农（Frantz Fanon, 1961, 1967）和爱德华·萨义德（Edward Said, 1978）。

萨义德的作品《东方主义》（Orientalism）重点探讨文化和东西方关系的

历史。在他看来,东方主义(西方对阿拉伯世界的学术和文化研究)不仅是一种观点,更是被一个西方世界用来歪曲阿拉伯文化的强力有的政治武器。西方的基督教徒拥护自己的文化,对东方的伊斯兰教怀有敌意。而《东方主义》歪曲了阿拉伯文化,将之扭曲为集权、残暴和充满了异教徒色彩的文化,阿拉伯文化脱离了时空,被认为是永恒不变的,而且没有自我定义、不能自我管理甚至是"极端扭曲"的文化。对阿拉伯文化的这种描述主要出自18世纪启蒙运动的作家的观点,如我们之前讲到的吉本(Gibbon)。通过贬低阿拉伯文化,《东方主义》歌颂了欧洲文化和欧洲知识分子的优越性。长时间以来,这种比较文化的研究方法在西方世界被广泛使用,即通过扭曲阿拉伯文化(他人)来正面地塑造自己。萨义德的作品在后殖民主义研究中非常重要,因为它强烈批判了欧洲"视角",即欧洲人看待问题的方式以及欧洲国家对阿拉伯文化的蔑视。可以说,直至今日,很多描述阿拉伯与西方世界关系的理论都受到萨义德东方主义传统的批判。

弗朗兹·法农(Frantz Fanon)是一位开创者,他为之后的后殖民主义研究奠定了理论基础,激励了世界范围内的反殖民主义自由解放运动。法农坚定地主张(一语双关)殖民地人民使用暴力反对殖民者;他深信,殖民本身就是一个充满暴力的过程,这将会对被殖民者造成巨大的创伤。法农特别注意到了殖民者的语言及其代表的鄙视殖民本土文化的权力系统,这都是为了方便殖民者的语言以及帝国主义的文化习俗替代殖民地本土文化。例如,英语和法语成为强有力的主导语言,代替了日益衰微的本土语言。法农如是道:

> 在被殖民国家……警察和士兵经常会迅速采取出动,用步枪和凝固汽油弹与当地人"交流",一点也不含糊。显然,这里的政府代理人使用的语言代表了绝对的力量。负责上传下达的中间人既不帮助减轻镇压,也不否认政府的统治;他只是说出这些话,并将之付诸行动,他清楚地知道这样才会守卫和平;但正是这个中间人将暴力传播到了这个国

家,将暴力烙在了本地人的心中(Fanon,1961:38)。

那些"学习"压迫者的语言的本地人将会因此得到奖赏;拒绝学习的则会陷入贫穷和绝望。然而正是这些拒绝学习的本地人才有可能赶走殖民者。法农从心理分析的角度尝试去解释"白人""黑人"之间的关系,他认为殖民主义使得"黑人"感觉自己能力不足,低人一等,觉得"白人"高贵。"黑人"变得自己隔绝;他们丢失了他们本来的特性和文化。即便他们存在——他们作为人的定义(存在论),也只是"白人"统治、白人语言和白人文化的结果。"黑人"迷离在"白人"文化和自己的文化之间。他写道:

> ……说话就是存在,这句话似乎太模棱两可,不适合"黑人"。黑人有两种维度。一种是相对于自己人而言,一种是相对于白人而言。一个黑人的言行举止不同于另一个黑人。这种自我分裂(self - division)是殖民征服的直接后果,这是毫无疑问的……说话意味着使用句法、了解语言的词法,最重要的是它意味着认同一种文化,支撑文明的延续……使用一种语言就是在了解一种文化。安德列斯群岛的黑人,只要充分掌握语言这一文化工具,就会成为白人。我记得一年多前在里昂讲课时,我拿黑人诗歌和欧洲诗歌试着做了对比,在场的一名法国人激动地对我说:"说到底你还是一个白人。"能够通过白人的语言了解这样一个有趣的问题,让我成为荣誉市民(Fanon,1967:17 - 18,38)。

第九节 "白人特性"(Whiteness)

法农的著作对后代社会学家产生了深远影响,这些社会学家对将个人特性和集体特性与社会范围内的结构力量联系起来非常感兴趣。根据20世纪60年代法农和其他学者的著作,北美许多大学最近成立了很多学术机构部门和学科研究"白人"/"黑人"(自我－他人)的对立问题。英语、文化研究、历史、女性研究、地理、人类学、社会学以及跨学科项目等多个部门的同事通过以"白人"/"黑人"的对立为中心研究"劣等种族问题"(Inferior Others)的结构及其对少数族群的影响。反过来,这激起了许多人对"白人特性"的研究兴趣,"白人特性"不仅是一个社会特性,也是一种构造都市环境和理解社会关系的条件(Satzewich,2007)。将"白人特性"理解为一群人喜欢并必须具有的特性是历史学家的主要兴趣所在(Roediger,1991)。这种研究背后的主要动力在于人们对当前一种趋势的认可,这种趋势将"白人特性"与欧洲族源或者祖先代表着一个种族化的社会历史进程相等同。比如,欧米和怀南特(Omi and Winant,1986:65)认为美国政治文化中阶级和"种族"的形成过程产生了"一种种族排名体制化,它在欧洲以外而不是欧洲以内通过肤色划分等级"。但是雅各布森(Jacobson,1998:7)认为,在19世纪40年代和20世纪20年代的美国,"这种以肤色来划分等级的标准并不明显"。追溯两至三代,许多欧洲族群并不被认为是白人。在19世纪末期至20世纪初期的很长一段时间内,北美和欧洲的学者、政治家、工会领袖、商业精英和大众普遍认为欧洲是由多种"种族"组成的,这些"种族"彼此之间都有本质不同(Lorimer,1978)。分析科学、常识、政治还是流行文化的描绘时,从过去到现在,人们都不敢肯定地说欧洲是相同"种族"构成的。南欧和东欧地区的族群更倾向于同化其他"种族",西欧各国的工人阶级和农民也是如此(Guillaumin,1995;Miles and Brown,2003;Balibar and Wallerstein,1991;Bonnett,1998)。后来出现的欧洲各阶层和国民纷纷转变为"白人"的过程既不是自然发生的,也不是不可避免的。事实上,这是政治、经济和意识形态斗争的结果。

　　研究的第二个重点是将白人特性视作一种条件。白人特性的条件可以是一种"视角",即"白人"看待世界的方式并且作为一种"文化"、"白人"管理社会关系、制定政府政策的方式以及地理位置。加拿大地理学家安得利·小林(Audrey Kobayashi)和琳达·皮克(Linda Peake)认为,白人特性是:

……一套建立在存在但是不被认可的意识形态标准之上的文化习俗和政治。因此,它"排除了对目前状况的更为广泛的研究,也排除了改变它的行动"。(West,1993:39)

与其说白人特性因为种族主义而变得明显,不如说它忽略、甚至是否定了种族主义的倾向。通过去种族化和使日常事件和信仰正常化,使得它们成为自然的、普遍的道德体系的一部分,使之成为正统,牢牢占据中心地位……从地理上讲,人类与身边的环境互利互惠,相互改变,共同造就了相似并适合美学、方便实用、和谐的地形地貌,这些不是直接和"种族"联系在一起的,而是白人化的文化习俗产生的结果。(Kobayashi et al.,2000:394)

从这个方面看,白人视角的最主要特征之一就是拒绝承认种族主义,拒绝承认白人是现有世界,至少是在西方世界的最大受益者。社会的方方面面,包括某些公园、街区和私家住宅的外观(Mitchell,2004),包括律师事务所雇佣规则和职业医师的考证程序同主流的白人特性融合在一起,这种白人特性给白人带上了一个"看不见的特权背包",白人走到哪里就带到哪里。

近来学术圈中白人特性在"种族"和种族主义方面开始出现各种问题,这为新领域的研究开辟了道路。但是白人特性并不是没有争议的。白人特性是一个需要克服的客观条件,这个概念似乎是建立在对社会不平等问题以及资本主义社会的利弊的简单理解之上的。将白人特性概念化当成一个客观条件,其中包括特定的视角、文化和一套美学体系,使得问题更加复杂化了,因为这样同化了一群对"种族"问题有不同态度的族群。肤色是白色的人和族源是欧洲的人对少数族群以及和种族主义相关的问题的看法并不相同,他们对城市设计、风景、公共空间甚至瑜伽的态度也不尽相同。

专栏 2.2　白人喜欢的事：stuffwhitepeoplelike. com

"白人"文化存在吗？这个非官方的 Stuffwhitepeoplelike. com 网站列举了 130 多件白人喜爱的事情，包括农贸市场、电影节、咖啡、在音乐会上静静伫立。其中，排名第 19 位的是"旅行"。

#19 旅行

白人旅行分为两类——去第一世界国家和第三世界国家旅行。

第一世界国家一般指的是欧洲和日本，而且这种旅行不仅非常受到白人的喜爱，更是他们作为白人成长必需的事。

17～29 岁之间，每个白人都会至少去欧洲旅行一次。其间，他们经常背着背包、住青年旅舍、遇到来自爱尔兰、瑞典、意大利的人、共同开始美好经历、醉酒、参观古老的教堂、坐火车。

让人吃惊的是，几乎所有的白人都拥有类似的经历，而且每个人都觉得自己是第一个拥有此种体验的人。因此，他们回到了北美，想着把自己的经历写成小说或者剧本。

一回到家，他们就会去走访亲戚、寻找刚去过的旅行地的特产啤酒或者白酒。在酒吧时，他们借着这酒就会谈及自己旅游的经历。"噢！我有一瓶捷克比尔森啤酒。你知道吗，去斯洛文尼亚和捷克旅行时，那是我最喜欢的啤酒。"

白人旅行的第二种类型是去第三世界国家，即他们到泰国、非洲或者南美探险。因此，当他们遇到一个只去过欧洲旅行的人时，自己便有了谈资。

和去欧洲旅行的白人一样，他们也认为自己是第一个去第三世界国家旅行的白人。正是这样，他们觉得自己非常特殊而且非常重要。

不错，去一个国家旅行，坐汽车或者火车到处逛、待在酒店或者青年旅舍、吃饭——他们确实为这个世界做了一些重要的事情……

小 结

本章开始,我们提出许多有争议的问题,即如何理解在法国看起来是种族冲突的具体事件。我们认为,这些问题本身就非常有趣。同时这个问题又包含概念和理论含义。在描述世界上发生的事情时,我们使用的许多术语既有常识性的意义,又不乏科学的含义。再者,社会学家对世界上事情给出的诸多解释本身就是常识的一部分。尽管一个短语,如"种族冲突"看起来很浅显易懂,实际上它包含了概念和理论。

本书开篇就从概念和理论的角度展开,不一定是因为我们喜欢理论,而是因为分析社会事件和社会进程时,概念和理论都是离不开的。它们决定了我们如何定义、解释,甚至是预测世界上的事情。在接下来的章节中,我们为研究当代各种各样的事情以及历史事件提供了许多解释、讨论和方法,这些事件涉及理解加拿大移民、原住民以及族群和"种族"关系。

思考题

1. 一个法国人看起来怎样? 如果你是拥有社会学学士学位的记者,现在身处 2005 年法国巴黎动乱,你如何结束法国动乱的根源呢? 你会把它归根于游行者的身体特征、对伊斯兰教的恐惧、高失业率还是法国阿拉伯少数族群的贫穷? 抑或归根于他们的年龄还是法国政府的同化政策? 这些原因互不相容吗?

2. 从历史上看,为什么都是少数族群(而不是"种族"族群)在高呼国家和/或政权? 族群和国家政权之间的关系是什么? 国家政权有助于巩固族群吗?

3. 文化主义和原生主义以及社会生物学有关联吗? 怎样联系的呢? 阅读关于族群和"种族"群体的社会经济表现的文化主义言论,思考加拿大社会中支持和反对该论述的佐证。

4.原生主义和社会生物学如何解释日益增多的族外通婚？如果我们采用他们的族群和"种族"群体概念化，能够解释加拿大文化的多样性吗？相反，为什么有些族群的族内通婚很高？族内通婚的利弊是什么呢？

讨论题

1.托马斯（W. I. Thomas）和罗伯特·帕克（Robert Park）都是芝加哥学派的理论家。对比他们关于美国族群/"种族"的观点。根据你的理解，哪一位理论家更接近加拿大多元文化主义的模型，为什么？读完第七章之后，再回来看这个问题。

2.认真阅读关于文化主义和批判政治经济的章节。你觉得哪一种理论能更好地解释加拿大族群群体的社会经济表现，为什么？思考在什么情况下能够实现？

3.认真阅读关于批判种族理论和批判政治经济的章节。这些理论在哪些方面相似？批判种族理论是否近似于文化主义或政治经济？为什么？

4.认真阅读关于跨界分析的章节和判断哪种社会不公平现象会对族群的社会经济成就产生更重要的影响。到底是社会阶级、性别，或是族群/"种族"？请记住你的答案，在读完第五章后再重新研究这个问题。

延伸阅读

1. Back，Les，and John Solomos. 2009. *Theories of Race and Racism：A Reader，2nd edn.* London：Routledge.

该书包含了大量关于"种族"的理论和经验问题，是一部社会学读物，对古典和当代的理论均有涉及。

2. Jenkins，Richard 2008. Rethinking Ethnicity，2nd edn. London：Sage.

这是一本关于族群如何在各种社会和文化背景下工作的优秀文献综述。

3. Rex John. 1986. Race and Ethnicity. Milton Keynes: Open University Press.

这本篇幅不大的著作将族群和"种族"置于社会学理论中,研究了其与社会阶级的关系,并讨论了资本主义大都市中的殖民主义和种族主义问题。

4. Van den Berghe, Pierre. 1981. The Ethnic Phenomenon. New York: Elsevier.

该书作者根据群体的起源和"基因的自私"来解释族群和"种族"现象。这是一个有争议的社会生物学论点。对本书作者而言,族群和"种族"有着血缘关系元素的延伸关系,种族中心主义和种族主义被视为裙带关系的扩展形式。裙带关系在进化的"基因斗争"中得以立足。

相关网址

1. The 2005 Riots in Paris, France

http://en. wikipedia. org/wiki/2005_Paris_suburb_riots

该维基百科页面通过对时间轴和导火索事件的详细讨论,总结了2005年巴黎骚乱事件,同时还概述了骚乱的背景。

2. Glossary of Political Economy Terms

www. auburn. edu/ ~ johnspm/gloss

该网站由奥本大学的保罗·强生博士(Paul M. Johnson)创建,包含与政治经济学研究相关的术语定义。

3. Marxism Internet Archive

http://www. marxists. org/

该网站包含了卡尔·马克思的大部分作品的电子文件,还有众多著名马克思主义者的作品、历史档案、图书馆文献、各种主题的搜索引擎,以及百科全书。

4. Sociology Resource Blog

http://ysusociologyonline. blogspot. com/2010/12/pierre – van – den –

berghe – socio – biological. html

该博客页面提供了万·德·伯格有关族群裙带关系论文的摘要。博客包含了许多社会学的相关内容,它由亚美尼亚埃里温大学社会学系开设。

5. Stuff White People Like

http://stuffwhitepeoplelike. com/

这是一个恶搞"白色特性"的网站。网站的点击量超过 9000 万,现已发展成为一家销售 T 恤、海报和书籍的企业。

第三章　国家建立的动力

历史视野中的英法关系、原住民与非原住民关系和移民

学习目标

◎英裔加拿大精英和法裔加拿大精英在 18 世纪末和 19 世纪的居住地对当代加拿大社会仍有影响。

◎魁北克社会在 20 世纪上半叶呈现以劳动划分族群的特点:资本家讲英语、工人讲法语。

◎魁北克省政府掌管着自己的移民政策。

◎魁北克的移民融合政策被称为"跨文化主义",而在加拿大其他地区,其政策被称为"多元文化主义"。

◎民族社区和原住民在当代面临的许多问题都根源于历史进程以及政策制定者过去作出的决策。

◎加拿大原住民与非原住民关系的历史模式由一系列因素促成,包括种族主义、经济扩张和国家形成的过程。

◎与原住民签订的具有数十年历史的条约在今天仍有意义。

◎联邦政府的同化政策对原住民产生了各种负面影响。

◎多种因素塑造了加拿大移民管制的历史模式。

◎直到 20 世纪 60 年代,来加拿大的移民是否被接纳,都是依据带有种

族主义色彩的等级划分。

◎排斥来自某些国家的移民,其动机并不是由于心理上的不信任,而是出于更广泛的经济考虑。

◎加拿大在20世纪60年代放弃了移民政策中的"种族"歧视,这是意识形态、政治、经济因素相结合的结果。

第一节 引言

在加拿大,民族群体和原住民今天面临的许多问题和困难,其根源在于多年以前的政治经济决策、个人行为以及政府的政策措施。我们来看三个例子。第一,在过去的25年中,加拿大原住民"第一民族"针对渥太华的加拿大印第安及北方事务部提出了八百多项"具体索赔"(Frideres and Gadacz, 2012:226)。这些索赔围绕着几十年来对未履行的条约承诺的争议,以及由于政府疏忽或渎职而失去的保留地。

第二,20世纪70年代末,魁北克人党(PQ)在魁北克省获得的支持不断增加,导致了加拿大社会和政治格局的巨大变化。1997年,瑞内·莱维斯克(René Lévesque)领导的魁人党政府通过了"101法案",即法语宪章。该立法使法语成为魁北克法庭和立法机关的官方语言。根据该法案,如果父母中至少有一位在魁北克接受英语教育,这样的儿童接受英语的学校教育会受到一定限制。究其原因,讲法语的人在加拿大和北美都是少数,需要采取积极措施来保护该省的法语语言和文化(Denis,1999:189)。三年后,魁人党政府举行公投,让魁北克民众授权省政府与联邦政府就"主权–联合"构想——一种分离的形式进行谈判。即使在1980年公投中,有60%的魁北克民众投了否决票,魁人党仍然继续推动分离。1995年举行了第二次公投,反对分离的投票以微弱的优势占据多数。"101法案"的通过和1980年的第一次公投导致了1976年至1986年间,120000名讲英语的魁北克人离开该省

（Rudin，1993：345）。离开魁北克的人中，有很大一部分搬到了多伦多。加拿大许多主要公司的总部也是如此，如当时加拿大最大的保险公司永明（Sun Life）。这些公司将总部从蒙特利尔迁往多伦多，这样做是因为担心作为讲英语者所有的公司，公司及其员工会在魁北克省面临充满敌意的商业环境。诸如此类的围绕语言和文化的冲突有着悠久而复杂的历史根源，与加拿大成立的历史息息相关。正如我们在 2009 年夏天所看到的那样，暴力的威胁阻挠了魁北克城重现亚伯拉罕平原战役的计划。有人认为这将"庆祝"对新法兰西的征服。显然，对于那些特别在意本民族历史的人来说，祖先战败的历史，即使发生在 250 年前，也足够触动他们敏感的神经。

第三，加拿大一些民族社区的成员目前正在游说联邦政府对过去发生的事件进行道歉或给予赔偿：日裔加拿大人成功争取到了对二战期间本民族成员被扣押的平反和补偿（Omatsu，1992）；乌克兰裔就本民族成员在一战期间被扣押事件施压，并获得了道歉和补偿（Luciuk，1994）；华裔最近刚刚获得总理斯蒂芬·哈珀（Stephen Harper）的道歉，并获得了对 1885 年至 1923 年间强征中国移民人头税的赔偿（Li，1998a）；意大利裔也正在为本民族成员二战期间被扣押事件争取道歉和赔偿（Iacovetta and Ventresca，2000）。

这些例子作为本章的铺垫，说明了历史视野在理解当代族群和"种族"关系模式中的重要性，同时还指出，更广泛的族群和"种族"关系问题如何成为加拿大国家建立的核心。本章第一节关注英法关系，第二节关注原住民/非原住民关系的广泛模式，第三节关注移民管制的历史模式。

第二节　历史视野中的英法关系

"两个创始民族"的比喻是否准确描述了建立加拿大的历史力量，这一点引起了质疑。正如评论家所指出的，由原住民组成的第三个民族以及来自英国和法国以外的国家的移民也在建国中起了重要作用。然而与此同时,法国移民在魁北克的存在以及后来法国和英国移民及其后裔之间的关系模式,对加拿大的形成产生了深远影响。这些历史模式继续决定着这个国家族群和"种族"关系问题的发展。

一、征服

1763 年,英国在从法国手中夺得新法兰西的控制权后,他们得到的既有问题也有机遇。没有了法国的阻碍,英国可以进一步利用新世界的经济机遇,定居和殖民也将变得更容易。但是魁北克七万名讲法语的居民会怎么样呢?法国哲学家伏尔泰(Voltaire)带着嘲讽的语气说,丢了新法兰西也不是什么大损失,那不过是"几亩雪地"而已。由于英国的征服,许多讲法语的政治和经济精英纷纷离开,但是农民、天主教会官员和许多大地主都留下了(Beaujot and McQuillan, 1982:10 – 11)。1774 年英国议会通过《魁北克法案》时,英国当局担心与美洲殖民地之间将有一战。因此,为了控制魁北克,英国人在法律上承认庄园主的土地所有权,授予天主教会收取什一税的权力,并允许法国的民法在此实行。英国人希望这些措施能够满足大地主和天主教会代表的法裔精英阶层,使他们转而成为对广大法裔加拿大农民进行社会控制的代理人。美国殖民者则试图煽动加拿大人参与脱离英国统治的独立斗争,但很少有加拿大人,包括刚刚被征服的法裔加拿大人,愿意加入他们的事业。

二、英法关系的种族化理解

1783 年,英国在与美国殖民地的战争中战败,但却成功地控制了北美洲的北部。然而,英国人 1774 年在法裔加拿大社会建立的居所却成为困扰他们的难题,因为魁北克省内部、魁北克省与加拿大其他地区之间都出现了各种冲突(Whitaker, 1993:20 – 1)。在 19 世纪和 20 世纪初期,加拿大国内英国人和法国人之间的冲突通常被定义在"种族"层面。1837年,英国派德勒姆爵士(Lord Durham)来调查上加拿大和下加拿大的叛乱,他简洁地描述了这一"问题"的性质。他表示,在他开始调查之前:

> 我本以为会看到政府和一个民族之间的对抗:(然而事实上)我发现是两个国家在一片领土上交战。我看到的斗争不是出于原则,而是出于种族;我觉得试图改善法律或制度是无用的,除非我们能够先成功地终止下加拿大居民中法国人和英国人之间不共戴天的仇恨。(Durham,1963:22-3)

德勒姆爵士对魁北克"种族"问题的解释中并没有平等看待英法两个族群。即使他认为法裔"种族"的古怪品行也有些可取之处,但他仍认为法国人和他们的生活方式是"无可救药的劣等"(Durham,1963:216)。安德烈·西格弗里德(André Siegfried,1966)也倾向于散布这种责难,他在近六十年后写了《加拿大的种族问题》。其实问题不在于法裔"种族"的劣等,而在于他们与英裔"种族"间有着深刻的文化和语言差异。

三、从联邦建立到平静革命

随着1867年联邦的建立,主要经济力量往往控制在英国手中。但另一方面,法语也被认定为魁北克的官方语言。各省级政府(包括魁北克省政府)都被赋予了相当大的文化和教育权力。天主教会控制着教育和宗教事务以及世俗社会的其他许多方面。政治学家雷金纳德·惠特克(Whitaker Reginald,1993:22)将20世纪上半叶的魁北克社会描述为"资本家讲英语、工人讲法语"。然而到20世纪60年代初,天主教会对世俗社会的控制开始削弱,旧的精英阶层同盟开始崩溃。20世纪60年代出现了一场"平静革命",魁北克省的社会结构发生了巨大变化,包括教育系统的世俗化、公务员制度的改革、魁北克省各经济部门的国有化等。它也掀起了一场文化和语言的复兴(Whitaker,1993:23-4)。

平静革命的发生有许多原因,也带来了一些结果(Whitaker,1993)。其一是联邦内部越来越多的人支持魁北克省进一步独立。1995年关于主权的公投中,"否"占多数,暂时解决了分离问题。然而在省政和更宽泛的联邦与省份关系的背景下,下一次主权公投总是如同挥之不去的幽灵。20世纪70年代主权运动影响力不断增强带来的另一个结果是,魁北克有能力成功地通过谈判获得更多的权力。从至少两个方面来说,这对于理解当代移民和族群/"种族"关系的模式非常重要。

四、当代魁北克的移民与跨文化主义

第一,虽然省政府一直对移民事务有一定的管辖权,但魁北克省是唯一能够自己掌控这一政策领域的省份(Black and Hagen,1993)。1978年,魁北克政府与联邦政府达成协议,使该省在移民问题上有了一定支配权。到1991年,魁北克有了自己的移民政策,完全掌控了独立移民的选择以及移民的语言培训和适应方案(Black and Hagen,1993:280)。魁北克采用修订过的积分制来接纳工人到该省(加拿大除魁北克以外的地区使用的积分制度将在第四章中详细讨论)。魁北克移民政策的两个中心目标是增加省内讲法语移民的人数和推动经济发展。魁北克政府在法国巴黎、中国香港和墨西哥墨西哥城设有海外移民局,以招募移民和处理申请。

第二,魁北克和加拿大其他地区一样,也有一个旨在促进新移民融入该省的官方政策,加拿大移民政策被称作"多元文化主义",在魁北克省内则称作"跨文化主义"。这一点我们将在第五章中更详细地讨论。

第三节　历史视野中的原住民和非原住民关系

在联邦成立之前,一些欧洲国家在加拿大有自己的利益,这些利益是多样的。有些国家被东海岸以外水域的丰富鱼类资源吸引,有些国家对木材感兴趣,还有的国家对动物毛皮感兴趣。最终,在这些欧洲势力中,法国和英国成为加拿大的主要角逐者。两国的目光都聚焦在土地和水域所蕴含的丰富资源上,但他们最初开发和利用这些资源的方式有所不同。

简单来说,法国最初选择通过鼓励在加拿大(主要在圣劳伦斯河上游)建立法国人永久定居点来利用资源。英国人则选择通过沿主要航道和其他水域建立毛皮交易点来利用资源。在这些交易点工作的是英格兰、苏格兰和威尔士的工人和商人。最初,在加拿大建立殖民地并不是英国的首要考虑。

正如一些历史学家所指出的,原住民和欧洲移民、政府代表、传教士、毛皮商之间的早期关系是复杂的。虽然当时欧洲人对待第一民族的态度在今天看来确实是种族主义的,但这些态度和基于这些态度制定的政策由于两个因素而有所缓和。第一,各种原住民群体是法国和英国的重要军事盟友(Allen,1993);第二,欧洲人与第一民族之间在经济方面相互依存。由于原住民对毛皮贸易的成功和环境中的其他资源的开发至关重要,并帮助欧洲国家在北美建立军事霸权,因此对原住民的负面态度和对其民族进行社会转型的企图得到缓和。

相比于毛皮贸易衰落之后,在毛皮贸易期间,更强大的物质利益驱动着欧洲人善待原住民。除了作为重要的军事盟友外,原住民为欧洲毛皮商供应食品、衣服和其他货物,提供有价值的贸易商品,教给他们几个世纪以来积累的生存和运输的技能,从而对毛皮贸易中社会关系的重新建立起到关键作用。原住民不仅是有力的军事盟友,还是毛皮贸易运作的核心,这促使欧洲人对待他们时小心谨慎,甚至还带着一丝勉强的尊重。

一、1763 年皇家宣言的重要意义

1763 年英国在对加拿大的争夺中获胜后,英国当局不得不颁布更系统的政策,来处理与新领土上原住民的关系。这一政策在英王乔治三世发布的《1763 年皇家宣言》(Royal Proclamation of 1763)中阐明。一些法学家认为,它就像一个谈判达成的条约(Borrows,1997)。这一宣言为什么值得关注? 法律学者约翰·博罗斯(Borrows,1997:169)认为,原因在于从 1763 年直至今日,"皇家宣言衍生出的原则为加拿大条约签订工作提供了程序规则"(St. Germain,2001:1)。因此,宣言影响着后来政府决策者在处理与原住民关系中面临的策略、结构和选择。反过来,依据皇家宣言规定的原则所作的决策,直到今天仍然具有社会和政治的重要意义。

就我们的研究目的而言,皇家宣言有三个重要方面:第一,它承认原住民有权在美国阿巴拉契亚山脉以西的"印第安领土"以及在鲁珀特地区和魁北克老殖民地之外的加拿大境内定居(Frideres and Gadacz,2008:190;Borrows,1997:159 - 61)。英国人不得购置或定居于所谓的印第安领土。第二,宣言规定不经原住民同意,不得从他们手中取得土地。如果原住民要放弃土地,当局必须与他们达成协议并给予赔偿。第三,放弃土地的协议不得在原住民和欧洲人个人之间达成。土地要交给政府,然后政府才能将其定为王室领土、将其放弃或出售给他人(Borrows,1997:159 - 60)。

考虑到当时英国要优先解决的问题,公告中概述的原则有其意义。英国担心维持欧洲人定居点西部边界处殖民者和原住民之间的和平所要付出的金钱代价。英国希望通过规定欧洲人侵入"印第安领土"为非法,来降低边界冲突的可能性(St. Germain,2001:1 - 2)。虽然北美东部的土地已经涌入大量欧洲移民,北美西部的土地仍被认为对毛皮贸易很重要。因此,宣言强调北美西部地区的原住民应"不受打扰",以便他们能继续向商人提供毛皮和其他商品,这有助于支持毛皮贸易。

独立战争削弱了皇家宣言的地位。刚刚独立的美国政府不认为这个殖民地文件有约束力,所以根据自身的利益选择性地废除或维持宣言的内容。因此1776年以后,美国处理原住民问题的做法开始脱离了英国和加拿大原有的做法(St. Germain,2001:2-3)。

在加拿大,随着毛皮贸易的衰落和殖民压力的增加,皇家宣言中的承诺最终逐渐成为困扰当局的问题。承认原住民的土地所有权制约了西向扩张、经济发展和建国进程。不过,宣布的确提出了解决这个问题的方法草案,解决方法的形式是土地割让条约。

从英国/加拿大的角度来看,条约是关于如何剥夺原住民的土地所有权,以此为殖民据点的建立、经济扩张和加拿大国家的最终形成提供法律依据。加拿大政府在一些条约中明确表达了这些动机,例如在1899年与印第安人的克里(Cree)、贝瓦(Beaver)和奇帕维安部落(Chipewyan)达成的"条约8"。正如一位政府官员解释的那样,对于今天的阿尔伯塔省北部、不列颠哥伦比亚省和西北地区的南部等地的大部分地区,"女王陛下希望开放定居点、移民、贸易、旅游、采矿、伐木等"(Canada,1993:291)。

在加拿大,土地割让条约通常采取两种形式。在安大略省南部,大部分土地通过一次性现金付款的方式转让,但有时候格兰德河六部落等群体拥有提供给他们的保留地。例如,在1790年至1792年间,奥达瓦人和伯塔瓦托米人将伊利湖和泰晤士河之间约500万英亩的土地以约2400英镑的价格出售给政府(Dickason,1992:190)。

随着联邦建立后加拿大西部建立殖民据点的压力越来越大,政府签订条约的策略也发生了变化。政府认为,现金一次性支付太昂贵了,以永续年金形式支付较少的金额将是获取原住民土地更经济的方式。自1871年起,政府开始了一个声势浩大的条约签订过程,到1930年完成时,已经覆盖了安大略省北部、马尼托巴省、萨斯喀彻温省、阿尔伯塔省和今西北地区。1871年至1930年间商定的11个条约通常被称为"编号条约"(the numbered treaties)。出于种种原因,今天的不列颠哥伦比亚省和育空省大部分地区的原住民并未与政府达成条约①。

虽然条约的具体条款各不相同,但一般包括保留土地、现金年金和提供农具。例如,"条约8"规定设立保留地,每个五口之家分配一平方英里。以永续年金的形式,酋长每年获得25美元,其他族群成员则每年获得5美元。酋长每三年获得一套"合适的服装",签约后,他们得到一枚纪念章和一面旗帜(Canada,1993:292)。条约还规定,对于已经开始耕种或有意愿进行耕种的营居群成员,提供锄头、铲子、干草叉及其他农具。

条约也提到了一些在今天仍具有重要意义的权利和义务。例如,1876年在萨斯喀彻温省南部签订的"条约6"规定,在印第安事务办事处设立"药柜",其他条约则规定为印第安儿童的教育提供教师(Dickason,1992:282)。印第安人也被赋予在王室领地上狩猎、捕鱼和捕兽的权利。

二、条约的持续影响

这些有数十年历史的条约仍然对理解当代原住民/非原住民关系模式有多方面的影响。第一,原住民和联邦政府目前对条约条款的解释不能达成一致。联邦政府倾向于对条约中概述的义务进行狭义的、字面的解释。因此,在加拿大西部的许多保留地社区,今天仍然有一个"条约日",当天每个营居群成员都领到5美元。然而第一民族倾向于认为条约应该根据时代和社会标准的变迁来动态地解释。例如,加拿大西部一些第一民族的领导人将提供教师的承诺解释为一个支持原住民青年接受高等教育的愿望的长期规定(Satzewich and Wotherspoon,2000)。正是因此,有人主张政府对高等教育的支持其实是一项"条约权利"。

第二,政府的一些疏忽、渎职或无能导致了原住民社区没有得到他们按

---

① See Canada. Indian and Northern Affairs Canada. "Historical treaties of Canada." www. ainc-in-ac. gc. ca/al/hts/tgu/mps/htoc-eng. pdf. Reproduced with the permission of the Minister of Public Works and Government Services Canada,2012.

规定应该获得的土地数量。在一些情况下,联邦政府官员故意低估了营居群的人数,以减少分配的保留地面积;在其他情况下,他们只是马马虎虎地得出一个合适的人数,因为他们不会费心去把统计时不在社区的人也包括在内。一些第一民族社区目前正在寻求法律途径来解决这些历史遗留的错误或疏忽。

第三,尽管保留地应该以永续年金的形式提供给原住民,但很多时候印第安人是在被强迫或被欺骗的情况下放弃了部分保留地。在加拿大西部,政府官员往往对渴求土地、希望获得保留地社区范围内优质土地的农民给予积极的回应(Carter,1990:185 - 8)。这些保留地的"出让"现在成为法律纠纷的议题,当时的政府代表被指控没有在保护印第安人的利益和托管给他们的土地方面负起责任(Frideres & Gadacz,2008:229)。

第四,条约赋予印第安人进入王室领土并在此狩猎、捕鱼的权利。这些权利的限制(如果有的话)应该是什么,它们是否延伸到未与联邦政府代表达成条约的梅蒂斯人和无法律地位的印第安人,此类问题现在还有争议。

三、同化政策

从政府的角度看,条约解决了获得土地的问题,从而使经济发展和国家形成具有坚实的法律基础。然而条约并没有真正解决如何把原住民转化为翻版欧洲人的问题。也就是说,如何使原住民对生活、工作和财产持欧洲式的价值观、态度和取向?这让政府的同化政策有了用武之地。

19 世纪中叶,随着加拿大西部毛皮贸易开始衰落、设立殖民据点的需求愈发迫切,原住民越来越成为经济发展的累赘。虽然他们的技能和相关的生活方式对毛皮贸易有益,但欧洲当权者认为,当经济转向优先发展商品农业和资本主义工业时,原住民的文化没有得到很好的转变。事实上,他们作为土地所有者的身份和传统的生活方式成为社会经济发展的障碍。因此,虽然欧洲移民、毛皮贸易商、传教士、殖民地管理者和政府官员可能从早期接触的时候起就一直对原住民权利持种族主义和民族中心主义的态度,但直到 19 世纪中期,我们才真正看到更系统的种族主义观念的出现,以及旨在将原住民转化为类似欧洲裔加拿大人的政府立法和政策的产生。

19 世纪中期的一系列法律是 1876 年《印第安法案》的前身,它们的名字昭示着当时当权者如何看待原住民。例如,1857 年的《加拿大印第安部落渐进文明法案》明确提出,印第安人需要认真的指导,来改变他们的不文明状态。该法案并不很隐晦地指出,原住民及其文化有某些错误,但这些错误可以通过传教士和加拿大政府有心而仁慈的行动来纠正。

根据这些设想,联邦政府制定了一系列政策、战略和项目,将印第安人转变为基督徒,并教化和同化他们。根据原住民的性别和年龄,政府的原住民再社会化策略和方法有所不同。为实现这些目标,从 19 世纪末到 20 世纪 60 年代初,政府出台了一些旨在消灭传统文化和宗教习俗的政策和措施,包括寄宿学校制度。而到 20 世纪 60 年代初,联邦政府的官方措辞从"同化"转变为"融合"(一种微妙的、有人认为无意义的差别)。

消灭传统文化和宗教习俗是印第安事务部在 19 世纪末到 20 世纪中期的主要关注点(Pettipas,1994;Backhouse,1999)。原住民有一些毁伤身体的宗教仪式、崇拜非基督教标志和物品、似乎对私有财产的概念缺乏尊重,这令传教士感到厌恶(Titley,1986)。在他们的煽动下,诸如大草原上的太阳舞、不列颠哥伦比亚海岸的炫财冬宴等仪式成为政府监管和打压的对象(Pettipas,1994)。1895 年的《印第安法案》修正案规定,参与或协助组织下列活动的行为是可提起公诉的罪行:

> 任何以赠送、支付或回赠钱财、货物或任何形式的物品为特征的印第安节日、舞蹈或其他仪式,无论这些钱财、货物或物品的赠予是在庆祝活动发生前、过程中还是结束后;任何以伤害或损毁人和动物尸体或活体为特征的庆祝活动或舞蹈(引自 Backhouse,1999:63)。

仅仅是劝说并不总能成功地说服印第安人不去参与这些活动,所以对参与者实施监禁、剥夺政治地位和经济资源也被用来帮助消除这些行为(Backhouse,1999;Satzewich and Mahood,1994)。

值得注意的是,在这些国家和传教士主导的镇压中,印第安人并不是被动的受害者。他们继续私下参与这些活动,并改变一些做法,以便规避禁令。有时,他们还与当地社区的白人合作(特别是想在当地乡村集市上加入"异域情调"的印第安舞蹈的商人),在法庭上对立法提出异议(Backhouse,1999;Pettipas,1994)。

宗教和文化习俗的禁令是针对成年印第安人的,政府还采用了针对不同年龄层的再社会化策略。19 世纪 40 年代,加拿大东部成立了印第安儿童的工业学校,而所谓加拿大寄宿学校制度则是在尼古拉斯·达文(Nicholas Flood Davin)1879 年调查美国工业学校教育之后才建立的。分包契约是美国模式的一个特点,政府将人均补助拨给教会来经营学校,这令达文印象深刻(Titley,1986:75)。教会热切希望承担这一责任,因为这不但是收入的来源,而且可能带来新的基督教信徒。

寄宿学校制度以社会学家认为的"经典"再社会化方法为前提。正如在军队或异教徒中再社会化的情况一样,政府、宗教和教育官员们认识到,在一个与之前的生活方式联系最小的环境中完成印第安儿童的转型是最好的。也就是说,他们与朋友、家人、以往习俗习惯的接触受到严格限制。使孩子脱离家庭环境,将他们隔离在距离社区几百千米的学校,阻止儿童与家长和其他亲戚接触,政府和传教士试图通过这样的方式尽量减少来自家庭的关于得体行为的冲突观念。官员认为这种教育环境能够让他们放手去消除旧的文化、行为和身份认同,并为印第安儿童中塑造新的欧洲式和基督教的态度、行为和身份认同。

在 20 世纪 30 年代和 40 年代这项制度的高峰期,加拿大印第安入学儿童中约有一半都入读寄宿学校(residential schools)(Titley,1986)。其他孩子则入读日间学校,住在家里。到 20 世纪 50 年代和 60 年代,寄宿学校逐步被淘汰。

不幸的是,寄宿学校的许多孩子不仅仅是接受"3Rs"的教育。他们还必须进行艰苦的体力劳动,如砍木柴、洗衣服和种植农作物。一些孩子遭受了身心折磨和性虐待。许多第一民族成员和社区仍然承受着寄宿学校制度带来的创伤。由于年少时从未体验过正常的家庭生活,许多上过寄宿学校的人认为自己缺乏适当的为人父母的能力(Schissel and Wotherspoon,2003)。

与对条约的处理方式一样,过去政府为了教化和同化原住民而采取的策略、政策和做法在今天依然具有广泛而深刻的影响。寄宿学校为再社会化的努力往往是失败的。许多孩子成功保持了身份认同和对社区的感情,另一些经历过该制度的人最终成为社区的领导人,现在正在敦促联邦政府和教会对在寄宿学校犯下的错误给予赔偿。然而还有一些人遭受了寄宿学校带来的痛苦。截至 2001 年 1 月,已有 6700 名曾就读于寄宿学校的学生提起诉讼,预计未来还将有 15000 件此类诉讼。作为回应,当时的联邦政府建立了一个解决方案框架,其中包括一个替代的争议解决程序、健康支持、纪念活动、庭外和解和诉讼。近来,第一民族和印第安人议会与加拿大北方事务部缔结了一项协议,规定了与第一民族寄宿学校问题相关的赔偿、康复、纪念以及还原真相、达成和解的进程(Assembly of First Wations,2006)。

第八章将更详细地讨论当代原住民/非原住民关系模式。然而通过以上讨论可以看出,过去的决策、措施和政策仍然对今天的原住民/非原住民关系模式施加着压力。

第四节　历史视野中的移民

在联邦建立后的加拿大,决策者心目中对原住民的定位有些模糊。虽然决策者认为原住民和他们的文化是劣等的,但同时也认为可以将他们塑造成为近似理想或典型的"欧洲人"。不过加拿大的经济和政治精英们也明白,希望仅仅通过使"同化"了的原住民成为劳动力并鼓励他们成为商品农业农民,就能够进一步发展资本主义工业和商品农业,这是不切实际的。因此精英们意识到,必须大幅增加非原住民人口,才能使加拿大在经济、社会和政治上得到发展。

一个国家要增加人口有两种方式。一种是鼓励公民生育,而另一种增加加拿大人口的方式是鼓励移民,如图 3.2 所示。

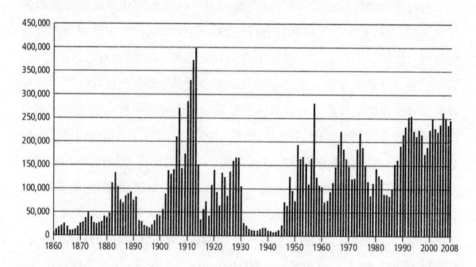

重要历史事件

·1896—1905 年:提供免费土地,开拓西部殖民地,吸引了大批来自英国、欧洲和美国的移民

·1906 年:《移民法案》

·1910 年:《移民法案》

·1913 年:400000 名移民到达加拿大

·1914—1918 年:第一次世界大战期间移民骤减

·1928 年:开放哈利法克斯 21 号码头,即加拿大的大西洋门户

·20 世纪 30 年代:大萧条期间移民数量极低

·20 世纪 40 年代:第二次世界大战期间及战后,约 48000 名战争新娘和她们的 22000 名子女来到加拿大

· 20 世纪 50 年代:加拿大接收了约 150 万欧洲移民

· 1952 年:《移民法案》

· 1956、1957 年:加拿大接收了 37500 名匈牙利难民

· 1962 年:出台新的移民规定,以消除基于"种族"、宗教和国籍的一切歧视

· 1967 年:政府修改了加拿大的移民政策,并引入了选拔技术工人和商业移民的积分制度

· 1968—1969 年:加拿大接收了 11000 名捷克斯洛伐克难民

· 1972 年:加拿大安置了 6175 名以上乌干达亚裔难民

· 1973 年:加拿大接收了 6000 多名智利人

· 1975—1978 年:加拿大安置了近 9000 名印度支那人

· 1976 年:《移民法案》

· 1979—1980 年:60000 名越南、柬埔寨、老挝难民(boat people,即乘难民船逃离祖国的东南亚难民)到达加拿大

· 1999 年:加拿大接收了 7000 多名科索沃人

· 2002 年:《移民和难民保护法》(IRPA)

图 3.2 1860—2008 年加拿大永久居民

来源:Canada. Citizenship and Immigration Canada. Immigration Overview, 2008. www. cic. gc. ca/english/resources/statistics/facts2008/permanent/index. asp#permanent. Reproduced with the permission of the Minister of Public Works and Government Services Canada, 2012.

一、对 20 世纪初移民管制的理解

　　加拿大的英国精英阶层很早就意识到,必须吸收外国移民,以增加人口规模,使加拿大成为繁荣的白人社会。所以与原住民/非原住民关系模式一样,移民进程也是国家形成进程的一部分。移民并不仅仅被视为经济动力,其主要价值在于贡献劳动力。政府也希望移民成为永久定居者,带来或组建家庭,并最终承担公民权利和责任。因此,移民政策中一直存在着固有的矛盾(今天依然存在),是将移民作为解决短期劳动力市场问题的便利工具

看待和利用,还是将他们视为有助于再现更广泛的社会和政治关系的个人和家庭、社区成员。

多年以来,各种相互竞争的社会力量和意识形态影响了移民招募、选拔和管制的过程。有些雇主想要廉价劳动力,无论他们来自哪里;社会纯洁主义者关注潜在移民的道德素质;政客关心选票,想赢得选举;警察关心维持秩序、打击移民中实际的和设想的犯罪行为;医生担心移民带来的公共卫生问题;政府官僚关心教育和同化大批新移民,使之转化为公民;工人担心对稀缺的工作机会的竞争;移民自身则想摆脱贫困和政治压迫,建立新的生活,并把其他家庭成员带到加拿大。

此外,广泛的加拿大社会典型群体关注新移民的族群和"种族"特征,包括他们的"外国"语言、习俗和思想,关注接纳来自世界陌生地区的新移民是否有利于加拿大的长期利益。因此,移民招募、选拔和管制是矛盾的焦点。社会对阶级、性别和族群/"种族"能力的定义决定了移民的决策、政策和做法:谁应该被接纳、在什么条件下可以被接纳、谁应该被排除在外。

一些评论家关注后联邦时代移民管制和移民政策的种族主义本质(Henry and Tator,2010)。这一关注点并没有错,但更广泛的考虑因素,如阶级、性别、健康以及政治安全,在规范加拿大移民流动方面也发挥了重要作用。这些因素说明了从国家形成进程角度看待国际人口移徙的重要性。

广义的阶级背景是后联邦移民政策的早期关注焦点。例如,加拿大政界人士担心,英国向加拿大倾倒贫穷和失业的剩余人口,因此在1879年颁布立法,防止英国贫民移民到加拿大(Knowles,1992:47)。另外,在20世纪初,移民官员特别愿意招收具有农业背景的移民,因为他们能更容易地在加拿大草原上建立起农庄。同时,铁路、采矿和木材公司希望招募那些吃苦耐劳的赤贫移民,他们能够以相对较低的酬劳从事各种特别需要体力的工作(Avery,1995:30-1)。

被认为道德品质有问题的妇女不允许移民。例如,1910年的《移民法案》(Immigration Act of 1910)禁止"妓女、为任何不道德目的前往加拿大的妇女或女童、皮条客或以卖淫活动为生的人……企图将娼妓带到加拿大的人、以卖淫或其他不道德行为为目的的妇女或女童"进入加拿大（Roberts，1988：12 - 13）。"不道德的"目的的定义一度扩大到私奔到加拿大的男女（Roberts，1988：17）。

身体和"精神"健康的概念也影响着移民准入。1910 年的《移民法案》禁止以下人群进入加拿大：①"有精神缺陷者"，其中包括被定义为"白痴、低能、弱智、癫痫和有精神病"的人；②"有疾病者"，其中包括患有"令人恶心的或传染性疾病"的人；③"有身体缺陷者"，包括"聋哑人、盲人或其他残疾人"（McLaren，1990：56）。

政治忠诚也是移民管控的重要标准。1919 年《移民法案》修正案将以下行为定为驱逐出境的理由：

> 在加拿大境内以言论或行为试图暴力推翻大不列颠与爱尔兰联合王国或加拿大及其任何一个省份的政府或现行法律和当局，或任何国王的其他领土、殖民地、属地或附属国政府；鼓吹暗杀上述政府的官员或任何外国政府的官员；在加拿大支持或提议非法毁坏财产的行为，或以言论或行为制造或企图制造暴乱或公众骚乱；未经合法授权取得加拿大或其任何地区的政府的任何权力；被普遍认为属于或怀疑属于任何敲诈勒索钱财的秘密社团或组织；隶属于任何不信任政府或教唆怀疑政府的组织。有上述行为者应依据本法案被认定为违禁的或不受欢迎的类型，应当被驱逐出境（转引自 Roberts，1988：19）。

如何评估一个人是否对加拿大构成政治威胁是根据情况而改变的。有时，定义不明确的"激进劳动者"也被禁止入境。二战后初期，加拿大禁止纳粹、战犯、共产党和同情共产党的人入境（Avery，1995：126 - 43）。

族群和"种族"也至关重要。在 20 世纪的前 60 年中，政府不断致力于管控那些由于"种族"、民族或原籍国而被认定为不合适的人的移民。对移民的社会评价是基于种族主义色彩的受欢迎程度分级,一些群体被认为既是优秀的劳动者又是理想的未来公民,应该鼓励他们移民;有些群体则被认为从"种族"上来看不适合在加拿大生活,应该被禁止移民;还有些群体则是"介于两者之间",虽然这些人短期内可能给加拿大造成某些问题,但可以作为万不得已的选择。在这种制度化的种族主义(institutional racism)背景下,英国人、美国白人和北欧移民处于等级的顶端。20 世纪初颇具影响力的移民问题评论家伍兹沃斯(J. S. Woodsworth)曾经提出美国白人是否是"理想移民"的问题。他毫不怀疑地回答了自己的问题:

> 是的。他们大多数到来时都很"富裕",而且一定会"适应环境"。他们中的大多数人与我们加拿大人相当。当然,他们不是大英帝国的臣民,有些则不愿承认效忠爱德华七世。但毕竟国王远在英国。他们很快就会成为优秀的加拿大公民。他们的孩子将会成为忠实的英国臣民(Woodsworth,1972:65)。

但是来自"优先"国家的移民也不一定拿到通用的"自由通行证"。加拿大官员积极阻拦非洲裔美国人向北部边界迁移(Shepard,1991:30 - 1)。有时,弱势阶级的背景可能会抵消民族/"种族"的特权。例如,伍兹沃斯这样评论英格兰的工人阶级:

> 一般来说,苏格兰人、爱尔兰人和威尔士人都很顺利。而很多失败的例子出现在英格兰人中。这一定程度上是由于一个既是优点又是弱点的民族特征,即缺乏适应性。有人说"英格兰人是讲英语的民族里最不容易被同化的"。但问题主要在于移民的阶级。加拿大需要的是农民和工人,这些人应该有应变力和进取心。英格兰送来的人大部分是城市里的失败者。我们的城市对工匠的需求有限。许多移民都是英格兰工厂和商店淘汰下来的人。这些人不能与其他讲英语的人竞争,往

往也不能与不讲英语的人竞争,尽管后者不懂英语是个劣势。(Wood-sworth,1972:47 – 8)

东欧和南欧人是"介于中间的人"。"白种人"与"非白种人"的"种族"区别在今天看来似乎相当明显、不言而喻,但在 19 世纪末到 20 世纪初,"欧洲(即白种人)"的范围并不清晰。在美国和加拿大(Roediger,1991),当移民的出生地接近欧洲南部和东部边缘时,对移民的社会需求度评估就变得更加模糊和苛刻(Satzewich,2000;Petryshyn,1991)。

像其他移民一样,来自东欧和南欧的移民在加拿大既有支持者和也有贬低者。铁路公司想要东欧移民,因为他们帮助建设西部殖民地,并为加拿大东西部间的铁路交通提供了市场。

知名的东欧移民支持者包括克里福德·西弗顿(Clifford Sifton),温尼伯自由报编辑、20 世纪初内务部长。西弗顿迫切希望大量农民定居加拿大西部,他认为东欧男女及其家庭具有独一无二的、似乎"种族"天赋的能力,能在土地上努力劳作。

然而其他人则不太愿意接收来自欧洲南部和东部边缘的移民。他们说着不熟悉的语言,有些人被他们真实的或设想的习俗习惯所冒犯。提到来自南欧的移民,1914 年一位来自安大略省的议会议员指出,"我们不希望在这个国家有一个风琴师和香蕉贩子的民族"(McLaren,1990:49)。另一位评论家更是断言:

在欧洲大陆从东北向西南的画一条线,将斯堪的纳维亚半岛、不列颠群岛、德国、法国与俄罗斯、奥匈帝国、意大利、土耳其分开,这样分开的不仅是不同的种族,也是不同的文明。它将代议制和民选政府与绝对君主制分开;将文化普及的地区与文盲占多数的地区分开;将制造业国家、先进农业、熟练工人与原始手工业、落后农业、欠熟练的工人分开;将有文化、知节俭的农民与刚刚摆脱农奴制的农民分开;将日耳曼人与

拉丁人、斯拉夫人、犹太人和蒙古族人分开。（转引自 Osborne,1991：84）

东欧人在草原上的集体定居点引起了批评者的特别关注（Lehr,1991；Kaye,1964）。相比于移居到土地更优质但离家人和同族人较远的地区，许多东欧移民更愿意定居在靠近彼此的地方，以获得社会、经济和心理上的支持。在某些方面，集体定居点使得政府的殖民地工作更容易开展。懂该地区主要民族语言的教师可以派到学校，帮助将儿童转变为"加拿大人"，政府提供的与族群有关的一些服务也可以更加高效（Kaye and Swyripa,1982：46）。然而批评者认为集体定居点为移民提供了保留语言和习俗的机会。这些族群殖民地的形成也被认为阻碍了更优质的移民定居。1899 年，《温尼伯电报》指出了这给英国移民带来的不适：

> 不幸的移民发现自己被一大群种族、语言和宗教方面和野蛮人差不多的人包围了，那些人的习俗令人反感，道德令人憎恶。社会交往是不可能的，英国人在该地区进一步定居的所有希望都化为泡影；他们在自己的国家成了异族人。留给他们的只有在英国的土地上一生屈辱的流亡，好像被驱逐到西伯利亚一样。（转引自 Lehr,1991：40）

报纸认为，集体定居点的形成是同化的一大障碍，应该被积极遏制。在一定程度上，这些担忧与今天对移民的异议有些相似：过多的移民在多伦多、蒙特利尔、温哥华这样的地方定居并形成"民族聚居区"，阻碍了他们同化并融入更广阔的社会。

不受欢迎移民排行榜末端的则是非欧洲人和非白人群体，他们被认定为不能被同化、不适合成为永久移民。二战前的移民法律力图将各种"明显的少数民族"群体挡在国门外、限制那些成功留下来的"不受欢迎"的移民的公民权利和政治经济权利。

19世纪80年代,为了寻找廉价的一次性劳动力来修建横贯大陆的铁路,急需劳力的承包商开始鼓励中国男性来加拿大。1880年至1884年间,约15700名中国移民抵达加拿大(主要是不列颠哥伦比亚省),从事铁路建设工作。这些工人以及随后到来的华工很快就陷入了以工商业为基础的亲华移民和以工人阶级为基础的反华移民的激烈交锋中。本土保护主义者、工会和其他工人阶级组织担心劳动力市场的竞争,担心华人的涌入会淡化不列颠哥伦比亚省以白人和英国文化为主的特征,他们与想继续招募中国劳工的资本家形成了对立(Roy,1989)。

处于两股力量夹缝中的政府试图解决这一冲突,方法是向中国移民敞开大门,但同时又制造障碍、降低移民率。政府需要做出"有所作为"的姿态来安抚具有政治影响力的反华力量,但同时也不想因为切断宝贵的劳动力来源而被不列颠哥伦比亚和其他地方的工商业主敌视。政府的首选解决办法是臭名昭著的"华人人头税"(Chinese head tax),这是中国男女工人及其家庭成员抵达加拿大时必须向政府缴纳的一笔钱。1885年首次出台的人头税固定在每人50美元。1900年增加到100美元。到了1903年,则增加到每人500美元。人头税可能减缓了中国人移民加拿大的速度,但并没有制止这种移民。事实上,在人头税生效期间,联邦政府共收取了大约2300万美元(Li,1998a:42)。最终中国人受到排挤,压力之下他们向加拿大继续移民受到阻碍,就业机会受到限制。到1923年,限制主义者赢得了关于中国移民的争论,政府推出了《华人移民法》,直到二战结束后一直禁止中国劳工继续移民(Li,1998a:89)。

与对待其他移民一样,在管理中国移民时,阶级背景和性别也有重要影响。拥有财富和资本、有兴趣在加拿大投资或做生意的中国移民被免除了人头税,也不受华人移民法的排华条款的制约。中国籍商人在1923年后仍然可以来加拿大,尽管很少有人来。享受这一待遇的还有外交使团、学生和加拿大出生的"父母为华裔血统"的儿童(Li,1998a:35)。

然而中国妇女作为特别关注的对象,陷于矛盾之中。一些政府官员担心"种族混合"。他们认为,加拿大的早期中国社区中缺少妇女,这将不可避免地导致这些社区内的男性"勾引白人妇女"。此外,中国男性和白人女性通婚最终会导致白人"种族"的"退化"(Dua,2004)。因此一些人认为,应该鼓励中国妇女移民,因为中国男性会与她们组建家庭,从而防止未来的"种族混合"。但是与此同时,中国妇女的出现也被认为会导致加拿大"外来"文化的再现。一些加拿大移民官员担心第二代中国人的出现,力图遏制中国妇女移民到加拿大。他们预计,中国妇女一旦来到加拿大,她们会嫁给"同类"的男性,在这里生育子女并"繁衍种族",从而削弱加拿大作为白人移民国家的地位(Dua,2004)。

来自印度的移民也是 20 世纪初受到关注的对象。与当时其他移民潮一样,印度的贫困农民也在寻找摆脱国内困境的途径,因此加拿大被视为一个诱人的选择。到 1908 年,5000 名来自印度的移民抵达加拿大。此后,印度移民便成为当时普遍的反移民情绪针对的对象。然而像中国人一样,印度移民在不列颠哥伦比亚省的工商业界有一些支持者。轮船公司老板从印度移民支付的船票中赚钱,而木材和矿业公司一直在寻求更廉价更好剥削的劳动力来源(Basran and Bolaria,2003)。

然而出于国际政治的考虑,加拿大对印度移民的监管比对中国人更为复杂。反华的立法是公然地"反华",而反印度的立法则更为微妙,这是由于印度作为大英帝国的一部分,与加拿大存在联系。理论上说,大英帝国的官方原则之一是"不以种族或肤色而区别对待"(Bolaria and Li,1988:169)。加拿大政府担心,公然反对印度移民的立法将会令英国人难堪,危及他们在印度的权威。因此,加拿大政府选择了看似"种族"上中立的立法,实际上却是专门用于阻止印度人进一步移民加拿大。1910 年 5 月 9 日通过的枢密院令包括了今天所谓的"连续航行规定":

自即日起,任何移民必须从其出生国或国籍所属国连续航行直达加拿大,且船票只能在该国家购买或在加拿大预付,否则不得在加拿大

登陆。（转引自 Basran and Bolaria,2003:99）

虽然从表面上看,该枢密院令的措辞似乎与印度移民无关,但看似种族中立的语言,其实际目的是减少印度人进一步移民加拿大。该立法通过的同时,加拿大政府说服加拿大轮船公司停止加拿大和印度之间的直航业务,这绝非巧合。在这种情况下,想要前往加拿大的印度人必须通过中国香港、日本、美国夏威夷等地才能到达,而根据枢密院令的规定,这不属于连续航行,因此不是进入加拿大的合法手段。

印度人看穿了该立法的歧视性意图,知道这是特别针对他们的。1914年,一名锡克族商人在香港租了一艘名为驹形丸的船,载着 376 名印度乘客前往加拿大,这直接违反了连续航行规定(Basran and Bolaria,2003:100)。在抵达温哥华时,船上的乘客被禁止上岸。经过两个月的对峙后,这艘船被加拿大海军的"彩虹号"护送出港,被迫返回印度。

二、早期垂直马赛克(Vertical Mosaic)的特点

在 20 世纪上半叶,种族主义和族群刻板印象不仅制约着谁被认为是适合移民的人,也影响着如何给移民分配不同类型的工作和职业。族群和"种族"刻板印象包含了一系列来自世界不同地区的移民在加拿大适合做什么工作的观念(Porter,1965:66)。20 世纪 60 年代中期,社会学家约翰·波特(John Porter,1965:63)写到,这是"纵向马赛克"的一种体现,"种族与社会阶级之间存在相互关系"。以下是波特勾勒出的加拿大纵向马赛克形成的一般动态:

> 一个特定的族群专门承担某些特定角色,并指定其他族群承担地位较低的角色。通常处于劣势的族群接受低下的地位。一段时间后,在刻板印象和社会形象的强化下,相关的社会地位确定下来……变得

牢固并长期维持下去。阶级和地位的规划是随着经济增长和移民活动而逐步形成和发展的,总的来说,处于劣势的族群要承担"初始地位"。初始地位意味着承担低水平的职业角色,并服从特权集团规定的同化过程。随着时间的推移,初始地位可能会有所改善,也可能固化为类似等级制度,就像华裔加拿大人那样。因此,加拿大大部分少数民族在某个时期都有这样的初始地位。有些民族脱离了这种地位,而有些则没有(1965:63-4)。

有很多具体的例子能印证波特概述的动态。东欧人被认为"种族"特性上适合加拿大西部繁重的农业生产劳动。在一个经常被引用的演讲中,内务部长克利福德·西弗顿这样支持东欧移民:

> 提到特质,我心里想到的与讨论移民问题的一般作家或发言人的想法完全不同。我认为一个身穿羊皮外套的健壮农民,出生在土地上,祖祖辈辈是农民,家里有一个肥胖敦实的老婆和六个孩子,这就是(作为农民)好的特质(转引自 Porter,1965:66)。

另一方面,意大利人被刻板地认为具有在城市中从事繁重体力劳动的特殊能力(Iacovetta,1992:8)。族群和"种族"刻板印象造成的判断导致的不仅仅是对移民经济机会的限制。

20 世纪初,各种法律机制被用来限制某些移民群体和加拿大公民的就业机会,限制他们的公民权利和政治权利。华裔人士除了在边境受到严格限制外,在生活的其他各方面也面临同样严格的限制。1912 年,萨斯喀彻温省政府通过了一项法律,禁止任何日本人、中国人或其他"东方人"所有或管理的生意中雇用白人妇女(Backhouse,1999:136)。华裔加拿大人直到二战后才获得在不列颠哥伦比亚省和萨斯喀彻温省的省级选举中投票的权利。对其他权利的侵犯也很常见:黑人不得坐在新斯科舍省电影院的某些区域、不能在加拿大太平洋铁路上任职,还有针对他们的种族隔离学校。

三、对排斥运动的解释

这种敌对心理以及旨在阻止不受欢迎的移民的排斥运动(exclusionary movements),其社会根源是什么,目前尚在争论中。仅仅是因为某些移民群体"种族不同"而激起了反对?"种族主义"思想是否掩盖了深层的对劳动力市场竞争的担忧?抑或是根深蒂固的种族主义态度与经济因素相互作用,从而产生了排斥运动?

有人认为,20世纪初加拿大针对印度和中国移民的种族主义政策,体现了白人对非白人根深蒂固的社会和心理反感。沃德(Ward,2002)的观点体现了一种解释"种族"敌意和社会排斥的基本思路,他认为"不列颠哥伦比亚的白人向往一个种族同质的社会"。"心理焦虑源于白人社会对种族同质性的渴望,又被种族多元化的现实条件不断刺激,成为一种驱动力",这导致该社会成员为缓解这种焦虑,力图阻止中国人和其他"异族人"进一步迁移到该省。

这种解释的问题在于,它未能回答对"种族同质性"的渴望来源于何处。这种思路似乎认为"喜欢自己的同类"是人类的基本需求,而没有把"种族偏好"视为由社会构建和衍生出的。此外,这种解释假定"白人社会"是一个无差异的群体,具有维持"种族纯洁性"的共同物质和心理需求(Anderson,1991:19)。但是正如我们所看到的那样,"白人社会"对于是否欢迎非欧洲国家移民的意见分歧很大。我们也看到,政府的政策还试图阻止某些类型的欧洲人移居加拿大。

除了维持所谓的"种族同质性",性别、阶级和政治动态等因素也值得重视。因此,我们需要更深入地解释排斥运动。

其他解释更宽泛地把"资本主义"作为冲突和敌对的根源。在政治经济学理论框架下,博拉利亚和李(Bolaria and Li,1988:7)认为:"种族问题最初是劳动力问题"。他们认为,种族主义本质上与资本主义的发展动态和雇主追求更廉价可剥削的劳动力来源有关。如第二章所述,这种思路侧重于社会分工产生工人阶级后资本家从中获取的经济利益。他们认为,资本家促进和鼓励"种族"意识形态,将其作为划分并统治工人阶级的策略。在他们看来,如果不同血统的工人之间存在内斗,那么按照"种族"分工的工人阶级就更容易控制和剥削了。内斗轻易地把工人的注意力从造成他们经济问题的"真正"根源,即雇主剥削上转移开。

这种观点是有说服力的,但并不完全令人信服。加拿大的资产阶级确实有一部分种族主义者,资本家也很可能因工人阶级内部敌对而受益。此外,种族主义确实有助于将非白人移民在社会上和政治上边缘化。这种边缘化进一步加剧了他们经济上的脆弱性,使他们与社会和政治基础更稳固的其他移民及出生在加拿大的人相比,更容易剥削。然而这种解释也存在问题,在许多情况下,加拿大后联邦时代的种族主义最终导致这些移民被排斥在外,从而使雇主难以或不能剥削中国、印度等地移民的劳动力。此外,许多种族主义引起的排斥,使移民不能在某些行业就业。例如,1890 年的一项法案禁止中国工人从事地下煤矿开采工作(Li,1998a:51)。因此,如果种族主义是资本家为自己的经济利益而有意宣传的,那么这无疑是一个目光短浅且适得其反的策略。

还有一种观点也关注劳动力市场动态,那就是劳动力市场分割理论(Bonacich,1979)。这种观点不认为资本是族群和"种族"紧张关系的根源,而认为以不同价格出卖劳动力的工人之间的经济竞争才是紧张关系和冲突的根源,并最终导致排斥行为的形成。由于历史环境,来自中国和印度等地移民的劳动力价格比加拿大出生的人和欧洲移民更廉价。其中一些环境因素包括:他们的原籍国家极端贫困、几乎没有经济选择;许多男子还是单身或没有带家人一同来到加拿大;他们并不一定要为自己的工资讨价还价。20 世纪初不列颠哥伦比亚省中国劳动者和白人劳动者的工资差异很大。1902 年《关于中国和日本移民的皇家委员会报告》指出,很多行业中,从事同样的工作,中国劳动者的工资仅为白人的三分之一(Li,1998a:48)。分裂劳动力市场理论家认为,这些工资差距造成了高价劳动力和廉价劳动力之间的紧张关系,导致了劳动力价格高的白人力图切断雇主雇佣中国和印度廉价劳动力的渠道。因此,排斥性的移民政策以及阻止中国和印度劳动者从事某些工作的政策,是由不列颠哥伦比亚省的白人工人阶级造成的。

美国社会学家埃德娜·博纳西奇(Edna Bonacich)概述了这一观点的总体框架:

> 真正的区别不在于白人和非白人之间,而在于高价和廉价劳动力之间。由于历史原因,这种区别恰好经常与白人/非白人的划分相关,因此随之而来的冲突被归结于"种族"。当一个分裂的劳动力市场……与其他因素吻合时,就用其他因素解释这个现象。换句话说,潜在的问题是阶级问题(劳动力价格),而不是生物学差异(Bonacich,1979:20)。

也许关于族群和"种族"敌对源于何处的问题,答案介于两者之间。例如,劳动力价格的差异是否仅仅是历史事件的结果,还是差异本身就是种族主义和敌对的结果,这还不清楚。正如一些政治经济理论提出的那样,资本主义和资本家可能没有必要造成"种族"观念和"种族"区别。历史证明,认为人存在生物学上的、固定的差异,这种认识明显早于资本主义的产生,"种族"一词的使用也是如此。不过,资本主义的发展确实为种族主义的思想、划分和认识注入了新的意义,使之产生了新的社会影响。

四、二战后的移民

二战以后,虽然移民政策中的一些歧视性问题在各方努力下得到了一定缓和,移民管制背后的基本理念却没有改变:移民加拿大是一种特权而不是一项权利;移民必须仔细地加以管控;提倡非白种人移民不符合国家的最佳长远利益;移民的经济利益需要通过其"社会"成本来平衡。1947 年,总理麦肯西·金(Mackenzie King)在下议院的演讲中阐述了战后早期移民计划的理念框架:

> 我坚信,加拿大人民普遍认同这一观念,即不希望由于大规模移民,对我国人口的特征造成根本性的改变。来自东方的大规模移民将改变加拿大人口的基本构成。此外,大量的东方移民也一定会引起社会和经济问题,这些问题可能导致国际关系领域的严重困难。因此,对于可能与这类后果相关的移民法规,政府不考虑做出任何改变(Canada,1947:2644-6)。

诚然,加拿大在二战后取消了一些更为有害的、露骨的种族主义移民法案,但许多变化在很大程度上只是象征性的。《华人移民法》于 1947 年正式废除,但还有其他更宽泛的限制亚洲移民的规定,使得大门并没有向华人敞开(Li,1998a:89-92)。出于对英联邦团结一致的考虑,连续航行规定被废除,之后对印度的移民准入稍有放松:1952 年印度的移民名额为每年 150人,五年后提高到每年 300 人(Basran and Bolaria,2003:104)。少数黑人妇女被允许进入加拿大,从事佣人、打字员、护士等工作。因此,战后移民计划尽管有些变化,其重点仍是来自欧洲和美国的白人移民。

战后的移民政策仍然使公民及移民部有足够的余地来阻止不受欢迎的、不可同化的移民到来。根据 1952 年《移民法案》(1952 Immigration Act),政府可以因以下任一原因,禁止人员入境:

1. 国籍、公民身份、族裔、职业、阶级或出生地的地理区域;

2. 特定的习俗、习惯、生活方式或持有财产的方式;

3. 不适合气候、经济、社会、工业、教育、卫生或其他条件,或不适应暂行或永久的要求;

4. 在准许进入后的合理时间内,很可能无法顺利被同化或承担加拿大公民责任和义务。(Satzewich,1991:124-5)

总之,就排斥标准的数量而言,这个清单很全面,为移民官员在防止"不合适的移民"移民加拿大提供灵活的策略。然而清单上没有"种族"这个变量。这不是偶然的。事实上,在以前的移民法案中,"种族"确实是排斥的理由。为什么二战后这个词汇消失了? 这是否表明"种族"在移民筛选中不再重要?

把"种族"从战后法案中剔除,一部分原因是加拿大国家和人民在二战中打击的是一个以"种族"的名义对犹太人和其他族群犯下骇人听闻的暴行的政权。希特勒和他的纳粹党屠杀了 600 万犹太人,因为他们认为犹太人是劣等"种族"。二战刚一结束,随着战时越来越多的源于"种族主义"意识形态的暴行被揭露出来,世界许多国家对基于和纳粹一样的"种族主义"信条而制定的社会政策和移民政策深感不安。因此,如果加拿大在文书中保留"种族"这一范畴作为排除移民的理由,会使人联想到纳粹政权并与之比较,这将让加拿大在政治上处于尴尬境地。1952 年的《移民法案》去除了"种族"这一范畴,但保留了一系列明显"无关种族"的排除移民的理由,这使得公众批评移民政策时,政府及其官员能在一定程度上灵活应对、推卸责任。

联邦移民官员对来自加勒比地区移民"问题"的处理方法,就体现了他们将这种推卸的本领运用娴熟。二战后,一些加勒比地区国家的政府和加拿大雇主组织的代表游说联邦政府开放加勒比移民的大门。安大略省的果农和菜农等雇主很难招聘并留住欧洲移民和加拿大人,他们对从加勒比地区招聘员工特别感兴趣。加勒比地区新独立的政府也希望为国民提供移民机会以缓解失业问题,因此游说加拿大官员批准更多加勒比国家移民的请求(Satzewich,1991:148-9)。

不过,联邦政府官员不愿意接受来自加勒比地区的黑人劳动者,部分原因是二战前的移民政策和管控中盛行的旧式种族主义观念:即黑人不能融入节奏快、竞争激烈的资本主义社会;他们不适合加拿大的气候条件;他们的存在将导致"种族关系"问题的出现。1952 年,移民部长解释了该部门在加拿大黑人移民问题上的立场:

> ……根据经验,认为大部分时间生活在热带国家的移民很容易适应加拿大的生活方式,这是不切实际的,这种生活方式在很大程度上是由气候条件决定的。有证据表明,相比于来自和加拿大气候更类似的国家的移民,在这些热带国家土生土长的人更容易出现健康问题。此外,一般来说,热带国家的人在加拿大竞争激烈的经济环境中更难取得成功。(转引自 Satzewich,1991:127)

有趣的是,这位部长的声明体现了两个对立的方面,一边是出于对维护加拿大现有"种族"构成的担忧而实行移民管制,一边是加拿大政府官员不愿公开承认"种族"是影响他们决定谁能进入加拿大的因素。

二战后十五年,加拿大政府才真正迈出了从移民准入标准中剔除种族主义因素的第一步。1962 年,对于大多数评论家一直清楚的这一事实,联邦政府终于公开承认了:种族主义标准曾被用于筛选移民,但这些标准将不再使用(Avery,1995:176)。1967 年,为进一步使移民筛选公平、合理化,又引入了积分制度。积分制度将在第四章中进行更详细的讨论。该制度多年来不断发展和变化,使移民的筛选基于一系列相当客观的标准,如年龄、教育背景、英语和法语能力、工作技能和经验等。从表3.1 可以看出,该制度为一大批来自亚洲、非洲、加勒比地区和南美洲的移民敞开了来到加拿大的大门。

表3.1　加拿大移民人数中各主要来源地区所占百分数

Area 地区	1950—1955 (%)	2006—2011 (%)
Africa and the Middle East 非洲和中东地区	0.4	22.0

续表

Area 地区	1950—1955 （%）	2006—2011 （%）
Asia and the Pacific 亚太地区	3.6	48.1
South and Central America 南美和中美	1.5	10.5
United States 美国	0.3	4.0
Europe and the Unitewd Kingdom 欧洲和英国	88.0	15.4
Other/not stated 其他地区	0.2	0.0

来源：Source：Figures for 1950 – 5 compiled from Canada. Department of Manpower and Immigration . *Immigration Statistics*. Figures for 2006 – 11 compiled from Citizenship and Immigration Canada，2011. *Facts and Figures* 2011：*Immigration Overview*；available at http：//www. cic. gc. ca/english/resources/statistics/lacts2011/permanent/07. asp

五、对移民管制去种族化的解释

为什么20世纪60年代中期政府公开放弃了种族主义的筛选标准？有人认为，加拿大移民管制的去种族化（deracialization of immigration control）主要由于移民部门的一些思想开明、有远见的官僚的倡议，他们越发意识到"种族"歧视令人反感（Hawkins，1988）。这种以官僚为中心的思路是有问题的，因为它假定在20世纪60年代早期，这些官员真正有兴趣消除"种族"歧视。观念和现实再一次相冲突：在联邦政府声称已经取消种族主义筛选标准的同时，官僚机构内的种族主义态度继续影响着哪些群体、在什么条件下应该被允许进入加拿大（Satzewich，1991）。

第二种解释集中在"种族"歧视给加拿大在国际关系中造成的负面影响。二战后，加拿大逐渐成为一个中等强国，加拿大官员越来越多地参与国际冲突的调停。"种族"歧视性移民政策的存在使加拿大处于尴尬境地，削弱了加拿大作为中立的国际调解人和问题解决者的公信力。因此有人认为，在公开放弃种族主义移民筛选标准问题上，国际政治的考虑发挥了重要作用。

第三种解释关注的是加拿大经济性质的变化,以及不断改变的对未来哪些地方的移民更合适的评估。有人认为,加拿大经济从以资源开采为基础转变为以多样化的工业为基础。以资源开采为基础的经济要求大量相对不具有熟练技术的工人从事伐木、采矿等繁重劳动。技术革新减少了对这类工人的需求,而白领类型的劳动者则变得越来越重要。此外,这个观点表明,欧洲工人,特别是具有熟练技术的工人更难招聘到:一方面澳大利亚和美国等国家对欧洲移民的争夺日益激烈,另一方面欧洲的经济繁荣使欧洲人不愿意离开故土。因此,这一观点认为,移民管制去种族化的根源不在于意识形态,而在于经济发展需要什么类型的劳动力的实际经济考虑,以及认识到要在全球范围内寻找这类劳动力以保持经济繁荣和竞争力。

小　结

19世纪末、20世纪初吸收移民的政策以及解决加拿大原住民问题的早期措施是联邦政府为促进资本主义经济繁荣、商品农业发展和加拿大国家建立而做出的努力。这些经济和政治上的重点问题为加拿大的移民和原住民/非原住民关系的管理提供了广阔的历史背景。国家形成的过程不仅仅是建立政治边界、政府机构和议会,还涉及形成公民身份、民族认同以及愿意且能够被统治的"人口"。正如本章中所述,在这个国家形成可统治的人口是一个复杂的问题。谁可能是好的劳动者和好的公民、好的公民具有怎样的体貌特征、最初不具有良好的公民素质的个人和群体怎样才能获得这些素质,在这些问题上不同阶级和群体有不同的想法。此外,一些群体被认定为"种族"上不适合成为新兴的加拿大国家的一部分。正如后面的章节所述,在这种背景下产生的政策和措施,其结果无论在当时还是现在,都具有重大影响。

思考题

1.20 世纪 60 年代平静革命之前,魁北克是一个"资本家讲英语、工人讲法语"的地方,这种描述在多大程度上是准确的?

2.魁北克的移民政策和跨文化主义政策与加拿大的移民政策和多元文化主义政策有何不同?

3.为什么原住民与政府官员几十年前达成的条约仍对今天理解原住民/非原住民间的社会冲突模式有借鉴意义?

4.什么因素造就了加拿大移民的历史模式?

5.20 世纪初,是什么动机促使一些加拿大人想阻止中国和印度移民来到加拿大?

6.批判地评价对 20 世纪 60 年代末移民管制去种族化的各种解释。

讨论题

1.联邦政府和原住民之间过去签订的条约在今天是否仍有意义?为什么?

2.20 世纪初加拿大实行的移民管制,其社会经济原因和政治原因可能有哪些?你认为在不久的将来,类似的原因还可能会影响加拿大的移民政策吗?为什么?

3.特别是在过去三十年,加拿大移民的来源为什么从欧洲国家转向非欧洲国家?

延伸阅读

1. Dickinson, John, and Brian Young. 2002. *A Short History of Quebec*. Montreal and Kinston: McGill – Queen's University Press.

该书的内容是关于魁北克社会历史的优秀综述。

2. Iacovetta, Franca. 2006. *Gatekeepers: Reshaping Immigrant Lives in Cold War Canada*. Toronto: Between the Lines Press.

该书得过奖,通俗易懂。书中用丰富的实际案例讨论了从社会工作者到移民官员这样的机构权威人士,他们的想法是如何千差万别,也探讨了20世纪50至60年代间加拿大移民的到来。

3. Miller, James. 2008. *Skyscrapers Hide the Heavens：A History of Indian – White Relations in Canada (Third Edition)*. Toronto：University of Toronto Press.

这是一本通史,包括对条约和寄宿学校的广泛讨论。

4. Satzewich, Vic. 1991. *Racism and the Incorporation of Foreign Labour：Farm Labour Migration to Canada since 1945*. London：Routledge.

讨论战后移民政策、种族主义和引进外国劳工,侧重种族主义问题。

5. Titley, Brian. 1986. *A Narrow Vision：Duncan Campbell Scott and the Administration of Indian Affairs in Canada*. Vancouver：University of British Columbia Press.

迪特利的书给联邦政府同化原住民的政策提供了绝佳的解释。

相关网址

1. The Assembly of First Nations

www. afn. ca

原住民族群大会是代表加拿大印第安人利益的主要组织。

2. Indian and Northern Affairs Canada

www. ainc – inac. gc. ca

这是联邦政府负责实施印第安人政策的责任部门。

3. Citizenship and Immigration Canada

www. cic. gc. ca

加拿大公民和移民是负责移民和多文化政策的联邦政府部门。

4. Pier 21, Halifax

www. pier21. ca

Pier 21 是纪念来到加拿大的移民的博物馆和档案馆。

5. Multicultural History Society of Ontario

www. mhso. ca

该机构致力于审查安大略省族群团体的历史。

第四章　移民与加拿大多元文化

学习目标

◎尽管加拿大是主要的移民接收国,世界上也有许多其他的国家接收移民。

◎移民由于各种经济和人口原因获准进入加拿大。

◎加拿大坚持的"安全第三国"原则是有争议的,因为它可能使脆弱的难民陷入更大的危险。

◎家庭移民不会对加拿大的经济造成损耗。

◎移民官员在评估加拿大永久居留申请方面具有高度的自由裁量权。

◎有人声称这是种族主义继续影响移民选择的方式之一。

◎许多加拿大人对商业移民持有十分矛盾的态度。

◎在这个国家,流动务工者的工作和生活条件都受到剥削。

◎非法移民在加拿大和美国都日益受到关注。

第一节　引　言

在过去五年中,有超过 120 万新移民来到加拿大。世界上几乎没有其他国家比加拿大人均基础上接受了更多的移民。2006 年,19.8% 的加拿大人出生于国外。该比例是自 1931 年以来最高的。2006 年,移民人数占据了多伦多人口的 45.8%、温哥华人口的 39.3%。加拿大其他大中城市的移民数量也相当多:2006 年人口普查显示,蒙特利尔人口的 20.6%、卡尔加里人口的 23.6%、埃德蒙顿人口的 18.3%、渥太华人口的 21.6%、汉密尔顿人口的 24.4% 都是移民。

如第三章所述,在 1962 年之前,加拿大的移民制度的特点是对来自欧洲和美国的白人移民有明显的偏爱。尽管二战后初期在高度限制的配额和其他特殊安排的条件下少量的有色人种少数裔被允许进入加拿大,但政府官员和许多加拿大公民普遍认为,非白人移民对加拿大社会、政治和经济的长久稳定有害。20 世纪 60 年代初期,移民大门逐渐向美国和欧洲传统的移民来源国以外的区域开放。1947 年至 1955 年间,欧洲移民占据加拿大总移民人数的 87.1%。但是到 2010 年,欧洲移民的份额下降到 14.7%。现在,如表 4.1 所示,加拿大新移民的十大来源国中有七个是位于亚洲、中东和非洲的国家。

在本章中,我们考虑了一些关于当代移民制度的争议。我们关注以下几个问题:为什么加拿大允许移民入境?移民来自哪里?为什么来自世界其他地方的一些人被接纳为移民,而其他人被接纳为外来务工者?"种族"在加拿大移民过程中发挥着多大程度的作用?

第二节 加拿大为什么有移民?

为什么加拿大有移民?记者丹尼尔·斯托夫曼(Daniel Stoffman)对此问题的回答是:

> 原因可以分为官方的、真实的和理想的。官方的说法是,如果没有

移民,我们就无法生存下去。因此拒绝移民是愚蠢的。尽管没有证据支持官方版本,加拿大人仍被期望不加怀疑地接受它。否则,他们就是"非加拿大"的。加拿大有移民的真正原因是它有助于自由党掌权。接纳移民能够压低工资,从而将数十亿美元从工人转移给雇主。接纳移民对某些强大的产业,包括移民问题本身创造出的产业是有利的。(2002:186 - 7)

加拿大为什么有移民? 斯托夫曼对此的积极回答是有问题的。不仅仅是因为保守党获得了 2011 年联邦大选的胜利,也是因为所谓的"移民"或"族群选举"。更重要的是,它假定移民是加拿大特有的。加拿大特殊的政治环境导致其接纳了相对较多的移民。如上所述,加拿大无疑是世界主要的移民接收国之一;然而即使加拿大的国家神话中的核心要素是"加拿大是移民国家",其他国家也可以合法地发出类似的申明。移民占以色列人口的40%、澳大利亚人口的23%、瑞士人口的19%、新西兰人口的16%、爱尔兰人口的14%、美国人口的10%、奥地利和德国人口的9%。此外,移民和外来务工者在亚洲和中东的一些国家占了人口和劳动力的很大一部分(Castles and Miller,2003:154 - 77)。例如,2000 年,新加坡、中国台湾、韩国、泰国的外来务工者人数分别为59 万、38 万、31.2 万、66.5 万。新加坡的外来务工者来自马来西亚、泰国、印度尼西亚、菲律宾、斯里兰卡和中国大陆。新加坡这个小型共和国28% 的劳动力为外来务工者(Castles and Miller,2003:162 - 7)。在 20 世纪90 年代末的波斯湾国家,外来务工者占沙特阿拉伯劳动力的28%、科威特和巴林劳动力的65%、卡塔尔劳动力的77%,阿拉伯联合酋长国劳动力的73%(Castles and Miller,2003:159 - 60)。

表4.1　2010 年加拿大前十大移民来源

来源国	数量	百分数
菲律宾	36578	13.0

续表

来源国	数量	百分数
印度	30252	10.8
中国	30197	10.8
英国	9499	3.4
美国	9243	3.3
法国	6934	2.5
伊朗	6815	2.4
阿联酋	6796	2.4
摩洛哥	5946	2.1
韩国	5539	2.0
前十大来源国小计	147799	52.7
其他国家	132822	47.3
合计	280681	100

许多其他国家也接纳了外来务工者和移民，因此我们应该对只关注加拿大特有因素作出的解释持怀疑态度。毋庸置疑，独特的社会和政治环境导致移民进入特定的国家，但是也有与国家背景无关的更为广泛的社会和经济因素导致移民。为了充分了解产生移民的原因，我们需要了解更多因素。

有一些理论观点力图解释国际移民现象（Massey，1999）。一些理论关注导致群体离开原籍国的"推动"因素，而另一些则关注吸引个体进行移民的"拉动"因素。一些理论传统试图在同一框架内理解两套动态。本章不对导致人们离开其原籍国的"推动"因素进行细致讨论。这些重要的推动因素包括贫穷、不平等、压制性的政治制度和阻碍流动的机会（Massey，1999）。

一、移民的政治经济因素

从政治经济学的角度来看，移民在接收国被视为资本积累过程中的工具（Castles and Kosack,1984）。从这个角度来看,各国不承认移民的利他主义,也不考虑自身帮助在原籍国面临政治、社会和经济环境困境的人摆脱困境的义务。相反,国家移民政策被视为为雇主提供工人的机制。移民因为他们在经济发展中扮演的角色被承认、被赋予价值。卡斯尔和科克斯（Castles and Kosaek,1984）说,移民是"资本积累过程中的工具",澳大利亚经济学家乔克·柯林斯（Jock Collins,1988）也提到移民是"工厂饲料"。

尽管政治出发点不同,政治经济学家和像斯托夫曼这样的评论者对移民的分析也具有一定的相似性。根据政治经济学早期的观点,移民对于雇主和资本主义扩张进程的核心是有吸引力的。

第一,培养受教育的、有技能的外来工人的成本由另一个国家承担,从而大大节省了移民接收国的资金。也就是说,加拿大接收受过教育、经过培训的工人,可以节省原本被用在教育和培训本地工人上的资金。据估计,1967 年至 1987 年期间中学程度以上的移民给加拿大带来 429 亿美元收益（Devortez and Laryea,1998；Li,2003:98）。这也是为什么一些评论家认为,"由南至北的迁移"导致欠发达国家的人才流失,移民实际上是一种新殖民主义的形式;移民是贫穷国家、欠发达国家向加拿大等发达国家提供的发展援助。

第二,政治经济学家认为,由于移民的社会经济脆弱性,他们愿意从事本地工人不愿从事的报酬低、困难、危险或者其他方面不具有吸引力的工作。根据这个观点,移民从事的多为社会上"没有人愿意做的工作"。

第三,政治经济学家认为,雇主用移民来瓦解工人阶级。根据政治经济学的一些观点,种族主义、民族中心主义、偏见是雇主用来促使工人不合的机制。通过宣传外来工人是造成本地工人社会经济问题的源头这样的意识形态,雇主能够对工人阶级分而治之、削弱工人集体的力量、追求更广泛的共同阶级利益。

虽然古典政治经济框架最初是在 20 世纪 70 年代发展起来的,但是近期该框架下提出的广泛假设已被一些反对加拿大移民"新自由主义"的学者所接受。根据阿布·拉班和加里布埃尔（2002）的观点，"新自由主义"是全球化时代下有关政府正确运作的一套假设。这些假设包括"国家作用更加有限，因此应该削减国家政策和项目；更加强调个人自给自足；认为自由市场能对商品和服务有效分配"（Abu – Laban and Gabriel,2002:21）。"新自由主义"的批评者认为，移民政策已被商业利益和最近强调的安全议程强行控制。他们认为，移民制度发生变化的原因源自于加拿大提高自身全球竞争力的愿望。阿布·拉班和加里布埃尔认为：

> 很多移民是根据他们为加拿大经济做出贡献的能力而被选出的。这种趋势在当前的发展中得到加强和巩固。作为对全球化形势下经济规则的回应，"最好的"移民和未来的公民是那些劳动力市场技能够加强加拿大在世界经济中竞争力的人。（2002:62）

有证据支持政治经济学家、当前移民制度的批评者，以及像斯托夫曼这样的评论家所提出的关于移民的广泛争论。通常情况下，加拿大和其他国家的雇主支持维持一个稳健的移民计划并保持相对开放的边界。例如，20世纪初，不列颠哥伦比亚省只有少数参与铁路建设、航运和矿业的商业精英支持中国移民；工会、白人妇女团体和小企业组织反对中国移民，因为他们认为中国移民对经济、社会福利，以及不列颠哥伦比亚成为"白人省"产生威胁（Roy,1989）。另一方面，雇主重视中国工人相对廉价的劳动力，游说联邦政府继续允许中国移民来加拿大（Satzewich,1989）。

我们在本章的后面部分将会看到，加拿大雇主曾积极支持临时外国劳工计划、省提名移民计划、住家保姆计划、加勒比和墨西哥季节性工人计划，帮助工人快速进入加拿大以满足其劳工需求。此外，由于社会和经济的脆弱性，一些移民愿意承担加拿大人不愿从事的工作。农场劳动、家政劳动、家务管理和照料儿童是加拿大本地人像抗拒瘟疫一样不愿从事的工作。农场劳动辛苦繁重、薪资相对较低、不受很多省的劳动标准法律保护。家政工作的特点也是工作时间长、薪资差、对个人生活有严格的监管。加拿大出生的本地工人在其他行业有更好的就业机会时便不太会做这些工作了。因此,需要工人的农民和中产阶级家庭不得不依靠政府招募移民来填补这些相对不吸引人的职位空缺(Satzewich,1991;Bakan and Statiulis,1997;Stasiulis and Bakan,2005)。与此同时,几乎没有证据表明种族主义是资本主义工业关闭的大门后虚构的为了瓦解加拿大工人阶级的阴谋。正如我们将在第七章中看到的那样,种族主义不是对某一阶层的排斥,也不一定只有一个逻辑结论。正如第三章所讨论的那样,种族主义最终导致了不列颠哥伦比亚省在 19 世纪初和 19 世纪 20 年代对中国移民的限制,资本家利用中国工人劳动力的机会也很少。

二、移民:更广泛的考虑

政治经济学观点在解释为什么加拿大和世界上许多其他国家目前需要、想要和接纳移民时有一定的优缺点。然而即使有其优势,它仍不是一个完整的解释。虽然广泛界定的经济条件和劳动力市场因素确实带动了移民的进程,但其他一些因素也促成了当代移民的流动和模式。首先,人口因素至少是当前强调招募新移民的重点。尽管人口老龄化作为即将到来的社会问题(Stoffman,2002)被有所夸大,但是加拿大以及许多其他经济发达的西方国家确实正面临出生率下降和人口老龄化的人口现实。就此而言,移民是减轻人口老龄化的负面影响,例如日益严重的税收负担和劳动力短缺的一种方法。

加拿大不是唯一关注人口问题这颗"定时炸弹"的国家。例如,西班牙是欧盟出生率最低的国家之一。在 20 世纪六七十年代,西班牙是一个移民国家。它为法国、德国和瑞士等国家提供了几十万工人,为战后的经济发展提供了动力(Castles and Miller,2003:71)。在 2008 年的经济危机之前,西班牙是一个重要的移民接收国家,积极招募来自拉丁美洲和东欧会说西班牙语的移民。此外,每年有来自北非、拉丁美洲和东欧的数以千计的人非法进入西班牙(Cornelius,2004)。自 1986 年以来,西班牙对数千名非法移民实施了至少五次赦免,希望他们能够定居、工作、组建家庭,孕育孩子,从而抵消西班牙出生率下降和人口老龄化带来的影响(Cornelius,2004)。然而自2008 年经济危机以来,出于对短期财政的考虑,盖过了对持久的人口问题的关注,西班牙改变以往立场,正在向拉丁美洲和北非的失业移民支付补偿并希望他们永久离开西班牙。

第二,移民流动是多样化的,并不是所有的移民都与招募工人有关。虽然评论家对加拿大移民计划的人道主义属性提出的说法嗤之以鼻,但加拿大确实在移民方面有令人自豪的人道主义记录。加拿大的难民评定制度在许多问题上处于领先地位。值得称赞的是,加拿大是第一个接受个人由于性别迫害而申请移民的国家。加拿大还将同性关系中的个人视作家族移民的一部分。

第三,移民政策也是由复杂的压力和社会关系促成的。虽然以商业利益为本在促成移民政策方面起了主要的作用,但其他团体如工会、教会、非政府组织,政党和官僚本身也在形成移民政策的整体方向方面也发挥了作用(Hardcastle et al. ,1994)。

第四,移民不仅仅是为资产阶级雇主创造财富的工蜂。移民是具有特定社会、个人、经济能力,个性和潜力的人类群体。移民曾经和现在都是加拿大更广泛的国家建设计划的一部分,他们希望和期许着最终成为"加拿大人",但这个词语太过模糊。潜在的移民已经或正在接受评估,评估的标准是他们的经济能力及为加拿大的社会再生产做贡献的能力。因此,对移民"适应"或"调整"能力进行评估在准入过程中发挥重要作用。

总而言之,尽管过于简单化,斯托夫曼对加拿大移民原因的回答依旧提供了一个有用的依托,引出大家对移民为什么来加拿大更广泛的思考。虽然在最近的政策变化和举措背后可能有强大的政治和经济利益,但移民是一个复杂的过程,并不适用于简单化的分析。

第三节　当代移民类别：讨论与争议

　　加拿大的移民制度越来越复杂。它由一系列政策、方案和机制组成，允许来自加拿大以外国家的人们在该国生活和工作。第一个区别是拥有永久居留权和只有临时居留权。个人有几种方式可以作为合法永久居民来加拿大，但从最简单的角度来看，政府统计中的永久居民移民包括经济移民，难民和家庭移民。表4.2提供了有关2011年批准的每个类别的移民数量和比例。这三大永久居民移民类别，还包含了多种不同的子类别，这些子类别的准入规定和程序各不相同。每种永久居民类别中也存在一些争议。这些讨论包括每个类别后的哲学和管理实践，隐形的议程与每个准入类型的社会经济学后果。虽然族群和"种族"因素不再是官方移民政策的一部分，但有一些族群和"种族"被推测与当代移民问题的争议相关。在本节中，我们关注和评估与特定移民类别相关的一些争议。

表4.2　2011年加拿大准入移民数量和类别

家庭		经济移民		难民		其他		合计	
数量	百分数	数量	百分数	数量	百分数	数量	百分数	数量	百分数
56446	22.7	156121	62.8	27872	11.2	8306	3.3	248748	100

一、难民

　　2011年，加拿大接纳了27872名难民，占当年加拿大移民总数的11.2%。这与六年前相比是下降的。2005年，加拿大接纳了35768名难民，占当年难民数量的13.6%。在加拿大有两种途径可以成为难民：①通过加拿大境外的重新安置,②通过加拿大的难民保护进程。

第一个方案适用于从加拿大境外寻求难民身份的人。许多情况下,这些人是我们熟知的"符合陈规的典型的"难民,他们在媒体图片中悲惨的景象为人熟知,如肮脏的难民营、因为战争或种族清洗拼命逃离自己国家的成群的难民。

加拿大在该方案下认定了三种难民移民的子类别。"国外公约难民"包括在国籍或惯常居所之外,有充分理由担心因"种族"、宗教、政治见解、国籍或特定社会群体成员的迫害的人。"庇护国难民"包括在国籍或惯常居所之外的人,受到内战、武装冲突或大规模侵犯人权的严重影响。"来源国难民"包括仍然在其原籍国,但符合公约中难民定义的人。这个子类别还包括被拘留或监禁、被严重剥夺言论自由权,保留异见权或参与工会活动权的人。只有在某些国家有被侵犯人权记录的公民或居民可以在这项规定下移民加拿大。

加拿大与联合国难民事务高级专员办事处合作对属于上述三个子类别的个人申诉的合法性作出评定。1995 年,据估计,全世界有 1500 多万难民和寻求庇护者需要保护和援助;另有 2000 万人处于类似难民状态需要保护,但没有被联合国正式认证为难民或寻求庇护者(Castles and Miller,2003:5)。在某种意义上,联合国认证的难民处在一个难民池中,加拿大和其他国家从这个池中选择难民进行安置。在加拿大,省政府和慈善组织也可以为难民提供资助。

加拿大难民保护进程是对已经在加拿大的个体进行难民身份评定的制度。在 1985 年的辛格决议(Singh eleeision)中,加拿大最高法院裁定,如果非加拿大人在加拿大的国土上,那么他们也受《加拿大权利和自由宪章》的保护(Pratt,2005:66)。它还裁定,加拿大所有难民申请人都有权通过口头听证会来确定自己的情况是否合法。联邦政府还成立了移民和难民局(Im-migration and Refugee Board,IRB)来裁决加拿大境内难民的申请。在加拿大入境口岸或者加拿大移民中心可以申请难民身份。如果移民和难民局确定该人是公约难民——国籍或惯常居所之外,有充分理由担心因"种族"、宗教,政治见解、国籍或特定社会群体成员的迫害,那么此人被认定为难民。或者,申请者必须证明他们需要保护,他们从加拿大移回原籍国会受到折磨、有生命危险、有遭受残忍或不寻常对待或惩罚的风险(Canada,Citizenship and Immigration,Canada,2003c)。

最近,备受瞩目的美国军人杰里米·辛兹曼(Jeremy Hinzman)的案例阐明了加拿大的决定过程、移民和难民局决策中涉及的种种考虑。来自移民和难民局的案件执行简要概述了伊兹曼的情况(见专栏4.1)。

加拿大坚持"安全第三国"原则,如果一个人已经在另一个国家找到了安全的港湾,加拿大则不接收其难民申请。到目前为止,加拿大只承认美国是"安全第三国"。这个原则旨在阻止个人"购物式寻求庇护"行为,也就是说即使已经在别处找到了一个安全的港湾了仍然向另一个国家申请难民身份。然而,批评者认为接收这一原则意味着加拿大在阻挡一些真正的难民,并间接地让他们回到有生命危险的处境。例如,通过加拿大难民保护进程,加拿大接受了大量来自哥伦比亚的难民申请。然而美国政府一般不接受来自哥伦比亚的难民申请。一些哥伦比亚人设法进入美国,随后试图进入加拿大以便在加拿大申请难民身份时,这时就会出现困难和双重标准。因为美国是一个"安全第三国",那么他们要么被送至美加边界,要么不被允许在加拿大提出难民申请而被遣送回美国。他们被告知,应该在"安全第三国"——美国申请难民身份。即使这些难民申请人可能暂时在美国获得安全,但不能保证美国会接受他们的难民申请,或者不把他们送回哥伦比亚的危险局势。批评者指出,如果这些申请人设法直接到加拿大可能会有不同的裁决,他们将有更大的机会留下。

一些批评者认为,加拿大通过难民保护进程来考虑难民的申请从根本上说是有缺陷的,并且是在破坏国家未来的稳定与繁荣。他们虽然支持加拿大政府和国际难民保护机构为安置真正的难民做出的努力,但对于允许个人在加拿大申请难民身份的制度并不支持。他们认为,加拿大的制度太过宽松,实际上鼓励个人将伪造难民身份作为绕过其他合法渠道来获取加拿大永久居民身份的途径。据斯托夫曼(2002:154)所说:"在加拿大提出难民申请的人绝大多数都是移民而非难民,他们使用难民系统插进移民队伍。"

专栏4.1　移民与难民局:执行摘要(Jeremy Hinzman、Nga Thi Nguyen 和 Liam Liem Nguyen Hinzman 的难民保护要求)

杰里米·辛兹曼和他的妻儿向加拿大寻求难民保护。辛兹曼加入美国军队,在训练和服役过程中逐渐得出结论:他不能参加进攻行动。他在阿富汗进行部署行动时拒绝参战,但是遭到拒绝。原因是尽管不愿进行进攻战斗,他曾作为战斗人员进行过防御性行动。辛兹曼先生随后恢复了正常的军事职务和训练。当收到去伊拉克参加军事行动的通知时,他擅自离开了军队,与家人一起来到加拿大。

辛兹曼先生声称,他基于道德或宗教信仰拒服兵役。他担心由于离开军队而受到起诉,而他所面临的任何惩罚都是迫害他的良知。他还声称,军事法庭可能判处的判决无异于残忍的非同寻常的处理或惩罚。

加拿大司法部副部长(S-G)认为,美国是一个民主国家,辛兹曼先生要为自己的主张承担巨大的法律责任。此外他还表示,辛兹曼先生不符合基于道德或宗教信仰拒服兵役的身份标准。他声称辛兹曼先生没有证据证明他会因为离开美军而遭受残忍或不寻常的待遇或惩罚。

难民保护处(Refugee Protection Division)认为,辛兹曼先生和他的妻儿不属于公约难民或需要保护的人,并拒绝了对他们进行难民保护的要求。

难民保护处发现申请人将在美国得到公平、独立的军事和民事司法程序的充分保护。因此,他们没有反驳国家保护的推测,对申请人难民保护的要求不予批准。难民保护处还处理了与公民利益有关的其他事项,包括辛兹曼先生不符合基于道德或宗教信仰拒服兵役的身份标准,辛兹曼先生由于离开军队而受到惩罚并不过分,也并非严重到离谱。

关于辛兹曼先生妻儿的申请,难民保护处发现没有证据证明他们将会因为是辛兹曼先生的家庭成员而在美国受到迫害,也没有证据证明他们会因为辛兹曼离开军队受到惩罚而面临严重威胁。

来源:Immigration and Refugee Board of Canada – EXECUTIVE SUMMARY, 2006. http://www. irb – cisr. gc. ca/eng/ tribunal/decisions/hinzman/Pages/hinz-manes. aspx. Immigration and Refugee Board of Canada. Reproduced with the permission of the Minister of Public Works and Government Services Canada,2012.

亨利和塔特(Henry and Tator,2010:75)认为《加拿大国家邮报》专栏作家戴安·弗朗西斯(Diane Francis)对加拿大难民保护进程进行了"十字军东征"式的讨伐。弗朗西斯宣称"大多数难民申请都是伪造的","对加拿大来说,难民是非法进入者","使用法庭时间聘请律师来剔除虚假难民","这个制度导致数百万税收被用于难民身份的申请","难民对加拿大人有健康危害,给加拿大公民带来疾病甚至死亡","渥太华的难民认定体系有缺陷、花费高、难操作,且批准了太多的假难民进入该国"。

在某些方面,加拿大保守党政府似乎同意这些观点。2009 年夏天没有任何提前通知,政府对来自捷克和墨西哥的游客出台了签证要求。政府认为这两个国家是许多非法难民申请的主要来源国,他们还认为出台签证要求将有助于组织他们没有发觉的"虚假"申请。政府还实施了难民审查进程的全面检查,以便能够更快地处理申请,也将没有成功通过申请的人更快地驱逐出境。

其他批评者则认为,国际犯罪和恐怖组织利用相对宽松的难民评定制度进入加拿大到达进一步实施犯罪和恐怖主义目的,对加拿大及邻国造成伤害。亨利和塔特(2010)认为,《加拿大国家邮报》将泰米尔群体作为抨击的目标,开展对这个群体的反对活动。加拿大有 16 万至 20 万泰米尔人,其中多数是难民。亨利和塔特(2010)认为在 20 世纪 90 年代末和 21 世纪初期,报纸对一些泰米尔组织进行了持续的攻击,宣称它们是"泰米尔猛虎组织"的前线成员。《加拿大国家邮报》把"泰米尔猛虎组织"称为"反叛的恐怖组织",但是其他人则将其称为以在斯里兰卡建立自己国家为己任的"自由斗士"。

毫无疑问,加拿大的难民评定制度是世界上最宽松的。与其他国家相比,加拿大的制度竭尽全力地为难民申请人提供公平的机会。另外,毫无疑问,有一些并非真正的难民利用难民评定制度作为绕过其他机制获得合法永久居留身份的方式,或以该制度为借口来加拿大实施恐怖主义或其他犯罪行为。然而批评者的错误在于他们夸大了问题,没有国家会对意图跨越国界造成伤害的人给予豁免。国际犯罪和恐怖组织在谈判边界方面极其聪明,而目前没有一个国家设计出完善的制度来平衡正义与安全。

二、经济移民

加拿大最主要的移民类别是经济移民。如表 4.2 所示,2011 年准许进入加拿大的经济移民及其家属总数为 156121 人,占当年准许进入该国的 248784 名移民的 62.8%。经济移民划分为几个类别,每个类别都有不同的选拔和准入规则。主要类别包括:技术移民、商业移民、住家保姆和省/地区提名移民。

三、技术移民

技术移民必须符合一些标准才能被接纳。被认定为技术移民的条件包括:有录用通知或已确定的就业岗位;或者持有外国国籍、在加拿大合法居住满一年的外籍临时劳工或留学生;或者从事移民部精选的职业至少一年的技术工作者。所谓"精选的职业",即联邦政府认定的一批加拿大急需的职业。目前,共有 29 个职业类别,包括从管道工、焊工到牙医、药剂师、餐饮业和食品业等行业。此外,如果申请人在加拿大没有已确定的就业岗位,则必须符合一定的最低财产要求。携带四名家属到加拿大的技术移民必须拥有至少 20654 美元,以表明他们在抵达加拿大后有能力养活自己。

除了这些基本的最低要求外,申请人还将按照积分制进行评估。该制度始于 1967 年,此后已经修订了数次。目前,有六个筛选要素,即教育、官方语言能力、工作经验、年龄、是否有已确定的就业岗位、适应性,每个要素的权重有所差异。表 4.3 显示的是积分制的简略版本。"合格分数"是 67 分(满分 100 分)。在一定程度上,合格分数加上其他最低要求,就意味着有了进入申请流程的初始资格。对申请人进行的面试现在比较少见,但移民官员可以行使"肯定"和"否定"的自由裁量权。肯定裁量的情况是,即使申请人没有获得移民到加拿大的必要分数,但移民官员认为他很可能对加拿大"有益",因此他可能也会获得永久居留身份。否定裁量的情况是,即使申请人可能达到了最低分数,移民官员依然拒绝他的永久居留身份申请(Bouchard and Wake Carroll,2002)。

表 4.3 技术移民的选拔标准

选择标准	技术工人
教育(总分)	25
官方语言(总分)	24
经验(总分)	21
年龄(申请时年龄介于 21~49 岁,超过 49 岁或小于 21 岁则偏差部分每 1 岁减 2 分)	10
加拿大的安排就业认可	10
适应能力(总分)	10
总分	100
技术工人移民通过分数线	67

来源:Canada, Citizenship and Immigration Canada. 2009. Skilled Workers and Professionals: Who Can Apply–Six Selection Factors and Pass Mark; available at www. cic. gc. ca/english/immigrate/skilled/apply–factors. asp. Reproduced with the permission of the Minister of Public Works and Government Services Canada, 2012.

移民官行使自由裁量权是加拿大移民制度的一个有争议的方面。在以前的积分制中,移民官员可以为所谓的"个人适应性"打裁量分:官员可以根据他们对申请人的适应能力、动机、主动性和应变能力的看法行使自由裁量权并打分(Oakubowski,1997:20)。自由裁量权之所以有争议,是因为一些分析人士认为这使得种族歧视可以渗透到移民选拔制度(Pratt,2005)。批评者认为,在以前的积分制下,有色人种少数裔移民更难获得个人适应性的裁量分。20世纪80年代,安德森和弗里德雷斯(Anderson and Frideres)认为:

> 由于选拔官员的偏见(或有关种族群体的观点),申请人可能在这一项上得零分,从而降低了申请人进入加拿大的可能性。俗话说:"白种人即正义,棕色人种可以考虑,黑种人站一边去。"(1980:227)

加拿大种族关系基金会(Canada Race Relations Foundation,2001)、伊夫林·凯伦(Evelyn Kallen,2003:112)、亨利和塔特(2010:68)都断言,目前移民制度中行使的自由裁量权仍然使有色人种少数裔申请人处于劣势。

种族主义影响了自由裁量权的行使,这一说法虽然有一定吸引力,但更应被看作是一种假设,而非对事实的陈述。虽然移民官员可以用自由裁量权来评估永久居民身份的申请人,但没有实证可以证实在旧的积分制下,移民官员蓄意给有色人种少数裔申请人在个人适应性上打低分,或在现在的积分制下,他们给少数族裔申请人的否定裁量比给白人的多、肯定裁量比给白人的少。

另一种所谓歧视仍然影响技术移民的选拔和准入的体现是移民签证办事处在国外的分布。目前,加拿大共有44个移民局位于国外的各使馆、领事馆和特派使团。有观点认为,这些移民局的所在地以及各自的工作人员人数是联邦政府非正式地控制来自世界某些国家和地区的移民的方式。虽然公开的种族主义已经从移民制度中剔除了,雅各布夫斯基(Jakubowski,1997:21)认为:"移民法仍隐含种族主义色彩。加拿大境外的移民局的数量和地点以及移民官员对申请人适应性的自由裁量权表明,移民在某种仍然受到'控制'。"

政府的资源当然是有限的,希望每个移民局都有无限的资源来处理移民申请是不现实的。不同国家的现有运输和通信基础设施可能会影响申请的处理时间,对安全和身份的考虑无疑也会有所影响。此外,移民官员声称,海外工作人员是根据他们在哪里能发挥最大贡献而分配的:加拿大需要具有合适的教育、职业、语言技能的移民,并不是世界上所有国家都拥有足够的这类潜在移民。因此,移民局和资源是依据哪里能网罗到最多的加拿大需要的移民而分配的(Simmons,1998:103)。

四、商业移民

加拿大的商业移民计划旨在接纳能够在该国投资或开展业务的个人。商业移民包括两类:投资者和个体经营者。投资者类别的申请者需满足的条件包括:证明具有"商业经验"、拥有至少160万美元的合法净资产、在加拿大投资80万美元。个体经营类的申请人员必须具有文化活动、田径运动或农业管理方面的相关经验。他们必须有意且有能力建立起至少能使自己就业的事业。他们也必须符合修订的积分制的要求,不过商业移民的门槛比技术移民的低得多,"合格分数"仅为35分(满分100分)。联邦政府已经暂停接受以前的"企业家"类别的移民申请。

在所有加拿大的入境移民中,商业移民占很大比例,虽然这个比例在逐渐下降。1994年,共27404名商业移民来到加拿大,占当年入境的所有移民的12.4%。然而到了2011年,11541名商业移民及其随行家属仅占所有移民的5%。20世纪80年代末到90年代中期,商业移民的数量相对庞大,部分原因是英国政府宣布将在1997年将香港的主权归还中国。

其他国家也热衷于招募商业移民。美国、澳大利亚、英国、新西兰等国都有商业移民计划,旨在招募有意将至少部分财富投资在该国、急于获得永久居民身份的富人(Borowski and Nash,1994:228;Wong and Netting,1992:95)。

加拿大公民及移民部收集的资料表明,1986 年至 2002 年期间,移民投资者在该国共投资了 66 亿美元。仅在 2002 年一年,移民企业家投资总额就达 1.2 亿美元,在加拿大创造了 1108 个全职工作岗位和 753 个兼职工作岗位(2002a)。不过,尽管商业移民计划似乎带来了明显的经济利益,但并不是所有人都赞成这样的计划和安排。

第一,一些批评者提出了与售卖永久居民身份和加拿大护照相关的道德伦理问题。将永久居民身份和公民身份出售给富商和投资者,这符合更广泛的新自由主义:"这些优势阶级的人体现了新自由主义的精神——他们独立自主、自力更生、积极主动、富有企业家精神。"(Abu- Laban and Gabriel,2002:173)阿布拉班和加布里埃尔认为,优先招募商业移民反映出越来越注重用一个人的经济贡献来代表他的总价值,这是"对多样性的极其肤浅和狭隘的解读"(同上)。

第二,商业移民可以被称为"跨国公民",他们的商业利益、身份、社会生活和个人生活跨越了多个国家(Wong and Satzewich,2006)。许多商业移民在加拿大和原籍国家都有家庭、社会关系和商业利益。他们相对不受国界的限制,很方便地在全球范围内活动。批评者将一些商业移民和其他富裕的跨国移民称为"宇航员":他们在加拿大、澳大利亚或美国定居,但仍继续在原籍国开展业务,偶尔飞回加拿大维持他们的永久居民身份(Borowski and Nash,1994:247)。这些商业移民以及其他中高阶层的移民由于他们的跨国活动,成为被敌视的目标。此外,当这些"宇航员"家庭的孩子偶尔陷入法律纠纷或炫富时,他们往往成为媒体攻击和批评的对象。在极端情况下,甚至有人质疑他们对加拿大是否忠诚。

第三,一些分析人士认为,商业移民计划促使温哥华等城市出现了"种族关系"问题。温哥华是有色人种少数裔商业移民的主要目的地。在 20 世纪 80 年代末和 90 年代初,大规模商业移民造成的负面的社会、文化和经济后果使温哥华成为争议的中心。王和奈汀(Wong and Netting,1992)的研究表明,温哥华白人居民指责移民推高城市房价,搭建"畸形房屋"破坏某些街区的原有特征,因为嫌破坏风水而砍伐自己地产上的树木。有些居民认为富裕的移民只是被贪欲驱使,并认为他们将有组织犯罪从中国香港带到加拿大。但是王和奈汀也指出,阶级冲突在强化这类种族主义态度上起到了重要作用。他们认为,在不列颠哥伦比亚省的白人工人阶级对城市住房价格上涨表示忧虑和愤慨的同时,加拿大的中上层白人担心,他们的社区、学校、俱乐部也会受到中国富人大规模移民和定居的负面影响(Wong and Netting,1992:119;又见 Mitchell,2004)。

五、住家保姆

2011 年,5033 名住家保姆及其 6214 名家属获得了加拿大永久居民身份。住家保姆主要是妇女,大多数来自菲律宾或加勒比地区。住家保姆必须住在雇主的私人住所里,且不能同时为多个雇主工作。根据工作省份的不同,他们的工资从每小时 8 美元到 10 美元不等,扣除在雇主家中的食宿费用后,工资在安大略省每月可达 370 美元,育空省可达每天 20 美元。每周最长工作时间为 40~44 小时。住家保姆最初得到的是临时工作签证,但如果在 36 个月的期限内在加拿大工作了 24 个月,他们就可以申请永久居留签证。因此,2011 年加拿大接纳的 11247 名住家保姆及其家属,只包括满足永久居留条件,并在该年度获得永久居留权的人员。还有成千上万的其他住家保姆,作为临时外籍劳工,他们仍然处于在加拿大工作的"试用期",正努力获得在加拿大永久定居的资格。

对于许多加拿大人来说,第一次听说住家保姆这个概念,无疑是在 2009 年春天,当时宾顿的自由党国会议员鲁比·达哈拉(Ruby Dhalla)被指控虐待自家雇用的两名菲律宾住家保姆。虽然对达哈拉案的煽情报道确实有助于使住家保姆的困境得到关注,但它也带来了一个令人遗憾的、意想不到的后果,那就是它似乎表明住家保姆所受的剥削和虐待是个案:只是由于某些雇主为人恶毒,才对待保姆十分苛刻(见专栏4.2)。

专栏4.2　争议持续,住家保姆计划仍未得到检讨

菲律宾家政工作者的经历的曝光使菲律宾游说团体强烈呼吁废除住家保姆计划(Live – in Caregiver Program,LCP)的行动再次成为《多伦多明星报》的头条。这些团体认为,自由党议员鲁比·达哈拉家中的住家保姆遭受的虐待正是这种国家认可的现代奴隶制度的证明。

在公众谴责省议员和联邦议员在这起暴力事件中串通一气时,安大略菲律宾流动务工者组织(SIKLAB – Ontario)和加拿大全国菲律宾妇女联盟(National Alliance of Philippine Women in Canada,NAPWC)也提醒加拿大人,"达哈拉案"不只是暴力的知名人士造成的孤立事件。他们鼓励媒体和公众质疑联邦计划本身,调查为什么玛德莲·戈多(Magdalene Gordo)和里奇琳·唐森(Richelyn Tongson)的遭遇在所有通过住家保姆计划雇佣的家政工作者中非常普遍。

戈多和唐森最初都是受雇照顾议员的母亲,但达哈拉一家被控"扣押她们的护照",并"强迫她们做不属于保姆职责的工作,如洗车、擦鞋、打扫达哈拉家开的按摩诊所等"。随着越来越多的"虐待保姆"事件被主流平面媒体报道,加拿大公众应该仔细调查存在于住家保姆计划这个反女性的种族主义计划中的更广泛的问题。

SIKLAB发言人凯利·博廷根(Kelly Botengan)也做过住家保姆,她评论了雇主在家中虐待家政工作者事件引起的轩然大波。她指出,把责任局限在某些个人身上,这使住家保姆计划本身未受质疑。"作为一名住家保姆,身份地位岌岌可危,就像抓着刀刃一样。""这项计划的机制使我们的妇女如此容易受到虐待。"

住家保姆计划是临时外国劳工计划的一部分,旨在引入外国劳动力,以提

供廉价的儿童保育、老人看护和残障人士护理等服务。SIKLAB 和 NAPWC 谴责住家保姆计划是加拿大"事实上"的国家托儿计划。该计划作为一项劳动契约政策,对加拿大医疗保健的进一步私有化起到关键作用。

博廷根说:"雇用两名保姆来照顾达哈拉的老母亲,说明了现行医疗体系的不足。以较低的工资让这些妇女担负起未加管制的护理职责。更糟糕的是,该计划使得达哈拉这样的雇主能够充分压榨这些妇女,侵犯了她们最基本的人权。"

被黑心中介贩卖、被迫做合同之外的工作、遭受性虐待和身心虐待——游说团体认为,这些有据可查的违反人权的行为由于国家政策而长久地存在下去,加拿大政府应该对此负责。

菲律宾裔加拿大青年联盟的成员卡拉·克莱门特(Qara Clemente)说:"玛德莲·戈多和里奇琳·唐森的遭遇就是我们社区的遭遇。不仅我们的妇女在遭受各种暴力、缺乏经济流动性,而且对这些妇女的边缘化还将一代一代地传递下去。"

克莱门特还表示,有这样经历的整个家庭甚至会把负担传递给年轻一代。"做过家政工作的人,其子女大多数因为补贴家用而放弃继续接受教育。像住家保姆计划这样的剥削性计划依然存在,贫穷与暴力的循环就在很大程度上维持下去。"

随着围绕"达哈拉案"的争议不断升级,SIKLAB 和 NAPWC 坚定了废除住家保姆计划的立场,要求结束对妇女和流动务工者的暴力和剥削。

来源:"As the controversy continues, the Live – in Caregiver Program remains unreviewed," *Filipino Journal*, May 20 – June 5, 2009, Vol. 23 (10), available at http://filipinojournal. com1v2/index. php? pagetype = read&article _ num = 05262009212040&1atest_issue = V23 – N10.

虽然雇主无疑有好有坏,但把这些妇女带到加拿大的制度本质上是剥削性的。由于保姆高度依赖雇主,因此在雇主要求她们做不合理的工作、工作时间超过合同规定时,她们也很难拒绝。此外,在保姆的原籍国家,妇女谋生养家的职业选择非常少,许多妇女在加拿大和世界其他地方通过做保姆来给亲属汇款。斯塔西利斯和巴坎(Stasiulis and Bakan,2005:98)的研究表明,许多保姆工作时间为每周50小时,只有一部分人拿到超出44小时之外的加班费。她们容易受到剥削,因为她们住在雇主家中,依靠雇主帮助她们满足为期两年的就业要求,才能取得永久居留权。如果辞职,她们可能无法再找到工作,因此达不到连续就业的条件。正如斯塔西利斯和巴坎所说:"在加拿大和全世界的系统性因素的支持下,雇主与外来务工者之间的阶级和公民地位的划分,从根本上决定了有偿家政劳动中人与人的关系。"

六、省提名移民

在广义的"经济类"永久居民类别下,最后一种是省提名移民。自1999年第一次启动省提名计划并接纳了477名劳动者以来,该项目迅速发展。该计划旨在让雇主迅速填补特定岗位的劳动力短缺。现在加拿大的每个省和地区都有省提名计划。2011年,有38320人获准成为省提名移民,该计划似乎越来越多地被雇主用来绕过烦琐的技术移民选拔制度,而该制度速度慢,没有照顾到雇主的具体需求,也不接纳技术或教育水平低的移民。

省提名计划的规章制度因省而异。各省基本上可以制定自己的移民选拔标准。在该计划下选拔出的个人必须具备"为提名他们的省份或地区做出直接经济贡献所需的技能、语言能力、教育背景和工作经验"(Kukushkin,2009)。各省不一定要使用联邦的积分制来确定合格的人选。提名计划本质上是由雇主驱动的(Kukushkin,2009:17);雇主可以要求某些工人的申请在移民进程中被快速处理,以便更快地填补职位空缺。联邦政府则同意将省提名的请求优先处理,而将其他申请推到后面处理。专栏4.3说明了在一个萨斯喀彻温省雇主的案例中,这一方案如何运作。

专栏 4.3　北方钢铁公司的"小乌克兰"：萨斯喀彻温省蒂斯代尔的移民焊工

北方钢铁公司是加拿大最大的液化油气储罐生产商之一。在过去十年中,蒂斯代尔的两个生产工厂已经从小型企业发展为中型企业。从 2004 年开始,劳动力短缺成为公司进一步扩大的重大障碍。北方钢铁在招聘合格焊工上遇到了挑战。根据对乌克兰的调查访问,萨斯喀彻温省移民提名计划(Saskatchewan Immigrant Nominee Program,SINP)认定该国是加拿大技术工匠的潜在来源。北方钢铁当时的人力资源经理沃尔特·贾金斯基(Walter Garchinski)前往乌克兰,通过 SINP 招聘焊工,对合格的候选人进行技能测试和面试。根据政府与加拿大公民及移民部(Citizenship and Immigration Canada,CIC)的协议,招聘的工人获得临时工作许可,可前往蒂斯代尔在北方钢铁公司开始工作,同时等待 CIC 处理其永久居留申请。到 2005 年 3 月,第一批乌克兰焊工抵达蒂斯代尔。至今,该公司从乌克兰招募了约五十名焊工。北方钢铁公司与乌克兰基辅青年劳工中心合作,对候选人进行选拔,包括预筛选和初步测试。

来源：Vadim Kukushkin, *Immigrant Friendly Communities: Making Immigration Work for Employers and Other Stakeholders in Small-Town Canada*. Ottawa: Conference Board of Canada, 2009, p. 27.

七、家庭移民

2011 年,加拿大接纳了 56446 名家庭移民,占移民总数的 22.7%。然而在加拿大整体的移民体系中,家庭移民的重要性正在下降。

例如,1994 年,加拿大接纳了 93019 名家庭移民,占加拿大入境移民总数的 42%。家庭移民规模下降的原因某种程度上是因为政府认为,即家庭移民对加拿大经济的积极贡献不如其他类别的永久居民。

加拿大公民和永久居民可以为其欲移居加拿大的近亲或家庭成员提供担保。担保对象包括配偶、父母和祖父母、子女(包括领养子女)、计划收养的儿童、失去父母的未满18岁且没有配偶的兄弟姐妹、侄子侄女、孙子女。在2005年夏联邦立法通过之前,联邦移民当局就已经承认了同性婚姻的有效性。因此,加拿大公民和永久居民可以担保其同性伴侣为家庭移民。担保人必须同意为其家庭成员提供3~10年的经济支持,使他们不必申请社会援助。家庭经济支持的时间长短取决于被担保人的年龄和与担保人的关系。例如,配偶(包括事实婚姻配偶)必须从对方成为加拿大永久居民之日起三年内为其提供经济支持;子女必须为父母和祖父母提供10年的经济支持(Canada,Citizenship and Immigration Canada,2003b)。不能达到这些担保条件的人可能没有资格担保其他家庭成员。除了老年人外,家庭移民计划下担保的个人必须签署保证书,承诺尽全力在加拿大自力更生。

家庭移民可能是所有移民类别中最政治化的。家庭移民类别在许多社区中广受欢迎,因为它是移民与家人团聚的手段。家庭类移民不像技术移民那样面临严格的选拔标准,因此属于可受理群体的个人更容易来到加拿大定居。家庭移民类别在多伦多、温哥华、蒙特利尔的城区中尤为受欢迎,那里已经拥有相对较多的新移民。因此,代表大城市的国会议员不愿意支持缩减可申请家庭移民的亲属类别、缩小移民整体规模、为每年该类别人数设上限等提案。估算显示,对于多伦多、蒙特利尔和温哥华的联邦议员来说,与移民有关的问题占所有选区社会工作的60%至80%,这些议员每年处理选区内与移民相关的咨询多达4万件(Malloy,2003:48)。移民对加拿大大城市的联邦议员来说显然很重要,不争取这部分选民是不明智的。

最近,对家庭移民的经济贡献出现了争议,有人争论他们是否单纯消耗着加拿大经济(Francis,2002;Borjas,1999)。因为家庭移民不是通过积分制选拔的,他们比技术移民、投资者和企业家带给加拿大的人力资本要少,所以他们被认为"质量"较差。家庭移民的批评者认为,由于技术水平较低,他们在劳动力市场上不如技术移民,比其他移民更有可能依靠社会援助,单纯消耗着加拿大经济(Stoffman,2002)。

实证证据质疑了最近家庭移民"质量"下降的说法。李(Li,2003:93 - 4)的研究表明,在 1996 年到达加拿大的家庭移民中,只有 0.5% 的家庭移民预计将来无法达到出生在加拿大的人的收入水平。还有 0.5% 的人在 1 年内赶上了加拿大本国人的收入。赶上加拿大平均收入的平均时间是男性 6.8 年、女性 5.8 年。事实上,在过去 10 年中,家庭移民赶上平均收入所需的时间缩短了。例如,1986 年到达的加拿大家庭移民中,男性平均需要 16.6 年才能赶上加拿大男性的平均收入,而女性需要 14.8 年才能达到女性的平均收入。

此外,多伦多的数据表明,在 1995 年,经济移民(技术移民和商业移民)和家庭移民都是税收的净贡献者。平均而言,家庭移民每缴纳 1.6 美元的所得税,只获取了 1 美元的福利和就业保险。经济移民贡献更大:他们每缴纳 3.5 美元的所得税,才获取 1 美元的社会援助和就业保险(Preston,Lo&Wang,2003:197 - 9)。

一些批评者认为,对移民的担保条件实际上是把双刃剑。虽然加拿大政府想要限制家庭移民对社会福利的需求,可能有一定经济意义,但关于担保的法律条款可能为担保人带来经济依赖关系。这种依赖是有问题的,如果家庭移民正好与担保人之间存在虐待关系,他们可能陷入危险之中。一些受资助的女性移民可能不愿意离开施虐的丈夫,因为她们担心这将违反与联邦政府最初的协议,从而危及她们在加拿大的永久居民身份。虽然加拿大和其他国家有在虐待关系的情况下放宽经济支持条件的规定,但这些规定并不太为人所知。此外,对于虐待关系中的妇女来说,这些规定在她们的具体情况中不一定可行。

虽然批评家庭移民的人明显夸大了这种移民的负面经济后果,但确有其他原因造成了这种错误的批评。仅仅在经济上评估家庭移民是片面的,这贬低了家庭移民为其他移民和整个国家带来的社会贡献。一些评论家认为,社会资本是加拿大移民融合越来越重要的一个方面。社会资本,是指可以提供资源和支持的社会关系和社会网络(Voyer,2004)。移民的经济成就与家庭和族群网络的关系是复杂的。虽然有人认为这些网络可能减少与"主流"社会和主导群体的联系,从而减少社会资本(Ooka and Wellman,2000),但是家庭成员和其他同族人的存在可能会加强为移民提供支持的社会关系网络,这可能有助于长期的移民融合。此外,将家庭移民对加拿大社会的经济贡献量化,低估了家庭团聚为社会和心理健康带来的益处。研究表明,族群和家庭支持有利于长期的心理健康(Noh and Kaspar,2003:342)。

第四节　边缘地带的移民

针对加拿大的移民政策,任何忽视边缘人的讨论都不完整。虽然加拿大的移民计划主要是接纳永久居民,但也有一些方面致力于接纳临时务工者。此外,移民问题的讨论总是牵扯出"非法移民"问题。临时务工者和"非法移民"这两种处于加拿大社会边缘的人群,都对族群和"种族"关系模式产生了影响。

一、临时务工者

加拿大的确接纳了人数相对较多的移民,但这不能让人忽视另一个事实,加拿大也接纳了人数相对较多的临时务工者。后者不同于移民,因为他们没有永久居留权,来到加拿大只是在特定时间内从事特定工作。如果临时务工者的技术水平高,则可以申请加拿大的永久居留权;否则就不能申请,需要在临时工作签证到期时返回原籍国。在加拿大期间,如果没有联邦政府的许可,他们不能辞职或更换工作。如果在没有政府许可的情况下辞职或更换工作,他们将被驱逐出境。这些人有时被称为"外来务工者"或"不自由的流动务工者"(Satzewich,1991;Sharma,2001),他们在加拿大外籍劳工中的数量越来越大。

加拿大允许个人通过"临时外国劳工"计划临时来加工作。加拿大20世纪60年代末开始为农场工人提供临时工作签证,80年代和90年代又通过当时的"非移民就业授权计划"(Nan - Immigrant Employment Aathhorization Program,NIEAP),将这些规定逐步扩大到其他职业(Sharma,2001),最近联邦政府开始方便其他雇主临时聘用外国劳工。在加拿大获得省级认可的教育机构中读书的留学生也包含在临时外国劳工类别中。政府政策使这些学生在完成学业后,更容易留在加拿大。

夏尔马(Sharma,2001)和阿尔博姆(Alboim,2009)认为,加拿大正在相对较快地从接收移民转变为接收流动人口。他们担心加拿大正在成为一个越来越依赖流动务工者而不是永久移民的国家。2010年,加拿大接纳了111505名留学生和143484名临时外国劳工,共签发了254989个临时入境签证。签发的临时入境签证的数量与永久居留签证数量大致相同。

提到NIEAP,即临时外国劳工计划的前身,Sharma认为:

> 流动务工者类别的运作可以大大增强加拿大政府吸引和留住国内资本投资的能力,方法是向国内雇主推行……具有全球竞争力的"廉价劳动力战略"……NIEAP的运作为加拿大带了一批不具有公民身份的人,由于他们被划分为"非移民",因此从法律上不受最低就业标准、集体谈判等法律规定的保护,也不享受失业保险、社会救助、养老金等社会服务和项目(2001:426)。

把临时外国劳工计划看作是一种旨在招募廉价、低技能劳动力的传统流动务工者计划,这样的观点要谨慎。许多高技能的临时外国务工者和留学生可以将其用作临时或永久进入加拿大的手段。因此,2007年加拿大临时务工者中有近40%来自管理、专业、技术行业。这些人中可能有来自日本的工程师,他在加拿大工作,帮助开发一项新技术,对永久留在加拿大毫无兴趣；也可能有美国的业务经理，她暂时在加拿大工作，帮助一家大型酒店建立供应链，她喜欢在加拿大的所见所闻，最终想要把家人带过来，成为永久居民。此外，还可能有来自澳大利亚或英国的年轻人，他们休学一年，在洛基山脉的滑雪场工作，也无意永久留在加拿大。

不过，越来越多的劳动者正通过这个计划来到加拿大从事低技术含量的工作。例如，在20世纪初期的阿尔伯塔省石油产业繁荣期间，许多从第三世界国家招募来的临时外国务工者在酒店做服务员，或在快餐行业制作汉堡或比萨。加拿大对这些务工者的规定是不同的，他们不能通过该途径申请永久居留权。这些低技术工人是传统的外来务工者，特别容易受到剥削。

临时外国劳工最大的一个类别是通过"季节性农业劳动者计划"来加拿大的务工者。该计划始于1966年，当时是一个264名牙买加工人进入安大略省的小型实验项目，现在该计划涉及每年招募的来自加勒比国家和墨西哥的2.4万多名工人，他们在除纽芬兰和拉布拉多以外的加拿大各省的农场工作（Hennebry，2012）。许多人在安大略省的温室大棚工作，或在田地上采摘水果、蔬菜和烟草。还有人在食品加工厂工作。

作为流动务工者，他们根据劳动合同来到加拿大，按规定可以留在加拿大6~8个月，合同到期时必须返回原籍国。他们来到加拿大的交通费用由农场主支付，但农场主可从墨西哥工人身上收回最多550美元，从加勒比工人身上收回最多536美元。雇主必须为工人提供免费住宿。

加拿大各地似乎越来越多的雇主愿意招收来自加勒比和墨西哥的工人，部分原因是这些工人的"不自由"。由于他们来自失业率高、经济落后的国家，加拿大提供的工资与其原籍国相比可能相当有吸引力。出于这种对加拿大工资的经济依赖，工人们不愿意做任何会危及他们在这里就业的事情。因此流动务工者是相对守规矩的劳动者，他们不愿抱怨生活和工作条件，也不抗议工作场所内侵害他们健康和安全的行为。他们害怕在合同期满之前被遣送回国，或担心明年不再被移民当局招回来工作。巴索克（Basok）的分析如下：

……种植者当然意识到墨西哥(和加勒比)劳动力如此宝贵的原因是工人不能随意辞职。如果墨西哥工人是永久居民,这个优势就会丧失。正如一位种植者指出:"使墨西哥人合法化的不利之处在于,他们可以自由地离开温室大棚,去采蘑菇的地方工作。蘑菇现在是"高科技"。它们是空调控温的——六十华氏度。工人会跑到那里工作。他们甚至会在蘑菇长出芽之前就已经在那里等待了。(原文如此)(2002:126)

在安大略省,流动务工者不受省级劳动标准法律的保护,这使他们更易受剥削。作为农业劳动者,他们能够组建"工会",但直到2009年他们才获得为提高工资或改善工作条件而与雇主集体谈判的权利。

二、非法移民

尽管加拿大的非法移民研究比美国少,但在这个国家,政治精英和公众确实会偶尔对这个问题感到担忧。1999年夏,四艘船载着来自中国福建省的600名无签证的移民抵达加拿大,这给加拿大敲响了警钟:这个国家即将被"一群"非法移民淹没,他们利用加拿大难民身份评定系统在加拿大求得立足之地。人们感觉到这些人不过是从中国到加拿大的非法移民的冰山一角。人们担心更多的"幽灵"船潜伏在不列颠哥伦比亚省的水域,伺机在海岸线附近的孤立的海湾和港口让船上的人上岸。

希尔和格林伯格(Hier and Greenberg,2002:161)认为,加拿大媒体将这一事件夸大报道,并成功地造成了对中国非法移民的道德恐慌。他们认为,随之而来的公众争议最终导致了"对无合法证件流动人口的态度和政策越发强硬"。

尽管希尔和格林伯格(2002)低估了运动的规模,并表示对加拿大被非法移民淹没的担忧被夸大了,但有迹象表明,非法移民确实是加拿大社会结构的重要组成部分,而且他们可能是加拿大某些经济部门日益重要的组成部分。估算表明,加拿大有多达 20 万非法移民。然而与希尔和格林伯格(2002)的观点相反,加拿大人似乎对非法移民问题视而不见。例如,安大略省的建筑行业非常依赖非法移民的劳动力,仅在 2003 年一年就有 7.6 万非法移民从事这个行业,这是众所周知的。在多伦多,承包商和其他建筑行业的雇主都知道在一些停车场和街角,他们可以雇佣到非法移民做日工。还有些非法移民在工厂、餐馆和农场从事长期的工作。事实上,联邦政府目前正在考虑一项可以给予无证工人合法身份的计划,以帮助安大略省的建筑业解决其长期的劳动力短缺问题(Jiminez,2003;Soave,2006)。因此,1999年的事件及其结果似乎在决策者和公众心目中都只是遥远的记忆,并没有导致更强硬的公众态度,或更严格的针对非法移民的政策。可能更准确地说,加拿大和美国似乎更加注重在边界封锁非法移民。一旦他们越过了边界,对他们的管制反而没有那么严格。

"非法移民"实际上是一个笼统的概念,描述了三种不同情况的人。第一种是一些未经官方允许进入加拿大的人。这些人通常偷渡到加拿大,最终目的地是美国(Jiminez,2005)。全球的人口买卖和偷渡产值估计为每年50 亿~70 亿美元。例如,来自中国和其他亚洲国家的人要通过墨西哥偷渡到美国,需要 3 万~4 万美元(Spener,2001:154)。偷渡产业链通常很难监管,因为贩运者使用复杂的技术伪造文件、设立藏身所,因为他们有可以在很短的时间内切断或建立的复杂网络。

第二种是签证过期仍留在加拿大的人。他们通过某种类型的签证(临时务工者、学生、旅游签证)合法地进入加拿大,但超出原入境签证允许的时间后仍然逗留。虽然加拿大的签证制度旨在防止掩饰真正意图的人的到来,但一旦他们合法进入境,加拿大就很难管控他们(Cox and Glenn,1994)。签证过期人员很难监管,因为加拿大没有机制来追踪这些准许暂时入境的人签证到期时是否真的离开了。

第三种非法移民是没能成功申请到难民身份的人。与其他国家一样,非法移民和合法难民之间的区别有时候确实有些模糊。一项估计显示，1994 年，有 6~12 万寻求庇护的难民偷渡到欧洲(Koser，2001:58)。一些人在加拿大的难民身份申请被拒后，仍未离境或未被遣返，他们可能在加拿大成为非法移民。有些人利用加拿大的难民评定系统取得入境的机会，并争取时间潜入加拿大。如果个人的意图只是为了进入加拿大和改善自身经济状况，他们从系统中消失是相对容易的。此外，即使对恐怖分子利用难民制度进入加拿大、美国和欧洲等地的恐惧也许有夸张的成分，但是可能确实有一小部分人利用难民评定制度入境，目的是参与恐怖主义活动或其他犯罪活动。

虽然很难确定这三种中哪一个种在加拿大非法移民总人数中占比最多，但专家认为，很可能是后两种。

与流动务工者相比，非法移民的社会地位更加不稳定。由于几乎不享有任何权利、不断担心被捕，非法移民成为长期缺人手、利润率又小的雇主的理想劳动力。金普尔和爱德华兹(Gimpel and Edwards)评论的虽然是美国，但也同样适用于加拿大：

> 在一些低利润率的企业中，在肮脏的血汗工厂雇用低工资工人的做法极其普遍。雇主经常违反工资法和劳动法，因为他们知道非法劳工害怕被发现和驱逐，因此不会告发。(1999:85)

此外，非法移民在自己和家人需要医疗和警务等重要服务时，也可能由于担心被捕而放弃(Cox and Glenn，1994:284)。

加拿大和美国都采取措施控制非法移民，包括边境管制，对产生非法移民的某些国家执行签证规定，制定法律禁止故意雇佣非法移民等。例如，1986 年的《美国移民改革与管制法》中规定，雇主明知其为非法外国人仍雇佣的，每雇佣一名工人要缴纳罚款 3000~10000 美元；多次违反的处以监禁。在加拿大，雇主在确认工人是否合法在加工作方面未尽职责的，处最高 5 万美元罚款和/或两年监禁。在加拿大境内非法工作的人员一经发现,将被驱逐出境,即使他们提出难民身份申请,也必须在申请处理之前接受审讯。加拿大也通过处罚措施阻止非法移民的涌入。如果搭载无合法文件就飞往加拿大的乘客,航空公司要缴纳高达 3200 美元的"管理"费,且必须承担乘客返回原籍国家的费用(Cox and Glenn,1994:286;Canada, Departmant of Justice,2002) 。

小　结

本章揭示了加拿大移民制度的复杂性,一系列经济、政治、人口因素共同影响了当代移民制度。虽然早在三十多年以前,"种族"就从移民流程中被剔除了,但评论家仍然断言,允许移民来加拿大的方式和加拿大社会如何应对移民的存在,其中的许多方面仍存在种族主义色彩。一些主张比其他的更有坚实的实证基础。

加拿大接纳来自世界各地的不同种类的移民和流动人口,包括难民、技术移民、住家保姆、省提名移民、家庭移民、商业移民和流动务工者。每一种形式都引起了一些争议:安全第三国关于移民的条款被指摘,使得合法难民陷于为难;技术移民被指质量下降;家庭移民被指消耗经济;温哥华等地的商业移民被指推动房价飙升。许多这样的责难都没有坚实的实证基础。

尽管加拿大每年接纳约二十五万移民,但同时也接纳了大批流动务工者。流动务工者的涌入引发了获得公民权利的机会不均等严峻问题。

思考题

1.种族主义在多大程度上继续渗透到当代加拿大的移民制度中?

2.加拿大遵守"安全第三国"原则是否真的使合法难民面临风险?

3.为什么加拿大接受移民?

4.加拿大是一个移民国家,但也接纳了成千上万的流动务工者从事临时工作。如何解释这种反常?

5.家庭移民是否消耗着加拿大经济? 有什么证据支持这种说法,又有什么证据质疑这种说法?

讨论题

1.加拿大在吸引商业移民上与其他国家(美国、澳大利亚、新西兰等)存在竞争。如果加拿大要接纳更多的商业移民,移民政策应该如何改变以促进这一进程?

2.加拿大在吸引技术移民上与其他国家(美国、澳大利亚、新西兰等)存在竞争。如果加拿大要接纳更多的技术移民,移民政策应该如何改变以促进这一进程?

3.在过去经济困难时期,加拿大移民政策通常限制接纳的移民人数。在失业率上升的今天,政府应该怎么做? 是否应限制移民人数? 这是否会影响到国内其他劳动者的就业机会? 近期的移民通常从事什么工作?

4.假如流动务工者已经在加拿大连续工作5年,他们应该获得永久居民身份吗? 为什么?

延伸阅读

1. Hennebry, Jenna. 2012. *Permanently Temporary? Agricultural Migrant Workers and Their Integration in Canada*. Montreal: Institute for Research on Public Policy.

该书对加拿大外来农民工的经历进行了一针见血的分析,同时关注这样一个问题,就是加拿大能够引进那些优秀人才来加工作,但他们却不足以优秀到能永久居住下来的有关矛盾。

2. Li, Peter. 2003. *Destination Canada: Immigration Debates and Issues*. Toronto: Oxford University Press.

该书包含了大量关于移民到加拿大的社会经济后果的全面讨论与回顾。

3. Mitchell, Katharyne. 2004. *Crossing the Neoliberal Line: Pacific Rim Migration and the Metropolis*. Philadelphia: Temple University Press.

米歇尔的这本书呈现并记录了关于在 19 世纪 80—90 年代中国企业移民到不列颠哥伦比亚省的社会经济后果的讨论和争议。

4. Simmons, Alan. 2010. *Immigration and Canada: Global and Transnational Perspectives*. Toronto: Canadian Scholars Press.

该书关注的是国际移民动态和移民融入加拿大社会问题,这是一部理论成熟、实例丰富的加拿大移民分析报告。

相关网址

1. International Organization for Migration

www. iom. int

国际移民组织,这个移民工作领域的政府间组织同政府、政府之间和非政府伙伴保持密切合作,同时解决了诸多移民相关问题。

2. Justicia for Migrant Workers—J4MW

www. justica4migrantworkers. org

外来务工人员公报,外来务工人员公报是以保卫外来务工人员社会公正为宗旨的宣传机构。

3. Motropotis Project: An International Forum for Research and Policy on Migration and Crties

http://canada. metropolis. net

大都市项目——移民和城市研究及政策国际论坛,该网站为加拿大学者和政策制定者,以及全球对移民和定居问题感兴趣的人提供了相关研究。

第五章　理解社会不平等

族群、性别以及阶级的相互关联

学习目标

◎约翰·波特(John Porter)的著作《垂直马赛克》,为当前加拿大社会不平等问题的讨论奠定了基础。

◎当把职业成就和收入因素考虑在内时,有证据表明,加拿大本土族群和他们的社会经济地位的关联越来越紧密。

◎一些社会学家认为,除了这种族群和社会经济地位的关联,加拿大社会中的垂直马赛克现象也在延续。

◎一些社会学家认为加拿大出现了一种新型的以肤色为区分标志的垂直马赛克(new color – coded vertical mosaic)。

◎加拿大移民教育资格证越来越没有公信力,这至少和两方面有关:一方面是源于移民和加拿大本地人之间的不平等,另一方面是因为有色人种移民(visible immigrants)和白人移民(non–visible immigrants)之间的不平等。

◎社会阶级仍然是一条划分加拿大社会的重要区分线。族群并不集中存在于一种社会阶级内,而是分散在加拿大社会的各个阶级。

◎社会阶级,与性别和出生情况(出生地)共同造成了收入方面的不平等,这种不平等不仅存在于族群间,也存在于族群内部以及有色人种移民之间。

◎社会不平等问题颇为复杂。双层隐喻和单一的因果解释使得这个问题更加复杂。如果想要解释清楚族群间和族群内的社会不平等问题,应该重点关注社会阶级、性别以及出生情况差异。

第一节 引言

显而易见,在加拿大,有些人就是比别人的收入高。他们收入很高,工作受人尊敬,有的还经营企业或者大型公司。一般人认为的有"好工作"的人就是住豪宅、开豪车、拥有固定的消暑别墅,而不是把别墅卖掉才能去负担冬季度假的开支。然而这种美好状况的另一个极端是,有些加拿大人流离失所,在桥底下过夜,靠食品救济过活,贫穷不堪。在这两种极端之间,有这样一群人,他们表面上看起来过上了小康生活,似乎是所谓的中产阶级家庭和有两个全职收入者,即便如此,他们也只是能勉强糊口罢了。

那么移民和种族社区是如何融入加拿大的这种阶级社会呢?移民和有色人种移民都集中在加拿大社会经济金字塔的底部吗?他们从事加拿大"肮脏的工作"吗,即那些工资低、工作环境恶劣而危险的工作?反过来说,我们在第三章讨论的"加拿大白人"处于这个金字塔的中上层吗?这些"加拿大白人"有没有垄断那些社会地位高而且工资也高的工作呢?在移民、"种族"和种族社区之间,男女劳动者的劳动市场经验和社会经济地位是相同,还是不同的呢?有没有这样一种可能,随着在加拿大社会限制移民、少数族裔和"种族"群体中某些成员的流动性和经济地位的提高,这些族群中的某些成员却能如鱼得水放飞自我,因此而认为加拿大是一个真正的机遇之地呢?

这些问题极为复杂,他们都指向了一个更为复杂的现实。与同类相比,总是有些人或族群的经济状况更好,这很容易让人联想到个人层面或者文化层面的原因。有些人认为,成功来源于努力工作、天生聪慧和教育学历等;还有一些人认为,一些族群表现优异是因为其族群文化决定的价值观导致的。毫无疑问,这些原因都很重要,但是却不能说明社会不平等问题的全部,无论是移民、加拿大本地人(Canadian born)、种族社区间的不平等,还是白人所谓的白人族群的不平等。正如我们在第二章中提到的,如果不能理解族群、"种族"、社会阶级、性别和出生地这几个因素,就很难真正理解加拿大的社会不平等问题。

正如我们在第二章中提到的那样,想要真正理解加拿大的社会不平等问题,如移民、加拿大本地人(Canadian born)、种族社区间的不平等,还是白人所谓的白人族群的不平等,那就得首先理解族群、"种族"、社会阶级、性别和出生地这几个因素。

本章有三个学习目标。首先,本章总结了约翰·波特在 20 世纪 60 年代提出的垂直马赛克的内涵。其次,本章评价了关于加拿大社会垂直马赛克现象相关问题的讨论。因此,本章就垂直马赛克中族群意义不断降低的讨论进行了深度思考,同时也思考了在塑造加拿大的职业分布以及收入方面,有色人种少数裔的地位,或者说是"种族"以及移民的地位带来的深远影响。换句话说,本章探讨的是种族化的或者说是以肤色为区分标识的垂直马赛克(color – coded vertical mosaic)是否是加拿大的典型特征。最后,本章从另一个视角研究的加拿大族群收入不平等问题,尤其是族群间的阶级划分。当用一种不同的视角去分析社会不平等问题时,会发现这个问题的另一个天地。

第二节　垂直马赛克:波特留下的宝藏

在过去的几年中,对加拿大社会不平等问题的研究主要集中于族群的社会和经济方面成就,以此阐明加拿大层级划分的社会结构(Agocs and

Boyd,1993:337）。约翰·迈泽尔（John Meisel）在写给约翰·波特的《垂直马赛克：加拿大社会阶级和权力的分析》（1965）的序言中写到：该书出版的时机很幸运，因为适逢"我们国家关注的焦点就是族群，而不是阶级差异"（Porter,1965:ix;emphasis added）。值得说明的是,本章在章尾的阐述中,呼吁将社会阶级重新纳入加拿大社会不平等问题的分析之中,一如 1965 年时的情景。

波特将自己的书视为"审视有关加拿大社会目前社会阶级和权力的话题的一种尝试,而这种尝试是前所未有的"（Porter,1965:x）。他认为,在多元文化社会中,文化群体和阶级地位存在某种关联（结果就是,权力关联）（1965:xii）。一开始,"垂直马赛克"用于分析这个章节族群和社会阶级之间的关系,以此阐述加拿大阶级等级结构的族群构成（1965:xiii）。波特认为,在加拿大社会阶级的形成过程中,移民和族群的融合至关重要,尤其是在直系体系中结构底层和高层的融合（1965:73）。

基于 1931 年、1951 年和 1961 年的人口数据分析,波特得出了自己的论点。他认为,加拿大社会就是一个族群马赛克,就不同族群的财富分布和权力分布来说,这个社会是层级结构型的。以韦伯式视角审视加拿大的劳动力市场时,波特发现了很重要的族群信息。首先,在社会经济政治领域,宪章群体（Charter groups）（英国人和法国人）享有相当高级别的职位和特权,他们把那些处在"入门级社会地位"的族群安排在职位较低的、他们不太想从事的那些岗位上。随着时间的流逝,人们对这些工作岗位的印象渐渐加深,社会分工逐渐固定,深入人心。

其次,就社会地位而言。那些晚于宪章群体到达加拿大的"不太被喜爱的"族群就被认为是入门族群（entrance group）的社会地位。也就是说,这些族群被雇佣从事社会地位低的职业,面临着被宪章群体同化的危险（Porter,1965:63 -4）。

再次,族群同化不利于社会的流动性。族权的上层流动取决于相关族群的文化,以及宪章群体对同化政策的认可程度。入门级社会地位的族群逐渐提高本族群的社会地位,依赖于他们的"同化力"(assimilability)或者是他们行为举止的结构式同化进程(behavioural and structural assimilation)(Porter,1965:67-73)。

波特认为,职业结构中族群的相对等级地位,是社会阶级的一大天然替代物。他发现存在着一种族群不平等模式。犹太裔加拿大人或者是英裔加拿大人在这种模式的顶端。这两种族群在职业和金融领域占据了大多数的职位(社会地位高而且收入也高),而在农业和低技能的工作领域中(社会地位低而且收入低),他们只占到了很少的一部分。德国裔、斯堪的纳维亚裔以及荷兰裔加拿大人的职业分布比例接近英国裔。其次是意大利裔、荷兰裔和乌克兰裔加拿大人,这种不平等模式的底端是南欧裔(希腊裔和葡萄牙裔)。处于北欧和南欧之间法国裔加拿大人从事职业和金融领域职位的人数较少,而从事农业和低技能的工的非常多。加拿大土著人处于这个金字塔的最低端(Porter,1965:73-103)。

最后,就宪章群体而言。英国人比法国人更有权势(1965:91-8)。事实上,尽管法国裔加拿大人对加拿大的政治制度产生了相当大的影响,这不仅局限于魁北克省,还包括联邦层面(1965:417-56),他们有权从事社会地位高的政治和媒体方面的职位,但控制加拿大经济命脉以及精英层的大多数是英国裔加拿大人(1965:201-318,337-416,520-59)。

波特的著作被公认为是研究加拿大社会学的最重要的著作(Forcese:1997:83),它为加拿大社会不平等现象的讨论奠定了坚实的基础(Brym and Fox,1989:92;Ogmundson,1993;McAll,1990:173;Li,1988:3)。

第三节　族群融合的证据?

自从20世纪60年代中期以来,社会学家开始关注加拿大社会中族源和社会地位之间的关系,基于波特的分析数据,浮现了许多问题。后来人们对波特的数据和研究方法作出分析,分析表明波特夸大了大众和精英阶层的流动性(参见 Brym and Fox,1989:93-9,103-19)。在库尼奥和柯蒂斯(Cuneo and Curtis,1975)看来,决定一个人的社会地位的归因,或者说是与生俱来的特点,在加拿大彰显的影响力没有在美国大。加拿大社会是以成就论成败的社会,而不是以先天因素决定成败的社会(Goyder and Curtis,1979:229)。我们的目的并不是批评波特的理论(参见 Brym and Fox,1989;Ogmundson,1991,1993;Ogmundson and McLaughlin,1992)。但是在讨论社会不平等的大环境下,这些批评还是可以参考的。对社会不平等问题的调查和大众和精英阶层缺乏的流动性调查基本上分为两类,要么支持波特的观点,要么反对。下面,我们只讨论和大众流动性相关的问题。

一、职业成就与经济

加拿大的经济运行主要遵循资本主义规律。货物和服务的生产、分配和交换主要就是为了营利。大多数公司营利方式(例如,大小型公司、企业、大楼、商店、银行、大众媒体以及代理等)及其所有权都是私有的。劳动力市场是资本主义经济一个组成部分,是一个竞争场所,是用工作能力(劳动力)换取薪金的一个竞技场。劳动力市场构成了一个基本机制,在这个机制里面,个人通过工作,要么出卖技能(工人),要么是买方(雇主),这正是我们获得工作的地方。在这个竞技场上,有好工作,也有差工作。通常来说,好工作的要求也高(例如高学历和高级技能)。好工作工资高、福利好、工作安全有保证,大多数是全职,提供公司内部的升职机会,有工会保障。好工作声誉好,大多来源于大公司和公职,成为初级劳动力市场,是大家的理想工作。可能你也经历过,知道并非所有工作都是好工作。如果你曾在人力资本有限的地方工作过,如餐馆、小零售商店或者加油站,你可能会深有体会。所谓的二级劳动力市场中的工作,并不要求高等学历或高级技能,但是相应的工资也不高,福利不好,升职机会也少,而且这种类型的工作大多数兼职性质的,极容易失业,没有工会保障,所以大多数人就长远来说的话,都会选择逃避。通常情况下,就业在二级劳动力市场只是意味着"一份工作",而在初级劳动力市场上则意味着"职业"。人们读大学的一部分原因就是因为想要一份职业,而不是一个很差的工作。

就业(和失业)以及劳动力价格(薪酬)很大程度上取决于宏观经济状况,而这种经济状况决定了经济部门中某些工作岗位具体的学历和技能要求。例如,人们习惯上认为汽车行业工人收入多,加班工资高,有更多福利。当前,汽车行业危机重重,工作机会少之又少。事实上,全球范围内已大量裁员。总体来说,在资本主义的竞争机制下,找工作的人总是多于工作本身的数量,这就降低了劳动力的成本。工作领域本就竞争激烈,好工作的竞争更是如此,因此并不是每个人都会找到工作。找到工作已经很不容易,能获得一份职业更难,尤其是在当前经济不振的情况下。劳动力市场是一个产生不平等(如收入和福利等)并延续这种不平等的机制,正是它造成了不平等结构。

在二级劳动力市场和次级就业领域中,存在着大量的妇女、年轻人、单亲父母、土著人、刚来不久的移民、族群成员和"有色人种"族群,以及越来越多的老年人(Krahn et al.,2007)。正如我们在第四章讲到的,加拿大雇佣移民的原因之一就是想降低劳动力成本。为什么刚来加拿大不久的移民和少数族裔的成员有好工作的人数比例这么低,或者说是人数这么少呢? 为什么他们担任高级职位的人数这么少呢? 这是偶然的吗? 是因为他们没有相应的资格(高级技能或者/以及高等学历)呢? 又或者是因为劳动力市场中的就业歧视呢?

自从20世纪60年代开始,许多研究人员发现,很多族群职业上获得巨大成功,这已是劳动力市场一个长久的特征。由于历史原因,英国裔加拿大人就任高级职位(Royal Commission on Bilingualism and Biculturalism,1969;Breton and Roseborough,1971;Boyd et al.,1981)的人数一直多于法国裔。其他一些族群,如犹太裔、北欧裔和西欧裔也在高级职位任职。南欧裔、有色人种少数裔和加拿大本土人则处于职业金字塔的底端(Porter,1985;Li,1988;Lautard and Guppy,1990,Reitz,1990)。从20世纪60年代以来,尽管族群就业状况差异有所减小,但是总体没有变化。劳塔德和古皮(Lautard and Guppy,2007)认为,族群就业差异仍很明显,足以验证当今加拿大的垂直马赛克形象。

但是族群就业差异一定意味着社会不平等吗? 有人重新审视波特的文章后,认为族群在职业成就方面影响不大,甚至在社会流动性方面的影响也有限。达罗克(Darroch,1979:1-25)重新研读波特的著作之后,认为波特太过注重职业地位中族群的现实等级,以致忽略了族群和职业之间的关联正在逐渐下降。与1931年相比,1961年族群高职位低比例和低职位高比例的情况有所缓和。1931年,在所有非白人族群中,职业差异极高;到了1961年,德国裔与东欧裔或者其他欧洲裔之间的职业差异基本不复存在,除了加拿大土著人之外,其他族群间的职业差异都下降了很多。这样一来,关于一度中断的族群流动性的文章也就失去了事实根据,达罗克认为,对于"族群融合总体上限制了加拿大社会流动的观点",我们应持怀疑态度(1979:16)。他还认为,科特流动性陷阱的设想是"一种夸大了的说法……"(1979:22)

泰珀曼(Tepperman,1975:149-52)反对波特观点的呼声更大,他认为其他欧洲族群已经成功挑战了宪章群体垄断高级职位的现状,因此波特垂直马赛克的观点是"明显错误"的(1975:156)。族群融合/融通和经济上层的流动性并非是水火不容的。加拿大接受各个职业层级的移民,最近几年到达加拿大的移民赚的钱明显多于在加拿大本土出生的人,犹太裔和亚裔加拿大人除外(1975:149)。

二、收入不平等

讨论职业问题时,有些研究者发现族群收入已经趋于平等,然而其他研究者认为族群不平等问题仍然存在。奥恩斯坦(Ornstein,1981,1983)发现单单族群这一个原因并不能完全解释收入差异的问题。他认为,族群收入差异可能和出生地、受教育地和语言相关,他还表明,与族权相比,阶级和性别,以及劳动力市场的差异性对收入的决定性影响更大。魏因费尔德(Weinfeld,1988)调查了1971年和1981年的人口普查数据,发现在此10年间,族群间的收入不平等状况有所缓和。如果研究性别、出生情况、职业、年龄、学历以及工作时长等方面的数据,白人群体拥有相同的收入,有色人种少数裔的收入差异也在缩小。魏因费尔德认为,在外国出生的有色人种少数族裔的数量以及其受教育程度至关重要(Weinfeld,1988:603-5)。

韦恩(Winn,1988)在调查了1981年人口普查数据的基础上,认为低收入或是低社会地位和"有色人种"之间没有必然的关联。有些白人族群,可能正是因为他们的"白皮肤"而享受较高的社会地位,事实上他们的收入却比"有色人种"族群的低。1981年,在世界上收入最高的群体中,日本裔排名第三。其他一些族权的收入可能只有世界最高水平的五分之一,而印度-巴基斯坦裔和韩国裔排名第二(1988:197,表格17-2)。回顾1971年的数据,韦恩认为亚洲裔是排名第二高的收入族群(1988:197,表格17-1)。1971年的统计表明,英国裔族群的收入要低于有些社会地位低的族群,如犹太裔、意大利裔、东欧裔以及南欧裔。有些社会地位高的族群,如斯堪的纳维亚裔、德国裔和荷兰裔的收入要么低于、要么接近国家整体的平均水平(1988:196-8)。因此,韦恩认为,族群收入差异性有一定的合理性,尤其是涉及有色人种少数裔与低社会地位族群的时候。他还认为,有色人种少数裔正在往金字塔顶端靠拢,而社会地位高的族群以及白人少数裔正在往金字塔低端下滑(1988:198-200)。事实上,韦恩甚至提出,既然有色人种少数裔和社会地位低的族群收入明显增加,那么就业平等政策就没有存在的必要了。

第四节 新型肤色垂直马赛克？

将欧洲裔族群考虑在内时，会产生关于垂直马赛克持续存在的疑问，有人认为存在着种族垂直马赛克，认为加拿大社会存在明显的肤色垂直马赛克(Galabuzi,2006:7)。

1984 年，平等就业皇家委员会(The Royal Commission on Equality in Employment)通过研究 1981 年的人口普查数据发现，男性加拿大土著人、有色人种少数裔例如印度华裔、中美和南美洲裔，以及黑人的收入都低于国家平均水平，而女性加拿大土著人、中美和南美洲裔、印度华裔以及韩国裔的收入最低(Royal Commission on Equal Employment,1984:84 – 5)。这些收入差异是由于工作市场上的根深蒂固的歧视。由于不平等的就业程序限制，有色人种少数裔被剥夺了就业的机会，他们失业的可能性很大。劳动力市场和政府并不承认有色人种少数裔的在加拿大本土外获得的学历。有时还会有提出要有加拿大生活经历这样不合理要求(1984:46 – 51)。对土著人的限制更多。就男性而言，本土男性(native men)的收入只占非本土人收入的60% ,本土女性的收入则占非本土人的 72% (1984:33)。应对就业不平等，人们在教育和培训机会做出了努力，但是效果却不理想(1984:33 – 5)。大多数本土人从事兼职工作，或者是季节性的工作，他们能够在职业生涯中晋升的可能性很小。

为了反驳韦恩就业平等政策没有必要的观点，博伊德(Boyd,1992)证明了，虽然具有同样的学历，有色人种少数裔收到的奖金津贴要低于白色人种少数裔。通过分析 1986 年的数据，基于年龄、地区、居住地、婚姻情况、教育、职业及工作的社会地位，有色人种少数裔的男性和女性的薪金提高后也低于白色人种少数裔的男性和女性(1992:305 – 6,表格 5)。就女性而言(华裔女性除外，平均来说，她们每年的收入比其他加拿大女性高出 237 美元)，所有有色人种少数裔的收入均低于白色人种少数裔。西亚裔女性的年收入为1928 美元,低于加拿大的年均收入 15144 美元,其他有色人种少数族裔女性的年收入徘徊于 491 美元和 233 美元之间,或者更少。在所有女性中,法国裔女性的年收入最高,为 1245 美元。其他有色人种少数族群,如希腊裔、意大利裔、葡萄牙裔、荷兰裔等其他欧洲裔的收入均低于加拿大的平均水平。

就男性而言,所有有色人种少数裔的收入,远远低于加拿大的年平均收入 28074 美元。然而与加拿大男性年均收入相比,希腊裔男性的年均收入(倒数第二,倒数第一是菲律宾裔男性)比平均水平低 3344 美元,东欧裔低669 美元,德国裔低 326 美元,葡萄牙裔低 300 美元,其他欧洲裔低 194 美元。其中,英国裔男性的年收入最高,比平均收入高出 3306 美元。

丽安和马修斯(Lian and Mattews, 1998)研究了 1991 年的人口普查数据,分析族群的收入不平等问题、族群和教育的关系以及教育和收入的关系。他们认为"种族"是加拿大收入不平等的最根本原因。现在,法国裔的收入已经高于英国裔,在欧洲裔各族群中,出现了一种收入趋同的趋势。然而就有色人种少数裔而言,不论其受教育程度如何,总体上收入较低,而且远低于国家的平均水平(1988:471,175)。对比诸多变量如性别、年龄、婚姻状况、居住地以及移民时长,丽安和马修斯得出结论,在他们研究的十来个教育水平中,少数有色人种少数裔的收入均低于白人族群(1998:473,表5)。通过这些发现,他们得出结论,老式的族群垂直马赛克可能已经不复存在,取而代之的是一种更严重的"肤色马赛克"(1998:476;参考 Pendakur and Pendakur,1996)。

在一场名为《加拿大经济隔离:新世纪社会族群的分割》(*Canada's Economic Apartheid: The Social Exclusion of Racialized Groups in the New Century*)的分析报告中,Grace – Edward Galabuzi(2006)认为有大量证据可以佐证他和其他人认主张的肤色垂直马赛克。表格 5.1 通过对比税后族群人员和非族群人员的收入,证明了 Galabuzi 的发现。表格显示税后族群人员收入为20627 美元,非族群人员为 23522 美元,前者比后低 12.3% ,或者说低 2995

美元。表格说明,将高等教育因素考虑在内后,税后收入差别仍然存在。例如2000年的学士学位持有者中,族群人员的税后收入为35617美元,非族群人员为38919美元,还是存在8.5%或3302美元的差别。请记住这些差别,然后将他们与本章最后的族群税后收入做对比。

表5.1　2000年加拿大种族化和非种族化人员税后收入

税后收入	总人数	种族化	非种族化	差异	
		(a)	(b)	$	%
平均值	$23023	$20627	$23522	$2895	12.3%
中位数	$18138	$15909	$18348	$2439	13.3%
2000年加拿大本科学历种族化和非种族化人员税后收入					
税后收入	总人数	种族化	非种族化	差异	
		(a)	(b)	$	%
平均值	$38312	$35617	$38919	$3302	8.5
中位数	$32832	$28378	$33230	$4852	14.6

来源：Grace－Edward Galabuzi. 2006. Canada's Economic Apartheid. Tototno：Canadian Scholars Press，p. 100. From Statistics Canada, Income Statistics Division, Survey of Labour and Income Dynamics, Custom Tables, 1999－2002. Reproduced and distributed on an "as is" basis with the permission of Statistics Canada.

本章稍后继续回到肤色马赛克的话题。在用批判性的视角讨论这个话题前,我们用另一种维度思考加拿大社会的不平等问题——这是众多研究的主题:移民和非移民之间的不平等。

社会学研究不平等问题的另一个重点集中在移民到达加拿大之后发生的具体情形。换句话说,就是移民来到加拿大之后在劳动力市场就业情况如何,有没有证据表明给他们提供工作岗位的雇主或签约机构公平对待他们? 正如人们所想的那样,这只是一个简单的学术问题,答案是没有。政策制定者、支持移民者以及移民自身都很关心移民,尤其是掌握高级技术、接受过高等教育、有工作经验的移民在加拿大的待遇。正如我们在第四章提到的,加拿大需要也想要招募技术移民,但是加拿大劳动力市场是否公平对待那些有技术、有经验的移民尚不清楚。

在这里我们具体探讨两个问题。首先,将其他相关背景因素考虑在内时,移民的收入能占本土出生的加拿大人收入的多少比例?其次,有什么证据可以表明加拿大社会公平对待移民的学历?换句话说,身怀一定技能和学历资质的移民有没有在这个国家得到同等价值的报酬?

评估不同移民族群和加拿大本土人之间的不平等问题的一种方法就是对比他们的收入差异。表5.2收集了自从2002年加拿大人口普查以来的数据,显现了加拿大本土人和其他移民以及刚到加拿大的移民的收入差异。此外,表格也显现出了地区差异。其中,三种模式清晰可见。第一,移民作为一种族群,在加拿大的每一个省份每一个地方,他们的收入都低于加拿大本土人。第二,这种差异在大学生身上尤其明显。例如,加拿大本土大学生的平均收入是51656美元,然而同样学历的移民的平均收入只有36251美元,二者相差15205美元。在那些没有学士学位的族群收入对比中,收入差别只有4801美元,(加拿大本土人为32499美元,移民为27698美元)。表格表明,尽管具有学士学位的移民赚得比没有学位的人多,但是与具有相同学历的加拿大本土人相比,他们的收入要低很多。第三,在最近几年达到加拿大的移民中,即在2000—2004年到达加拿大的移民,他们的收入远低于在已经移民加拿大5年以上的人和加拿大本土人的收入。例如,就拿具有学士学位的新移民来说,他们的收入要比已经移民5年以上的人和加拿大本土人的低27020美元(移民5年以上的收入为51656美元,加拿大本土人收入为24636美元),与同样没有学士学位的加拿大本土人相比,没有学士学位的新移民收入仅低13927美元(前者收入为32499美元,后者收入为18572美元)。

表 5.2　2005 年加拿大,各省和地区内 25～54 岁,是否具有本科学历的两性新移民
和出生于加拿大的两性工薪阶层的中位数工资——20% 样本数据

	出生于加拿大		移民人群		新移民	
	具有本科学历	不具有本科学历	具有本科学历	不具有本科学历	具有本科学历	不具有本科学历
加拿大	$51656	$32499	$36451	$27698	$24636	$18572
加拿大省和拉布拉多	$50117	$21188	$58155	$23582	$50087	—
爱德华王子岛	$44012	$23719	$40580	$17447	—	—
新斯科舍	$45367	$26561	$38317	$24322	$23874	$18263
新不伦瑞克省	$48984	$25037	$42316	$25101	$28790	$17379
魁北克省	$48987	$30041	$29695	$20952	$20081	$16053
安大略省	$55992	$36532	$38976	$30027	$26330	$19335
马尼托巴省	$48045	$29968	$34470	$26223	$23442	$20124
萨斯喀彻温省	$49017	$29493	$39140	$24828	$25572	$16142
艾伯塔省	$54953	$36832	$38982	$29532	$27432	$21415
不列颠哥伦比亚省	$47279	$33840	$33512	$25703	$22920	$17786
育空地区	$55622	$35710	$40110	$30673	—	—
西北地区	$73176	$44941	$64019	$35057	—	—
努勒维特地区	$80316	$29998	—	—	—	—

注释:

1. 无法获取 250 以下的中位数。2005 年的收入为美元定值(constant dollars)。

2. 2005 年的新移民的定义是在 2000 年至 2004 移民加拿大的人;2000 年的新移民的定义是在 1995 年至 1999 年移民加拿大的人;1995 年的新移民的定义是在 1990 年至 1994 年移民加拿大的人。

＊数据不甚确切,因此加拿大统计局没有公开。

来源:《2005 年加拿大,各省和地区内 25～54 岁,是否具有本科学历的两性新移民和出生于加拿大的两性工薪阶层的中位数工资》,改编自加拿大统计局 publication Income and Earnings, 2006 人口普查,目录 97 - 563 - XWF2006002,http://www. statcan. gc. ca/ bsolc/olc - cel/olc - cel? catno = 97 - 563 = XWF2006002&lang = eng. 在加拿大统计局的许可下,将上述资料作为引用数据。

仔细研究 20 世纪 80 年代以来新移民收入的主要趋势会发现,与加拿大本土人相比,他们的收入正在逐年下降。表 5.3 显示了 1980 年至 2005 年期间,具有和不具有学士学位的新移民男性和女性收入差异中间值。同样是挣 1 美元,1980 年具有大学学位的新移民男性收入占具有同等学历的加拿大本土人收入的 77% ,到了 1990 年,这个比例下降到了 63% ,2000 年为 58% ,2005 年仅占 48% 。同样是挣 1 美元,1980 年具有大学学位的新移民女性收入占具有同等学历的加拿大本土人收入的 59% ,1990 年为 63% ,2000 年为 52% ,而 2005 年只占 43% 。

表 5.3　1980—2005 年加拿大是否具有本科学历的 25 ~54 岁两性新移民和出生于加拿大的两性工薪阶层中位数工资,以 2005 年为基期,以美元为单位的不变价收入

	新移民工薪阶层				出生于加拿大的工薪阶层				新移民工薪阶层与出生于加拿大的工薪阶层收入比重			
	具有本科学历		不具有本科学历		具有本科学历		不具有本科学历		具有本科学历		不具有本科学历	
	男性	女性	男性	女性	男性	女性	男性	女性	男性	女性	男性	女性
年份	以 2005 年为基期,以美元为单位的不变价收入(美元)								比重(%)			
1980	24541	24317	36467	18548	63040	41241	43641	24463	0.77	0.59	0.84	0.86
1990	38351	25959	27301	17931	61332	41245	40757	23267	0.63	0.63	0.67	0.77
2000	35816	22511	25951	16794	61505	43637	39902	25622	0.58	0.52	0.65	0.66
2005	30332	18969	24470	14233	62566	44545	40235	25590	0.48	0.43	0.61	0.56

注释:

1.数据适用于所有的工薪阶层,不论是否以全年全职形式工作。个体经营这收入包含在计算范围内,但机构就职者除外。

来源:改编自加拿大统计局 2006 年《1980—2005 年加拿大是否具有本科学历的 25 ~ 54 岁两性新移民和出生于加拿大的两性工薪阶层中位数工资,以 2005 年为基期,以美元为单位的不变价收入》,《收入和工资》,2006 年人口普查,目录 97 – 563 – XWE2006002,图 8,www. statcan. gc. ca/bsolc/olc – cel/olc – cel? catno = 97 – 563 – XWE2006002&lan = eng。改编和传播均已获加拿大统计局许可。

同样是挣 1 美元,1980 年没有大学学位的新移民男性收入占同样学历的加拿大本土人收入的 84% ,1990 年为 67% ,2000 年为 65% ,而 2005 年只

占 61% ;1980 年没有大学学位的新移民女性收入占同样学历的加拿大本土人收入的 86% ,1990 年为 77% ,2000 年为 66% ,而 2005 年只占 51% 。简而言之,忽略性别和学历的因素,新移民的收入正在逐渐较少。如今移民的学历比 20 世纪 80 年代要高,这个趋势令人烦恼。

尽管存在一些个人因素(掌握官方语言和接受外国教育对移民的收入的影响也很大),总体上说,移民这一社会地位对收入造成很严重的负面影响。正如我们之前讨论过的,越来越多的新移民正在经历着越来越严重的收入不平等。他们的工作大多是兼职形式的,而不是全职,因此也更容易失业,职业上晋升的可能性也更小,他们的收入低于加拿大本土人。奥斯特洛夫斯基(Ostrovsky,2008:24)认为新移民也面临着收入上的动荡和不稳定。这些一开始就存在的收入差异很有可能在未来几年延续,尤其尚在经济萧条时期,一如我们在 20 世纪 90 年的遭遇(2008:24 - 25)。最近的经济萧条很可能对所有的加拿大工人造成不利影响,尤其是新移民。

社会学家如何解释这些发现呢? 首先,这些模式表明移民学历的含金量已经下降,而这对移民和加拿大本土人之间不断加大的社会不平等产生了很大的影响。移民学历的含金量下降指的是移民在加拿大之外获得的一些大学学位和文凭不被加拿大社会认可(Li:2003:113)。有证据表明,许多教师、医生、护士和工程师移民至加拿大后发现,自己在西方国家大学之外获取的学位和证书在加拿大几乎没有什么价值(Henry and Tator,2010;Basran and Zong,1998;Foster,2009)。

这对许多移民过来的专业人士来说,他们面临着很严峻的抉择:①有些移民已经在加拿大放弃了自己的专业,结果失业,暂居终其一生;②有些移民从零开始努力在自己熟练的领域获取了加拿大大学的学位,即便他们已经掌握了工作所需的知识和技能;③有些移民和专业证书签发机构展开了旷日持久而耗费财力的斗争,以便让自己的学位获得和加拿大学位同等的社会认可;④有些放弃了移民加拿大,要么回到自己的祖国,要么去认可他们学历的那些国家。有一个名为 notcanada. com 的网站——由一批失望地离开加拿大的移民建立的网站公开告诫人们不要移民加拿大,因为加拿大不公正对待移民的高等教育学历。

杰弗瑞·瑞兹(Jeffrey Reiz,2001)指出,仅在 1996 年,因为没有充分发挥移民技能,以及移民和非移民之间的收入不平等就导致移民损失 555 亿美元。瑞兹(2008)指出,有必要进行新加拿大移民模式的机制创新,以改善新移民的劳动力市场待遇。例如,公布更多关于加拿大劳动力市场的信息,在移民到达加拿大之前,经济状况就需要对准移民公开,应当引进桥梁培训项目,帮助新移民提高自己就业技能,资助实习生和导师项目,丰富在加拿大方方面面的经验。类似的项目不仅帮助新移民找到与自己学位和技能相称的工作,也能帮助他们共享加拿大经济发展的成果,即加拿大劳动力市场以及就业结构中较好的职位。

专栏 5.1 从一家大型加拿大银行的角度解释了劳动力多样性的重要性。

第五节　一项重要的关于族群/"种族" 不平等情况的调查

上文讨论的研究对探索加拿大不平等问题做出了突出的贡献。在本节中,我们想要强调该研究的许多有争议的方面。表 5.2 和 5.3 总结了这些问题,对比了新移民在加拿大经济状况,第一组对比数据安大略省的多伦多;第二组是萨斯喀彻温省的萨斯卡通。

首先,人们过分强调加拿大社会不平等的族群/"种族"方面,这一直有争议;研究族群/"种族"现在已经是一个传统的主要的研究。多元概念倾向于把加拿大归结为一个族群融合体(Driedger,1996):加拿大作为一个移民国家,仅由族群/"种族"组成。加拿大的建国历史,当前的人口组成显示,官方采用多元文化主义政策更加印证了这种观点。作为对加拿大是什么的问题,通常的回答就是加拿大是一个族群/"种族"马赛克,一个文化/族群的融合体。社会不公平问题出现后,族群成为了分析这个问题的主要的或者说是唯一的维度:有些族群比其他族群表现好,这就是所谓的社会不平等。

专栏 5.1　加拿大皇家银行报告:为什么多样性至关重要?

　　为什么多样性至关重要? 简单来说,人是任何一家公司中最重要的资产。公司如果想要成功打入全球市场,他们必须充分发挥公司中每个人的重要作用。公司一定要吸引和留住有技能的人、有头脑的人、所有公司需要的人——这就是多样性。

　　人口状况正在变化,科技通信技术以及全球化不断发展,多样性正日益成为全球经济发展的重要驱动力量。

　　扩展劳动力构成的多样性,并充分发挥其中的潜能,不仅是社会的要求,也是增强竞争力的要求。从商业至上的角度来看,服务市场的最好办法就是"雇佣"市场。

人群要求	商业要求	社会要求
多样性与我们息息相关……与我们的市场息息相关:	多样性很有商业潜力……多样性是指:	多样性关乎包容与尊重;增加我们和多样性共处的能力,会带来:
当今的劳动力组成和市场是一种动态组合,其组成包括不同的文化、年龄、"种族"、生活方式、性别以及其他。美国和加拿大的人口普查和劳动力报告显示,消费者和人才库都在发生变化。	承认并利用相同点与不同点增加创造力和创新招募和留住高级人才进入瞬息万变的市场	我们与不同经历和背景的人工作的方式
这些可见的人口构成差异以及不断发展的市场现实不断产生新的消费者需求以及员工需求。	利用我们的资源优势超越对手帮助人们挖掘潜力,实现理想	我们对不同观点的认可方式
既是商业要求,也是社会要求	怎样领导团队	多样性是一件好事

事实很清楚:

(1)性别平等——女性作为一种劳动力资源,仍然没有得到充分的重视,经理和董事级别的职位中女性与男性相比仍然很少。《底线——让性别多样性对接公司绩效》(*The Bottom Line：Connecting Corporate Performance and Gender Diversity*),表明公司高层女性多的公司,其公司绩效高于女性少的公司,前者的净资产收益率(Return On Equity,ROE)比后者高35%,股东总回报(Total Shareholder Return,TSR)比后者高34%。2006年麦肯锡公司一项研究"女性发挥巨大作用"中也证实了这种现象,董事会或者高级管理职位中女性工作者最多的公司往往表现最佳。然而2008年《金融邮报》发起的调查"公司女性高管和收入最高者"显示,尽管公司佳绩和女性任职领导阶层有关,加拿大女性在世界500强的公司中就职的比例仍然很少。

(2)族群多样性——在北美地区尤其是少数族群聚集的地区,少数族群的存在意味着市场上的机会越来越多。2006年加拿大人口普查数据突出显示,总人口中有色人种少数裔成员比例已经从2001年的13%增加至了16%,特别是在城市。在2001年至2006年之间,有色人种少数裔人口的增长率快于总人口的增长率,前者的增长率为27.2%,后者为5.4%,前者是后者的5倍。2001—2006年间移民到加拿大的人有四分之三(75%)是有色人种少数族群。同样,美国人口普查局表示,在接下来的三十多年里,劳动力的构成会更加多样。到2042年,少数族群人口将会超过白种人,到2050年,少数族群将构成劳动力总数的55%,这种爆炸式增长将为各个公司提供很多商机,不仅能增加劳动力的多元化,也会吸引更多新客户,极大地增加市场购买力和投资需求。

(3)残障人士——北美人口老龄化加剧,不管是客户还是雇员,认为自己符合残障要求的人也越来越多。根据加拿大的统计数据显示,加拿大大概有440万残障人士,占加拿大总人口的14.3%。2006年美国人口普查数据显示,美国总人口的15.1%,或者说是4130万人都患有残疾。值得注意的是,随着年龄的增长,残障率也在增加。残障人士需要特殊关照,提供这类特殊产品或者服务的公司将会拥有更强的竞争优势。

(4)本土人口——根据 2006 年的加拿大人口普查数据,自从 2001 年起,加拿大的土著人口迅速增加,增长速度约是全国其他族群的 6 倍。一般认为,土著人口总体较为年轻,平均年龄为 27 岁,而加拿大其他族群人口的平均年龄是 40 岁。土著人口的这种特征为劳动力市场和总体市场提供了机遇。

(5)多代劳动力(Multi generation force)——随着出生率不断下降,寿命逐渐延长,全球劳动力市场竞争激烈,技术工短缺,导致了越来越多的劳动力需要工作好几代。目前,劳动力市场由 4 代劳动力组成:千禧年代(在 1980—2000 年出生的人);X - er 代(Generation X - ers)(在 1965—1980 年的人);婴儿潮代(在 1946—1964 年出生的人);二战代(在 1945 或在此之前出生的人)。根据美国劳工统计局(The US Bureau of Labor Statistics),截至 2011 年,在婴儿潮代出生的人将会占美国劳动力市场的38%。尽管所有年龄阶段的族群都希望自己的工作有挑战性、有趣、有发展前景、能提升工作技能、奖金丰厚、流动性强、受人尊重,但是他们交流沟通的方式以及各自能够擅长的领域却各不相同。

(6)性取向/LGBT(女同性恋、男同性恋、双性恋以及变性人)——根据国际同性恋协会(International Gay and Lesbian Chamber of Commerce)统计,LGBT 人口构成了价值 1000 亿加元的市场。保守估计,这个群体现在大约有 9 万～160 万的成年美国人,占美国成年劳动力市场(18 岁以上)的 4%～7%。据统计,美国 LGBT 人群拥有 6900 亿美元的市场购买力。

我们承认,多样性是一个复杂的问题。每个多样化的社会都有自己的问题和机遇。

来源:加拿大皇家银行,http://www. rbc. com/diversity/why - does - diversity - matter. html.

专栏5.2　一个成功移民的故事：艾萨（Isa）和阿米娜·艾迪迪（Amina Odidi）都是成功的制药商，尼日利亚裔的艾萨和阿米娜·艾迪迪改变了加拿大制药业的格局。

艾萨·艾迪迪是尼日利亚皇族成员，拥有 Sardaun 的头衔，大学学的是制药。他打了一次赌，想要去见识一下西方世界，于是放弃了皇族生活，带着妻子阿米娜一起来到了英国。几年后，1995 年，他们带着孩子以研究医生的身份来到了加拿大。

艾萨与加拿大最大的药企拜维尔公司（Biovail Corporation）签订了两年的合同，帮助公司设立研发部门。他回忆道："来加拿大生活并不是我们的本意。""一开始只以为在这里待两年，但是后来公司发展太好，我们的贡献显著，我们帮公司生产了许多产品，公司股价一路飙升，大家因此而富有，所以原计划生活两年就不断延长了数年。"

……与此同时，艾萨爱上了加拿大，决定在这里定居。此后夫妇俩事业不断成功，融入了加拿大社会……

"移民需要在政治、经济和社会层面崭露头角"，艾萨说，他正在考虑来年从政。

"如果你活跃在政坛，你就处在一个可以掌控决策程序的地方；如果你活跃在社会，你就拥有一定的影响力，能够影响政治政策和经济政策。"相应地，如果你活跃于经济社会并获得了成功，你就能心想事成。

艾迪迪夫妇参与了几个社区活动和慈善活动，如对培养非洲裔移民镰状细胞病的意识给予支持。他们也支持为非洲国家建立便携式水井、推广艾滋病和疟疾防治药物以及眼镜等募集善款的活动。阿米娜也参与了尼日利亚的女性教育和普及女性权利运动。

艾萨认为，一个人需要具有特殊的品质才能同时兼顾事业和社会活动。"你一定是 A 血型（Type A）——这种血型的人能胜任多项任务，他们的每天 24 小时都能得到充分利用。你需要同时兼顾各种活动。"

这对夫妇就是最好的例子。他们在拜维尔发展自己的事业，抚养了 5 个可爱的孩子,也不断贡献社会。现在他们仍然是推动加拿大药企发展的力量之一,而这主要归功于二人的"第六个孩子"——国际易达利制药公司(Intelliphармaceutics International Company)

……

公司发展非常成功,最近获得加拿大科学技术非洲荣誉奖章的认可。它与许多药企巨头合作,以版税为基础向市场提供专利药物配方。"当我们的公司规模还很小时,我们主要出售专利,但是现在我们授权专利。"艾萨解释说。公司现在持有30种认可专利和专利应用药物。

现在有15种产品处于准备阶段,包括3种慢性病的防治药物——抑郁症、胃溃疡、注意力失散多动症。还有一种用于治疗充血性心力衰竭的高级药物,夫妇两人都希望该药能够尽快通过审核备案。

公司的核心技术是其自主研发的超矩阵技术,它能促进药物的控释给药,夫妇俩将此项技术应用在当前的药物,并不断探索新型药物。

尽管夫妇俩为了公司的成功发展付诸了时间和精力,但他们从没有忘记参与社会活动的信念。公司最新研发的控释给药物 Rexista(一种药名)主要用来治疗羟考酮滥用问题。艾萨自豪地说:"这种药物不仅是能营利,也是一种对社会负责的创新药物。""因为口服羟考酮控释给药(controlled - release oral oxycodone)能够防止药物上瘾以及滥用,而且它还耐酒精!"

这对夫妇确实是有社会良心的科学家。

来源:Glorial Elayadathusseril, 29 May 2011. http://canadianimmigrant. ca/immigrant - stories/leaving - a - life - of - nigerian - royalty - behind - isa - and - omina - odidi - have - become - successful = pharmaceutical - entrepreneurs - in - canada/

169

专栏5.3 出租车司机停止游行

在星期三的一场游行中,至少25名出租车司机遭联合出租车公司解雇,因为联合集团总雇主指责他们怀有种族主义和并歧视其他"种族"。

公司否认所有的指控,称会解雇那些参加野蛮罢工的司机。

星期三晚上,在机场附近的一个停车场上,有约50名司机,大多是巴基斯坦裔移民在此集聚,声称自己遭遇了公司经理言语侮辱,并为同事的解雇而游行抗议。

游行期间,许多司机收到自己被解雇的信息,星期二联合出租车公司确认解雇事情确有其实。联合集团总经理斯科特·萨泊思(Scott Suppers)来到停车场,撕掉了出租车窗上贴的标语。他在采访中说:

"这里的有些车是我们所有的,我把我们车上的标语撕掉了。""我觉得任何一个正常的人都会这么做。如果你的车上贴上了标语,说属于你的东西是别人的,你可能也会把标语撕掉。"

星期二司机们再次涌上街头,最后选择在市政大厅内游行抗议,在这里他们等了好几个小时,要求同市长敦·艾奇逊(Don Atchison)对话。

福阿德·穆扎法(Fawad Muzaffar)是联合出租国公司一名33岁的司机,也在星期二遭遇解雇,他说:"人们决定团结起来,一起游行抗议,发出自己的心声,以捍卫自己的权利。"

他说:"因为合法游行而解雇职员,这不公平。""我们应该被公平对待,应该有一项法律,规定人们怎样才会被解雇,但是现在什么理由都没有。"

据抗议的出租车司机称,公司经理歧视他们的"种族",用语言侮辱许多巴基斯坦裔和南亚裔的员工。

司机雪瑞尔·巴特(Sherjeer Butt)说:"我们遭受了种族歧视,和语言暴力。""我们需要被平等对待,所以我们来找市长,我们走遍加拿大,来到了萨斯卡通。因为许多人从加拿大各地来到萨斯卡通(找工作),公司就没有任何理由解雇员工。"

萨泊思说公司一名经理说了一些有攻击性的话,带有种族歧视,而经理却说是被"误解"了。

"她觉得好玩,虽然明显不是这样。我们警告过她,不要她继续那样做了。我们绝不是种族主义者,"他说,"如果我们是种族主义者,为什么一开始还要雇佣这些人呢? 我们是一个多文化组织,由各种族各行各业的人组成。说我们种族主义肯定是不真实的。"……

来源:"Cab drivers wildcat against management racism", http://libcom. org/news/cab - drivers - wildca - against - management - racism - 16052009.

Material reprinted with the express permission of Saskatoon Star Phoneix,a division of Postmedia Network Inc.

毫无疑问,族群的多样性是一种但不是唯一的社会现实。政府的多元化主义人口政策和相关文件为加拿大是一个纯粹的多族群国家提供了实际上的和意识形态上的证据支撑。当然,这也是对加拿大社会结构的单维度、简单化描述,尤其是在描述加拿大社会不平等问题时。需要注意的是,加拿大也是一个资本主义国家和父权制社会,因此分析社会不平等问题时很有必要将这些因素考虑在内。

其次,加拿大社会不平等问题的阶级维度没有得到充分的分析,个别情况除外(Li,1988,1992;Nakhaie,1992,2000)。波特认为族群有各自的内部等级结构,族群本身就是阶层化的(Porter,1965:73)。族群各不相同:族群的区分标准是他们各自不同的宗教、移民的先后(Porter,1965:72),或阶级(Li,1988,1992;Liodakis,1998,2002)。正如前文所提到的,波特的努力将阶级纳入社会不平等问题的分析中,一些社会学家却认为他是在强调族群在分析中的主导作用,这真是一种讽刺(Liodakis,2002)。阶级和族群因素都是加拿大社会不平等问题的重要体现。分析社会不平等问题时,这两个理论方法被认为是相互冲突的(McAll,2002)。

即使我们承认,加拿大的历史上有一段时间中族群和阶级是重叠的,但是这二者也不是完全的相对应。

垂直马赛克理论应该被质疑,不是因为现在我们的族群素质提高了,而正是因为加拿大社会不平等问题是建立在阶级基础之上的,族群和"种族"只是阶级结构中的一个分支而已(Li,1992)。超出阶级的研究范围,就无法分析族群不平等问题(Li,1988:141)。例如,那卡因(Nakhaie)(1992,2000)运用1973年加拿大人口流动性调查(Canadian Mobility Survey)和1989社会大调查(General Social Survey)的数据证明,从1973年至1989年,无论是男性还是女性,加拿大族群阶级构成发生了很大变化。在此期间,与其他族群相比,英国裔族群在所有者阶级中(资产阶级、小资产阶级和个体劳动者)的比例偏少。管理层阶级的族群差异下降,尤其是法国裔族群。但是英国裔仍然垄断了商业精英阶层和管理层。法国裔和意大利裔一直在工人阶级中占有很大比重(2000:168,表11.4和2000:170,表11.5)。那卡因(2000:174)总结为决定阶级组成的族群因素的作用在减少。族群和阶级的关系在不断变动,没有哪个族群一直垄断加拿大顶层阶级,正如表5.4所示。但是那卡因的分析也表明了族群不是完全一样的。族群内部,在阶级、性别和出生地等方面,都存在着阶级分层。在分析中,我们并不是说阶级和族群是非此即彼的。相反,我们鼓励运用多维度模式,将族群的内部差异也考虑在内。

分析加拿大社会不平等问题的第三个原因在于,有时候肤色马赛克理论总是不能给出一种定义。正如前面讨论的,许多调查者认为,在加拿大社会的"种族"种类有一个清晰的分类。通常情况下,被研究的群体、族群或者是"种族",是由加拿大统计局人口普查时给出的类型定义的。这些类型如"有色人种少数裔""族群群体""非族群群体"以及"白人"通常没有明确的社会指向。使用这些术语有两种原因。第一,随着时间的流逝,20世纪80年代移民加拿大的族群族外婚逐渐增多,因此在人口普查中统计的单一族群人数在下降。此外,20世纪80年代以来,有色人种少数裔移民人数不断增加。分析人口数据时,这两种趋势使得对比单一族群、多种族群和有色人种少数裔难度增加。例如,有证据表明"多族群融合后的部分欧洲裔有色人种少数族群,在劳动力市场上的表现与单一有色人种少数裔相差无几"(Pendakur,2005:7)。

第二,加拿大统计局在普查人口时使用的许多分类,倾向于将不同族群背景的群体整合在一起比较,而且经常是建立在"种族"的标识上,例如肤色。因此,忽略群体的族群和文化差异,通过群体的"成分"对比,很容易得出"有色人种少数裔"和"白色人种少数裔"族群异同的数据信息。例如,"加勒比裔"包括来自加勒比地区不同背景的族群,例如来自古巴、牙买加、特立尼达多巴哥和多米尼加共和国。"拉丁美洲"族群来自巴西、阿根廷、乌拉圭、哥伦比亚和委内瑞拉等等。而"阿拉伯"族群包括各大洲不同国家的人。1996年,加拿大统计局(1966:2-44)将如下群体定义为"有色人种少数族群""共同体"的一部分:黑人、南亚裔、华裔、朝鲜裔、日本裔、东南亚裔、菲律宾裔、阿拉伯/西亚裔以及拉丁美洲裔,加拿大的"有色人种少数裔"和多个"有色人种少数裔"。

但是虽然统计数据时容易,上升为理论和方法论却非常困难。这种分类太过宽泛,以至于族群的大量社会经济方面的内部差异被遗漏了(Boyd,1992:281;Liodakis,2002)。针对一些贬义术语如"有色人种"或者"非白人种"的使用问题,20世纪70年,"有色人种少数裔"这一术语开始出现,并不断被一些活动家和学者用于抵制社会不平等现象。现在这个术语不仅存在于人口统计中,也出现在国家就业平等政策和多元文化主义政策中(Synnott and Howes,1996:137),广而言之,此术语也出现在社会学家(social scientists)口中以及非学术圈子的领域。一个人,如果她或他的"肤色"是"非白色","种族"是"非白人",那么根据官方的定义,她或他就是"有色人种少数裔"的成员,土著人除外。在辛诺特(Synnott)和豪斯(Howes)看来,"有色人种少数族群"概念中的社会结构存在问题,即当把"有色人种少数族群"归入到它所指的社会现实时,这个术语就"分崩离析"了(1996:138)。这个术语倾向于用"种族"区分不同的群体,这是在同化族群,导致没有一个社会指向。正如我们在第一章提到的,分析人口普查数据并不只是为了单纯地统计人口。梅丽莎·诺博斯(Melissa Nobles,2000)认为,人口普查数据有助于产生和"种族"相关的著作,这反过来影响和"种族"相关的公共政策,不管是限制还是保护"种族"的权利、特权以及大家普遍经历的公民权问题。加拿大统计局这个机构并非是政治中立的,不只是为了完成目标而"清点"一下加拿大,因此加拿大统计局营造了一个人们愿意认同自己的环境,以便统计。根据戈德堡(Goldberg)的释义,"族群""有色人种少数裔"以及"白/非白人"这些术语都是规定了"种族"和族群的"无法再细分的政治类别"(Nobles,2000)。最近,联合国消除种族歧视委员会(The United Nations Committee to Eliminate Racial Discrimination)表示"有色人种少数裔"这个术语本身就可能带有歧视。

这个术语也同化了白色人种少数裔。辛诺特和豪斯认为,有色人种少数族群除了在年龄、阶级、性别方面有所不同,在出生地、居住地、在加拿大居住的时间长短情况也不一样。白人少数族群的情况也是如此。然而这样的分类对族群的就业、受教育类型和程度以及收入方面有重要的影响。例如,"有色人种少数裔"内部的失业率并不一样。2005 年,"白色人种少数裔"的失业率为6.2%,"有色人种少数裔"的失业率为6.6%,但是"有色人种少数族群"内部的失业率情况各有不同:菲律宾裔只有5%,日本裔仅有5.1%,两者都低于8%的全国平均失业率,但是阿拉伯裔的平均失业率为13%、黑人为10.6%、西亚裔为10.7%(Statistic Canada,2006)。

第三,族群的受教育程度和类别也存在差异。如果统计"有色人种数族群"的不同族群,族群内部的差异将会消失。例如,戴维斯和格皮(Davies and Guppy,1998)发现,"有色人种少数裔"作为一个整体来讲,其受教育程度高于"白色人种少数裔",一些"有色人种少数族群"的成员的受教育程度高于其他所有族群。与黑人、南亚裔和拉丁美洲裔族群相比,菲律宾裔、韩国裔、日本裔、西亚裔和阿拉伯裔族群更有可能获取大学学位,更有可能从事管理和专业化的工作。

上述的一些研究表明,从广义上定义的族群,其收入各有不同。此外,上述提及的族群并非都属于有色人种或者接近于有色人种少数裔,把这些族群的数据融合在一起统计就业、教育和收入存在一定的问题。换句话说,谁是"普通的"南亚裔、黑人或者菲律宾裔人呢? 谁是普通的南欧裔呢? 事实上,辛诺特和豪斯不同的族群区别开来,分开统计各个族群的社会经济状况,而不是把所有族群当作"一种(似是而非的)类型的象征"(1996:142－3)。但是支持"有色人种"观点的研究者们在分析族群数据差异时却把所有族群归为一种类型(Li,1998b;Lian and Matthews,1988;Hou and Balakrishnan,1999)。分析族群阶层化问题时,我们使用了种族化的统一的术语,如有色人种、非有色人种少数族群或者白人/非白人,这样就可能忽略了族群的内部差异,如阶级、性别、出生情况、文化和族群等。

第四,肤色垂直马赛克理论忽略了自身得以成立的论据。在许多关于社会不平等的著作中(参见 Li,1998),南欧裔群体如希腊裔、葡萄牙裔,甚至意大利裔的受教育程度和收入水平都低于欧洲族群;有些文章表明,这些族群的受教育程度和收入水平低于一些有色人种少数族群(Li,1998:76,表5.1,表5.2,;82,表5.3;84,表5.4;88,表5.5)。博伊德(1992)的研究表明,希腊裔、意大利裔、葡萄牙裔、荷兰裔以及其他欧洲裔女性的收入低于其他所有族群女性的平均收入。事实上,就收入而言,希腊裔和意大利裔女性低于华裔女性;葡萄牙裔女性低于华裔、菲律宾裔、南亚裔以及黑人女性;荷兰裔和东欧裔女性低于多数的有色人种少数族群女性(1992:表5,305－6)。在男性收入方面,希腊裔低于英国裔有色人种少数族群、亚裔、西裔、华裔、南亚裔以及黑人。希腊裔男性的收入在所有男性收入中排名倒数第二(1992:表5,305－6)。

丽安和马修斯(Lian and Matthaws,1998)发现希腊裔、葡萄牙裔、意大利裔和西班牙裔成员的收入没有和他们的受教育水平成比例。事实上,无论受教育程度如何,他们总是处于不利地位,甚至还比不上有色人种少数族群。例如,除了"贸易"行业外,不同受教育程度的希腊裔的收入都少;在"医学"类型中,他们的收入比英国裔少50%。在所有族群中,不管是有色人种还是非有色人种,这个比例是最低的。在"获取博士学位"类型中,希腊裔成员比平均值低26%,低于西亚和南亚裔、越南裔、黑人和其他东亚以及东南亚裔的成员。其他南欧裔群体的情况也是如此。简而言之,南欧族群差劲的社会经济表现使得人们质疑加拿大新型垂直马赛克的有效性。

最新的证据表明在大数据"有色人种少数裔"的类型内存在着大量的性别和"种族"差异。哈姆和辛普森(Hum and Simpson,2007)通过分析2002年劳动和收入动态调查(Survey of Labour and Income Dynamics,SLID)和性别数据,对比了"有色人种少数裔"和"白色人种少数裔"的收入差异。总体上说,2002年在加拿大出生的"有色人种少数裔"女性的收入比在加拿大出生的"白色人种少数裔"女性高0.8%。就在加拿大出生的族群类型来说,与平均水平相比,印度-巴基斯坦裔女性的收入高出26.7%,阿拉伯裔女性高出22.5%,拉丁美洲裔高出11%。尽管"有色人种少数裔"的移民群体和在加拿大出生群体之间的确存在收入差异,在加拿大出生的"有色人种少数裔"和"白色人种少数裔"之间的收入差异差别不大,黑人和拉丁美洲裔男性除外(2007:96,表5.3)。在收入不平等方面没有明显的"有色"/"白色"分别。确实,上述例子如果没有证明肤色垂直马赛克理论是误导性的,至少说明它并不完全准确。

第六节　考虑阶级因素

本章末节讨论的社会不平等问题的核心是,了解人们生存条件的生产和再生产都是社会性的。每个人都是相关联的社会客体,阶级不同、性别不同、种族不同、社会地位也不一样(Satzewich and Wotherspoon,2000:13)。许多发达的、民主自由的社会如加拿大,所有的社会关系都包含阶级、性别、"种族"/种群的成分。本节中的阶级分析主要参照了怀特(E. O. Wright)关于社会阶级的著作(1983)。我们并不认为阶级是社会不平等的唯一或是最重要的维度。相反,我们认为,与性别相比,阶级这一维度在族群和"种族"的收入差异中的作用更加明显。族群和有色人种这并不是两个了解加拿大收入不平等问题的"钥匙"(Li,1988,1992)。

根据怀特的研究(1983:61 – 83,76,表2.9),资本主义社会中存在三种阶级(资产阶级、小资产阶级和工人阶级),这三种阶级的社会地位是互相矛盾的。阶级的定义是:

(1)财富的所有权(能控制投资和资源)
(2)生产方式的控制权以及
(3)其他劳动力的控制权

在这种模式下,资产阶级(大雇主)拥有经济所有权,横跨三种领域:金钱资本、物质资本以及劳动力;小资产阶级没有劳动力的控制权;工人阶级(工人)既没有金钱资本,也没有物质资本,但是与小资产阶级不同的是,他们必须出售自己的劳动力以换取工资。小雇主处于资产阶级和小资产阶级之间,只拥有非常微小的劳动力控制权、金钱和物质资本。企业经理和管理人员则介于工人阶级和资产阶级之间,虽然二者也是出卖自己的劳动力以换取工资,但是他们对物质资本、劳动力和劳动过程拥有很大的控制权,尽管这并不包括大雇主的金钱资本控制权。最后,半自主的工人(通常被称为专业人员)处于工人阶级和小资产阶级之间,虽然他们出卖自己的劳动力,不能掌控其他劳动力,但是他们拥有少量的金钱资本和物质资本,并且拥有大量的个人劳动力的控制权(Wright,1983:76)。我们认识到这个分类是一种笼统的分析概要,在真实社会中,这些阶级分类包含了诸多类型的真实的人:来自不同族群背景的男人和女人,以及那些真实人生并不完全归属于任何一种类型的人。

尽管前人总是倾向于强调不平等问题的马赛克维度,和研究族群间的收入不平等问题,我们却注重不平等问题的垂直维度、研究族群间以及族群内部的收入不平等问题。因此,族群不平等问题便是真实地存在于阶级社会,而不是存在于社会的真空领域。本章使用的研究方法表明,在任何一个结构状存在的不平等问题领域内(族群、性别或者阶级),其他两种因素也并存。所有的阶级都包含性别和族群因素;性别族群也有阶级和族群因素;所有的族群也都渗透着阶级和性别差异。

接下来,我们在本章中强调了两种相互关联了问题。第一,就阶级组成而言,我们研究了族群是由同类人口组成的还是由不同类型的人口组成的。第二,在阶级、性别和出生情况方面,我们研究了族群间包括族群内部的收入差异。

一、族群异质性的证据

在此列举的数据来源于 2006 年加拿大人口普查中的个体公共使用宏观数据。调查人口总数为 367370,包括来自安大略省、魁北克省、萨斯喀彻温省、马尼托巴省、亚伯达省以及不列颠哥伦比亚省 25～29 岁的单一族群人员。在接下来几页表中出现的族群形容词,并不是指被调查者的族群和文化认同身份,但是表明了加拿大统计局使用过的祖先族群分类办法。这些表只是表明被调查者的族群和文化源头。

简单点说,我们并不研究加拿大每个族群的阶级结构,而是有选择性地研究了一下族群的社会阶级组成:土著人、英国裔、加勒比裔、华裔、菲律宾裔、法国裔、希腊裔、意大利裔、犹太裔、葡萄牙裔以及南亚裔。之所以选这些族群是因为英国裔和法国裔即所谓宪章群体,是原来垂直马赛克理论研究的一部分,而且它们在族群问题的二次分析中有很大的影响。一直以来,英国裔和法国裔是所有对比研究中的参考。另一方面,尽管犹太裔处于"入门的社会地位"(entrance status),在受教育程度和收入方面,犹太裔的表现却大有超过宪章群体的和其他族群的趋势。犹太裔的表现是垂直马赛克理论或与其类型理论中的一种"反常"现象。这三个南欧裔族群——希腊裔、意大利裔和葡萄牙裔,无一例外都是很少被研究的族群。有些证据表明希腊裔也是一种反常,这就对族群化的垂直马赛克理论成分造成了挑战(Liodakis,2002)。通常情况下,因为南欧裔差劲的经济社会表现,他们并不符合有些学者认为的"有色"/"白色"少数族群对立理论(Li,1988;Hou and Balakrishman,1999;Lian and Matthews,1988)。我们选的4个"有色人种"族群代表了加拿大所有单一族源的"有色人种少数裔"的大多数人。

正如波特(Porter,1965)所说,各族群之间相似性很少,它们的内部阶层结构各有不同,这一点在表5.4中得到了进一步确认。图表展示了我们所选定的少数民族群体和"种族"群体在各社会阶层所占百分数。

若从阶级构成的角度研究社会公平问题,单以物产阶级为例看,并没有很明显的"有色人种"和"非有色人种"的区别(visible/nonvisible distinction)。例如,华裔无产阶级人数少于葡萄牙、意大利、希腊、英国和法国裔无产阶级。葡萄牙裔无产阶级人数要多于中国、加勒比地区和南亚裔无产阶级。加拿大原住民大多属于工人阶级,其他社会阶层则鲜见他们的身影。原住民、加勒比人、菲律宾人、法国人和葡萄牙人处于雇员阶级的人数较少,而中国人、希腊人、法国人、犹太人中的小资产阶级人数较多。在半自治工人阶级中,中国人所占比例高于全国平均数,仅次于犹太裔半自治工人(semi-autonomous worker)人数,高于希腊人、意大利人、葡萄牙人这些并非有色人种少数族裔(visible minorities)的"白人"们。在雇员阶级中,中国人和南亚人所占比重较大,而加勒比人、菲律宾人及葡萄牙人、法国人和原住民等有色人种族裔所占比重较小。

表5.4　2005年不同群体的阶级构成(百分数)

"种族"/宗教群体	工人	半自治工人	经理或管理者	小资产阶级	雇员
原住民	67.8	18.7	8.0	3.8	1.7
英国人	53.1	21.6	13.4	6.9	5.0
加勒比人	64.9	20.4	8.6	4.1	2.0

"种族"/宗教群体	工人	半自治工人	经理或管理者	小资产阶级	雇员
中国人	48.4	29.0	9.1	7.1	6.4
菲律宾人	70.5	20.3	5.6	2.1	1.5
法国人	51.1	26.8	10.7	7.2	4.2
希腊人	48.5	21.5	14.3	7.5	8.2
意大利人	50.4	22.3	14.6	5.8	6.9
犹太人	30.0	33.1	13.8	11.9	11.2
葡萄牙人	65.1	13.2	12.2	5.1	4.5
南亚人	61.4	19.3	7.6	5.9	5.8
加拿大人	53.0	23.5	11.7	7.0	4.8

＊此表不包含牙买加裔人

＊此表不包含东印度裔人

来源：根据加拿大国家统计局 2006 年人口普查数据（个人公开微数据档案）计算而得。数据的使用和分布以加拿大国家统计局统计数据为基础，已获得加拿大国家统计局授权。

　　表 5.4 的数据或高或低，它传达了两个重要信息：一是这 11 个少数群体的成员的阶级分布很广，没有一个少数群体只属于某一阶级。二是传统意义上的"有色人种少数族裔"和"非有色人种少数族裔（non - visible minorities）"的分界线非常模糊。简言之，就阶级构成来说，少数民族群体和"种族"群体是有区别的。阶层分布并没有统一的模式。所调查的少数民族群体内部及少数民族群体之间的阶层分布都大不一样。若只能优先分析三个维度的其中一个，那重要的内部阶层分布（也是影响收入的因素）就会很难观测到。此外，各少数民族群体的性别和出生地构成皆有不同。例如，就性别而言，加勒比裔和菲律宾裔女性在劳工市场所占比重要高于男性。所有有色人种群体中，外国出生的人所占比例高于 90%，而非有色人种群体中，外国出生的人所占比例更低（低于 50%）。这些差异确实影响了他们的收入，但如果我们将所有少数民族群体视为同类，那引起收入差距的种种因素

就很难被观察到。

二、"种族"群体之间及"种族"群体内部的收入不平等

若如上所述,"种族"群体和少数民族群体的阶层分布不均,那么他们参与经济活动所获得的回报是否也不一样呢? 换言之,他们的收入是否不同? 如果是,那么群体和群体之间的收入差异更大,还是群体成员间的收入差异更大? 表5.5显示,在加拿大,各社会阶级的收入存在明显差距。

当我们研究他们的税后收入时,我们发现,小资产阶级和无产阶级的税后收入平均值明显低于样本平均值。小资产阶级比平均值少11245加元,无产阶级比平均值少7287加元。雇员、半自治工人、经理和主管分别高平均值15085加元、7319加元、18817加元。该结果与利用1986年,1991年,1996年,2001年加拿大人口普查数据所做的相似研究结果吻合(Li,1988,1992;Liodakis,2002)。以百分数计算,小资产阶级比样本平均值低30.1%,工人阶级比样本平均值少19.4%。另一方面,雇员、半自治工人,经理和主管比样本平均值分别高40.2%,19.5%,50.14%。经理和主管代表的是收入最高的阶级。我们在研究中等收入时,发现了同样的收入分布模式。阶级导致的收入差异远远大于"有色"和"非有色"人种群体间的收入差异。例如,在同一年,有色人种少数民族群体比非有色人种少数民族群体少赚86770加元。性别导致的收入差异也很明显:女性比男性多赚13924加元,是"有色人种少数民族"和"非有色人种少数民族"收入差距的两倍。外国出生的研究对象比本地出生的研究对象多赚4602加元。对"种族"群体来说,阶层、性别、出生地的不同都会造成收入差距。

如果"种族"群体由社会阶层、性别和出生地来划分,则会出现更多元的收入不平等模式。群体内部由于阶层、性别、出生地不同导致的收入差距,比群体间收入差距更明显,尤其当我们排除收入最高的犹太籍(收入为56536加元)和收入最低的原住民(收入为21160加元)时,这种不同尤为显

眼。在收入最高的犹太籍人群体内部,本地出生的男性雇员收入为161948加元,相比之下,外国出生的小资产阶级女性收入只有25803加元,收入差距为136145加元。在南亚籍受试者中,收入最高的是本地出生的男性雇员,为112322加元;外国出生的工人阶级女性收入仅有12833加元,收入差距达99489加元。菲律宾籍受试者中,本地出生的小资产阶级男性收入为42250加元,而本地出生的女性工人收入最低,仅有13277加元,收入差距为28973加元。在希腊籍群体中,本地出生的男性雇员收入为68647加元,外国出生的女性工人收入为22571加元,收入差距为46076加元。就原住民群体而言,男性经理和高管收入最高,为39568加元;小资产阶级女性收入最低,仅有13395加元,收入差距为26173加元。

表5.5 2005年各阶级税后收入

阶级	净收入	平均值 (美元)	标准差	中位数 (美元)	相较国家平均值百分数 (%)
工人	194,539	30,241	22,508	28,000	-19.41
半自治工人	86,561	44,847	39,178	41,000	19.50
经理或管理者	42,790	56,345	62,262	44,000	50.14
小资产阶级	25,669	26,233	40,869	18,000	-30.10
雇员	17,811	52,613	80,282	31,000	40.20
加拿大人	367,370	37,528	40,157	32,000	—

来源:根据加拿大国家统计局2006年人口普查数据(个人公开微数据档案)计算而得。

小　结

本章我们探讨了垂直马赛克(vertical mosaic thesis)是否能精确描述加拿大社会的问题。首先,我们讨论了约翰·波特的观点,他认为加拿大有垂直马赛克特征。随后,我们回顾了就业和收入,以评估当今加拿大社会是否呈垂直马赛克特征。我们的结论是:尽管"种族"群体之间有相同点,但在讨论社会不公平现象时,它们的差异才是重点。

我们特别注意到,部分社会学家认为,因肤色已成为族群的新分界线,所以衍生了新颜色编码垂直马赛克特征(colour–coded vertical mosaic),既"种族"少数群体处于社会经济结构的最底层,而非"种族"群体的白色加拿大人种则处于顶端。我们还回顾了移民和加拿大本地人之间的收入差异,证据表明(假设其他导致收入差距的因素已考虑进去),移民的收入低于加拿大本地人的部分原因是:加拿大社会人们贬低在非西方国家获取的教育背景和工作经验。

本章最后呈现了有关社会不平等的图表,这为我们研究社会不平等现象提供了新角度。加拿大也许是一个族群/"种族"分层的社会,但它以社会阶层和性别来区分的资本主义父权制社会特征不变。

思考题

1. 什么证据可以表明颜色编码垂直马赛克是加拿大社会的现有特征?该特征会导致哪些问题的出现?

2. 相较对种族差异的关注,对社会阶层的关注更能体现社会不平等现象吗?

3. 相较对种族差异的关注,对性别的关注会更能体现社会不平等现象吗?

4. 如何解释移民和加拿大本地人之间、有色人种少数族裔和非有色少数人种移民之间的收入差异?如何解释"有色人种"少数群体和"非有色人种"少数群体之间的收入差异?

5. 假设你现在电话销售公司工作,要求你随意拨打一个电话,猜测对方的收入情况。你不可直接问他们收入多少,只能问三个问题,你会问什么问题呢?

讨论题

1. 加拿大出生的有色人种少数民族女性的收入平均高于加拿大出生的非有色人种少数民族女性，请解释原因。请将该题视为颜色编码马赛克理论中的不寻常现象。

2. 自 1980 年后，新加拿大移民的收入；平均数急剧减少普遍低于非移民，原因是什么？

3. 请解释新移民的收入平均数下降时，为什么女性的收入降幅比男性大？

4. 加拉布兹（Galabuzi）说明，2000 年，加拿大的"种族"群体和非"种族"群体税后收入差异达 12.3%，即 2895 加元，这种差异明显吗？如果我们研究两个群体的财富差异，差距是否会更明显？为什么？

延伸阅读

1. Allahar, Anton. 2011. "The Political Economy of 'race' and class in Canada's Caribbean diaspora," *American Review of Political Economy 8 (2)*。

这是一篇从政治经济学的角度分析加拿大加勒比团体中社会不公平现象的好文章。阿拉哈对"同种加勒比移民"（homogeneous Caribbean diaspora）这一概念提出质疑，同时他指出，以阶层为基础的区分在社区动力中扮演着至关重要的角色。

2. Galabuzi, Grace – Edward. 2006. *Canada's Economic Apartheid: The Social Exclusion of Racialized Groups in the New Century*, Toronto: Canadian Scholars Press.

加拉布兹以一个有力又引起争议的论点，支持了"加拿大以新颜色编码垂直马赛克为特征"这一观点。

3. Porter, John. 1965. *The Vertical Mosaic: An Analysis of Social Class and Power in Canada*, Toronto: University of Toronto Press.

在过去四十年间,这本书为加拿大社会不公平现象的讨论提供了知识背景。

4. Synnott, Anthony, David Howes, 1996. Canada's Visible Minorities: Identity and Representation, in V. Amit – Talai and C. Knowles, *Resituating Identities: The Politics of Race, Ethnicity and Culture*, Peterboraough: Broadview Press.

本书逻辑周密,深刻批评了"有色人种少数民族"这一概念。辛诺特和豪斯质疑,将不同移民历史和背景的群体列入一个单一类别进行分析,是否合理。

相关网址

1. Canadian Multicultural Council

www. ethnocultural. ca

加拿大多元文化部,该联盟组织代表加拿大族群社区的利益。

2. Canadian Race Relations Foundation

www. crr. ca

加拿大种族关系基金会,该基金会致力于改进种族间的关系。

3. The Maytree Foundation

www. maytree. com

五月树基金会,这是加拿大私人基金会,致力于消除贫困。

4. Statistics Canada

www. statcan. gc. ca

加拿大统计局,该网站的运营主体是加拿大数据收集机构。

5. Human Resources and Skills Development Canada

www. hrsdc. gc. ca

加拿大人力资源及技能发展部,联邦政府部门,处理加拿大劳工市场和技术能发展的相关问题。

补充资料

1. 值得一提的是,波特一派的优秀理论家考虑了"种族"群体的阶级组成(Clement,1975)。然而他们只考虑了上层阶级,既属于精英的极少部分人,而没有研究"种族"群体的整体阶级结构。纳凯(Nakhaie)在书中表明,他就英国在加拿大精英阶层的主导作用与奥克曼德森(Ogmundson)、麦克劳克林(McLaughlin)交换了意见。

2. 有些研究者(如 Winn,1988)将收益作为分析经济不平等的变量。过去,我们是用总收入作为分析变量(Satzewich,Liodakis,2007;2010)。现在,我们用税后收入来分析经济不平等现象。

3. 托马斯·索厄尔(Thomas Sowell,1989)曾发表了类似的、有理论支持的论点,反对美国和其他国家的赞助性行动计划。

4. 要特别注意的是,本章与一般意义上的种族主义、劳动力市场中的歧视无关。本章说明了以阶级、性别、出生地为分析角度下的收入差异和"种族"群体内部分层。遗憾的是,并没有很多研究或证据来支持"加拿大劳动力市场中的歧视"这个论点。亨利和金兹伯格(Henry and Ginzber,1988)在书中展示的 1985 年 201 份工作调查为种族歧视提供了佐证。1989 年一份未公开发表的对加拿大经济委员会(Economic Council of Canada,1991)的二次调研声称:"种族歧视是不可辨别的"(Henry,1000:233)。其他人,如得西瓦(de Silva),认为一旦移民被雇用,"就没有针对移民的明显种族歧视"。更重要的是,并无任何歧视第三世界国家的移民趋势(1992:37)。拉维特(Levitt,1994)提出了种族主义的相对性与历史特定性。他提供的证据表明,种族主义和种族歧视正在减少,而相比加拿大早期和其他国家,加拿大种族主义的倾向并不明显。当然,这个结论并不会减少打击种族主义的重要性。任何程度的种族主义都是不可接受的。

5. 这样的结果是意料之中的。1986—2001 年的人口调查显示,小资产阶级一直是收入最低的阶级,其次是无产阶级。尼科·普兰查斯(Nikos Poulantzas)声称,小资产阶级与工人阶级关系密切(Li,1992),也许马克思是对的。

第六章 多样性、多元文化主义、魁北克跨文化主义

学习目标

◎多元文化主义是多元意识形态中的一部分,是加拿大的人口现状,是政府政策和项目,也是"种族"群体为政府资金和其他资源竞争的平台,但同时它还是一项有争议的政策。

◎联邦政府称自己推进了文化群体的发展,帮助他们克服文化障碍,使他们完全融入加拿大社会;在维护国家统一的前提下,联邦政府还创造了群体间交流见面的机会。

◎魁北克提出了跨文化主义政策,目的是在法语单语言主义背景下,促进文化间的交流,提高公民权。

◎魁北克正努力制定一项合理的调解方案,一个多元化的提案,规定政府政策和项目不仅要容许还要适应新移民和少数群体带来的文化差异。

◎多元文化主义有进步的和保守的批判声。

◎有些批评家认为,这项政策效果太过,因为它大力提倡文化相对论,以致加拿大人的身份受到了威胁。

◎有人认为,这项政策毫无效果,因为它未能解决主导群体和少数群体之间、各群体内部的经济、政治不平等,损害了原住民和讲法语的人的特有

权利,忽视"种族"问题和文化问题,加深了"种族"刻板印象。

第一节　引　言

　　苹果、香蕉、椰子、奥利奥饼干有什么共同点吗? 它们都是可口的小吃,此外,它们都与族群和"种族"身份有关。这些含有贬义色彩的标签曾被有色人种少数民族中的某些成员用来形容同族群的其他成员。"苹果"指的是原住民,他们肤色泛红,内心却和白人无异;"椰子"用来形容南亚裔人,他们肤色呈棕色,内心和白人无异;"香蕉"用来形容华裔或日裔人,他们肤色偏黄,内心和白人无异;"奥利奥饼干"(如果你还没想明白的话)是形容肤色较黑,内心和白人一样的人群。

　　在什么情况下会将一个人形容为香蕉、苹果、奥利奥饼干或椰子呢? 那可说不准。在原住民社区,"苹果"也可用于形容继续读大学、想获得高等教育的年轻人。这种情况下,"苹果"暗示着获得高等教育的人与传统原住民身份不吻合。"奥利奥饼干"指黑人青年模仿白人的举止,是向"白人"社会的叛变。通常,这些词代表否定意义的标签和身份,用来形容少数民族群体中被主导的"白人"文化同化的人,也可用于形容言行、态度已背离自己原住社区的人。

　　这些贬义的词涉及一系列有关民族特性和"种族"身份的问题。例如,在当今加拿大,身为南亚人、黑人、"白人"、乌克兰人、原住民、阿富汗人或巴勒斯坦人意味着什么?"种族"和少数民族的身份是固定的、不可改变的,还是灵活的、随情况而定? 文化多元的加拿大是否存在同化现象? 同化现象是否应该出现? 个人能够在不被同化的情况下融入大环境吗? 如前一个章节所说,回答这些问题不是易事。但是回答的过程会引发人们思考更广泛的问题:多元文化主义政策在推广某些族群身份以及与其他族群交流时起何作用。具体问题如,联邦政府提出的多元文化主义政策有何用意? 这项政策在帮助群体保持他们身份和文化的过程中发挥了什么作用？多元文化主义政策是分裂了我们还是团结了我们？这项政策是否不利于团结和同化？

鉴于多元文化主义在其他国家有衰退迹象，这些问题更显得更为紧迫。20世纪90年代，其他移民国家纷纷采用多元文化主义的观点和政策。但是现在他们却不再相信多元文化主义。2010年，德国总理默克尔对支持基督教民主联盟（Christian Democratic Union party）的年轻人们说："20世纪60年代初，我们邀请外籍工人来德国。我们安慰自己说外籍工人不会长久停留，总有一天他们都会回到家乡。但他们没有回去。于是，现在的趋势要求我们走向多元文化，彼此为伴，享受相聚时光，但这样的设想最后完完全全失败了。"（Connolly，2010）2012年在德国慕尼黑的安全会议上，英国首相大卫·卡梅伦也说了类似的话。卡梅伦警告其他采用了多元文化主义政策的国家，说道：

> 我要说的是英国的惨痛教训，我相信所有国家都能从中有所收获。在英国，有些年轻人发现他们无法认同父母在家保留的那些传统伊斯兰习俗。这些传统习俗放在西方国家，显得非常古板。年轻人们也无法认同英国，因为社会的集体认同感越来越弱。在国家多元文化主义的影响下，我们鼓励来自不同文化背景的人各自生活，甚至与英国主流社会分离。我们没能为他们提供一个有归属感的社会环境。甚至当一些团体的行为与我们的价值观背道而驰时，我们选择睁一只眼闭一只眼。
>
> 当某个白人持有种族歧视观点时，我们会义正词严地批评他。但当非白色人种提出同样不可接受的观点，或做了不恰当的事时，我们会很小心，甚至略带紧张地反驳他们。一个典型的例子就是有些人反抗逼婚，但是最后仍未成功。有的少女被欺辱，还被强迫带到国外成婚。对这种行为的不干涉和包容，只会让人更难有归属感。很多年轻的穆斯林觉得自己像无根的浮萍，他们想找到归属，找到信仰，在此过程中也许会导致极端意识的形成。现在可以肯定的是，他们不是一夜之间

189

变成恐怖分子的,我们在英国和其他欧洲国家所看到了他们慢慢走向极端的过程。(Cameron,2012)

本章中,很多加拿大评论家认为,加拿大的政策很是失败,理由正如默克尔与卡梅伦所述(Kymlicka,2010)。本章开头,讨论了加拿大多元文化主义的意义及其相关联的四个方面,同时也说明了加拿大多元文化主义政策的不同发展阶段。随后,我们会参阅几例有关多元文化主义效力的政治性讨论:有些批评家认为多元文化主义政策是失败的,因为它未能有效处理种族偏见、歧视、各种社会不平等的问题;然而另一些批评家认为,这项政策之所以失败,是因为它过于保护群体的旧时代的身份、文化、情感,所以未能使群体忠诚于加拿大及加拿大人身份。最后,我们会研究魁北克的跨文化主义政策,它承诺会用不同的方式处理加拿大身份管理和身份多元问题。

第二节 联邦多元文化主义的意义

正如第一章所述,只有在政治、经济、社会环境下,才存在种族文化适应过程。加拿大是一个多"种族"的自由社会,所有种族文化适应都在多元文化主义背景下发生。如我们所见,多元文化主义保护了加拿大人的"种族"和文化身份。它通常有四个相关联的含义:它反映了加拿大的人口分布现状;它属于多元意识形态;它是群体争取经济、政治资源的表现形式;它也是一系列的政府政策和相应项目(Fleras,2012;Fleras and Elliot,1996:325)。从加拿大社会现状来看,多元文化主义可以被定义为一种意识形态,它衍生了一系列的经济、政治、社会行为;相反,这些行为也定义了各群体的分界线,限制了少数民族和"种族"群体的关系,为的就是维持社会秩序,或应对社会变化(Liodakis and Satzewich,2003:147)。

首先,多元文化主义反映了加拿大社会现状。从人口统计情况来看,加拿大人口由一百多个族群组成。虽然在英法的殖民统治下,加拿大各"种族"群体看起来并无区别,但这些群体从未真正的统一过。早在实施多元文化主义政策之前,加拿大就已经是一个多元文化的国家了。简言之,在1971年实行多元文化政策之前,加拿大虽符合多元文化国家的表征,但它受英法文化的霸权统治,当时加拿大政府甚至鼓励百姓遵从英法文化规范。

其次,多元文化主义是一种意识形态,它包括对加拿大社会中"种族"背景下的社会组织的规范性描述。多元文化主义的基石是多元主义。从文化层面解释,多元主义宣扬对文化多样性的包容,最重要的是,它让所有人知道,文化多样性与加拿大全国目标一致,尤其与全国统一、社会经济进步的目标兼容(Fleras and Elliott,1996:326)。多元文化主义的基本原则是文化相对主义(cultural relativism)。它规定了包容性,赞扬了多样性为使各群体在"种族"异质性社会(ethnically heterogeneous societies)能和平共存的发挥作用。文化相对论与"种族"中心论相悖。文化相对论认为,文化的评估标准应从文化中形成,不需要借用外界的标准。换句话说,我们不应该用自己的规范来评判其他文化。简言之,如果某些人认为每个人都有自我认同的权利和宣传自己文化的权利,那这些人也会用同样的包容心来对待来自其他文化背景、拥有不同价值观的人。要注意的是,种族中心主义和种族偏见并不是同义词,这一点可以从种族中心主义文明的还是有害的来区分。文明的种族中心主义指群体内部的利己行为,但同时也尊重其他群体的权力和利益;而有害的种族中心主义指在损害其他群体利益的前提下,满足自己的利益(Kallen,1995:43)。当种族中心主义意味着对其他"种族"群体有敌意时,攻击性的种族中心主义通常又叫作"种族沙文主义"(ethnic chauvinism)。

再次,多元文化主义也是民族文化群体之间为了获取宝贵经济、政治资源的竞争。社会学家卡尔·皮特(Karl Peter)曾提醒我们,多元文化主义"是最重要的政治纲领,通常有着明确的政治目的和完成目标的手段"(Fleras and Elliott,1996:335)。多元文化主义是解决争端的有效机制。为解决加拿大社会和人口问题带来的压力、对抗加拿大西部分裂主义(western alienation)和魁北克民族主义(Quebec nationalism)、帮助自由党在城市赢得"种族"选举,多元文化主义应运而生(Fleras and Elliott,1996:335)。

最后,多元文化主义指:旨在完成多元文化主义理念、将理想外化为社会干预和社会组织而实施的政府政策和项目。1971年,时任加拿大总理特鲁多(Pierre Elliott Trudeau)领导下的自由党提出多元文化主义政策,这项政策反映了加拿大当时的政府行为。讽刺的是,提出多元文化主义政策的初衷并不是要解决历史遗留下来的种族主义、歧视、偏见等问题,这些问题从未列入多元文化政策的初步发展框架之中。事实上,多元文化政策提出的部分原因,是为了解决20世纪60年代其他"种族"群体(既非英法群体)对皇家双语和二元文化委员会(the Royal Commission on Bilingualism and Biculturalism)职权不满的问题。乌克兰籍加拿大人等群体担心联邦政府没能意识到他们对加拿大国家建设做出的重要贡献。这项政策不仅反映了自由党人想努力争取日益壮大的非英法群体的投票(Hawkins,1989:28),同时也说明了特鲁多和联邦自由党反对在加法国人提出的在加拿大联邦内与英国人平等的提案(Abu-Laban and Stasuilis,1992)。简而言之,在文化多元的社会背景下,多元文化主义试图解决社会鸿沟、维持现有社会秩序、应对社会变化。以下简述多元文化主义政策的发展。

奥吉·富勒拉斯(Augie Fleras,2012)认为,在过去的四十多年的历史进程中,多元文化政策经历了四个重合阶段,各个阶段都记录了政策要点和意义的微妙变化。第一阶段为1971年至1980年,政策重点是族群性或民族多元文化主义,或是强调"庆祝差异"(celebrating our differences)——也就是说,强调政策表明文化多样性是加拿大人身份的核心。加拿大人不再有"官方"文化。当时,联邦多元文化主义有四个指导原则:

(1)联邦政府要支持所有加拿大的文化群体,只要文化群体有意愿继续发展、愿意为加拿大奉献,或单纯的需要帮助,联邦政府就要施以援手。

（2）政府要协助各文化群体克服文化障碍，让它们完全融入加拿大社会。

（3）为了国家团结，政府要鼓励加拿大各文化群体的交流和沟通。

（4）政府要帮助移民学习至少一种加拿大官方语言（一共两种），以便更好地融入加拿大社会。（Hawkins，1989：220）

"盎格鲁遵从论"（anglo - conformity）的时代早已远去。所有的文化都处于同等地位。文化已经成了个人选择，加拿大各族群也发展良好。由此看来，每个人都不再因自己的文化选择而受歧视，还能促进自己文化的发展，完全参与到加拿大生活的各个方面。

多元文化政策的第二个发展阶段是 20 世纪 80 年代，包括制度化进程和有关平等的重点问题。在此阶段，关注点包括改善"种族关系"、实施积极的反"种族"歧视措施，从而理解、评判各组织的运作过程。高涨的魁北克国家主义被重新启用的 1982 年宪法镇压下去了。该宪法包括加拿大人权宪章和自由宪章，两个宪章都可佐证多元文化主义是加拿大社会的基本特征这一观点。加拿大进步保守党政府通过了 1988 年《多元文化法》（the Multiculturalism Act），将事实上的政策转换为法律框架，把多元文化主义提高到了与双语政策同等的地位。最终，多元文化主义逐渐适用于经济层面。多元文化主义与新保守主义经济政策一致，表明政府试图说明：1988 年出台的《多元文化主义法》不仅符合多元论理念，还有利于国家的经济发展。当中，关注点从"为了发展文化而关注文化"转向工具主义观点，既多元文化政策带来的益处。这种转变最明显的信号之一，就是 1986 年在多伦多召开的"多元文化主义既商机大会"（the Multiculturalism Means Business Conference），标志着以市场为导向的多元文化主义的开始。会上，保守党多元文化主义国务大臣奥托·杰林莱克（Otto Jelinek）发表开幕致辞，对与会代表说道：

现在竞争很是激烈，所以我们需要发挥一切优势，其中一个优势就是外语知识……最近出现的重商主义需要新型公司管理人员,既具有全球性的文化敏感,能根据文化对行为的影响削减开支、减少浪费,又能激励有不同层次的员工、领会外国报告的言外之意,还能洞察海外销售的陷阱、明白什么可接受,什么不可接受。(Jelinek,1986:5)

他接着建议道:

简单来说,政府坚信多元文化主义能够带来无限商机。这个新开发的资源会增加财富、带来更大的社会流动性、为所有努力的人打开更多的机遇之门。(Jelinek,1986:5)

20 世纪 80 年代的进步保守党政府认为,在逐渐兴起的全球经济中,加拿大的文化多元论,其平等、包容、公平的社会形象是一种有利资产(Moodley,1983)。在"新自由主义"的背景下,加拿大社会繁多的文化和语言将带来更多的国际贸易,相较其他单语和单一文化的竞争者来说,"新自由主义"还能提高加拿大的相对优势(Abu - Laban and Gabriel,2002)。加拿大政府未能意识到,就算没有明文规定,全球大多数国家也已经是事实上的多元文化国家了,因而加拿大的多元文化特征也就没有那么独特了,经济优势也不如他们所想的那么明显(Harles,2004)。

20 世纪 90 年代,多元文化主义有了新的含义和重点,也就是弗莱拉斯(Fleras,2012:311)所说的"公民多元文化主义"(civic multiculturalism)。它可定义为:民俗多元文化主义和体制多元文化主义与公民权的结合;在加拿大文化遗产部(Canadian Heritage)的保护下,公民多元文化主义暂时保证了多元文化主义与公民身份部(Department of Multiculturalism and Citizenship)的良好表现。公民多元文化主义的新关注点之一是社会建设——培养身份认同感和归属感,这对加拿大人参与到国家制度中来说至关重要(Fleras,2012:311)。制度需要变革,以便更好地反映逐渐多样的社会现实,同时,移民和族群群体也需要改变,以便完全融入加拿大社会。

弗莱拉斯(Fleras,2012:311 - 12)认为,目前多元文化政策已经到了第四阶段,也就是他所说的"整合多元文化主义"(integrative multiculturalism)。基于20世纪90年代提出的公民参与理念,该阶段的多元文化主义强调使移民融入加拿大社会。现在广受关注的问题是:多元化或不利于加拿大社会发展,对此,官方回应称,政策的新阶段将关注移民和族群群体成员的"义务"——融入加拿大社会、接受自由民主的价值观。换言之,即使移民和族群群体成员想保留自己的文化和价值观,也不影响他们接受加拿大价值观、融入加拿大社会的决心。

第三节 饱受争议的多元文化主义

自20世纪70年代初期实行多元文化主义政策以来,它就饱受争议。对联邦政府推行的这项政策的指导性、可取性和必要性,大家看法不一。更直白地说,有的人认为,多元文化主义使加拿大成为一个独特、伟大的国家,而另一些人认为,多元文化主义会导致加拿大的衰败。新千年到来之际,2001年9月11日美国世贸大厦和五角大楼被袭、2005年7月7日伦敦地铁发生爆炸案、2006年加拿大逮捕18名试图在加国内制造恐怖袭击的加拿大穆斯林青年,在此背景下,对多元文化主义的讨论有了新的意义,也有了政治紧迫感。本部分将回顾围绕多元文化政策的两个论点:一个认为多元文化主义是无效的政府政策,另一个认为这项政策效力过大,甚至有些过头。

一、多元文化主义无法解决"现实"问题,如种族主义、阶级不平等、盎格鲁统治

有评论称多元文化主义政策无法解决从根源上解决加拿大社会不公平

现象,也无法减少社会不公平的范围。早期对文化的批判只集中在 20 世纪七八十年代的多元文化主义内部,认为该政策只揭示了种族文化的某几方面,既不改变盎格鲁－撒克逊人对社会组成设想;同时评论认为该政策只是一种意识形态(Roberts and Clifton,1982;Lewycky,1992)。批评家们称,现在政府过于强调"唱歌和跳舞"活动("song and dance"activities)的非政治化,而该活动对英国经济、政治、文化霸权不构成任何威胁;同时他们还认为,多元文化主义政策混淆了社会现状,它的实施看起来似乎改变了什么,但实际上对加拿大社会中族群和"种族"的不平等现象不起任何作用(Bolaria and Li,1988)。

除了弱化种族主义在引起和再现社会不公平现象中的作用外,雷尼·沃伯顿(Rennie Warburton)称:"多元文化主义对阶级事件的沉默传达了一个思想信号,既有分析称阶级关系是激进的、极端的或马克思主义的,甚至是不严肃的,但多元文化主义却忽视该类分析。"(Warburton,2007:283)多元文化主义是政府、媒体和特权阶级常用的思想工具之一,用于驳斥不同于集体价值观的利己主义和私有财产不可侵犯的观念;这两种观念正是资本主义社会关系的基石(Warburton,2007:285)。正如第五章所说,不是所有的族群和"种族"群体都能在加拿大社会取得经济成就。在群体内部和外部,都有着因阶级、性别和出生地导致的巨大收入差距。但多元文化的背景下只存在文化差异;阶级、性别或其他社会经济、政治差异基本不存在,或不值得讨论。

戴沃·斯塔苏利斯(Daiva Stasiulis,1980:34)称,政府在现有社会秩序合法化过程中扮演的角色及其他干预手段(多元文化主义和双语制)都有去政治化的效果。干预手段过度强调"文化"和语言对公平的阻碍作用,还隐瞒了如公民财产权、劳动力市场地位、教育、性别、年龄等更为基本层面的社会不公平。事实上,加拿大社会特征是族群(或性别)为基础的阶级等级和斗争,当然,这些问题都不能通过多元文化主义来解决,因为这种斗争就算没对现有社会秩序构成威胁,也是对其的一种挑战。多元文化主义模糊了这种对抗情绪,还将斗争归入了"文化"领域。

尽管政策的侧重点有了转移,这一派的批评家仍继续坚持并改进了观点。班尔奇(Bannerji,2000)称,多元文化主义是政府和社会主导群体用来维护霸权的概念思维。如上所说,多元文化主义规定了族群和"种族"的关系,目的是维持现有社会、经济、政治秩序,应对社会变化。多元文化主义故意忽视了加拿大社会、经济、政体在历史发展进程和现有运行规则下的结构环境。它采用了多样的话语,将加拿大描述成社会经济和政治的水平空间,而非垂直空间(Bannerji,2000:50)。它将描述的所有文化类型及差异概念化,承认并且肯定各文化的精髓,表明了水平异质性而非纵向等级制度(Warburton,2007:283)。多元文化主义表象下,是主导群体和从属群体运行的权力机制和关系,它们为这两者的关系服务,并保护、再现这种关系。也就是说,多元文化主义政策继续维护白人和盎格鲁撒克逊人的统治。

通常,少数民族通过多元文化框架来获取认同,获取政府机构的资助,从而达到反种族偏见的目标(Nadau,2005;Bonnett,2000)。但这样做会导致各机构关系紧张;各机构提出的问题和解决方案,应尽量与政策中提及的问题和解决方案平衡。

斯里瓦斯塔瓦(Srivastava,2007)说道,20世纪80年代就出现过类似的紧张关系,当时政府召开会议来解决"移民"和"有色人种少数族裔女性"面临的问题。为了获得资助,人们针对政府多元文化言论捏造了不实观点和事件。随后,移民和有色少数族裔女性国家组织(the National Organization of Immigrant and Visible Minority Women,NOIVMW)和安大略省有色族裔妇女联盟(the Ontario Coalition of Visible Minority Women,OCVMW)相继成立,受政府领导和资助,为解决相关群体面临的问题提供了政治工具和制度工具。斯里瓦斯塔瓦(2007)认为,这些机构的出现说明:在强加一些特定标签而忽略另一些特征的情况下,多元文化框架该如何认识某种差异类型。移民和有色人种少数族裔女性国家组织和安大略省有色族裔妇女联盟的组织原则围绕着"移民"和"有色人种少数族裔女性"这两个词,而非在反种族偏见女权运动中常出现的"有色人种女性"一词(Srivastava,2007)。"有色人种女性"不是"中性"词,它有政治含义,意味着根植于反种族偏见女权运动中的政治身份,更重要的是,它不是多元文化主义相关言论中会出现的词。对"移民"和"有色人种少数族裔女性"的强调直接影响了移民和有色人种少数族裔女性国家组织和安大略省有色族裔妇女联盟的性质、目标、组织结构和行为活动。这些组织并没有解决迫在眉睫的"种族"、男权、阶级压迫等问题,相反,它们的行动只集中在"种族"/族群层面。组织成立之前,某些草根阶级组织,如跨文化交流中心(Cross-Cultural Communication Centre)和几个非裔和南亚妇女群体,统一了对种族主义、性别主义和阶级主义的分析和组织的议程或行动,而移民和有色人种少数族裔女性国家组织,安大略省有色族裔妇女联盟却没有这样做(Srivastava,2007:296-97)。它们忽略了社会不公平现象中的性别问题和阶级问题。斯里瓦斯塔瓦(2007)称,它们的时间和金钱大多用于起草规章、成立委员会、建立已有基层网点分支、争论"有色人种少数民族"的定义。它们无法有效解决成员关心的如繁殖技术、就业、收入平等、教育和育儿等问题(Srivastava,2007:297)。

反种族歧视教育研讨会也反映了多元文化主义的不足。这类教育活动的前提就是所谓的"接触假说"。与多元文化主义、文化交流及跨种族交流的目标一致,接触假说随着时间的推移,将弱化偏见、歧视和种族主义,促进理解和包容;对乐观主义者来说,它甚至还能促使人们接受差异和多样性。在众多领域中,该类教育研讨会都是打击歧视和种族主义、促进平等的最佳策略。安大略省新民主党政府成立了安大略省反种族主义秘书处(Ontario Anti-Racism Secretariat,OARS),由不同社区组织合办,其任务包括资助反种族主义教育项目。斯里瓦斯塔瓦(2007)曾参与甚至还促进过几个类似研讨会的发展。她认为,尽管这些举措将种族主义定性为社会问题,但实际上它们限制了反种族主义者实施社会变革的可能。教育研讨会认为,种族主义是能通过教育来"矫正"的个体无知,而不是加拿大社会的系统性特征。研讨会的基石是对歧视和种族主义的直观的、带有情感的个人经验,代表着

"谈话"策略,通常由专门的促进者推动,促进者们期望非白色人种能分享经验和情感,同时期望白色人种能对受害者表达震惊和同情。研讨会并不质疑种族主义的系统性,但是在多元文化主义背景下,研讨会强调个人主义,而不重视对种族主义做出回应的政治群体或组织群体(Srivastava,2007:300-3)。反种族歧视教育研讨会能促进各组织交流,鼓励对种族主义的公开讨论,但仅仅依靠它,还无法有效对抗种族主义。正如戈德保(Goldberg,1993)所说,对种族主义的自由多元文化分析的基础是:仅靠教育就能消除种族主义。然而从现有社会变化来看,消除种族主义还需要共同的社会行动(实践)。

最后,从实际来看,很多评论家质疑联邦政府是如何将为数不多的资金花在多元文化政策上的。平均每年有六千万美元拨至多元文化项目用于解决一系列问题和事件,如协助文化团体寻求身份,保护、促进文化群体的文化身份;帮助群体间的文化交流;学习官方语言项目;消除对社会公平中模糊定义的文化障碍,促进文化群体全面参与加拿大社会。早期多元文化主义批评家关注的是政策本身的无能,既无法履行诺言,无法解决加拿大社会不公平现象这个"切实"问题。

虽然评论家们抨击了多元文化政策的弱点,但他们仍认为该政策有望推动根本社会变革。尽管目前多元文化政策更像"牵制策略而非变革策略"(Henry and Tator,1998:95),它仍可作为少数民族群体抗击种族主义的手段。正如阿拉哈(Allahar,1998:342)所说,多元文化主义或许是"种族"群体的战略性撤退。对少数民族个人和少数民族群体来说,该政策会导致三个重要结果:"①它能帮少数民族增强自信,有助培养对社会和少数民族组织有益的优良品质;②通过不断宣传,多元文化主义会促进不同群体间的相互理解,从而缓解紧张情绪,减少冲突;③它承诺平等对待少数民族群体新、老成员。"近年来,正因为此承诺,评论家们才认为这项政策能带来结构性社会变革。有人呼吁建立新的、批判/激进的多元文化主义反种族歧视范式(Henry and Tator,1999),且能调动多元文化主义中公民作用;在该范式中,

"种族"和文化群体不再被单纯地视为利益团体,而被视为:

> 积极的、充分参与国家事务的团体……(且)书写了历史的一部分。这种范式代表了不同观点,将重点从包容、适应转向平等、公正。批判多元文化主义拒绝将身份和群体看作单一的、固有的概念,身份和群体不该是一成不变的经验、价值和实践的集合,相反,批判多元文化主义认为身份是多样的、可变的、多重的,且受历史主导的。在这样的背景下,多元文化主义不应只局限于身份政治,它还为基于相互需求和共同目标的同盟和联盟奠定了基础。(1999:99)

该新观念的支持者们认为,批判/激进多元文化主义能重塑或重新定义权利和文化群体内外部间的权利关系。若脱离了社会公平,多元化则无法被理解(Henry and Tator,1999:99)。

二、多元文化主义效力过大

20世纪90年代和21世纪之初,新的批评声开始针对多元文化政策,发声的正是学者,社会评论家和政党成员(Fleras,2012;Fleras and Elliott,1996:348,图表10.3)。批评称,多元文化政策再现了各民族的刻板印象,损害了加拿大的统一,隔离了少数民族,削弱了法语者和原住民在加拿大社会的特权。之后,还有声音称多元文化主义是不包容现象和恐怖主义的成因。这些批评与早些时候的还有所不同,因为现在人们关注的是多元文化政策带来的消极社会影响。多元文化主义的"问题"就是,作为一项社会政策,它太过有效。人们认为,有意改善群体关系的政策,反而破坏了群体关系,或威胁到加拿大的凝聚和稳定。这类批评不胜枚举。

三、加深刻板印象

批判多元文化主义太过有效的论据之一就是:它加深了族群和"种族"的刻板印象。在 1994 年出版的《出售幻象:加拿大多元文化主义崇拜》(*Selling Illusions:The Cult of Multiculturalism in Canada*)一书中,尼尔·比索德斯(Neil Bissoondath)指出,多元文化主义让人民处于最底层、最普通的地位。刻板印象加深后,多元文化主义简化并且贬低了文化的价值。这是对民俗多元文化主义的有力反驳。"大篷车节"(Caravans)、"民间狂欢节"(folk fests)及其他多元文化节日未能有效促进文化交流,相反,这些节日都是表面工作,还促进了文化的商品化、景点化(disneyfying)。比索德斯(Bissoondath,1994:83)认为,文化"已成为一件可展示、可操作、可称赞、可出售、可遗忘的事"。到最后,我们的文化和历史都消失了,只留下戏剧和文学作品记载。文化本应受到保护和继承,但多元文化主义却鼓励文化贬值。一旦有了社会和政治功用后,文化就变成了民俗(Bissoondath,1994:83 - 4,88)。比索德斯称:

> 多元文化主义衍生了各式各样的节日和庆典,尽管如此,它也无法使我们正确、清楚地认识周围的人。多元文化主义离不开刻板印象,且它确保少数民族群体能通过文化隔离成功保留各自特点,这样一来,一个已有诸多分歧的国家将在社会分裂的道路上越走越远。(1994:89 - 90)

一旦将个人归于某预想类型(即这类人是什么样,而非他们各自是什么样),多元文化主义就会削弱个人自主权和个人扮演的角色。比索德斯称,加拿大已经成为文化混合体。"我们现在有很多不同肤色的人,多到肤色已经不再重要。"(1994:73)

就这点来说,比索德斯也许是对的。现在没有证据表明文化间交流有助于加拿大族群和"种族"的"和谐"关系。现在有关少数民族关系的"问题"尚未明确,仅有的文化交流也不深入,最多只能算作表面的民俗交流(Fleras and Elliott,1996:330 - 1)。事实上,正如穆拉德(Mullard)在1982年所说,多元文化主义的焦点是"莎丽服、咖喱角、铜鼓乐队",分别代表着"抵抗、反叛、拒绝"(Henry and Tator,1999:98)。

四、宣扬文化相对论

批判多元文化主义的另一个理由是它推动了文化相对论,从而破坏了加拿大人价值观和社会凝聚力。该论点由莱斯布里奇大学(the University of Lethbridge)的社会学家里格·毕比(Reg Bibby)首次提出,20世纪90年代的前加拿大改革党成员比索德斯也表示认同,甚至至今,加拿大保守党的部分条款也可见此类观点。在《疯狂马赛克》(Mosaic Madness)一书中,毕比称,后现代的社会主流趋势之一就是更加注重集体自由和个人自由。尽管自由本质上是好的,但毕比认为过度强调自由的结果就是推动个人主义、多元主义和文化相对论的发展。毕比(Bibby,1990:1 - 2)认为,个人主义会导致多元主义,多元主义使多样性受法律保护,从而加强了集体自由和个人自由价值观。文化相对论是自由、个人主义、多元主义带来的逻辑结果。但什么才是文化相对论呢?

毕比没有对人们应该如何生活做出价值判断,但他定义了相对论。毕比写道:

> 真理和优越这两个词不会出现在多元主义字典中。唯一的真理就是每件事都是相对的。"文化相对论"是上帝赐予的礼物;声称自己的文化是最优越的人无疑是种族中心论者;声称自己掌握了真理的人都是自大的人,因为真理已经被个人观点所替代。(Bibby,1990:2)

《疯狂马赛克》中写到，多元主义解放了个人和群体。绝对论认为，真理超越了文化和个人，而相对论则与之相反，认为真理是由社会决定的，且能"消除对重要社会规范的一致认同"(Bibby,1990:14)。在多元文化政策下才得以发扬的文化相对论会减损社会凝聚力。双语制度、多元文化主义、反种族主义等政策及其背后的良好意愿都以法律的形式记录了下来。但结果呢？加拿大成为一个争吵不断的国家，明显缺乏集体荣誉感(Bibby,1990:15)。加拿大试图实现(和平)共存，但事实上却导致了团体生活的瓦解。

毕比接着指出，个人自由和多元主义结合会导致"马赛克中的马赛克(mosaics within mosaics)"(即团体中的小团体和个人)(Bibby,1990:7-8)。毕比称这"过犹不及"。极端个人主义强调，个人权利凌驾于社会准则之上，这样一来，"团队精神"和社会精神就不复存在。人们在选择时通常会被"最优"迷惑(1990:98)，且通常会认为"一切事物都是最好的"(1990:176)。现在加拿大人放弃"追求最好"，慢慢转向多元文化平庸之道。毕比未说明何为"最好"，谁应该得赞扬，也没有说明谁应该决定或怎样决定这些事。

从毕比的观点来看，加拿大社会因多元文化主义发生了变化，但并不是所有变化都是积极的。现在的关注点与之前不同：在20世纪50年代，加拿大人关注的是团体和集体主义，此后加拿大人的关注点转向了个人。多元主义对共存来说的确至关重要，但它无法提供全国视角，无法设立全国目标，也无法完成事业。毕比(Bibby,1990:103-4)认为，加拿大人现在的价值体系已没有纯本地化的东西了。

比索德斯(Bissoondath,1994:71)对此表示赞同。他称多元文化主义失败的原因是它的核心已经被破坏："多元文化主义弱化了加拿大人价值观和他们的身份认同感。"最重要的是，多元文化主义并未说明它期望建造一个怎样的理想社会(1994:42)。尽管比索德斯并不赞同重回"盎格鲁遵从"时代，但同时他也认为多元文化主义并未促进团结统一，相反，它鼓励人们按种族集中生活。多元文化主义加强了社会控制，采取"分隔和征服"策略，是一个缺乏远见的观念，只注重现在而忽视了未来(Bissoondath,1994:44)。

20 世纪 80 年代末和 90 年代初，加拿大改革党还是一股相对保守的政治力量，之后才成长为现在的加拿大保守党。该党派不断提议废除多元文化项目和多元文化部，而理由正如毕比和比索德斯所述。保守党认为文化保护是个人选择，且政府也没有任何立场来推广多样性。相反，政府应当保护和促进国家文化，鼓励民族文化融入国家文化（Reform Party of Canada, in Abu‑Laban and Stasiulis, 1992：373）。对此比索德斯表示赞同，他认为公共政策在个人文化和"种族"方面没有话语权。公共政策的关注点应回归至个人（指不由渥太华政府根据文化所定义的个人）。加拿大的最终目标是建立一个有凝聚力、有影响力、文化多样的社会。如果我们的目标是合理的多元化和高度团结的社会，若有必要，我们应牺牲多样性来实现统一（Bissoon‑dath, 1994：224）。

受改革党竞选宣言的影响，进步保守党（现已与改革党合并，共同组成了加拿大保守党）在 1991 年议会上通过了一系列决议，包括带有明显右翼倾向的移民政策和多元文化政策。至于多元文化主义，人们认为政党应该废除多元文化主义政策和多元文化部，"使和谐共存的市民享有平等地位，有共同的国家观念，忠于加拿大"（Abu‑Laban and Stasiulis, 1992：374）。一旦决议通过，执政的保守党人士就会陷入尴尬境地，因为他们不得不维护党内成员已不再支持的政策。当时加拿大负责多元文化主义问题的国务卿杰瑞·维内尔（Gerry Weiner）为政策进行辩护，称议会的决议不代表党内大多数成员，因为党内的族群和"种族"人士数量不多，不具代表性。他的话间接承认了进步保守党缺乏"种族"基础，也说明了政府成员正艰难地赢取少数民族群体的投票。有意思的是，决议与多元文化主义并无关联（可见其经济活动和社会活动），但没有人提及它缺乏少数民族代表性。

这类批评家常呼吁加拿大设定一个"国家"形象，暗示着当前的体系更偏向"非白人"和"非欧洲人"，而这是不应该的。持这种观点的人通常以沉默或暧昧的方式来描述加拿大文化组成（多指盎格鲁传统）或定义加拿大人和加拿大人价值观。现在尚不清楚到底"种族"次文化或反主流文化将会何去何从。值得注意的是，"最好的"还未明确定义，也未说明这是什么群体、由谁主导、为谁服务。

五、民族文化事件的边缘化

针对多元文化主义的第三个批评声是：多元文化主义将"种族"事件与其他事件隔离开来。讽刺的是，最支持这种说法的人来自加拿大联邦自由党，而自古以来，自由党可是非常赞同多元文化主义。这个党派提出了无差别移民政策（the non-discriminatory immigration policy）和多元文化主义政府政策（the official policy of multiculturalism）。它从少数民族的投票中获益最多，然而，它却庇护了反对多元文化主义政策的人。阿布·拉班和斯塔索利斯（Abu-Laban and Stasiulis，1992：375）认为，20 世纪 90 年代初，很多"少数民族"国会议员对多元文化主义的隔离效果持批评态度。前自由党国会议员约翰·南思亚达（John Nunziata）强烈反对多元文化主义政策，称该政策对加拿大社会不再有建设性作用。1997 年联邦选举中，约翰·南思亚达以自由人士的身份参选并获胜，当时他的支持者们指出并试图结束自由党对意大利群体的掌控。

南思亚达的一个评论非常有意思：二战期间扣留和没收的日裔加拿大人财产由多元文化部掌管，而司法部竟没有参与。他认为扣留财产是公平问题，而不是"种族"问题（Abu-Laban and Stasiulis，1992：376）。因而自由党在 1992 年议会上重申对多元文化主义的支持后，开始将类似批评言论搬上了演讲台。自由党承认多元文化主义确实造成了隔离效果，也承认单一的文化政策，单一的文化交流部更适合国情，这意味着自由党转向了社会建设（即公民多元文化主义），包括鼓励市民参与反种族主义和"公民权"活动（Abu-Laban and Stasiulis，1992：376）。1993 年自由党人重掌政权后，设立了加拿大遗产部，并将多元文化主义相关事宜再次移交给更高层级的联邦部门。

六、多元文化主义和废除特权

批评多元文化主义效力过大的另一理由是:它损害了法语者和原住民在加拿大社会中享有的特权。如上所说,最开始,多元文化政策别有用心地将魁北克因素视为少数民族现象,试图破坏魁北克民族主义的合法性(Bissoondath,1994:40,62)。最开始,联邦政府试图用多元文化主义打消魁北克人"民族独立"的愿景,"将文化和语言分隔后,多元文化主义政策否定了'两个国家'的发展理念;法裔加拿大人和/或魁北克人'国家创始人'的身份也变为'其他少数民族'"(Abu – Laban and Stasiulis,1992:367)。

以上对多元文化主义的理解得到了瑞内·莱维斯克(Rene Levesque)和其他魁北克研究学者的认同(Abu – Laban and Stasiulis,1992:367 – 8)。就拿莱维斯克(Lévesque)来说,他一开始就不赞同多元文化主义,认为它掩盖了魁北克问题(Bissoondath,1994:40)。克里斯丁·德福尔(Christian Dufour)在《魁北克人的挑战》(*Le défi québécois*)一书中写到,多元文化主义机制旨在赢取非法语者的投票,同时将魁北克因素变为少数民族现象,也就是说,将大部分法语者仅视为少数民族群体,打消他们"民族独立"的历史诉求。哈维(Harvey,cited in Abu – Laban and Stasiulis,1985,1992)和拉贝尔(Labelle,1990,Cited in Abu – Laban and Stasiulis,1992)称,弱化多元文化主义(与"种族化"过程相似)对魁北克集体性有反作用(Bissoondath,1994:40)。在此背景下,魁北克对非法语者(即第一语言不是法语也不是英语的移民)的同化政策就可以理解了。

原住民和相关组织也持相同的批评态度,对多元文化主义的看法也与上文相似。他们认为,多元文化主义不仅使他们沦为"少数民族",还破坏了他们建立自治政府的愿景(Abu – Laban and Stasiulis,1992:376)。原住民称他们是加拿大土地的第一批拥有者,因此他们应该享有特权。原住民们不认为自己是多元社会的一员,他们认为自己是特别的,而多元文化主义对他们的生存构成了威胁。如果两个国家框架承认原住民的特殊身份和特殊性,那他们更愿意在这个框架下规划自己的未来(正如魁北克人一样)(Fleras and Elliott,1996:343)。

七、多元文化主义孕育了偏执和恐怖主义

过去几年,全球上演的各大事件促使人们再次思考加拿大及国外的多元文化主义政策,即多元文化主义间接推动了暴力和恐怖主义。毫无疑问,2001 年 9 月 11 日,针对纽约世界贸易中心和五角大楼的袭击使很多西方政府开始警觉,并密切关注文化和宗教"异端分子"对国家和平和安全造成的威胁。2006 年,丹麦上映的讲述伊斯兰教先知穆罕默德的动画片引起巨大争议;英国本地恐怖分子袭击伦敦交通系统;2005 年秋,移民青年制造了巴黎暴乱;11 名加拿大穆斯林青年涉嫌安大略省的多处恐怖袭击,面临多项指控且已被定罪。种种事件使多元文化主义政策更受质疑。

"9·11"事件之后,对多元文化主义政策最刻薄的批评称:它不仅推动了狭隘的文化和宗教发展,还成了国内恐怖主义的温床(Granatstein,2007)。罗伯特·福尔福德(Robert Fulford)在《每日邮报》发表文章,总结了这两个主题,并将加拿大的多元文化主义政策形容为"致命错误"。他说道:

> 多元文化主义使人处于一个狭窄范畴。有的群体决定居住在自己建造的隔离区,与我们隔开。因为语言不通,所以短暂的分开居住是移民过程的必要一步;但若将文化隔离视为永久生活方式,那这些人终将断送自己所有可能性,他们不会为加拿大做出贡献,反而会建造一个个无法撼动的社区,来滋长内心的悲伤和对民主及西方国家的恨意。(2006:A19)

八、审视批评声

多元文化主义这项社会政策是加拿大人最爱的替罪羊之一。有的人认为它效力太大，而有的人认为它效力不够。政策在不同地区意义不同，世界上其他国家也在激烈争辩什么是多元文化主义。正如本章早前所述，全球都在抗议多元文化主义，领导人们声称这项政策完全是失败的，因为它加速了种族隔离，甚至导致了恐怖主义。在此我们不能为这项政策进行全面辩护，但我们想用两个重要评论表达对多元文化主义的支持，至少支持加拿大的多元文化主义。

第一，福尔福德和格雷内斯坦对多元文化主义的评价有些言过其实，这两位认为多元文化主义不仅阻碍移民融入加拿大社会，还加速了加拿大"种族"社区的发展，这些封闭的社区隔绝并反对一切有加拿大特征的东西。霍华德·哈斯曼（Howard – Hassmann, 1999）指出，认为该政策"阻碍"民族融合的人犯了一个基本错误：他们批评的前提是加拿大多元文化主义呼吁个人保留祖先认同。但是加拿大的多元文化政策是"自由的"，因为它不强迫人们保留种族差异，也不强迫个人认同原始文化群体。霍华德·哈斯曼认为：

> 多元文化主义使很多习俗"正常化"，也让加拿大人开始享受不同的习俗……自由的多元文化主义承认社会需要差异，也承认小型的，紧密相连的社区有必要从加拿大主流中分离。但是多元文化主义并不主导这种差异。（Howard – Hassmann, 1999:533）

哈斯曼还称，多元文化政策并不鼓励对加拿大和加拿大事物的异心，这个政策带来的结果有些讽刺，因为它帮助移民融入主流社会，促进了国家统一，鼓励"移民和加拿大人产生情感纽带"（1999:534）。专栏 6.1 讨论到：很多现象表明，即便移民和少数民族群体成员还保有各自的族群特征和文化特征,他们实际上已融入加拿大社会了。

专栏6.1 移民和少数民族群体成员融入的证据

批评加拿大多元文化主义的主要原因之一是它阻碍移民融入加拿大社会。种种批评声皆基于耸人听闻的、极情绪化的一系列事件,这些事件无法反映身份和出身不同的加拿大人如何互动。实验证据表明,移民们正通过各种各样的方式融入加拿大社会。

● 不同族群和"种族"间的联姻率不断上升。2001 年至 2006 年间,"跨种族"夫妇增加了 33%,是加拿大其他夫妇增长率的五倍多。来自不同群体的夫妻经济情况要好于来自同一群体的夫妻(详情可见 http://www. statcan. gc. ca/pub/11 -008 - x/2010001/article/11143 - eng. htm)。

● 在说英语的加拿大中,他们的第二代和第三代都在学习英语。加拿大移民的母语传承急剧下降。就拿语言来说,只有 41% 的第二代移民和 10% 的第三代移民掌握第一代移民的母语(详情可见 http://www. statcan. gc. ca/pub/11 -008 - x/2011002/t/11453/tbl004 - eng. htm)。

● 移民非常重视加拿大公民的身份。2006 年,加拿大公民身份的获取率为 79%,而美国的公民身份获取率仅为 46%(Picot and Hou,2011:22)。

●"移民们希望能参与加拿大的民主进程,而移民也导致了选区的扩大"(Kymlicka,2010)。2011 年的联邦选举中,30 名少数民族候选人当选,占议会成员的 9.4%。

● 从教育成果来看,移民的后代表现要好于非移民后代(Kymlicka,2012)。

● 移民对"加拿大人"身份的热爱一辈比一辈深。《族群多样性调查》(the Ethnic Diversity Survey)显示,第一代加拿大移民中,40% 有加拿大身份或地区加拿大身份(例如魁北克人、阿加底亚人、纽芬兰人),该数据在第二代移民中达到 78%,在第三代中达到了 80%(Statistics Canada,2003)。

对多元文化政策批评声的第二个回应是:多元主义不一定会导致文化相对主义。我们日常生活中感受到,多元文化主义不鼓励"怎么都行"的心态,但它确实模糊了可接受和不可接受的界限,而这些界限也是法庭和其他激发政治争论的公共领域的争论点。弗莱拉斯和艾略特(1996:354)认为,多元文化主义正是在各种规则下运行的:"任何违背加拿大法律的习俗,任何侵犯他人权利、冒犯大多数加拿大人道德情感,或违背主流习俗和中心价值观的习俗,都不为多元文化主义容忍。"例如,女性割礼(female circumcision)是非洲和亚洲部分地区的文化习俗,或许也是部分加拿大人的文化传统。1997 年 5 月,《加拿大刑事法典》(Criminal Code of Canada)修正后禁止了女性生殖器切割,因为这一做法侵犯了年轻女性的人权,违反加拿大和国际社会宣扬的平等、诚信理念及其他主要价值观。新的立法是基于 1993 年的联合国《消除对妇女的暴力宣言》(the United Nations Declaration against Violence against Women)和 1995 年的《世界妇女大会北京宣言》(the Declaration of the Beijing Conference on Women)。加拿大法律将此行为定为刑事骚扰,并其为对生命、自由、加拿大妇女安全的威胁。

与此同时,多元文化政策在保护少数民族文化中所扮演的角色与加拿大价值观冲突,它的角色与政策的关系引起很多争议,其中最主要的问题就是:自由的多元文化政策是否有义务包容或鼓励狭隘的价值观和行为。截至目前,还没有一个国家想出处理族群和"种族"多样性的有效方法。加拿大管理多样性的多元文化策略也许还不够完善,但政府已经成功避免了很多错误管理方法。

第四节　魁北克的回应:跨文化主义和合理适应

魁北克政府采取了跨文化主义政策(该政策在欧洲也很盛行),而非多元文化主义政策。跨文化主义承认魁北克内存在着文化多样性,但它不会将魁北克的"国家问题"下降到族群层面;它不鼓励族群内飞地(ethnic en-claves)、鼓励语言同化(Abu – Laban and Stasiulis,1992:368)。

跨文化主义鼓励文化交流,希望不同文化背景的人相互接触后,能增进不同"种族"、宗教、文化背景的人和魁北克的法语人群相互理解,更重要的是促进他们的相互包容,从而在法语圈框架内实现文化共性的融合。

自古以来,魁北克政府就非常重视保护法语,法语也成了魁北克人保护和发展身份、文化的主要工具。人们担忧语言的原因有二:一是在过去30年间,魁北克省的出生率不断下降;二是魁北克的非法语群体"在语言上更倾向以英语为母语的群体"(Gagnon,2004:374)。1968年魁北克移民部(the Quebec Ministry of Immigration)成立后,魁北克政府开始重点解决魁北克移民和移民融合问题。1974年,魁北克自由党政府通过了《魁北克官方语言法案》(又称22号法案)(the Official Language Act),使魁北克正式成为法语单语地区。1977年,魁人党上台,瑞内·莱维斯克提出了《法语宪章》(the Charter of the French Language),又称101号法案。"种族"多样的魁北克力图创建一个单语(政治)群体。1981年,针对联邦政府的多元文化主义政策,魁北克通信部(Quebec Ministry of Communications)发布了"成为魁北克人的多种方式(the many ways of being Quebecois)"行动计划,清楚说明了魁北克移民和移民融合应在什么样的框架内进行。不同于联邦政府实行的多元文化主义政策,魁北克想通过跨文化主义实行"聚合"政策(a policy of conver-gence)(Gagnon,2004:374 – 5)。

很多研究者认为跨文化主义是多元主义的最高形式(Karmis,2004:79)。跨文化主义是多元文化主义和多民族主义的结合,呈现三个相互关联的特征:一是跨文化主义比多元文化主义和多民族主义更包容。它不仅适用于族群群体和不同国家,还适用于和新社会活动有关的文化及世界观。例如,跨文化主义包含了文化、同性恋、朋克、生态学家、女权主义者等很多不以族群为基础的身份,从而涵括了不同国籍、族群文化群体、非族群文化群体。没有一个文化群体不具有魁北克特性。二是加拿大人期望多元文化主义将组成加拿大马赛克文化的各群体置于同等地位,互不影响,但多元文化主义显然没有做到此;跨文化主义却是将各群体交织在一起。三是跨文化主义承认大多数个人有多种身份,且没有一种身份处于主导地位(Karmis,2004:79－80)。

1990年,魁北克文化交流移民部(the Quebec *ministére des Commuautés culturelles et de l'immigration*)采取措施,以期进一步促进跨文化主义。为了推动魁北克公民权(Quebec citizenship),魁北克文化交流移民部在主流社会(魁北克)和移民之间约定"道德契约",旨在授予所有公民正当权利,创造一个"共同的公共文化"。这份道德契约签署的基础是:①承认法语是公民生活的官方语言;②尊重自由民主价值观,包括公民权利、政治权利、机会平等权;③尊重多元主义,包括对差异持开放、包容的心态(Kymlicka,1998:7)。

在此情境下,法语将成为公共生活和各机构的公共语言。在这样的社会中,我们鼓励并期待各方的积极参与。"道德契约"不仅包含了各方的权利,还包含了参与者间的义务。群体间的交流是值得鼓励的,但对基本民主权利的尊重使得有些不足之处也随之产生(Gagnon,2004:375)。正如卡伦斯所说:

> 尽管移民们的外表或行为与大部分魁北克本地人不同,尽管移民们不改变他们在工作、娱乐、饮食、衣着、睡眠和性方面的文化习俗,但只要他们遵守法律,他们就能成为魁北克社会的一员。(Carens,2000:131)

由此看来,联邦多元文化主义和魁北克跨文化主义似乎没有多大差别。

魁北克不同文化群体的"交汇中心"是法语带来的"集体利益",它被视为公共文化(common public culture)和魁北克社会凝聚力不可缺少的条件。法语应受到保护和推广。魁北克作为一个政治群体甚至作为一个国家自我定义的基础正是法语。因而,教育体系应特别受到关注。斯蒂芬·莱维斯克（Stéphane Lévesque,1999:4）曾说:"相同血脉或种族不太可能创造社会凝聚力或国家意识,但是有着公共语言的教育体系可以建造'家园'……国土和历史都不能给人归属感,但语言可以。"联邦多元文化主义鼓励文化上的个人主义,而跨文化主义关注的是集体主义。加拿大前总理皮埃尔·艾略特·特鲁多（Pierre Elliott Trudeau）认为,加拿大不能有官方文化。跨文化主义强调,法语对魁北克人的文化和公民权发展至关重要,同时也是促进民主的重要手段。一个团体没有通用的语言,就不会有民主辩论或决策过程（Giroux,1997:137）。移民们可以保留各自的语言,但他们的基本义务是学习法语,这样不仅便在公共空间使用,还利于行使公民权。虽然公共空间还未明确定义,但已有社会凝聚力的基础——公民规范。跨文化主义的目标是"就基于身份的集体差异的不足和可能性,最大限度地达成共识,权衡公共环境下的社会凝聚力要求和个人权利"（Gagnon,2004:378）。

1984 年,魁北克国民大会设立文化交流及移民委员会（the Conseil des communautés culturelles et de l'immigration）,这个自治的常设机构能在移民融合和跨文化关系的事宜上给部长建议（Juteau,2002）。1995 年公投后,1996年成立的公民与移民关系部（the ministére des Relations avec les citoyens et de l'immigration）标志着重心已从边缘化的文化群体转向了魁北克人的公民权（Juteau,2002:447）。移民及文化交流部（the ministére de l'Immigration et des Communautés culturelles）发起了魁北克跨文化项目,通过每年举办魁北克跨文化项目,即魁北克各文化群体间为期一周的交流会,来推动魁北克公民权政策出台。2006 年 10 月,交流会的主题是"不同的面孔,共同的未来"（a thousand faces,our future）。尽管魁北克政府有美好愿景并付出了努力,但并没有证据表明魁北克的移民比加拿大其他地区的移民能够更好地融入社会。此外,证据显示,魁北克移民还未被真正视为魁北克人,魁北克群体之外还有空白区,如针对穆斯林妇女的头巾进行的争论（Juteau,2002:444,447）。在魁北克,原住民（另一个想独立建国的'部分'）的地位也证明了魁北克移民未能真正融入。魁北克民族主义与加拿大的"两个创始国"（英国和法国)形象一致。魁北克一直支持的二元主义受到了英语母语者的强烈反对(Stevenson,2005)。现在二元主义再不可能实现。魁北克曾自视为从族群层面定义的国家,现在视己为从文化层面定义的国家,即从法裔加拿大人和天主教徒的"种族"国家,变成了法语者的公共文化国家,到最新定义的魁北克人公民权国家(Juteau,2002:445)。

受魁北克人公民权影响,一个新的多元主义概念随之产生:即"合理适应"(reasonable accommodation)概念。这个词暗示魁北克政府的政策和行动不仅要包容,更要适应文化差异,适应新移民和少数族群的"特性"。魁北克政府积极地开展辩论,获取信息,希望能使政策合法化,并于 2007 年 9 月召开公众听证会。哲学家查尔斯·泰勒(Charles Taylor)和社会学家杰勒德·布萨(Gerard Bouchard)共同负责文化差异适应实践咨询委员会(Consultation Commission on Accommodation Practices Related to Cultural Differences, CCA-PRCD)。咨询会在魁北克省的 17 座城市召开,于 2008 年 6 月结束。它的报告题目为"共建未来:握手言和(2008)"(Building the Future:A Time for Reconciliation),其中赞扬了跨文化主义的优点,重申了跨文化主义的必要性,并承认:

(1)公共行政岗位中,少数族群的所占比例不足;

(2)迫切需要打击不同形式的歧视,如伊斯兰恐惧症,反犹太主义,针对黑色人种等"种族"群体的种族主义;

(3)必须支持女性移民;

(4)有必要增加人权和青年权益委员会(the Commission des driots de la personne et des droits de la jeunesse)的资源;

(5)《魁北克宪章》正在加强经济权利和社会权利。(2008:266)

报告提出的解决方案包括进一步培训所有公共部门的政府人员,首先要从学校开始,因为学校在社会化过程中扮演了重要角色,报告还强调应鼓励群体或群体间的行动计划与实践(2008:266)。

然而不是所有魁北克人都认同跨文化主义或委员会的提案。城市和农村的差别清楚反映了魁北克的社会人口现状。城市中心地带如蒙特利尔,移民人口较多,当地人也更能接受种种差异。而农村地区的人大多是同宗,文化上也相对保守,不怎么喜欢变化。2007年1月,咨询委员会开始听证会之前,埃鲁维尔(Herouxville),一个由白色人种、讲法语者、天主教居民组成的小型农村群体,在全国甚至全世界已声名狼藉,起因是它的市议会通过了一项决议,规定特定的新移民可以在当地生活。具体来说,这项决议规定:移民若"遮挡面部""携带枪支进入学校""向妇女扔石头或烧死妇女"等,则在本地区不受欢迎。正如小镇议员安德烈·德鲁安(Andre Drouin)所说,魁北克的"合理适应"事态比较严重。这清楚地暗示着:跨文化主义和合理适应已经偏离了正常轨道,因为它们"允许任何可能性存在"。这句话明显针对犹太人、穆斯林、来自北非、中东和亚洲的其他"种族"。魁北克省长庄社理(Jean Charest)认为,埃鲁维尔的"种种策略"有点过激和夸大,不能代表整个魁北克社会。

埃鲁维尔的生活准则公开后,吸引了全国甚至全球媒体的目光。少数民族群体的反应也很迅速。一位来自加拿大伊斯兰教大会(Canadian Islamic Congress)的女性代表访问了埃鲁维尔,并与小镇议员及当地居民本着文化理解的精神讨论了该问题。在互道友好、交换礼物后,小镇不再坚持这项决议,但是决议引起的争论仍然存在,在加拿大其他地区还引起了政治家、媒体、学生、教授等其他人的讨论。

某些非魁北克评论家用埃鲁维尔事件攻击魁北克的主权运动,称埃鲁维尔事件证明魁北克农村人仍坚持排外的种族民族主义(ethnic nationalism),而非较为包容的公民民族主义(civic nationalism)。这个评论的问题是,若只粗略了解加拿大其他地区的小城镇(或大城市)对移民和多样性的态度,则看不出这与埃鲁维尔声明有何明显差异。2011年12月,加拿大移民人口增长率最大的城市——加蒂诺发表了"价值观声明"(statement of values),称新移民需要了解城市的"运作规则":新移民要慎重烹饪有浓烈味道的食物,不能贿赂官员,不能强迫小孩做劳工(Peritz,2011)。埃鲁维尔声明发布后,加拿大其他地区保守的评论家和其他国家的评论家对当局表示祝贺,因为他们说出了沉默大众想说却不敢说的话。

小　结

　　因殖民、战争和移民的历史原因,加拿大现在和将来都会是一个多元社会,然而近来有关多元文化主义的争论使人们逐渐质疑多样性的社会价值。对有些人来说,多元文化主义和多样性是加拿大强大、独特的原因。而另一些人重申魁人党前领导人雅克·帕里佐(Jacques Parizeau)的名句,认为"种族"和族群多样性就像牙疼一样永不消逝。多元文化主义作为一项政策也经历了巨大的变化,最早它在民俗层面以唱歌、跳舞等方式庆祝多样性,后来它邀请全民参与,变得积极,有望让"异族人"融入主流团体,共同打击种族主义。正如本章所述,在某些人的眼里,多元文化主义及其宣扬的多样性不过是一项负面社会政策,它们带来的严峻问题远远多于它们所解决的问题。有的批评家认为,多元文化主义的问题是它在推广多样性和差异性方面太过有效,从而损害了加拿大人的价值观、态度、文化,而另一些批评家担心多元文化主义太弱,不足以引发社会变化。有的批评家认为多元文化主义未能改变引起不公、种族主义和歧视的结构条件,他们也许是对的;另一些人则将过大的权力和影响力归于问题不断且缺乏资金支持的政策。

思考题

　　1. 你愿意生活在没有多元文化主义政策的国家吗? 生活在单一文化社会的利弊分别是什么?

　　2. 以下让加拿大少数民族完全参与加拿大政治、社会、经济的框架哪个更好？是基于"加拿大是由两个创始民族（英国人和美国人）"的框架好，还是"一个主导民族和其他随后迁入加拿大的族群及文化群体"好？为什么？

3. 多元文化主义是否侵犯了加拿大原住民的特权？加拿大原住民是族群/文化群体吗？多元文化主义相关的政策和项目能否改变加拿大本地人的社会、经济、政治情况？

4. 魁北克政府为什么反对多元文化主义联邦政策？

5. 加拿大的多元文化主义政策是否适用于其他多民族国家？为什么？试想法国、比利时、澳大利亚、美国的情况。该政策是否适用于文化同源的国家，如意大利、希腊、西班牙、爱尔兰？

6. 2006 年 9 月 10 日，英国曾有一场关于穆斯林妇女是否有权戴头巾的争论。前首相托尼·布莱尔和前外交大臣杰克·斯特劳（Jack Straw）要求穆斯林妇女外出时不应佩戴头巾。按照法规，信仰伊斯兰教的教师在课堂上也必须取下头巾，因为头巾会妨碍学生学习。你认为哪种观点是正确的？为什么？

7. 你认为蒙面妇女是想隐藏她们的身份吗？蒙面是因为宗教信仰或文化传统吗？加拿大是一个包容的社会，它有政府颁布的多元文化主义政策，宗教自由也受《权力与自由宪章》（the Charter of Rights and Freedom）保护。蒙面市民是否有投票权？在回答这个问题之前，要知道加拿大伊斯兰教大会和加拿大穆斯林妇女协会（the Canadian Council of Muslin Women）同意蒙面妇女在投票前应褪去头巾。你认为这件事对研究加拿大的种族和族群有何启示？谁决定了合理适应的"合理"程度？有什么标准？标准应该是什么样的？

讨论题

1. 请用社会学想象描述没有多元文化主义政策及其项目的加拿大社会。尽量将自己和亲友置于想象的社会中，并阐述两种社会的政治、经济、教育系统有何不同。说明我们为什么要支持或反对想象中的加拿大社会？

那样的社会更好还是更坏,对谁更有利弊?

2. 你支持加拿大政府设立反种族主义机构并拨款资助的提案吗?支持和反对的理由是什么?请从多元文化层面考虑该提案及相应评论,并讨论替代提案或有效政策。

延伸阅读

1. Bouchard, Gérard, and Charles Taylor. 2008. Building the Future:A Time for Reconciliation. Quebec:Commission de consultation sur les pratiques d'accommodement reliées aux differences culturelles.

这是一份对族群和宗教差异的合理适应调查报告,还包含了对魁北克政府的建议。

2. James, Carl. 2010. Seeing Ourselves:Exploring Race, Ethnicity and Culture. Toronto:Thompson Educational Publishing, Inc.

杰姆斯从学生的叙述视角说明融入加拿大族群马赛克中意味着什么。

3. Joppke, Christian. 2009. Veil:Mirror of Identity. Cambridge:Polity Press.

此书介绍了西方社会面纱的政治学意义。书中贾普克详细说明了伊斯兰头巾的多重意义、穆斯林统一、全球反多元文化主义浪潮。

4. Kymlicka, Will, and Wayne Norman. 2000. Citizenship in Diverse Societies. Toronto:Oxford University Press.

此书收集了全球很多学者的文章,从自由的视角探讨了公民权、教育、宗教和族群多样性、政治参与、移民、身份和多元文化主义、性别问题、本地人的权利、联邦主义和民族主义。

5. Labelle, Micheline and François Rocher, F. 2008. "Immigration, Integration and Citizenship Policies in Canada and Quebec:Tug of War Between Competing Social Projects," in R. Zapata – Barrero, editor, Immigration and Self – government of Minority Nations. New York:Peter Lang.

此书详细比较了魁北克和加拿大英语母语者的公民权及一体化政策。

相关网址

1. Multiculturalism

www. cic. gc. ca/english/multiculturalism/index. asp

多元文化主义,该网站包含联邦政府的多元文化主义策略概要。

2. Quebec intercultural

www. quebecinterculturel. gouv. qc. ca/fr/index/html

魁北克跨文化,该网站包含魁北克的库尔文化主义策略概要。

3. Intercultural Institute of Montreal

www. iim. qc. ca/english/index. html

蒙特利尔跨文化研究所,它是位于蒙特利尔的跨宗教、跨文化、跨种族中心,宗旨是调解并团结所有不同文化、宗教、年龄、社会经济背景的人。

4. Migrant Integration Policy Index

http://www. mipex. eu/about

移民融合政策指数,该交互式网站在全球收集了 31 个国家的移民融合数据。从很多移民融合指数来看,加拿大常位于移民融合度高的名单前列。

5. Cross – Cultural Community Services Association

www. tccsa. on. ca

跨文化社区服务协会,该网站是多伦多跨文化社区服务协会的官方网站。

6. The Weekly Voice:South Asian News in Canada

www. weeklyvoice. com

每周声音(加拿大的南亚人新闻),该网站名为每周声音,一是为在加的南亚人创办的报纸的官方网站。

7. Multicultural Canada

http://multiculturalcanada. ca/Encyclopedia/A – Z/m9/5

文化多元的加拿大,该网站有很多加拿大种族和族群群体的有关资源和资料,包括几个族群的报纸存档。

8. National Consultative Committee on Racism and Interculturalism, Ireland

www. nccri. ie

爱尔兰国家种族主义及多文化咨询委员会,该网站由一家独立的专业机构运行,旨在为打击种族主义、建立一个更包容更多元的爱尔兰社会提出建议和方案。

第七章　种族主义

学习目标

◎加拿大及其他国家的学者们认为:种族主义已经有了新的形式和新的含义。

◎种族主义不一定是"只限白人"现象。

◎有人指出,"9·11"事件后,伊斯兰恐惧症已成为种族主义的新形式之一,且已在很多西方社会出现。

◎反犹太主义的新形式最近已在很多国家出现。

◎社会科学家们试图用不同方法来定义种族主义。

◎体制性种族主义(institutional racism)有三种形式。

◎评论家们认为学校的零容忍政策有种族主义特征。

◎体育运动和高等教育有体制性种族主义成分。

◎评论家们认为,针对少数民族群体的政策过多或过少都进一步反映了加拿大社会的种族主义本质。

第一节　引　言

英语中几乎没有别的词像种族主义一样消极。一系列全球过去和现在的社会灾难和不幸,如奴隶制、种族屠杀、滥用人权、环境破坏、社会不平等,皆是由种族主义引起。多数情况下,种族主义也是一种侮辱。某人一旦被称为种族主义者,那他/她不仅被排除在了上流社会之外,甚至和文明都沾不上边(Banton,1970:18 - 19)。大多数人不愿意把种族主义者当作荣誉称号炫耀,一个很能说明问题的原因就是甚至连美国三K党(Ku Klux Klan)成员都拒绝接受这个标签(Reitz and Breton,1994:68)。

迈克·布莱顿(Michael Banton,2002:54)告诫道,种族主义这个词的意义有夸大,常用于强调个体、组织、思想的特征。问题是,不加思考地滥用这个词去描述各种现象或社会状况,最终将大大削弱这个词的分析效果和政治效果。如果随意用这个词描述各种现象,这个词就会失去它的原有意味。随后人们对种族主义事件不再敏感,甚至忽略"种族"事件并将此看作一种抱怨。分析种族主义的难点之一是种族主义这个词没有一个统一的定义。有的人用定义"如鱼得水"(proverbial duck)一词的方式来定义种族主义,也就是说,"如果他走路的方式和说话的方式像种族主义者,那么他就是种族主义者"。但这种方法对社会科学家来说不够明确。这个词有很多用途,即可适用于不同语境描述个人行为、有意或无意的个人信仰、组织行为及政策,也可用于描述媒体形象和演讲,所以我们不应该忽略它的定义。正如第一章所说,"种族"是一个空泛的生物学概念。尽管人们相信不同"种族"的人就像不同生物"种族"那样存在,我们最好将"种族"视作社会建构,视作一个可以描述、分类、解释某种生理或基因差异的概念(Miles and Brown,2003;Nagel,2003)。尽管人们的生理和基因各有不同,但它们并不是"种族"差异。将"种族"这个概念当作分析工具受到了质疑,但这并不意味着人们同样质疑种族主义的社会科学概念身份。毕竟,人们之所以持否定想法或表现出偏见,是因为他们相信其他人来自不同"种族"和别人来自生理或文化上差人一等的社会群体。尽管这些信念和行为都归于神秘的"种族"一词,但这些信念和行为都是真实存在的,它们所带来的社会影响也是真实的。因而,质疑基于生理的"不同种族"的存在,不等于种族主义本身没有问题(Satzewich,1998b)。这就说明了为什么种族主义存在于科学和科学论述之外。种族主义也是一个民俗概念,因为它存在于个人和集体的日常生活中。本章将了解种族主义的不同定义,有关其的辩论,及其当今形态。

第二节　新种族主义

20世纪80年代初,英国哲学家马丁·巴克(Martin Barker,1981)出版了《新种族主义》一书。巴克在书中写道,种族主义老套的基于生物学的表达已经过时了,"种族"作为中性词汇掩盖了对"种族"群体的负面评价,这些词修饰后在公共演讲时的政治接受度更高。各国分析家们接受了这个论点,并详细论述了种族主义在不同情境和不同国家的委婉表达方式。

一、英国

巴克认为,英国出现了新的意识形态,即社会问题因不同文化背景的人接触并密切生活所引起,这个新观念代替了原有观念——"种族关系"问题由生理特征各异的"种族"相互接触引起。他写道,因为英国人普遍憎恶根据生理来解释"种族"问题、社会问题、冲突之间的联系,保守的英国社会开发了一种代码语言,使英国人既能谈论"种族"又不会被视为种族主义者。这种代码语言用政治中性词描述"种族"主题,但描述方式又不会让描述者被贴上种族主义者的标签,因为这些词不涉及生理劣势。英国新种族主义

最有名的表达之一就是前首相玛格丽特·撒切尔在 1978 年做的演讲。演讲中,撒切尔夫人说道:

> 如果我们不做出任何改变,那么到世纪末,就会有 400 万巴基斯坦新联邦人。那是件很糟糕的事,我认为它意味着人们害怕英国将被来自其他文化的人淹没。要知道,英国为世界民主和法律法规已经做了很多贡献,如果人们担心英国被淹没,那他们就会做出相应反映,对来英国的人产生敌对情绪。(转引自 Barker,1981:15)

撒切尔道出了 20 世纪七八十年代保守英国社会中的普遍心理,同时她对巴基斯坦、印度和加勒比移民的态度模棱两可,对移民带来的负面影响也有矛盾心理。但是她的演讲没有生物学对象,且重点放在了文化差异的负面评价上。原来的种族主义的基础是某类群体生物学角度上讲"种族"低劣,巴克认为,相较之下,新的观点并没有那么有害,种族主义特征也没有减少。

二、法国

法国同样出现了新的种族主义。塔吉耶夫(Taguieff,1999)称,以国民阵线(the National Front)为代表的法国新右派(the New Right)重申种族主义,强调了"种族"和少数民族群体之间的天然文化差异。他们没有因生理劣势对非欧洲移民表现敌意,相反,他们提出了很多反种族主义的词,以此强调他们尊重法国人民和新移民的文化差异。而国民阵线认为北非移民对法国无益,不是因为他们的生理劣势,而是因为他们会导致"种族"和族群通婚,这对北非人和法国人来说都不是好事。塔吉耶夫(Taguieff,1999:209)引用了法国极端右翼群体的言论,称右翼分子成功地用另一种思路思考差异问题。塔吉耶夫引用了如下的话,目的是证明差异观已经代替优劣观成为保持种族隔离的理由：

> 事实是，人们必须保存差异，也要有意培养差异……移民问题受到谴责是因为它重击了迁入地的主流文化和移民的身份……正因为我们尊重自己，尊重他人，所以我们拒绝看到自己的国家变成一个多种族社会，变成一个每个成员都失去个体独特性的社会……我们不能笼统地说哪个民族是优等的或低劣的，因为每个民族都是不同的，每个人都必须牢记这些生理或文化差异。（Taguieff，1999：209）

塔吉耶夫的观点是，按文化差异划分的群体界限和因生物优劣性划分的群体界限一样有害。法国所谓的旧种族主义和新种族主义都有同样的目的——驱逐北非移民，或让移民自愿回国，或强制遣返移民。驱逐移民对法国人和移民来说都是好事，因为一旦融入法国社会，移民们就会失去他们独特的差异性。

三、美国

很多美国分析家称美国也出现了新形式的种族主义，并已代替了过时的、广为人知的种族主义形式。社会学家莱斯特·罗德里古兹（Nestor Rodriguez，1999：373；（Sanchez，1999）认为，越来越多的亚洲和拉美移民导致了新美国种族主义的出现。就罗德里古兹（1999：376）来看，这种新种族主义和本土主义（nativism）密切相关，本土主义指对"外来"（人或物）的恐惧。罗德里古兹概述了三种排外情绪，它们代表着种族化后的新美国本土主义：一是美国人害怕非英语语言，因为他们怀疑移民的语言差异会危害美国。二是美国人害怕种族化的移民利用多元文化理念和平权行动权利来提高自身能力，保留他们独特的族群和"种族"身份。很多美国人感到多元文化主义和平权行动（affirmative action）是"非美国化"的，因为这和美国的机会平等相违背,对"非美国人"更有利。三是种族化的反移民态度产生原因是美国人担心移民会耗尽公共资源,尤其是福利、教育和医疗等服务(Rodiguez, 1999:377 - 8)。罗德里古兹认为,新的种族化本土主义超越了自由党和保守党的政治分歧,也超越了黑人和白人的历史分歧。

其他美国分析家也不反对罗德里古兹,但他们认为反黑人种族主义仍是美国社会最强大的势力。有的人称这种新的种族主义是"更仁慈更温和的种族主义"(Shull,1993)或"象征性种族主义(symbolic racism)"(Kinder and Sears,1981)。沙尔(Shull,1993)认为,20世纪80年代和90年代初,里根和布什执政期对民权的攻击最能体现美国人对黑人的负面情绪。他们抨击平权运动,抨击任命保守党担任民权中的管理岗位,还抨击削减民权委员会(Civil Rights Commission)的预算提案,平等就业机会委员会(the Equal Employment Opportunity Commission)和房屋公平和机会均等计划(the Fair Housing and Equal Opportunity Program)涉及非种族主义词语:如促进平等、自由,政府不干预美国人民生活。尽管这些措施从未出现旧式的种族主义者和反黑人词语,沙尔(1993)认为这些措施对可怜的美国黑人的收入、就业、住房都有深远的影响。以上举措并没有促进"更仁慈更温和的社会"发展,相反,它们推动了"更仁慈更温和的种族主义"(Shull,1993)。

金德、希尔斯(Kinder and Sears,1981)、麦康纳海(McConahay,1986)看待这件事的角度比沙尔更宏观,他们认为象征性种族主义的核心是计划和理念的价值冲突,理念旨在改善少数民族群体的社会状况,提高西方的自由和平等价值观。正如布朗(Brown,1995:219)所说,在美国:

> 让现代种族主义者不满的不是黑人小孩可以和白人小孩上同一所学校,而是强制在城市学校中取得"种族"平衡的教育政策和父母选择学校的"权力"相矛盾。

四、加拿大

基于巴克(Barker,1981),金德和希尔斯(Kinder and Sears,1981)的观点,亨利和塔特(Herry and Tator,2010)认为加拿大出现了一种特别的种族主义形式,叫作民主种族主义(democratic racism)。他们像巴克那样认为,新形式的种族主义不需要依靠或涉及固有的生理差异或生理劣质。但是他们对种族主义的定义比巴克的定义更广泛。在亨利和塔特看来,种族主义不仅仅是对文化差异的消极评价,他们认为民主种族主义更多的是关于加拿大社会的价值观冲突。

> 民主种族主义指两套相矛盾的价值观和谐共存的意识形态。它既包含了民主原则,如公正、平等、公平冲突,又包含对少数民族群体的负面情感,区别对待,种族歧视等态度和行为。(Herry and Tator,2010:9 – 10)

民主种族主义"主要通过支配论,包括谎言、解释、解码、合理化等来有效建立、保存、加强"(Herry and Tator,2010:11)。他们列举的民族种族主义的例子很全面,以下是一些主要的形式:

●色盲论。该论点认为白人坚称他们不在意少数种族群体的肤色。亨利和塔特认为这也是种族主义,因为该论点"拒绝承认种族是有色人种携带的'行囊';拒绝承认种族是日常生活、政策、项目、行为的一部分,是种族结构的心理力量和文化力量的一部分"(2010:12)。

●机会平等论。它的核心思想是"我们要做的就是平等对待每一个人,这样才能确保公平"(2010:11 – 12)。该论点有种族主义特征,因为它的前提是"白人的制度权力"不会因加拿大社会变得公正和平等而

227

被摧毁。

● 受害者有错论。该论点认为少数民族本身是引起自身"问题"的根源。也就是说,有的群体未能在加拿大社会取得成功,要么是因为他们自身文化与主流社会不符,要么是因为他们缺乏成功的动力(Herry and Tator,2010:13)。

● 多元文化主义论。该论点认为,使多样性适应社会大环境和某些特定小环境会带来包容与和谐。它的前提是必须忍受别人的习惯,且主流行事方法是最高行事准则。这是民主种族主义的一种形式,在亨利和塔特(2010:15)眼中,"包容与和谐的必要性声明常会掩盖结构性或系统性不平等,也会掩盖民主自由社会中仍存在的权力关系不平等"。

亨利和塔特(2010:17)认为,很多加拿大人自认为是平等主义者,且坚决反对明显的、"写在脸上的"种族主义表达方式。然而就算人们象征性地表示了包容和尊重,这种表示也只是表象,掩盖了人们仍然坚持的白人优越主义(white supremacy)。

其他社会研究者们坚信新形式的种族主义已出现并代替了旧种族主义形式,他们同亨利、塔特(2010)一起强烈批评了现代西方社会。然而我们不应该不假思索地接受所有种族主义的广义定义。第一,这个论点的目的是让观念和问题变得更复杂。比如,有的人坚信加拿大多元文化政策是推动加拿大族群及民族平等的正确策略。他们也许很天真,容易被误导,但这并不是说他们的关注点和有色人种不同,也不意味着他们用多元文化主义来否定不平等现象的结构基础。进一步说,在美国,有的自由党人反对平权行动等政策,是因为他们相信这种政策是"对少数民族群体的照顾,会破坏他们自身的学术或专业成就"(Brown,1995:226)。第二,这些争论试图说明白人的不同分类(接下来会详细讨论),同化族群和"种族"群体。他们认为,族群/"种族"群体成员会一致认为种族主义是加拿大社会的根本问题。然而本章接下来会详细说明:大多数加拿大有色人种并不认为自己在过去几年受到了种族歧视。

第三,"旧"种族主义和"新"种族主义的界限并不明显(Brown,1995:225;Miles and Brown,2003:63)。很多19世纪末和20世纪初盛行的"旧"种族主义也包括对文化和宗教差异的负面评价。这些差异不一定被认为由生理原因导致,但一定是被社会和环境所塑造。例如,19世纪末和20世纪初,加拿大联邦政府的同化印度人政策就不仅仅基于生物劣质性。一般的同化政策和执行项目,如寄宿学校,都基于一个基础,即印度人可以改变,从而在态度、信仰、价值观等文化层面能和欧洲人一致。如果从生物学角度来定义印度人的差异,那么同化政策就毫无意义了。

第三节　白人种族主义:唯一的种族主义吗?

先前的讨论有时会同"白人种族主义"联系起来。不管是有意还是无意,种族主义已被视为是只有白人与生俱来的东西。亨利和塔特(2010:11)称,加拿大有主导的"白人文化",这种文化拒绝接受加拿大有种族主义这个现实。美国社会学家乔尔·费根(Joel Feagin)和赫尔南·维拉(Hernan Vera)(1995)曾说,因为白人有权力也有特权,所以美国的白人既是种族等级制度的受益者,又是种族等级制度的拥护者。其他群体的成员可能会表达他们对白人或别的少数民族群体的不满,然而费根和维拉(Feagin and Vera,1995:x)认为:"所谓的'黑人种族主义'(black racism)指黑人领导人或评论家对白人做出的评论,目的是宣扬'白人都是不可信的',或'白人都是魔鬼'。"

费根和维拉不太在意这些观点,因为它们和"现代白人种族主义"(modern white racism)不一样,美国的黑人无力以这些观点为行动基础,也无法否定白人或其他群体的特权。两位社会学家认为,在美国,"黑人种族主义是不存在的"(Feagin and Vera,1995:x),因为种族主义"不仅是个人偏见和歧视"。"根本就没有黑人种族主义",他们进一步解释道:"因为非洲裔美国人根本没有悠久的"种族"从属和种族歧视体系,使得将白人美国人排除在社会权力、特权和利益之外。"(Feagin and Vera,1995:x)他们认为:"白人种族主义就是在社会环境下产生的一系列态度、观点、行为,它们否认非洲裔美国人和其他有色人种能像白人美国人那样享有自尊、机会、自由、奖赏。"(Feagin and Vera,1995:7)

尽管他们正确地指出种族主义有个人层面和制度层面,但他们的"种族主义是白人专属"观点确有不足。其中一个问题就是,这种观点认为,所有黑人或少数民族群体成员在面对不可逾越的白人权力结构时无能为力。实际上,黑人和其他少数民族群体在美国或加拿大社会也不是完全没有权力。由此看来,少数民族群体的成员们在社会、经济、政治结构中都享有权力地位。黑人和其他民族群体成员可以做生意、开公司、自主决定雇佣、占据有政治影响力的职位。总的来说,费根和维拉(1995)的假设是:黑人没有经济和政治权利,用老一套的观点来看,黑人处于美国和加拿大社会的底层,所有黑人或其他少数民族群体成员在政治和经济关系中处于弱势的社会边缘化地位。不是所有黑人都生活在贫民区或工人阶级环境中。

另一个问题是,少数民族群体中的个人未必会对种族主义免疫,或未必会像人们想的那样无能为力。例如,美国的调查结果显示,白人、黑人、亚裔和西班牙裔人都对彼此有复杂的、消极的、刻板的印象。举例来说,在调查中,这四组分别要求对其他三组打分,打分依据有三个维度:智力程度、福利依赖程度、相处难易程度。调查中,几乎66%的亚裔受访者认为黑人不如亚裔人聪明。40%的白人受访者和30%的西班牙裔人受访者认为,黑人不如自己的同胞们聪明。另一方面,约33%的黑人受访者和15%的白人、西班牙裔受访者认为亚裔人不如自己的同胞们聪明。另外三组中,有40%至50%的人认为亚裔人很难相处(Johnson,Farrell and Guinn,1999:395-6)。

可以说,某种族群体对其他种族群体表现出的种族主义,等同于针对黑人和其他少数民族群体的白人种族主义,它们都有社会影响。记录表明,最能体现少数民族群体间种族主义冲突和敌意的就是20世纪90年代的洛杉矶暴动。它具有代表性,因为暴动中产生的冲突和敌意没有清楚的"种族"界限(Feagin and Vera,1995:1)。尽管费根和维拉(1995:1)认为,1992年洛杉矶暴动起因是"对白人种族主义的愤怒",但证据表明,这场暴动不仅是白人和黑人之间的冲突。黑人和西班牙裔暴徒不仅蓄意攻击由特权"白人"阶级开设的企业,也针对由韩国人创办的公司。对此,约翰逊、法雷尔、吉恩解释道,在洛杉矶、纽约和美国其他主要移民城市中:

> 黑人弱势群体视韩国商人为"外来人",他们向黑人要高价,获利后不愿雇佣当地黑人(和西班牙裔人),也不愿资助当地社区;他们对黑人顾客还很粗鲁、无礼。另一方面,很多韩国人对黑人有刻板印象,这一点在他们与弱势群体的交往中体现得淋漓尽致。(1999:406)

种种紧张气氛在1992年的洛杉矶暴动中达到了顶点。然而若忽视这些动因,认为它们和加拿大无关,这也是错误的,因为这些事就发生在加拿大国境南部。2003年,温哥华一名菲律宾裔加拿大少年被一群印度裔加拿大少年殴打致死,警方将此事件描述为"种族"攻击。《环球邮报》(The Globe and Mail)对此事件的报道称:

> 该事件使印度裔加拿大人和菲律宾裔加拿大人的关系更紧张。在(那位少年的)葬礼上来了许多印度裔加拿大年轻人,他们根本不认识受害者,参加葬礼只是为了表示他们对两个群体和平的尊重和期许。警方和社区领导人要求平息菲律宾裔加拿大年轻人要报复的谣言。(Fong,2005:A11)

某些菲律宾-加拿大人社区领导人不愿将问题的根源归到其他少数民族群体身上,相反,他们认为系统的种族主义才是始作俑者,因为系统的种族主义在"种族"群体间制造了"人为冲突"。一位评论家说道,"如果学校能够告知印度裔加拿大人、越南裔加拿大人、菲律宾裔加拿大人对加拿大所做的贡献,那我们会更了解彼此"(Fong,2005:A11)。

尽管从某种层面来说,遭受种族主义和歧视待遇(discriminatory treatment)的群体会更同情其他有同样遭遇的群体,但这种情况并不常见(Noivo,1998)。大多数情况下,同样受到种族主义和歧视的群体间几乎不存在"同情转移"(transfer sympathy)。"白人社会"是否要为这些事件负责也尚不清楚。有的移民群体确实将从前的偏见带到了加拿大,还让自己在加拿大出生的孩子们也接收了这些偏见。尽管种种偏见不一定能完全解释加拿大群体之间的敌意,但它们确实促成了这类事件的发生。只有当种族主义不再被视为"白人专有"的现象时,冲突和敌意才能被完全理解。

第四节　新种族主义和宗教仇恨:"伊斯兰恐惧症"和反犹太主义

对新种族主义的讨论衍生了对种族主义和宗教仇恨关系的讨论。本节将简要讨论伊斯兰恐惧症和反犹太主义。

一、伊斯兰恐惧症

2001 年 9 月 11 日纽约世界贸易中心大厦和华盛顿五角大楼袭击事件后,西方社会出现了另一种新的敌对情绪——伊斯兰恐惧症。现在对伊斯兰的恐惧已经超越了国界,在发达的西方世界尤为严重,使有关新种族主义形式的争论更为复杂。英国的朗尼麦德基金会(Runnymede Trust)称,满足下列条件即可称为伊斯兰恐惧症:

● 视伊斯兰为一块密不透风的铁板,认为他们停滞不前。

● 视伊斯兰为不相关的异族:(1)认为他们同其他文化没有相同的目标和价值观;(2)不会被伊斯兰影响;(3)不会试图影响伊斯兰人。

● 视伊斯兰为暴力、激进、危险的恐怖主义支持者,认为他们参与了"文明冲突(clash of civilization)"。

● 视伊斯兰为一种意识形态,用于政治或军事用途。

● 坚决否定伊斯兰人对"西方"做出的任何批评。

● 对伊斯兰的敌意表现为对穆斯林的歧视性行为和主流社会对穆斯林的排斥。

● 认为反穆斯林行径是自然的,"正常的"。(转引自 Miles and Brown,2003:164)

本书第六章呈现了不同国家的伊斯兰恐惧症众多具体的表现。2006 年秋,英国工党议员杰克·斯特劳引发了争论,他在当地报纸发文称穆斯林妇女的面纱阻碍了社区关系的良好发展。英国首相托尼·布莱尔对此表示赞同,他认为穆斯林妇女戴的尼卡布(niqab,一种遮住下半张脸的布,通常露出眼睛)是"隔离的标志",让英国的非穆斯林们"很不舒服"(Valpy,2006:A16)。英国一位信仰伊斯兰教的教师按法律要求上课时摘下面纱,因为"面纱影响了学生学习"。2011 年 4 月,法国在全国范围内禁止在公共场所穿戴蒙盖全身的长袍,因为有人将这种长袍视为穆斯林女性的服从天性,这违背了法国平等自由的价值观。法国前总统尼古拉斯·萨科齐(Nicolas Sarkozy)还曾公开表态,认为北非穆斯林以合法移民的家庭成员身份进入法国之前必须做 DNA 检测(亲子鉴定),以"确定父母和子女的血缘关系"(北非是前法国殖民地,有很多穆斯林)。

在某些情况下,加拿大移民局会用 DNA 检测证明家庭移民担保人和申请者之间的生物学关系,当然这项检测不只针对阿拉伯人。2001 年 9 月 11 日后,阿拉伯人和加拿大穆斯林面临着多种形式骚扰、恐吓、暴力(Arat - Koc,2006:220 - 1)。阿拉特·库克(Arat - koc,2006:227)认为,伊斯兰恐惧症反映了加拿大和美国(还有其他国家)的安全议程,加拿大的穆斯林和阿拉伯人开始担心自己的旅游方式、慈善捐助、向海外亲友的汇款方式会由其他加拿大人、警方、安全部门决定。此外,最近面纱也吸引了媒体的注意。2007 年 9 月,三场联邦补选在魁北克举行。加拿大首席选举官(Chief Electoral Officer)马克·梅兰德(Marc Mayrand)受到了政治家、媒体、"相关市民"的三重压力,因为他们呼吁,如果穆斯林妇女不露出脸庞,戴着面纱,那就不可以投票。应该允许蒙面的妇女投票吗? 如何验证她们的身份? 本着公平合理的精神,马克·梅兰德决定戴面纱的穆斯林妇女有和其他人一样的权力。

宣布决定后,梅兰德在渥太华召开了新闻发布会,会上他回应了种种质疑。《国家邮报》(*National Post*)2007 年 9 月 10 日报道称,这位首席选举官"藐视国会的意愿",任意解读选举法(the Elections Act)。而梅兰德认为,当今的选举法没有禁止戴面纱的人投票。此外,因宗教原因,只要蒙面的市民出示两张合法身份证明,宣过誓,法律就允许他们投票。梅兰德称,在之前的联邦选举中,有 80000 名投票者是通过邮件来投票的(*Toronto Star*,2007. 9.10)。

总理史蒂芬·哈珀(Stephen Harper)和时任反对党领导人史蒂芬尼·狄安(Stephane Dion)不同意梅兰德,称投票时必须露出全脸,这样才能保证选举公正。梅兰德反驳道,如果国会议员们不喜欢他对法律的解读,那在有机会修改法律的时候就应该修改。另一方面,《国家邮报》的作者约翰·爱维森(John Ivison)指出,国会没有规定"漫画书中投票时,若蝙蝠侠和罗宾出现在投票站,人们会希望选举官员强迫他们表明秘密身份"(*National Post*,2007.9.10)。

伊斯兰恐惧症是否是种族主义的新形式还有待讨论。阿拉特·库克(Arat - koc,2006,220)认为:

> 对阿拉伯人和加拿大穆斯林来说,2001 年 9 月 11 日之后,种族主

义不再是新鲜事,它在媒体、法律、政策上不断加强的合法性、传播率和主流化才是前所未见的。

米尔斯和布朗(Miles and Brown,2003:164)的观点与阿拉特·库克相反。他们认为,既然穆斯林的"另类"是宗教原因,而非由生物学或身体原因导致,伊斯兰恐惧症就不应该被视为种族主义。但是这两位专家也承认,这种宗教的异质性同种族主义也分不开,因为在某些情况下,对宗教差异的负面评价通常带有对外貌差异的负面评价。同时他们也认为,伊斯兰恐惧症和种族主义有相同影响,尤其在找工作时受到排挤、入境困难、思考谁能成为"良好"西方市民等方面(Miles and Brown,2003:167)。

二、反犹太主义

如本书第一章所述,纳粹种族主义者不仅认为犹太人是危险的、低劣的,还认为二战时欧洲600万犹太人的死亡是理所应当的。这种意识形态导致人们对战后种族理论和种族主义的专门的形式提出了挑战。反犹太主义不只在欧洲出现,加拿大的反犹太主义历史也比较悠久。有的人认为反犹太主义在魁北克省最为严重,但加拿大社会处处可见反犹太主义的各种形式(Weinfeld,2001)。同欧洲相似,加拿大传统的反犹太主义在20世纪三四十年代达到顶峰,呈现各种各样的形式:包括谩骂,身体暴力,剥夺犹太人工作、娱乐、受教育、住房的机会,限制移民,损毁犹太人财物和墓地等。随便举几个例来说,20世纪30年代,犹太人被麦吉尔大学和多伦多大学这样的一流大学拒之门外,有限制条款规定不能向犹太人出售房屋,设立带有纳粹党徽的俱乐部,多伦多的克里斯蒂(Christie Pits)爆发了反犹太人暴乱等。有的游泳池和沙滩外立有"犹太人和狗不得入内"的标识。1939年,一艘载有犹太难民的船从纳粹德国开来,但被加拿大当局遣返回欧洲,理由是加拿大的犹太人已经太多太多了(Weinfeld,2001:324-31)。

传统的反犹太主义形式和现今的伊斯兰恐惧症一样，都由宗教和"种族"的不包容引起。也就是说，对反犹太者来说，犹太教作为一个宗教，犹太民族作为一个民族或"种族"都是问题所在。文菲尔德称，有传言说犹太人是一个特别的"种族"，他们天生就善于利用别人赚钱，创建了共产主义，还秘密掌控了世界媒体，经济和政治，他们杀害基督徒，天生反对基督教，这些自相矛盾的传言汇成了阴谋论。中心思想就是犹太人要统治世界。

加拿大的传统反犹太主义慢慢消退，但舍恩菲尔德(Schoenfeld)、沙菲尔(Shaffir)、文菲尔德(Weinfeld,2006:291)认为，新的全球性反犹太主义已伴随旧反犹太主义产生(见专栏7.1)。他们说，新形式的反犹太主义有政治意图，即反对以色列政府政策。"很难分辨以色列'反对者们'什么时候在批判以色列政策，也许他们批判以色列国家的权威丧失运动(即反对以色列国家的存在)，也许是反对'犹太人'战争"。对某些反犹分子来说，反对以色列政府政策(2006年夏变得尤为激烈，当时以色列军队回击了真主党 Hezbollah 从黎巴嫩发射的火箭弹攻击)是一个政治面具，掩盖了他们内心深处的反犹太情绪和行动。

专栏7.1　美国国务院,2005 年"全球反犹太主义报告"

近年来的全球反犹太主义主要有四个原因：

●传统的反犹太主义已在欧洲和世界其他国家盛行千年，包括极端民族主义者和其他人断言犹太人掌控政府、媒体、国际商贸和世界经济。

●强烈的反以色列情绪跨越了客观批评以色列政策和反犹太主义的界限。

●反犹太情绪的表现：欧洲众多的穆斯林对以色列人和犹太人长期反感，穆斯林反对以色列发展，尤其反感近期在伊拉克的行为。

●对美国和全球化的批判衍生出对以色列，犹太人的批判。

近年来，欧洲的反犹太情绪极速增长。

2000 年起,对犹太人的言语攻击不断增加,破坏财物的行为也开始出现(如在墙上乱涂乱画,向犹太人学校投掷燃烧弹,亵渎犹太会堂和墓地)。近年来欧洲针对犹太人的肢体冲突,如殴打,刺伤及其他暴力行为也明显增多,很多时候导致人员重伤甚至死亡。令人不安的是左翼的媒体和学者也开始有反犹情绪。

反犹太主义的威胁和事件在欧洲不断上升,令人不安……欧洲各国政府视反犹太主义为严肃的社会问题,也表达了解决问题的更强烈愿望。位于维也纳的欧盟监测中心(European Union Monitoring Center, EUMC)在 2002 年和 2003 年将法国、德国、英国、比利时、荷兰列为事件频发的欧盟成员国。

在西欧,传统的右翼群体仍要为攻击犹太人和侵犯犹太人财物事件负责;底层心怀不满的穆斯林青年们则要为其他事件负责。若欧洲国家的穆斯林人口继续增长,其教育水平和经济前景仍无改善,那这种趋势还会持续。

东欧的穆斯林人口相对较少,暴戾的青年和处于极端政治边缘的人要为大部分反犹事件负责。在俄罗斯,白俄罗斯和苏联其他地方,反犹太主义仍是一个严肃问题,很多反犹事件由极端民族分子和其他右翼分子操控。犹太人掌控全球经济的刻板印象是反犹太主义激进行为的根源。

2003 年底至今,很多犹太人,尤其是在欧洲的犹太人,面临着两难的境地,他们要么选择隐藏自己的身份,要么就得面对骚扰、严重的人身伤害甚至死亡。

来源:美国国务院(2005)。见 www. state. gov/drl/rls/40258. htm。

舍恩菲尔德、沙菲尔和文菲尔德(2006)特别建议道,批判以色列政府政策不应被自动等同为反犹太主义。毕竟,在北美很多自诩犹太复国主义者(Zionists)的犹太人本身就对以色列政府政策持批评态度(Schoerfeld, Shaffir and Weineld, 2006:293)。

第五节　有组织的种族主义

新种族主义认为,当今种族主义的不同表达掩盖在社会可接受的意识形态和语言下。它没有直接指出各"种族"的劣等性,相反,它用明显的"种族"中立文化、宗教活动,和政治职位表述对"种族"的负面评价,避免了使用"种族"一词。然而我们必须要提醒自己,加拿大和全球的种族主义形式不一定都是新种族主义,仍有很多"旧种族主义"活跃在加拿大和世界其他角落。旧种族主义最常见于有组织的至上群体、仇恨团体(hate groups)、种族暴力事件发生的场合。

在加拿大和美国,风暴前线(Stormfront)、雅利安国民(Aryan Nations),血与荣誉(Blood and Honour)、雅利安白人抵抗组织(White Aryan Resistance)、教会先趋党(Church of the Creator)等群体都因"白人至上"理念闻名。20 世纪 20 年代和 30 年代,3K 党在加拿大部分地区比较活跃(Backhouse, 1999)。现在,这些组织出现在了网络上,宣扬他们的理念和优势,出售带有种族歧视的音乐、影碟、衣物、旗帜和其他"纪念品"。他们嚣张地辱骂犹太人、原住民、黑人、穆斯林、移民、男同性恋和女同性恋,指责这些人损害白人文化和白人种族。有的还公开赞扬纳粹和纳粹德国来维护白人。某些群体还用二战时期纳粹的符号或代码作为自己的身份证明。打个比方,数字"14/88"就是白人至上群体的公共代码。数字 14 指(英语中)14 字口号:"我们必须确保种族的延续和白人孩子的未来";而 88 指 HH(H 是英文字母表上的第八个字母),代表"希特勒万岁"(Heil Hitler)(Media Awareness Network, 2010)。"血与荣誉"这个组织的名字就源自 20 世纪三四十年代的德国希特勒青年团口号。

仇恨团体声辩,他们之所以攻击其他群体,是因为其他群体攻击了白人种族,引起了战争和冲突,夺取了比应得份额还要多的公共资源。仇恨团体在大肆夸赞白人种族的同时,认为白人种族正受到攻击和威胁。他们宣扬白人种族纯洁的重要性,守护白人种族的"光荣"历史成就,声明种族隔离是维持白人优越性的策略。正如雅利安国民在网站中的简短陈述:"不要恨下去了——隔离开吧"(见 http://www. aryan - nations.org/)。

很难说这些群体影响力多大,成员有多少。他们想保密,同时还夸大成员规模,这样他们的支持者会比实际上看起来多。这些成员偶尔也会爬出地窖和电脑屏幕,组织示威游行和抗议活动。2012 年春,"血与荣誉"组织就在埃德蒙顿、亚伯达、伦敦、安大略省组织过集会,据说每个城市参加集会的支持者有 20 多人,但闻风赶来的反种族主义支持者则有压倒性优势(Molotov,2012)。

这些群体的成员们时不时地会对"种族"群体或个人实施暴力。在埃德蒙顿那场不成功的集会后,该组织的两位成员被指控暴力袭击两名锡克教教徒(Humphreys,2012)。2011 年,温哥华两名"血与荣誉"的成员被指控纵火烧死一名熟睡的菲律宾裔加拿大男子(Hutchinson,2011)。

这些群体的存在导致了很多棘手问题,如什么导致了仇恨犯罪,自由表达和仇恨言论的界限等。《加拿大刑事法典》将仇恨犯罪定义为:恐吓、伤害、威胁某个群体而非个人的罪行。它也指因"种族"、宗教、肤色、种族本源、性取向为由,煽动对某群体仇恨的刑事犯罪(CBC News,2011)。同时,《加拿大宪法》保证了"思想、信仰、意见、言论自由,包括报刊和其他媒介的自由"。

仇恨犯罪的诉讼程序中,有时很难证明犯罪意图是伤害某个群体,而非直接受害人。再者,"表达自由"和"煽动仇恨"的界限还未明确。有的人认为,不管言论多让人不快,言论自由应得到无条件支持;另一些人辩称,人们在公共场合的言论应该受到某种限制。就拿第一民族议会(the Assembly of First Nations)的前负责人大卫·阿恒纳克(David Ahenakew)来说,他并非仇恨团体的一员,但他却揭露了这种两难困境。在 2002 年萨斯卡通的原住民健康会议上,阿恒纳克指出,犹太人要为发动二战负责,随后一名记者要他详细陈述他的观点。演讲后的简短采访称:"阿恒纳克对希特勒在大屠杀行动中'处死'了六百万犹太人,'净化了世界'而赞不绝口。他说希特勒的掌权是对犹太统治'病毒'的反击。"(CBC News, 2003) 2003 年,依照《加拿大刑事法典》,阿恒纳克因对记者吐露这些情绪而被指控为煽动仇恨。2005 年他被定罪,罚款 1000 美元。定罪后没收了他 1978 年因对印度人和梅蒂斯人做出贡献而被授予加拿大勋章(Order of Canada)。随后他申请上诉,新的审讯也已获批。第二次审判时间是 2008 年,他被判无罪,因法官裁定他对记者说的话是无意之举,而非故意煽动对犹太人的恨意。阿恒纳克最终免除了所有指控,他的案件非常有趣,因为作为加拿大第一民族团体中德高望重的成员,一名自己也受到加拿大联邦政府的种族主义和歧视的人,居然一点都不知道犹太人的反犹太主义、反种族主义、反种族歧视史。第二次审判后,著名右翼评论家伊思拉·拉文特(Ezra Levant)称,阿恒纳克一开始就不该受任何审判。拉文特强调了言论自由的重要性,声称一个"怪癖"老头漫无目的的讲话将"偏执的无名小卒变成固执的大人物"(Levant, 2008)。

第六节 种族主义、调查和社会舆论

社会科学家若想检测种族主义对加拿大社会的影响力,方法之一就是收集调查数据。本部分将简要讨论两种调查方法:一是针对种族主义受害者的调查;一是社交距离调查(social distance survey),算是检测种族偏见的一种间接方式。

被害调查(victimization survey)显示,加拿大有色人种认为自己曾因肤色受到过歧视或不公平对待。2003 年,加拿大统计局发起的《种族多样性调查》(Ethnic Diversity Survey)表明,参与测试的黑人中,有 32% 认为自己在过去五年常受到歧视;21% 的南亚裔受试者和 18% 的华裔受试者认为自己在过去五年受到了歧视。相反,只有 5% 的非有色人种受试者称自己在过去五年曾被歧视(见表 7.1)。

其他研究结果显示,声称受到的歧视的原住民人数远远多于有色人种少数族裔。2003 年,艾克斯民调机构(Ekos Research)发起调查,结果显示住在保留区外的原住民中,有46%称自己在过去两年曾遭受种族歧视。

表7.1　2002 年加拿大有色人种少数族裔的世代歧视认知(百分数)

歧视频率				
	总人口数（千）	经常或有时(%)	很少(%)	未感受到歧视(%)
总人口数	22,444	7	6	86
非有色人种少数族裔	19,252	5	5	90
有色人种少数族裔	3,000	20	15	64
第一代	5,272	13	10	77
非有色人种少数族裔	2,674	5	6	89
有色人种少数族裔	2,516	21	14	65
第二代及以上	16,929	6	5	89
非有色人种少数族裔	16,349	5	5	90
有色人种少数族裔	480	15	23	59

如果有半杯水,你会认为杯子是半空还是半满? 由于每个人看问题的视角不同,所以有人认为图表中的数据值得担忧,而有的则认为数据恰恰说明了种族主义不只在加拿大社会蔓延。"加拿大反种族主义行动计划"(Action Plan Against Racism,2005)借用《种族多样性调查》和艾克斯民意测试的结果证实了种族主义是加拿大社会的严肃问题,且必须用积极措施解决。但从另一角度看,《种族多样性调查》的结果比较乐观。艾克斯机构的调查表明,几乎近半的原住民认为,自己是种族主义或种族歧视的受害者(此情况应认真对待),而在《种族多样性调查》中,68%的黑人受试者、79%的南亚裔受试者、82%的华裔受试者认为在过去五年自己不曾或很少受到歧视。

被害调查确实提供了非常宝贵的信息,但是它无法证明加拿大社会存在种族主义。有人或许会受到歧视而不自知,例如有的人无法得知他们找不到工作或租不到房的真正原因。公认的非种族主义原因或许很有说服力,人们以为这些理由是合理的,但或许正是更深层的"种族"因素才导致他们找不到工作或租不到房,而这类理由永远不能公之于众。权威人士有时会对被害者调查不屑一顾,因为他们认为有色人种少数民族"肩上有碎片"(即从别人的言行中找到对自己不公平的受害者心理),且少数民族太过急切地将种族主义归为社会问题,反而无法保持客观(Henry and Tator,2010:80)。

社交距离调查(social distance surveys)是社会科学家及其他人证实种族主义存在的另一方式。如上所说,种族主义者是不被社会接受的,所以就算受试者对少数民族群体不满,也不会在调查中坦白。社会差距调查类型按不同问题而定。有的调查问道,若某一少数民族群体的成员与受试者的子女结婚、加入受试者所在的俱乐部、成为受试者邻居,受试者会"高兴"还是"担忧"。另一些调查问道,若受试者周围都是少数民族,会感到多"自在"。1991年,联邦政府的一项多元文化调查检测了加拿大人对移民和对在加拿大出生群体的舒适度,调查结果见表7.2。结果显示,总的来说,加拿大人认为和在加出生的少数民族群体相处更自在,比和移民相处轻松很多;调查还显示,受试者的舒适程度因不同族群而变化,这一变化与对方是在加出生还是移民并无联系。举例来说,83%至86%的受试者认为自己和英国移民、英国裔加拿大人在一起时舒适度更高,只有43%至55%的受试者认为自己和锡克教移民、在加出生的锡克人在一起时舒适度更高(Angus Reid Group,1991:51)。2000年,一项调查问道,受试者对外国人成为自己的邻居有何看法。结果显示,比起从中国、牙买加或索马里搬来的人,受试者们更喜欢英法人(Li,2003:175)。

皮特·李(Li,2003:172-6)强烈批评了有关反移民情绪和种族主义的调查,他认为这类调查无意间使种族主义者的偏见显得更合理。要求加拿大人根据"舒适度"和"社交距离"对不同族群排序,或让受试者表达自己喜爱白人、不喜其他人种移民,如此一来,调查起了反作用,反而鼓励受试者思

考"种族",将"种族"问题扩大化。至于对待移民态度的调查,李认为:

> 加拿大的移民问题有种族倾向,原因之一是加拿大移民的种族结构在不断变化;另一方面,学术研究鼓励公众表达自己的种族偏向,并将此定义为无害的民主选择,从而使移民和少数民族群体种族化。(Li,2003:176)

表7.2 移民少数民族群体和加拿大裔有色人种群体排序表(依据:
声称和其他群体成员在一起时最舒适的受试百分数)

被评估对象	受试和以下群体在一起的舒适度排序	
	移民少数民族群体(%)	加拿大裔有色人种群体(%)
英国人	83	86
印度人	77	83
法国人	74	82
犹太人	74	78
乌克兰人	73	79
德国人	72	79
葡萄牙人	70	76
中国人	69	77
加拿大本地人	—	77
西印度黑人	61	69
穆斯林	49	59
阿拉伯人	52	63
印度巴基斯坦人	48	59
锡克人	43	55

来源:《2002 年加拿大有色人种少数族裔的各代歧视认知(百分数)》,改编自加拿大国家统计局出版的《族群多样性调查:多元文化社会画像》,目录编号 89-593-XIE,发布日期:2003 年 9 月 29 日,第 20 页,网址 www. statcan. gc. ca/bsolc/olc - cel/olc - ce;? lang=eng&catno=89-593-X。数据的使用和分布以加拿大国家统计局统计数据为基础。

第七节　体制性种族主义

之前的讨论已表明种族主义除了指个人想法和行为,也指剥夺某群体公平公正待遇的社会制度。体制性种族主义有三种形式。

第一种形式是,戴上种族主义有色眼镜看待某群体的社会能力和无能,从而反映了社会政策、项目、制度的实施。目前有几个例子可以证明加拿大的体制性种族主义有此特征。如第四章所述,1967 年之前,加拿大移民体系对某群体的能力持种族主义态度。其他两种体制性种族主义形式也饱受争议,并和当代加拿大社会更密切相关。

体制性种族主义的第二种形式,即某政策或计划在初期带有"某种族群体更低劣"的观念,但之后这种观念不复存在。也就是说,某政策和计划原本带有种族偏见,消除种族主义情绪后,这个政策和计划仍继续存在。《印第安法案》(The Indian Act)就是体现此类制性种族主义形式的最佳例子。该法案和 19 世纪其他法案写明印第安人次于欧洲人,只有当印第安人受比之优越的欧洲人领导时,加拿大才有未来。

加勒比和墨西哥季节性农工计划(the Caribbean and Mexican Seasonal Agricultural Workers Program)也是解释此类体制性种族主义的绝佳例子。在第四章,我们解释了这个计划的起源:20 世纪 60 年代中期,安大略省急缺季节性农工,于是政府官员提议黑人工人非常适合在烈日下辛苦劳作,这个计划制定的原因之一是坚信黑人"种族"天生就适合做农活。此外,当时的政府官员认为黑人工人虽然是干农活的好手,但不是当加拿大市民的料,因为他们会引起"种族关系"的问题(1991;Basok,2002)。尽管这个计划不再有"种族"意味,但因它制定时就包含种族主义特征,所以它仍可用于说明加拿大的体制性种族主义。

体制性种族主义还有第三种形式——虽然有的政策和计划看起来比较

中立,但它们有意无意地将少数民族群体置于不利地位。这类体制性种族主义在加拿大引起了广泛讨论,因为种族偏见的存在,政策和计划背后的真正动机都很含糊,难以证明。在本章开头,我们提到了体制性种族主义引起争议的四个方面,即学校的零容忍政策、大学里各式各样的政策和实践、专业运动和业余运动相关政策和实践、由警方的种族定性(racial profiling)。

一、学校的零容忍政策

加拿大多数省份会对表现不佳的学生采取所谓的零容忍政策。2001 年安大略省推行的《学校安全法案》(the Safe Schools Act)就包括零容忍条款(Henry and Tator,2010:211)。法案一经生效,学生若有暴力或攻击行为,如斗殴、贩毒、买卖或携带武器,将面临休学或开除学籍。威胁伤害其他学生、损坏公物、谩骂、持有毒品或吸毒、酗酒的学生同样将面临休学(Leslie,2005)。

零容忍条款的初衷虽是应对不断升级的校园暴力,但它也反映了体制性种族主义,因为不管从条款内容还是从大环境看,它针对的多是黑人和其他"种族"的青年。评论家们认为,零容忍条款从少数族裔或"种族"的角度出发看起来比较中立,但受制的主要还是黑人青年。一名黑人青年说:"如果一项政策主要针对某一"种族"群体,那它不可能是公正的。"(Valpy,2005:A1,A15)

最近有一项有关加拿大的研究,它的研究对象并非零容忍政策,但它对零容忍政策仍有所涉及,它的研究结果显示学生的背景决定了学校如何看待差别对待和歧视。拉克和沃特利(Ruck and Wortley,2002)称,多伦多学生对差别对待的认知与肤色等级制有关。研究员调查了白人、黑人、亚洲人、南亚人及"其他"(原住民和拉美)高中生对一系列事物的认知,包括对老师、警方、休学、校园环境的认知。拉克和沃特利认为,不同学校的学生对差别对待的认知不同,因为:

黑人学生对偏见最敏感,其次是南亚学生、来自"其他"族群/种族学生、亚洲学生,最后是白人学生。就像人们常说的,肤色越深的人受到的社会处罚越重(2002,194)。

批评零容忍政策的人认为,这些认知实际上是对现实的映照。学校忽略了学生品行不端的原因,只知道一味按照规矩行事。老师和校长没有自行决定权(discretionary power),所以政策对最弱势,最需要待在学校的学生反而最严厉。有人认为零容忍政策的文化敏感度不高,理由是它参照了举止得当的"白人"典范,而非与之相反的举止得当的黑人典范。正如朱尔(Jull)所说:

> 基于零容忍原则的校规校纪巩固了盎格鲁–欧洲中心主义对与错的识别力和公共教育的官方结构……声称实施所谓的无偏见零容忍校规可实现社会公平,无异于相信不考虑个人和文化背景的政策可消除不公平现象……在不公平的社会和学术环境中,公平待遇本身就是不公平的。(2000:4)

有的评论家认为,零容忍政策无疑促成了黑人青年的"学校–监狱通道"(Solomon and Palmer,2004)。安大略省前新民党领导人霍华德·汉普顿(Howard Hampton)称,《学校安全法案》应该叫"黑帮招募法案",因为它的条条款款让最应该待在学校的年轻人游荡街头。校董们把黑人青年驱逐出校,等于把他们扔进黑帮张开的臂弯,因为讨厌学校和"体系"的年轻人是黑帮的"最爱"。安大略省人权委员会(the Ontario Human Rights Commission)在"'零容忍'政策的失调影响"(Disproportionate Impact of 'Zero Tolerance' Discipine)报告中提到:"一旦孩子们脱离了社会主流,感到被排斥,就会走上一条不同的路……如果反社会的孩子们联合在一起,那他们的反社会行为就会升级。"(Ontario Human Rigths Commission,2005a)。

2008 年,安大略政府修订了省《教育法案》(the provincial Education Act),如此一来,在处理酗酒、吸毒、霸凌、辱骂老师等违规行为时,校方有更多余地,不一定非要选择开除或休学。但学生携带武器、性侵犯、有严重身体攻击行为导致受伤且需要医治时,仍必须强制休学(www. edu. gov. on. ca/extra/eng/ppm/128. html)。

围绕零容忍政策展开的争论导致了另一个复杂情况,即在处理社会问题和其他问题时,如何在使用自由裁量权和采取有法可依的解决方法之间取得平衡。在第四章中,评论家称,移民官员行使自由裁量权时带有种族偏见,使得少数民族群体在移民过程中处于不利地位。以剥夺校长、副校长、警方的自由裁量权为目的的学校零容忍政策也受到了批判,原因是其带有种族偏见,未考虑学生违反校规时的环境和个人背景。也就是说,评论家们认为,没有自由裁量权本身就是种族主义,他们呼吁用更敏锐、更全面的方法来处理学生们的不当行为。简言之,一个系统之所以带有体制性种族主义特征,要么是它过度纵容自由裁量权,要么是它压根不允许自由裁量权存在。要知道,"一刀切"绝不是处理加拿大社会体制性种族主义问题的最佳方案。政策和执行之间的两难境地也不是轻易能解决的。

二、大学里的种族主义

如果说世界上有一个地方能不带一丝体制性种族主义,那一定非大学莫属了。毕竟,大学里的人都是相当聪明的。要想在大学取得全职教学岗位,必须先接受至少九或十年的高等教育,再千辛万苦地完成博士论文才行。学生们在高中时必须刻苦学习才能考上大学,进了大学后还得继续努力,已达到学业要求。大学的主席、院长、校长都是从基层做起,并由委员会根据候选人的学术成就和领导能力选举产生。大学之所以傲然自立,是因为它集启蒙、公平、理智、自由批判精神为一体。大学中社会科学和人文学科的主要任务就是教导学生如何批判性地思考。我们鼓励学生勇敢去质疑和吸收,不被表象迷惑。如果种族主义是因缺乏教育导致的,那么你绝不会想到大学也会有种族主义。

有研究者认为,大学绝不是没有种族主义者的乐土。事实上,他们认为大学的情况恰恰相反(Henry and Tator,2010)。社会地理学家奥德利·小林(Audrey Kobayashi)说道:"系统性种族主义(systemic racism)是加拿大人行为处事的常规体现手段,已深入到了大学的文化中。"公然用带有种族歧视的词辱骂(学生和老师)在大学时有发生,带有"种族"性质的涂鸦也会在大学宿舍中见到,来自"种族"群体的师生们也曾报告称受到歧视。大学之所以带有体制性种族主义特征,主要是因为大学运行体系的两个方面。大学的系统性种族主义既和其标准有关,也和其内容有关。

就标准来说,研究者们认为,大学教育的总体标准主要由白人学者决定,所以有意无意间,"种族"群体成员会处于劣势。这一说法得到了佐证(Kobayashi,2009;Henry and Tator,2010;Monture,2009)。终身教职和升职的标准都不利于其他"种族"的教职工,因为他们的工作性质和大多数白人学者不同。来自其他"种族"的教师对多是行动派,并对各自的族群有责任感,进而影响了他们发表文献的投稿地址。大学通常很重视经同行评议的学术期刊,所以若发表在未经同行评议的刊物或不够权威的刊物,如杂志、报纸、简报、社区报、大众读物,获得终身教职和升职的可能性会更小。易洛魁(北美印第安人的一支)学者帕翠亚·蒙托尔谈到了她的研究方向和文章著作,以及这两者如何影响她在评终身教授的经历:

> 在我的职业生涯中,很多决定都只基于一个观念:即对"印第安人"是不是"有益的"。也就是说,我认为(并将继续认为)自己对印第安的归属感比对大学的归属感更强。大学的时候我受到排斥,再加上我自愿支持自己的族群,所以才有这种想法。就拿奖学金来举个例吧,我从来没想过经同行评阅的期刊是发表文章的重要指标。直到最近我才开始明白,每个学科都有"特定"的期刊,只要你在这类期刊上发表了文

章,那终身教职就是你的囊中之物了。但若在那些特定期刊上发表文章,我的作品就无法被原住民看到,因为他们没有途径获取大学图书馆的资源。我自己是懵懵懂懂的,也没人及时提醒过我这回事(他们本可以在我受聘后不久就告诉我),也许说了就会改变我申请终身教职的决定。因为没有相关信息,我选择将文章发表在原住民能看到的地方,因为我的文章就是为他们而写的。(Patricia Monture,2009:81)

大学教育标准的另一方面是:"种族"教师尤其在意自己是否是学生的榜样。他们正式或非正式地担当起"种族"学生们的导师或顾问的职责,这可是占用了他们科研和发表文章的时间。尽管为大学,或有时为社区服务是获得终身教职和升职的参考因素,但好的服务也不能抵消低质低量的出版物。因为大学中白人教员随处可见,所以白人学生不会像其他"种族"的学生那样迫切需要老师的指导。

另一件有关标准的事是:"种族"教师们在大学教师和行政人员中所占比例太少。雷扎·纳克海(Reza Nakhaie,2004)做过一项针对大学管理人员的调查,结果显示,尽管 2001 年时有色人种占加拿大总人口的20%,大学却从未有过有色人种校长;大学中只有3.6%的副校长和6.6%的院长来自有色人种族裔。与之相反的是英国裔学者,他们在大学管理层中占了很大比例。尽管现在加拿大大学校长中有几位是有色人种族裔,但总体来看,他们仍然不具代表性,"证明了对加拿大大学种族歧视的各种指责仍然成立"(Nakhaie,2004:100)。与之相关的是另一指责是大学没做到公平招聘。几乎没有一所大学会制定行之有效的程序来促进公平招聘,也没有措施来解决"种族"教师比例不足的问题。此外,大学受到的指责还包括不重视在校人员人权和消极应对工作中的种族歧视问题。多安(Dua,2009:183)认为,大学管理者们要么不愿解决种族主义问题的产生,要么自我辩护,称自己的学校没有发生过种族主义事件。在她的调查中,大学负责人权和反种族歧视的官员们因学校管理者不愿触碰"种族"问题而产生高度的挫败感。

前文提到大学的种族主义既和其标准有关,也和其内容有关,研究者们称,大学教育的内容主要由白人学者决定。大学课程几乎全是从欧洲中心论观点来探讨世界(Hernadez – Ramdwar,2009:114)。白人决定了课程性质和课程内容;而"种族"群体的观点,"种族"群体重视的知识等在课程设置中几乎没有。帕翠亚·蒙托尔(Patricia Monture)称,就算有涉及第一民族的课程,这些课程的观点仍以欧洲人设定的时间节点和地理位置为准。

> ……很多对本地课的研究反映了非土著人对其他人种的意识形态和想法……为什么在土著人的历史课中,联邦是一个非常重要的历史标记?加拿大和美国的区别在哪?加拿大和美国有何关联?毕竟,我们有些民族,如莫霍克族、黑脚族、米科马克族,横跨了加美边境。(Monture,2009:82)

这些问题仍未解决,大学的课程仍未提到种族歧视、多样性、原住民。有人认为就算开设了相关课程,也不过是处于整体项目和教育的边缘。

三、种族主义和体育

体育常被认为是除了大学及教育系统外,社会生活中绝不可能存在种族主义的领域。体育的关键词是天分、竞争、胜利。只有让最好的运动员上场,团结一致,队伍才会赢。天分和能力是运动队成功的关键因素。理论上来看,种族主义和运动精神背道而驰。如果一个优秀的运动员因为肤色原因失去了在球队应得的位置,那这个队伍获胜机会也大大减少了。

不管是专业运动队还是业余运动队都不出意外地受到了加拿大种族主义历史的影响。加拿大的所有运动队,如棒球队、曲棍球队、足球队,都有明显的肤色界限。加拿大国家冰上曲棍球联盟(NHL)的第一位黑人运动员是来自新不伦瑞克省的威利·欧莱(Willie O'Ree),1958年时,他为波士顿棕熊队打了两场比赛,1961 年赛季他几乎全程参与。直到 1974 年该联盟才出现了第二位黑人运动员,麦克·马森(Mike Marson)。赫伯·卡内基(Herb Carnegie)在 1938 年时离国家冰上曲棍球联盟只一步之遥,但是当时多伦多枫叶队的老板科恩·司麦思(Conn Smythe)说了一句很轰动的话:"要是谁能把赫伯·卡内基变成白人,我愿意给他 10000 美元。"(Harris,2003)

体育圈里的种族歧视现象尚未被清除,不仅圈内的人深受影响,连整个体系仍蔓延着这种情绪。种族歧视出现在足球场、冰球场、还是橄榄球场并不重要,重要的是运动员、球迷、新闻报道人对"种族"运动员的频频谩骂,这种情况已经不能用"失常"来形容了。2011 年 9 月,在安大略省伦敦市的曲棍球联盟季前赛中,韦恩·西蒙斯(Wayne Simmonds)在加时赛时正准备射门,一位球迷突然向他扔香蕉。一般在欧洲足球场上当黑人球员碰到球时,观众才会扔香蕉,通常还扮有猴子的叫声。英格兰足球队队长约翰·泰利(John Terry)最近面临多项指控,因为他出言讥讽来自其他"种族"的对手。纽约尼克斯队有一位叫林书豪的天才运动员,他的父母在 20 世纪 70 年代从中国台湾移民美国,他也曾受到种族歧视,当时一家著名新闻网站在林书豪发挥失常后,写了一篇标题为"穿铠甲的中国佬"(Chink in the Armour)(Chink 是对华人带有种族歧视的词语)的文章。

体育圈的种族歧视可不单单是队员间的谩骂和讥讽。在多项运动和不同联盟中,从整个队伍到吉祥物名字、运动员位置、教练排名、高层管理都显现了种族歧视。美国的专业运动队和大学运动队常常因队名和吉祥物而备受争议(Morley Johnson,2011)。华盛顿红人队、亚特兰大勇士队、克利夫兰印第安人队都因队名和标志显示出对第一民族的消极刻板印象而受到批评。勇士队的球迷在欢呼胜利时常常高唱印第安战斧歌"tomahawk chop"。"红人"一词则让人回想起美国的种族主义历史,仿佛看到了使勤奋善良的白人殖民者苦恼不已的野蛮粗鲁的印第安人的形象。

美国伊利诺伊州立大学因其吉祥物伊利尼维克酋长和"战舞",卷入了一场长达二十年的争端。很多人抱怨它的吉祥物和舞蹈带有种族主义,最终全美大学体育协会(National Collegiate Athletic Association)于 2005 年取缔了该吉祥物,因为它"带有敌意,调侃了印第安人"。伊利诺伊州立大学的学生和校友们并没有被批评声吓倒,反而试图让吉祥物和舞蹈重回校园。他们认为,吉祥物和舞蹈恰恰反映了他们对美国印第安文化的深深敬意。加拿大的某些高中已经把带有种族倾向的运动队名改得更中立;另一些学校,如萨卡斯通高中(Bedford Road Collegiate),因运动队名为"红人队"而饱受争议,人们讨论的焦点是:究竟是队名带有种族意味,让人不满,还是强迫队伍改名这个行为是对加拿大"白人"的攻击?(Johnson,2011)

由团队完成的体育项目和队员团队中的位置都是容易招致种族歧视讨论的话题。有人指出,在美国橄榄球联赛(National Football League)中,四分卫一定是最重要的领导位。赛场上,四分卫这个位置最需要天分和智慧。除了健壮的身体外,四分卫必须观察防守阵势,把握全局,有果断抉择、临时改变计划的魄力,还要与队友有效沟通。非裔美国球员占了全联盟球员总数的60%,但在首发四分卫中只占了15%。评论员们认为,这些队伍有意无意间不愿把非裔美国人放在重要的领导位,而这正是种族主义影响职业球队的表现之一。一项研究表明,白人教练更愿意启用白人运动员做四分卫,而黑人教练则更倾向黑人运动员当四分卫(Gains,2011)。

卡尔·杰姆斯(Carl James,2005:63)曾调查过加拿大的高中运动员,他为种族主义浸入体育提供了一个新的视角。卡尔认为:

> 认定某种体育活动最适合某种族成员,无疑是加拿大社会和学校中最常见的种族主义行为和话语。类似话语定会分化白人和黑人。白人们的运动细胞通过学习、兴趣、动机、才能(此不指"天分",因为天分通常用于形容黑人)而得,他们进行特定的体育运动:他们"选择"参加某种运动,也就是说他们还有其他参与方式,也有在社会上成功的不同途径。而黑人则代表天生就有运动能力和兴趣的人:他们根据自己身体或生理特征参加体育运动。

杰姆斯还称,老师、教练、校长、家长都或多或少地施压干涉高中生参加或不参加某种体育运动的选择。这些压力源自一种刻板印象——不同"种族"群体"天生"就擅长某种体育运动。有时候,鼓励黑人青年参加如篮球之类的体育活动,反映了一种心理,即黑人青年无法在学业上取得成就,只能靠参加体育运动弥补学业上的不足。

教练和管理层的排位也是导致体制性种族主义的原因之一。如上所述,美式橄榄球中非裔美国人约占 60%,但在 2006 年,全美 32 个队伍,只有六名非裔美国人当上了主教练。欧盟最近针对体育中的种族主义进行研究,结果表明体育协会和个人俱乐部都有"玻璃天花板",这个天花板正是"移民和种族在体育圈中处于劣势"的原因,也阻止了体育运动对社会凝聚力和欧洲团结产生更正面的影响(European Unnion,2010:45)。

四、种族定性和出警

加拿大司法系统处理少数民族群体的方式,尤其是如何应对体制性种族主义指责时,最容易上新闻头条,引起广泛关注。国家警察机关被指控多项体制性种族主义罪名,控方称警方几乎每周都会参与体制性种族主义事件。两个最常见的指控就是:一是少数群体受害时,警方在少数民族社区消极出警;二是当少数群体成员成为犯罪嫌疑人时,警方过度盘查(over - police)少数民族社区(Royal Commission on Aboriginal Peoples,1996:37 - 9)。

说到消极出警(under - policing),有消息称警方并没有认真破案,当"种族"群体受害时,也不会深入调查案情。就拿罗伯特·皮克顿(Robert Pick-ton)一案来说吧,他是温哥华素里市的养猪户,罪名是谋杀几十名妇女,其中很多受害者是从事性工作的原住民。这个案件当时将消极出警推上了风口浪尖。当时的温哥华警方被指控体制性种族主义罪,因为他们没有严肃对待"街头工作者"消失一事,至少不像对待白人和中产阶级妇女消失案那样上心。就因为受害妇女来自边缘化的"种族"和社会经济群体,她们就该被当成垃圾,不配得到警察的全力保护吗?失踪女性调查委员会(Missing Women Commission of Inquiry)目前正复查有关失踪妇女案件的调查程序(见 http://www.missingwomeninquiry.ca/terms-of-reference/)。

另一方面,当"种族"群体有犯罪嫌疑时,警方又会过度盘查,这种行为也会被指控为种族定性和体制性种族主义。过度盘查指:当某一群体成员卷入犯罪行为时,警方按照成见坚信他们有罪,从而投入过多的资源和精力对付这一群体。犯罪学中有一句名言:"警察在哪里寻找罪恶,就会在哪里发现罪恶。"所以若一个群体在司法系统中比重过大,这就和过度盘查一样,都反映了犯罪行为中的群体差异。

在加拿大西部,原住民们是过度盘查的主要对象。一系列问询和调查报告详细说明了针对原住民的过度盘查(见皇家原住民族委员会1996年的总结报告)。奎格利(Quigley)对过度盘查的描述如下:

> 警方将种族作为巡逻、逮捕、拘留的目标……比如,警察们在城市中最爱巡查原住民聚集的酒吧和街道,而不是白人商人们聚会的私人俱乐部……但这不能说明警察都是种族主义者(有些确实是),因为从警察的实际经验来看,的确有相当数量的原住民有犯罪行为。但是光依此进行巡逻或布控,易导致自证预言(self-fulfilling prophecy):认为某群体经常出现的地方会发生犯罪,并常来此巡逻,那警察一定会在那里发现犯罪行为;若派遣更多警察到原住民密集区,无疑会检测到更多的犯罪行为。(Quigley,1994,转引自 Royal Cmmission on Aboriginal People,1996:25-36)

在加拿大东部,过度盘查已被认为是警察对黑人"种族"形象定性的一大体现。警方的"种族"形象定性指:

> 警员因自身的成见、偏见、种族歧视而认为某人更有可能参与不法

行为,据此采取相应的调查或执法行动,称为警方种族形象定性。如若缺乏有效的政策、训练、监管、控制,这些行为很有可能在整个警察系统蔓延。(Association of Black Law Enforcers,2003:2)

"种族"定性的主要依据之一就是"种族"群体成员对自身遭受警方不公平定性和针对性经历的描述。"种族"成员叙述了自己受到警方或其他加拿大机构种族定性的遭遇,这些叙述均可见于特别报道,新闻文章,和学术研究。安大略省人权委员会(Ontario Human Rights Commission)认为,这些报告说明加拿大的种族形象定性已出现在社会中方方面面。2005 年,委员会为推动种族定性相关讨论发起了一项研究。研究中,委员会邀请受害人讲述其种族定性经历,想以此强调种族定性给社会、经济和社区带来的负面影响。其中一名受害者说道:

> 我和一名大学生站在多伦多地铁房屋署(Metro Toronto Housing Authority),警察从我们身边走过,我不自觉地停下脚步望着他们,确认他们没有盘查我的意图。这是一种恐惧心理,夹杂着对权威人士的害怕。我们不应该害怕本应维护我们权利的人(Ontario Human Rights Commission,2005b:6)。

委员会记录了种族定性对个人和社会造成的消极影响。此外,委员会称种族定性受害者与警方、其他社会组织的关系更加疏远,种族定性让他们觉得自己的公民权越来越弱,对社区的归属感也慢慢变淡。委员会的另一发现是,种族社区的成员自认为"因种族主义而一直生活在危机之中"。言下之意是:

> 非裔加拿大社区受种族定性的影响最深。社区成员未感觉到公平待遇,导致他们开始焦虑,心理不平衡感渐生,还使他们更加担忧种族

主义不仅存在,自己还可能随时成为种族主义的受害者。(2005b:12)

此外,种族定性还有潜在影响:受害者试图改变自己的举止,以避免被警察拦截;对自己和自己的背景感到羞愧;在与人交往时常常不信任他人;易感到无助、无望、恐惧、焦虑。

报告称,种族定性带来了较大的社会影响。一旦商场安保人员的对某种族形象定性,人们的回应之一就是抵制商场。有种族定性嫌疑的公司员工士气也大大受损。

该类报告的局限之一是,即它们的依据是个人种族定性碎片化的短小的信息,无法完整、精确、客观地指出问题所在。因而人们收集了更多信息,种族定性的第二个证据就来自警察。有些数据是为阐明种族定性问题特意收集而来,其他数据则根据警察的日常盘查数据汇集而来。

2002 年,《多伦多星报》的一系列文章称,多伦多警务中心(Toronto Police Services)收集的数据坐实了当地黑人多年来的担忧:多伦多警方确实有种族定性行为。《多伦多星报》通过《安大略省信息自由和隐私保护法》(Ontario Freedom of Information and Protection of Privacy Act)获取了多伦多警方 1996 年至 2002 年间的逮捕数据,并分析了 48 万个逮捕或传票案件和 80 万个刑事控告案件。分析表明,黑人在某特定指控中所占比重最大,被逮捕后他们会受到更严厉的对待,此外,在举行保释听证会之前,黑人收押的概率比白人更大(Rankin et al. ,2002)。该发现在新闻媒体及学术圈中皆引起广泛讨论(Wortley and Tanner,2003)。

威廉·克罗斯(William Closs)是安大略省金斯顿市的警察局长,对他管辖的警局是否存在种族形象定性现象这个问题,局长的承诺警局是干净、透明的,同时也同意调查金斯顿警局是否存在该现象。局长认为,若要讨论种族定性,那关注点就不该只局限于指控和抗辩。需要特地收集具体的数据来弄清金斯顿警局是否存在种族定性。数据从 2003 年 10 月开始收集,此后金斯顿警方每一次拦截或盘问市民时,都必须填写"联系卡"。2003 年 10 月

1日至2004年9月30日期间,受盘查人员的年纪、性别、"种族"、盘查地点、盘查理由及盘查结果都被记录在案(Wortley,2005)。

多伦多大学的犯罪学家斯科特·沃特利(Scot Wortley)分析了数据,并于2005年夏发表了初步报告。这项被称加拿大前所未有的调查显示,尽管黑人只占金斯顿市人口总数的0.6%,却占受盘查率的2.1%。当地人占该市总人口的1.6%,受盘查率达到了2.4%,属于过度盘查(Wortley,2005)。结果公布后,克罗斯警长声泪俱下地向金斯顿的黑人和原住民们道歉。

然而警察们对种族定性的定位有分歧。黑人法律执行者联合会在《加拿大种族定性的地位》(Official Position Racial Profiling in Canada,2003)中说道,合法的"罪犯定性"和非法的"种族定性"必须区分开来。警察们认为,罪犯定性是合法的执法手段,且罪犯定性还分为演绎推断和归纳推断。归纳式罪犯定性(inductive criminal profiling)指:基于罪犯的初始行为和以往人口统计学研究的其他罪犯的共同特点,归纳分类罪犯。演绎式罪犯定性(in-ductive criminal profiling)指:通过解读犯罪现场照、尸体解剖报告等证据,推断出罪犯的具体特征。黑人法律执行者联会称,合法的罪犯定性是把"种族"作为一个描写符号,然而一旦"种族"被解读为导致犯罪行为的原因时,合法的罪犯定性就变成了非法的种族定性。对此,黑人法律执行者联会的解释如下:

> 黑人法律执行者联会很是困惑黑人暴力行为和种族定性之间的联系。我们拒绝"黑人自相残杀"罪这一词,因为它是贬义词,好像是为青年黑人夺走其他青年黑人生命这一行为量身定做一样。带种族意味的词语不能用来描述同样发生在其他种族的犯罪行为。比如说,当地狱天使帮(Hells Angels)和石头机车帮(Rock Machine)成员在魁北克厮杀时,可没有人说这种行为是"白人自相残杀"罪,反而将其称为"骑士战争"(Biker War)。(2003:3)

金斯顿警局局长对于种族定性的道歉在其他警察同仁中并未引起热烈反响。实际上,其他司法机构不愿承认加拿大警方有种族定性行为,更不愿承认种族定性已蔓延开来。警方和黑人法律执行者联会一样,清楚地将合法罪犯定性和种族定性区分开来。他们认为,罪犯定性是警察工作中必要的一部分,而种族定性"根本不存在"(Henry and Tator,2010:164)。

小　结

种族主义是一个社会学概念,也是一个侮辱性词语。因为很少有人承认自己是种族主义者,所以种族主义的社会学研究难以推进。本章批判性地回顾了有关"如何定义种族主义,如何解释其存在"的讨论。种族主义绝不仅仅是一个科学主张,它还是民众观念。对少数民族群体的消极看法并非是白人与生俱来的,相反,白人的出现是为了帮助别人认清周围环境的变化。加拿大的很多个人、组织和行为都被认为带有种族主义特征。本章提供了一系列事例说明什么是社会学家眼中的体制性种族主义。最后,本章分析了加拿大学校的种族主义,也就是人们所说的零容忍政策,还分析了司法系统中的种族主义,也就是关于种族定性的争议。

思考题

1.白人种族主义和少数民族群体表述的种族主义有哪些相同和不同?

2.警方称种族定性和罪犯定性有明显差别。他们承认他们有罪犯定性的行为,但否认了种族定性的存在。谈及少数民族群体受到的差别对待时,你认为种族定性和罪犯定性的差别大吗?

3.基于本章学习到的种族主义知识,你认为处理种族主义的有效手段和策略是什么?

4.新种族主义呈现何种形式?从历史上看,新种族主义真的是才兴起的吗？新种族主义是否拓宽了种族主义的定义？

5.那些看起来中立的政策和程序是如何将种族群体置于不利地位的？这算是体制性种族主义吗？

讨论题

1.除了族群和"种族"因素外，还有其他因素导致种族主义和歧视吗？若有，请描述并分析。

2.多元文化主义政策能有效解决种族主义问题吗？理由为何？阅读第五章，试说明该政策应该如何改变才能更有效地应对种族主义？

3.再次阅读第五章后，请比较多元文化主义和跨文化主义在应对种族主义方面的有效性。哪一种政策更有效？是否两种政策都能解决资本主义社会中的经济不平等现象？如何解决？

4.阅读有关埃鲁维尔、魁北克、新移民的部分，解释说明他们为什么是/不是种族主义者。

延伸阅读

1. Banton, Michael. 2002. The International Politics of Race. Cambridge: Cambridge University Press.

2. Garner, Steve. 2010. Racisms: An Introduction. London: Sage.

该书综述了对不同种族主义的分析。作者认为种族主义的形式多样，并用了很多事例佐证。

3. Henry, Frances, and Carol Tator. 2010. The Colour of Democracy: Racism in Canada, 4th edn. Toronto: Thomson Nelson.

弗朗斯西和塔特合作完成了这本言辞有力的书，书中讨论了加拿大社会中无处不在的种族主义。

4. Miles, Robert, and Malcolm Brown. 2003. Racism, 2nd edn. London: Routledge.

作者们对"种族"和种族主义进行了详尽分析和讨论。该书是相关领域的必读书目。

相关网址

1. Associoation of Black Law Enforcers

www. ablenet. ca

黑人法律执行者联会,黑人法律执行者联会是专业法律执行者的联会,成员还包括其他相关团体,他们致力于改善自己生活和工作的社会环境。

2. Canadian Race Relations Foundation

www. crr. ca

加拿大种族关系基金会,该网站是加拿大的主要机构,致力于消除加拿大的种族主义。

3. National Anti–Racism Council of Canada)

http://www. narcc. ca/about/index. html

加拿大全国反种族主义委员会,这是一个加拿大全国性的,以社区为基础的成员驱动型网站,意图在全国范围内传播其反对种族主义、种族化、种族歧视的观念。

4. Missing Womon Commission of Inquiry

http://www. missingwomeninquiry. ca/terms – of – reference/

失踪女性调查委员会,该网站位于不列颠哥伦比亚省,初衷是为调查失踪妇女出谋划策。

5. Council on American – Islamic Relations Canada

http://www. caircan. ca/

加拿大美国–伊斯兰关系委员会,该网站属于美国总会的加拿大分会。建立于1994年,致力于消除人们对伊斯兰的误解,同时帮助他人更好地了解伊斯兰群体。

6. B'nai Brith Canada

http://www.bnaibrith.ca/

加拿大圣约之子会，该网站旨在向加拿大传播犹太团体的声音。它的主要关注点是反犹太主义，种族主义和人权。

第八章　土著居民与非土著居民的关系

学习目标

◎当讨论到土著居民的身份,这不是一个简单的政治话题。这些讨论之所以重要,在于土著居民的身份是权利的象征,并且土著居民通过这些身份传递了自身的存在感。

◎在加拿大有4种土著居民的类型:因纽特人、梅蒂斯人、第一民族(印第安人)和无身份的印第安人。这些分类是从自我定义和社会法律角度来划分的。

◎联邦政府于20世纪80年代对《印第安法案》中消除性别歧视的措施充满争议。

◎一些土著居民的领导者们认为,联邦政府持续推行同化政策,正如同化第一民族(印第安人)一样。

◎在印第安人群体中存在如何定义成员身份的争议。

◎土著居民和非土著居民在健康和社会经济状况上差距悬殊。

◎可以从四个方面来解释土著居民和非土著居民之间的差异:生物上、文化上、结构上及历史上。

◎第一民族群体内并非都是完全同质的。群体内不仅有性别差别,而且在领导者和被领导者之间也存在差别。

第一节　引言

名字意味着什么？假如一个人被称作印第安人，或者是"第一民族""本地人""土著居民"，到底有多大区别呢？有时，这种问题会将个体身份还是集体身份的区分变得过于简单。从社会学角度来讲，命名的问题绝非如此简单，并且也不仅仅是政治问题。"种族"和其他的身份标签既可以从外围附加到群体身上，也可以从内部获得。这些标签既可以带来自豪感，也会成为笑柄；既可以给群体带来社会及政治优先选择权，也可以为政治上动员民众提供基础；既可以为社会融入及隔离提供基本原理，也可以为权利主张提供依据。正如吉姆·安德森（Kim Anderson, 2000:23）所说的："在土著居民和非土著民的关系上，名字显然承载了太多的政治和情感意义。"（Alfred, 1999:84-5）

本章分为三个部分。第一部分详细阐述了当前加拿大关于土著居民标签和身份所存在的社会和法律层面的争议。第二部分阐述了在土著居民和非土著居民之间的不平等。最后一部分探讨土著民内部的不平等问题。

第二节　标签、身份和群体界限

在1939年的春天，在联邦政府和魁北克政府长时间的法庭辩论之后，加拿大最高人民法院宣布因纽特人就是"印第安人"，至少在现行的宪法框架下是这样的（Backhouse, 1999:18）。得出这一结论之前，最高法院并没有采纳知名人类学家的证词，而这些知名人类学家认为，在"因纽特人"和"印第安人"之间存在文化、宗教、语言及"种族"的差别。相反，最高法院则依据历史上存在的先例来做判断。最高法院声称，自从1867年《英属北美法案》颁布,联邦政府的前辈们都认为"因纽特人"与印第安人很相像,因此从法律的角度上来讲,"因纽特人"是"印第安人"。当时,该法令也是非常的重要,因为它解决了几十年前存在的争议问题,那就是地方政府或者联邦政府是否有义务向加拿大北部的当地人提供社会援助。在界定"因纽特人"到底是否为"印第安人"的问题上,最高院决定支持魁北克省,并且规定"因纽特人"也是联邦政府财政支持一部分(Backhouse,1999:53-5)。

这个例子突出说明了在定义土著居民身份上存在着历史与当代的复杂性。因纽特人、有法律地位的印第安人、没有法律地位的印第安人、第一民族等等的定义及围绕这些身份所形成的群体界限反映了各种因素:自我定义、被强加的分类、历史祖先的影响及世代存在的生物及文化界限。在这一部分,我们尝试厘清与这些定义相关的复杂性因素,并且通过这些分类所反映的群体界限,挖掘隐含的社会、法律及政治原因。

其中一种不尽完美的解决命名和群体界限的方式就是从 1982 年的《加拿大宪法》(The Constitution of Canada) 入手,虽说这种方式并不是尽善尽美。《加拿大宪法》承认"加拿大土著居民已有的土著权利"。这些权利很明显受制于现行的政治和法律裁定,《加拿大宪法》就声称有三个群体属于土著居民,分别是:有法律地位的印第安人、因纽特人和梅蒂斯人。其中一组不属于土著居民,即不享有土著权利的是"无法律地位的印第安人"。这些群体的具体人数已经在表 8.1 中列出。如何定义这些群体呢?

一、因纽特人

在 1941 年,联邦政府进行了一次特殊的人口普查,目的是统计加拿大精确的因纽特人人数。在 1941 年之前,贸易站经理、传教士们及警察都对联邦政府的因纽特人进行过统计。这些统计之所以有问题,部分原因在于缺乏对哪些人属于因纽特人的清晰的定义。在 1941 年人口普查过程中,加拿大皇家骑警会给每一个因纽特人发一个圆盘数字。最为重要的是,这些数字都是四位的,然后被镶刻在一个加拿大硬币大小的薄盘上,戴在人们的脖子上。后来,这些圆盘还有家庭名字及居住地点的代码(Mitchell,1996:112)。

在1971年圆盘数字不再使用之前,只有拥有政府给予身份号码的,才是因纽特人。尽管圆盘数字机制的设立意味着政府将因纽特人看作独立的一个群体,但是1939年最高院的决定(早先提到的)和这种机制是相反的,因为最高法院规定,出于宪法的考虑,因纽特人被看作是"印第安人"。定义因纽特人的问题依然非常重要,尤其是当决定谁有权获得土地结算所带来的收益时。

从政治角度来讲,加拿大的因纽特人一直在努力推翻1939年最高法院所做出的裁定,使因纽特人等同于印第安人,并且处于《印第安人条例》(Indian Act)和联邦印第安人事务部(the federal Department of Indian Affairs)的约束之下。虽然因纽特人现在在《印第安人条例》的法律范畴,但是加拿大因纽特团结组织(Inuit Tapiriit Kanatami)作为代表加拿大因纽特人的权威组织机构,声称政府还要对因纽特人的具体问题和关切给予更多关注(Inuit Tapiriit Kanatami,2004b)。该组织声称因纽特人并没有受到联邦政府政策的重视,甚至被忽视,因此该组织进行游说,目的是将之前的名字加拿大印第安人事务及北方发展部更名为当前的加拿大原住民事务和北方发展部。该组织还宣称政府施行的"保留地第一民族"的政策与因纽特人关系不大,并且和"第一民族"及有法律地位的印第安人相比,花费在因纽特人身上的物力财力也是远远不够(Inuit Tapiriit Kanatami,2004a:3)。

二、梅蒂斯人

"Métis"(梅蒂斯人)这个术语在法语中的意思是"混血人"。在16世纪和17世纪,该词被用来描述法裔加拿大皮毛商人和印第安女性通婚的后代。后来,这个术语描述的范围扩展到了英国皮毛商人和居住在哈得逊河周围的印第安女性之间的后代。等到19世纪,这个术语更加广泛地被用于描述欧洲人和印第安人之间"混血人"的后代,这时的欧洲人不分其原来是从哪个国家而来,而这些印第安人主要是加拿大西部的哈得孙湾附近及现在马尼托巴省的红河谷和萨斯喀彻温省及亚伯达省的部分地区。

然而当前主要有两种方法来定义"Métis"(梅蒂斯人)。第一种方法相对狭义,也有相对清晰的群体界限。第二种方法则相对宽松,也有相对较为灵活的外延。这两组有冲突的方法可以从两个主要的机构组织得以体现。这两个组织目前也代表了加拿大梅蒂斯人的利益,一个是加拿大梅蒂斯人民族委员会(Métis National Council, MNC),另一个是加拿大土著民委员会(Congress of Aboriginal Peoples of Canada)。在2002年9月,加拿大梅蒂斯人民族委员会成为加拿大的第一个梅蒂斯人组织,并且对"Métis"做了比较正式的定义。从狭义上而言,"Métis"(梅蒂斯人)是指一个人自我认定为梅蒂斯人,有历史上的梅蒂斯人民族传统,和其余土著居民明显不同,并且也被梅蒂斯人群体所接受。虽然自我界定是第一种方法的重要方面(比如说一个人要相信他或者她自己是梅蒂斯人),然而很多其他重要的条件也同样适用。第一种方法一个非常重要的概念就是"历史上的梅蒂斯民族"(historic Métis Nation),它指住在历史上梅蒂斯人居住地或者是北美中部和西部的梅蒂斯人。事实上,这将"Métis"的定义限定为原来居住在安大略省北部、马尼托巴省、萨斯喀彻温省及亚伯达省梅蒂斯人的后代。加拿大梅蒂斯人民族委员(Métis National Council)会采用狭义的方式来做群体界定,部分原因在于对宪法所认可的权利有非常明确的国家自豪感(Congress of Aboriginal Peoples,1998)。换句话说,加拿大梅蒂斯人民族委员会是以一个民族的形式来展示自己,而不是出于包办婚姻安排,个人之间的简单婚姻结合。

从另外一方面来说,加拿大土著人民委员会(Congress of Aboriginal Peoples)不会对梅蒂斯人作比较正式或者法律层面的定义。对加拿大土著人民委员会而言,"Métis"则指更广泛的混合型人口。这里梅蒂斯人口并不仅限于加拿大梅蒂斯人民族委员会所指的最初的梅蒂斯人。换句话说,对于加拿大土著人民委员会而言,梅蒂斯人的起源没必要局限于历史上加拿大西部的梅蒂斯人所在地。举个例子来看,梅蒂斯人还包括发源地在新斯科舍省、英国哥伦比亚省、南安大略省等欧洲和印度混血种人的后代。

三、第一民族

术语"First Nations"现在通常用来描述有身份的印第安人。第一民族未必指民族身份,因为有很多人都会使用这个概念,而不是使用有身份的印第安人,并且第一民族也包括更年长语言和"种族"身份的个人。术语"First Nations"在 20 世纪 80 年代早期使用范围变得很广,并且加拿大全国印第安人兄弟会(National Indian Brotherhood)转变为第一种族联盟(Assembly of Frist Nations)。很多领导人认为,术语"First Nations"更好地反映了他们在这个国家独特的社会和法律身份。换言之,因为他们是土地的第一批定居者,因此他们有特殊的权力。尽管"First Nations"的使用频率非常高,但是术语"Indian"(印第安人)或者"status Indian"(有身份的印第安人)也仍然偶尔使用。

在历史上,联邦政府精准定义谁是印第安人,始于 1867 年《大不列颠北美法案》中将联邦政府和省政府的权力划分。在该法案中,很多方面的政策制定,比如教育、健康、社会服务,都是省政府需要负责的。但是"印第安人及为印第安人所保留的土地"却是属于联邦政府需要负责的。联邦政府在负责之前就需要知道,并且定义到底谁是他们应该负责任的对象(Satzewich and Wotherspoon,2000)。

正如在第三章所提到的,印第安人政策已经在《印第安人法案》中进行了阐释。《印第安人法案》是联邦政府用来处理印第安人事务的基本依据。在《印第安人法案》中囊括的内容中,一个最主要的关注点就是政府究竟定义哪种人是印第安人。

早期历史上对于谁是印第安人的问题主要依据于血型、祖先起源和部落接纳程度。《印第安人法案》中对"印第安人"的定义复杂并且官腔十足。

1876 年的法案中，"印第安人"基本上指任何有印第安人血缘的男子及其子孙、与其合法通婚的妇女（Ponting and Gibbins，1980:9）。这个定义使印第安人事务管理局（Department of Indian Affairs）能管理一些在《印第安人条例法案》中他们认为是印第安人的加拿大人。因此，术语"承认、有法律地位、印第安人"（registered，status，Indian）开始正式适用于被联邦政府所认定的印第安人身上。自我界定比起外界合法界定和社会认可而言，就显得不那么重要。

在定义"印第安人"这一概念时，《印第安人条例》从联邦政府的角度还定义了印第安人如何可能丢掉自己的身份。"Enfranchisement"（解放）的概念，就指代个人自愿或被强迫放弃印第安人合法地位的过程。但凡曾经获得大学学位、在国外居住过五年以上，或者后来成为律师、医生和基督教传教士的人都被迫剥夺他们的印第安人身份。这项政策实质上意味着成为印第安人的前提是不能拥有高学历、不能是令人尊敬的专家学者，也不能是神职人员。事实上，这阻碍了印第安人拥有高学历，而高学历才是印第安人所需要来改变他们社会经济地位的关键。

此外，个人丢掉印第安人身份更为普遍的方式就是通过族群内部通婚。在之前 1985 年印第安人条例的条款中，如果印第安人男子娶了不是印第安人的女子，是可以保留印第安人身份的；而他们的孩子及他们的非印第安人的配偶还可以获得印第安人身份。另外，印第安人女子如果嫁给了不是印第安人的男子，就会丢掉他们的印第安人身份，而他们的孩子也是一样。娶了印第安人女子的非印第安人男子也是不能拥有印第安人身份的。

四、没有身份的印第安人

这些"解放"性的条款就产生了一种社会类别和政治身份——"没有身份的印第安人（non-status Indians）"。总体而言，术语"non-status Indian"指的是由于"免除"条例而丢掉了印第安人身份的人。而"免除"性条件从那时起也已经从《印第安人条例》中删除。没有身份的印第安人和梅蒂斯人有时是很难辨清的。有时人们会丢掉自己印第安人身份,并称呼自己为"混血种人",只是由于他们的母亲或者曾祖母嫁给了一个非印第安人的男子。然而也有人拒绝使用梅蒂斯人的标签,或因不愿接受梅蒂斯人种全国委员会(Métis National Council)的对混血人种的狭窄定义,从而定义自己为没有正式身份的印第安人。没有正式身份的印第安人和其他的原住民是不同的,即使他们自我认定为"印第安人"或者是"原住民",他们也不符合加拿大宪法对原住民的定义。

对于1985年的《印第安人法》包含的公然的性别歧视成为20世纪60年代和70年代之间政治斗争的焦点。如果被迫放弃他们的印第安人身份,印第安人女性就不再依法享有保留地区域内享受的住房和接受高等教育等福利。进一步说,即使印第安人女子同非印第安男性之间的婚姻破裂,也没有条款可以保证印第安人女子重新获得印第安人身份,也无法保证她们能回到原来的部落或获得部落成员的权力和资源。变化的势头在20世纪70年代初见端倪,当时杰内特·拉威尔(Jeannette Lavell)和伊温妮·贝达德(Yvonne Bedard)对《印第安人法案》中性别歧视的"解放"条款表示质疑。

加拿大高级法院在1973年否决杰内特·拉威尔和伊温妮·贝达德的提议,原因在于《印第安人法案》并不受《加拿大人权法案》的平等保护。但是对于该法案进一步的抗议接踵而至。在1977年,桑德拉·拉夫莱斯(Sandra Lovelace)在日内瓦的联合国人权协会上提出了对加拿大的控诉。四年之后,人权协会发现《印第安人法》违反了国际人权与政治权利条约,因为该条例否认了拉夫莱斯(Lovelace)和其他女性住在原生社区的权利,这个发现也使加拿大政府非常难堪(Silman,1987:176)。在持续的游说之后,联邦政府在1985年通过了C-31法案。

修订了印第安人法案,《印第安人法》的修正案错综复杂。但是简言之,①C-31法案为印第安人法案"解放"条款的废除提供依据,并且也为恢复根据先前的法律被剥夺土著人身份的土著人恢复身份提供依据。②C-31法案为消除印第安人从男性角度界定印第安人合法地位提供依据。③C-31法案为团体成员获取印第安人资格提供了机会,同样也对谁是印第安人做出了界定。④C-31法案使团体成员有机会否决拥有合法印第安人身份的个人成为部落成员。(Daniels,2005:1)

五、C-31法案所带来的后果:消除土著居民身份的例子

C-31法案给印第安人法案所带来的改变是成功合法纠正了历史上的不公平。但是当政府试图去纠正历史上的一些错误做法时,C-31法案同样带来了更进一步的歧义和社会分层,并且也导致了接下来一系列的社会不公平。

第一,该法允许重新获得了印第安人身份,也使得加拿大的印第安人身份的人口有了急剧增长。正如表8.1所显示的,自从该立法实施以来加拿大印第安人身份的人口已经翻了一倍。1981年,加拿大印第安人身份的人口是323782人,到了2004年人口达到了637227人。虽然印第安人人口最近的上升部分来源于人的自然人口增长,但是在20世纪80年代晚期到90年代早期,印第安人人口的增长都是源于之前的印第安人身份个人又重新获得了身份。因为很多重新获得印第安人身份的个人都住在城区,所以在城区的印第安人身份的人口有了急剧增长。在2005年,43.6%的印第安人身份的人口都住在非保留区,而在1966年居住在非保留区的人口为19.5%(Frideres and Gadaacz,2012:62)。

表8.1 1998—2004年加拿大登记的印第安人和
登记在C-31法案下的印第安人年增长率

年份	登记的印第安人			年增长率(%)	
	不包含C-31法案	C-31法案下的人口	合计	不包含C-31法案	包含C-31法案
1981	323782	0	323782	2.59	0.00

续表

年份	登记的印第安人			年增长率（%）	
	不包含C-31法案	C-31法案下的人口	合计	不包含C-31法案	包含C-31法案
1985	358636	1605	360241	3.16	7.66
1989	399433	66904	466337	4.20	5.11
1991	429178	92282	521460	3.55	4.23
1996	506005	104869	610874	2.83	3.01
2001	517226	105675	622901	2.16	1.93
2004	527570	106456	637227	2.00	2.03

注：a. 1985 年，《印第安法案》修正后，允许丢失印第安人身份的人口根据《印第安法案》的歧视条款和 C-31 法案重获身份。

b. 1989 年和 1991 年的高年增长率是因为：第一，为了推算上调了印第安人登记数量；第二，相关部门预测的 1990 年和 1991 年 86000 名 C-31 法案登记人口还加上了自然增长人口数。

来源：改编自 2012 年詹姆斯·福莱德斯和雷内·高达兹的《加拿大原住民》（第九版），多伦多皮尔森出版社。

第二，消除土著居民，实际上是政府 1985 年旨在解决印第安人法案中性别歧视潜在方法的一部分。土著人民协会前主席哈里.丹尼尔斯在谈到什么是"消除土著居民"时，他认为：

> 此法案不仅持续而且加剧了"灭绝"政策，也就是说，使加拿大的印第安人口融入了主流社会。而这个政策也一直是联邦印第安人法案的核心。该法案的影响巨大，以至于在几代之后，在加拿大可能就不会再有任何印第安人身份的人了。（Daniels，1998）

虽然丹尼尔斯有可能夸大了有土著人身份的印第安人退出加拿大政治舞台的速度，但是他确实提出了到了一个长期的法律问题。虽然新的群体资格规定复杂，但如果印第安人身份的人有连续两代人与非印第安人结婚，那么第二代人的小孩将不会再有印第安人身份。换句话说,为了以后有印第安人身份,现在有印第安人身份的人,其孙辈的父母必须是印第安人,要么其父亲或者母亲一方是印第安人,并且其外祖父母双方是印第安人。丹尼尔斯认为,随着时间流逝,很多人可能会身份会改变,并且他预测即使印第安人人口将会有暂时的增长,非印第安人口将会有暂时的下降。但是 20 年之后会呈相反趋势,非印第安人口将会井喷,印第安人口将会有明显下降。

因为印第安人在宪法中是有特殊权利的,而有原住民身份的人没有这种权利,这种趋势表明政府正在用另外一种方式试图解决所谓的印第安人问题(Dyck,1991)。事实上,博内塔·劳伦斯(Bonita Lawrence,2004:67)也暗示原住民内部通婚其实是一枚定时炸弹,因为族内通婚将会最终减少有特权的有身份的土著人数量。

第三,即使 C-31 法案有可能使个人重获印第安人身份,但是这未必意味着人们会被原先的土著人社团重新接受。换句话说,对于身份的合法认定仍然会和自我认定及土著人团体认同相违背。作为 C-31 法案及修订案的一部分,群体成员需要去制定规章来定义自己的成员资格。在 1985 年和 1999 年之间,601 个"第一民族"中,会有 236 个有了自己的成员规则。这些规则未必和联邦政府用来区分谁是印第安人身份的规则相同(Furi and Wherret,2003:10)。这也产生了一种情况,就是印第安人通过联邦政府重新获得了印第安人身份,但是在土人团体内部却无法获取资源、参与选举和拥有财产。

根据一些评论者的看法,C-31 法案导致了在印第安人法案下越来越复杂的等级制度(Daniels,1998:5)。围绕着 C-31 法案下印第安人的重新获得资格问题,一些研究也证实了在保留区团体所存在的紧张局势(Lawrence,2004:70-3)。不列颠哥伦比亚省的所做的研究证实,重新获得印第安人身份的女性们抱怨自己的待遇沦为二等,并且成员群体不愿意和重新获得印第安人身份的人共享资源(Huntley and Blainey,1999)。在阿尔伯特,C-31

法案下的重新获得身份的土著人已经被定义为会给保留地带来冲突,压力和问题的陌生人。

阿尔弗雷德概括需要做什么来解决 C－31 法案及其社会影响所带来的社会冲突及纠纷时,严厉评判了 C－31 法案下重新获得土著人身份的人:

> ……白人社会必须采取措施来解决每个人所忧虑的问题,这些人与国家的关系不同寻常。这个问题与加拿大有密切关系。在加拿大,有数以万计的自我认定及土著血统少的人群已经被印第安人群体所排除,并且被加拿大政府认定为土著居民,拥有本国所给予的权益及对资源的合法拥有权。看起来白人社会感受到对这群人是有责任感的。或许部分原因在于,他们实际上是白种人,因此作为政治力量而言更加容易和政府合作来消除本地族群(1999:86)。

要考究这些冲突及想法的大面积影响是比较困难的,部分原因在于如果融入团体的经历是愉快的,也自然不会制造出什么大新闻。不过这种紧张的存在也强调了诸多冲突的重要性,这些冲突就包括外部世界强加的身份认同、个体的身份选择及社会对这些身份的认同感。虽然很多"种族"团体对于"种族"身份有过各种正式与非正式的讨论,比如,谁属于这个群体及谁不属于这个群体,什么是标准的匈牙利人或者是尼日利亚人,但是关于谁是真正印第安人的政治讨论则更为热烈,因为这个问题更加敏感。

第四,对于一些群体的成员资格也有很多争议。根据福里和武里特(Furi and Wherrett)的说法,第一民族团体主要有四种身份认同方式:

> ①单亲起源规则,个人的父亲或母亲一方是族群成员,他就具备成员资格;

> ②双亲起源规则,个人的父母双亲都是族群成员,则他也是族群成员;

③血统规则,个人是印第安人血统(通常占50%);

④印第安人规则,个人有资格加入,但需要按照《印第安人法》的条款判定成员资格后执行。(Furi and Wherret,2003:10)

其中衍生出血统规则的群体是最受诟病的。丹尼尔斯认为,联邦政府一系列维持世世代代印第安人身份的新规则将会对众多群体产生压力,不利于他们维持"种族"的纯洁性,并且也不利于印第安人和无身份印第安人之间的融合(Danniels,1998:3)。卡奥拉伟岛莫霍克族的准则应该是最具有争议的,部分原因在于这个群体是最为引人注目的,并且有自己的血统规则。这个规则主要由两个部分组成:

①异族通婚的延期:任何莫霍克族人如果在1981年5月22日之后嫁给非本族人,就会失去居住的权利、拥有土地的权利、投票的权利及在卡奥拉伟岛任职的权利。

②卡奥拉伟岛莫霍克族人法案:正如在1984年12月11日提出的,对于以后的土著人身份登记,在生理标准上是需要有50%或者更高比例的本族人血统。(转引自Lawrence,2004:78)

在莫霍克族人身份认同上,文化及个人身份也是需要考虑的因素,但是这两个因素都要次于生理起源问题。正如阿尔弗雷德(Alfred)所说的:"现在对于本地人的构成问题,有很多不同的见解。我们知道哪些因素不足以认定为本族人:比如单纯的自我认定及表现,无论研究是多么用心,或者是表现多么优异。"(Alfred,1999:85)

基于这个原因,在卡奥拉伟岛的很多人丢掉了工作,并且不允许参加竞选,因为他们的血统少于规定的50%。在1995年,如果卡奥拉伟岛学校的孩子们血统无法满足规定的50%,则人们会采取措施禁止这些孩子入学。(Lawrence,2004:79)

　　很多批判者认为这些规则是带有种族主义歧视的,并且违反了基本的人权(Lawrence,2004:78)。为了捍卫这些准则,阿尔弗雷德(1995:174-7)认为,在缺少轻松易操作的文化标准来定义莫霍克族人的前提下,现代的印第安人群体已经被强迫接受了种族标准(阿尔弗雷德,1995:174)。这种对于群体身份的种族式界定是易受管制的,因为一旦这种标准被确立,就很容易来衡量"种族"。阿尔弗雷德进一步认为,这些标准的应用其实就是在种族社会和参加竞选的衍生物。有一些人还当批评家在谴责莫霍克族人制定这些原则时,采用双重标准。劳伦斯(2004:78)认为,加拿大政府通常会使用血统标准来决定谁有资格获取土地所有权及安置所带来的资源,但是却很少有人批评政府使用种族标准。

　　阿尔弗雷德(1995)认为血统标准合理,因为它展示了自我决定的权力。如果权利都不可以来界定你自己的群体界限,那么什么才是自我决定的权利呢? 在阿尔弗雷德看来,"否认奥拉伟岛莫霍克族人有权利决定他们自己和其余群体之间的区别,这本身就是殖民主义"。阿尔弗雷德称,"群体资格"是血统和归属感的问题,这需要在特定的时间,通过掌控群体的机构组织来决定。正如我们在第一章所提到的,问题在于"种族"的概念既不固定也不明显。事实上,从生理或者血统来定义"种族"是非常困难的,任何定义都不可避免地、武断地界定,谁属于这个群体、谁不属于这个群体。

第三节　比较不同群体:群体差异

　　了解加拿大土著居民地位及经历的普遍方式就是将土著居民的社会,健康,教育及经济状况和非土著居民的进行对比。在这一部分,我们主要对居住在加拿大保留地的第一民族或者有身份的印第安人和整体的加拿大人口作对比。总体而言,加拿大人和居住在城区的第一民族或者是梅蒂斯人之间的差别并未像前者那么明显。虽然从保留地第一民族和其他加拿大人之间社会经济差别来看,这两个群体之间的差别性正在逐步变小,但同时也暴露出两个群体之间仍有差别。

这些年来,虽然有身份的印第安人和加拿大其余人群在的平均寿命差已逐步缩小,但是第一民族的寿命仍然要比其他的加拿大人口少 6 年,而第一民族女性的平均寿命也比其他加拿大女性要少 6.1 年(Indian and Worthern Affairs Canada,2004:26)。保留区第一民族人群的肺结核率也比加拿大整体高出 6 倍多(2004:28)。2000 年,保留区第一民族的儿童死亡率为 6.4,而加拿大只有 5.5(2004:29)。而且从各种年龄的慢性患病率来看,比如心脏病、高血压、糖尿病、关节炎和风湿病,第一民族人群(在保留区和非保留区的印第安人及拉布拉多因纽特人)的发病率要比加拿大人高 3.7 倍(Frideres and Gadacz,2012:86)。

这些年住房的面积大小已经有了持续改善。虽然联邦政府加大对保留区群体的住房投入,仅在 1999—2000 年,已经超过了 2.5 亿美元,但保留区的住房数量仍远远不够。据估计,还需要修建 16000 所新房才能跟得上保留区群体的人口增长(Frideres and Gadacz,2012:125)。而且住房的整体质量并没有变好。在 1999—2000 年,非保留区的住房有 59% 是完备的(完备是指不需要任何轻微或者重大翻修的房子)。但是到了 2006 年,这个数字基本未变(Frideres and Gadacz,2012:124)。此外,人口拥挤仍然是一个主要问题。土著居民家庭中每房间不止一人,该数目是加拿大人口整体的 200~300 倍(Frideres and Gadacz,2012:125)。在加拿大,每个住所平均居住人数不会超过 2 人,但是每个住所土著居民的人口会达到 3.5 人。加拿大平均住宅数量是 7.2,但是土著居民平均住宅数量是 5.8(Frideres and Gadacz,2012:125)。人口拥挤造成住宅存量日益减少,其他社会问题不断滋生。

在这么多问题中,首当其冲的就是保留区居民享受到的服务质量问题。2005 年 10 月,安大略北部卡舍切万保留区大规模迁出,原因就是水资源的供给问题,所有的保留区群体不能得到优质的水资源。诚然,其他的 98 个保留区群体"煮沸水指令"(boil - water advisories)实施(Curry,2005)。在 2006

年,有23%的保留区群体面临水资源不足,有18%的保留区群体面临污水设备不当或不足问题(Frideres and Gadacz,2012:127)。

虽然有一系列方法来测评收入的差别性,但是要做出完整的文件记载几乎不可能。随着其他福利措施的采用,第一民族和其他加拿大群体之间的经济差距正在逐步变小,但是差距依然存在。就政府拨款在总收入中的占比而言,土著居民的数据仍然要比非土著居民高出很多。2003年,34.8%的保留区人口依然需要社会援助,而加拿大人口需要援助比例只占5.5%(Frideres and Gadacz,2012:104)。在2005年,非土著居民男子的平均收入是37365美元,非土著居民女子的平均收入是25955美元。保留区男子的平均收入是14907美元,而保留区女子的平均收入是13968美元(Frideres and Gadacz,2012:105)。

在雇佣率差别上,身份的作用同样明显。2001年,非土著居民人男性的失业率是7%,而保留区男性的失业率是33%。非土著居民人女性的失业率是7%,而保留区女性的失业率是22%(Frideres and Gadacz,2012:107)。某些保留区的失业率甚至高达50%。有身份的印第安人的就业率也低于土著居民。就工作内容而言,和加拿大其他人群相比,第一民族人群在很多领域比如管理、商业、金融和行政,自然科学及相关领域,占比明显不足;而在其他对技能要求不高或者手工领域,则人数过多(Frideres and Gadacz,2012:107)。加拿大土著女性与非土著女性之间变化较少。和加拿大女性相比,土著女性在服务业人数过多,而从事文员工作人数太少。在上层工作领域,土著居民女性和非土著居民的比例几乎是相同的(Frideres and Gadacz,2012:107)。

总体而言,土著居民获得教育的情况正在改善,但是同其他方面一样,仍然存在差距。比如说,在2004年,保留区有26.6%的女性和27.5%的男性所接受的教育不到9年级文化水平;而非土著居民女子只有11.2%,非土著居民男子只有10.3%。反过来,虽然加拿大人口的高等教育人群达到55%,但只有35%的保留区居民有相似的教育经历及成就(Frideres and Gadacz,2012:116)。

第四节　解释土著居民情况

社会学家们是如何解释上述土著居民和非土著居民之间的差别呢? 在这一章节,我们主要从四个层面进行分析:社会生物、文化、结构及历史。值得注意的是,有些例子是从宏观上解释这些差异性,而其他则是关注具体的问题。

一、从社会生物学角度解释

正如第二章所提到的,社会学家不太愿意从社会生物学来解释行为,民族及种族关系。但是社会生物学中仍然普遍和有影响力的解释之一,就是第一民族的嗜酒倾向。撒切尔(Thatcher,2004)认为,对第一民族的嗜酒问题的主要解释,这其实是一种酒精中毒的病态表现,而他一般称其为"烈酒理论"(the firewater theory)。简单点讲,在这个模型里面,患有酗酒疾病的个人,主要源于其大脑的功能紊乱。这种功能紊乱会因过度饮酒而继续加剧。这种疾病是慢性的,患有这种疾病的人必须要完全杜绝喝酒才可以控制这种疾病。而且,有一个非常显著的特点,就是在喝酒期间会完全丧失自控力(Thatcher,2004:29 - 30)。撒切尔认为:

> 烈酒理论的内涵在于,它认为土著居民在生理上无法控制饮酒量。而且,喝酒被看作是一种社交活动,尤见于一些集体社交场合。当然,狂欢节也会喝酒,但这并不是一种持续不断的嗜酒行为。烈酒理论也蕴含一种大众认识,那就是"印第安人喝酒"和社会上过激的破坏行为、不负责的言行及反社会行为有密切关系。这种设想就是,一旦喝酒行

为开始,美国北部的土著居民就无法管控自己的喝酒行为、饮酒量及其他表现。通俗点说,印第安人喝酒很容易"失控"。"失控"是一个跟传统嗜酒行为相关的概念,也是酒精中毒的病态模式。(2004:130-1)

很多健康专家都对土著居民喝酒问题的方法不置可否,并且这种方法用于第一民族群体的治疗计划中。撒切尔认为,烈酒理论的思维方式同样可以解释在保留区群体的一些社会问题,包括赌博、依赖、家庭暴力、焦虑、压抑、生气和暴怒(Thatcher,2004:139)。

但这种解释的问题之一在于,它是基于对种族差异的本质主义的原始理解。撒切尔在评判生理性因素对喝酒的影响时,认为并没有十足的证据可以说明土著居民在生理上容易造成酗酒问题,并且即使他们喝酒,也不一定惹事。撒切尔给出了另外一种解释:第一民族的喝酒问题是由于社会学因素及历史性因素所致。这些因素包括第一民族群体对饮酒的理解方式,联邦政府在历史上倾向于依靠第一民族的力量,社会群体中缺少对于反社会行为酗酒的管控,印第安人缺少对于节制利害关系的认识(Thatcher,2004:166-93)。

二、文化解释

对当下土著居民情况的另外一种解释来自于文化层面,关注点是土著居民和非土著居民之间在价值观、态度、行为上面的差别。文化方面的理论主要有三个层次:第一种是将文化、文化差别,及对融入主流社会的排斥,看作是第一民族面临的众多社会经济问题的原因;第二种是土著居民自己表达出来的,通过文化解释使得自我管理变得合理,理解现存的不公平现象则另有深意;第三种和第二章中所提到的分段融入论有密切关系,这个层次认为,很多土著居民群体所面临的问题都是源自于过度融入于主流文化。

按照第一版文化理论的说法,土著居民之所以物质贫乏或者健康欠佳,是因为他们的文化与主流文化大相径庭,或者水火不容。主流文化推崇个人自治、私有财产、个人经济成就和个人福祉等。与此观点相关的因素在《皇家调查委员会有关土著民的报告》(Royal Commission on Aboriginal Peoples)第一卷《向前看,向后看》(*Looking Forward, Looking Back*)中都有所提及。报告中援引了莫霍克族精神病学家克莱尔·布兰特(Clare Brant)的观点,他认为,在土著民族群里,存在着一种"互不干涉的核心伦理观",这是"北美本土部落的行为准则,他们反对任何形式的制约,不管是身体上的、言语上的,还是精神上的,并以此来促进积极人际关系的发展"(Royal Commission on Aboriginal Peoples,1996b:9.1)。与此相关的重要伦理观还有去竞争观、束缚情感观、分享观以及其他一些"次影响极"观念,如"强调在'对的时间'做事的时间观,而不是根据具体的时间做事,"羞于在公共场合受到赞许","用复杂的潜规则来进行社会关系排序"(Royal Commission on Aboriginal Peoples,1996b:9.1)。报告指出,虽然这些相互性行为在高合作性小型族群里是生存的必要条件,但一旦环境改变,或需要竞争才能成功和生存时,生活在这种环境里的人就会劣势尽显(1996b:9.1)。

经济学家约翰·理查德斯(John Richards,1995:156)这样解释加拿大土著居民所面临的深远文化困境:

> 工业化社会里的个人成功要求人们只能在家庭里自愿分享个人收入和财富,要求人们在个人培训所投入、延期消费、累积收入。这些行为在大多数的传统文化里看来不可理喻,所以想在传统文化和现代文化之间找到一个行得通的结合点实非易事。(Richards,1995:156)

理查德斯称,从历史角度上看,世界上绝大多数的民族和"种族"团体或多或少地完成了从传统文化向现代文化的过渡。但加拿大土著居民很特别,这并不是因为他们的传统文化和传统的非欧文化大不相同,而是因为他们转变的时间较短。理查德斯说:

对于那些源起于欧洲或亚洲的种族来说,从封建农耕文化到现代工业文化之间的历程是冗长而曲折的。但是从人类学的角度来看,这种历程却比从前农耕社会开始转变的种族所经历的旅程要更短、更直接。比如一位旁遮普(Punjabi)农民从印度农村移居多伦多城区,他要经历巨大的文化转变。但是从北萨斯喀彻温(Saskatchewan)来到雷吉纳(Regina)的土著民,需要更多文化方面的适应。(1995:156)

弗朗西斯·维多森(Frances Widdowson)和艾伯特·霍华德(Albert Howard,2008)在他们具有争议的书籍《剖析土著产业——土著文化保护背后的谎言》(*Disrobing the Aboriginal Industry:The Deception Behind Indigenous Cultural Preservation*)中延续了这一想法。他们称,很多土著居民在现代社会中充当的是消费者而不是生产者,因而依然停滞于人类发展的"新石器时代"阶段:

从经济进程中孤立出来意味着,尽管有着数百年的交流联系,那里依然残留了许多新石器时代的文化特征,如毫无纪律的工作习惯、部落形式的政治认同、灵魂信仰、难以进行抽象推理等。(Widdowson and Howard,2008:13)

维多森和霍华德认为,加拿大土著居民和外部社会之间存在的文化差异限制了土著"种族"的融合,并直接造成了很多"种族"内部问题。

一些土著居民则提出了与此版本文化理论相反的理论。土著居民与非土著居民之间持久的文化差异被视为自治的理由,或是将更多决定权转交给土著民族的原因。第一版本的文化理论倾向于从负面的角度阐释土著文化,将其定义为"问题"的根源。

第二版本的理论则为这些价值观、信念和态度刻画出了一副积极的肖像,认为这是"解决问题"的方法。后者的观点在《皇家调查委员会有关土著民的报告》中有所反映,具体呈现在一篇名为《消除文化分歧》(Bridging the Cultural Divide,1996a),讨论司法体系的文章中。在谨慎地将土著司法问题置于更广阔的殖民环境和经济劣势环境讨论的同时,报告也力证了文化差异在解决司法体系中因土著居民比例过高所造成的问题及解决途径。委员会的主要发现之一,是"加拿大刑事司法体系忽视了所有加拿大土著居民,不管他们是第一民族、因纽特人、梅蒂斯人,不管他们在不在保留地,不管是在城市还是农村,凡是在领土管辖或是在司法管辖上都是如此"。委员会解释道:"这种全面忽视的造成,是因为土著居民和土著居民在一些本质问题上有着完全不同的世界观,比如司法的实质内容、实现司法的过程。"(1996a:309)

说到解决途径,报告建议从土著居民的宪法权益和自治方面着手努力。在委员会看来,"土著民族有权根据自己的固有权利和自治权,建立一个反映并尊重其文化差异的刑事司法体系"(1996a:310)。

关于这些文化差异的第三种看法是,很多土著族群中存在的社会问题并不是产生于缺少同化或文化差异,而是由于很多土著居民,尤其是土著族群的领袖,被加拿大主流社会的负面特征同化得太多,已经偏离自身本源文化太远了。这种理论显然和第二章中提到的多向分层同化理论(theory of segmented assimilation)有紧密联系。这个发源于美国的理论称,一些移民来到美国后和既有的下层阶级融为一体(Zhou,1999)。所以一些移民遇到的经济问题其实和想象中的无法融入美国社会并不相干,而是因为他们融入了美国社会"错误"的部分——下层阶级中的亚文化是拒绝经济成就的。虽然这一理论不能被直接应用于加拿大文化,但存在参考价值。第三版文化解释中认为,加拿大第一民族存在的这些问题是因为过于同化于"主流"文化。阿尔弗雷德称:

　　　　我们生存下去的唯一出路是,通过重视和复兴传统教育来重振我们的力量、智慧和团结。只有尊崇我们祖辈的心声,才能重塑我们的民族,将和平、力量和正义重置于族民的心中。(1999:xii)

按照这种构想来说,"白人社会"和众多"白人毛病(以及文化模式)"在不断"吞食着第一民族人民或文化的纯洁性"(Thatcher,2004:139)。

我们将要为土著情况作出怎样的文化解释呢?就像上面的讨论所说的,"文化差异"和"传统文化"亦敌亦友:文化差异既可以是问题产生的原因,也可以是解决问题的途径。就其自身来说,文化解释存在一些问题。第一,一些文化理论倾向于将土著民族描绘成文化残疾人和文化返祖人,因为他们在和欧洲社会接触了数百年后,依然不能或者不愿转向快节奏、竞争强、个人主义的主流社会。威德森和霍华德(Widdowson and Howard,2008)的观点是,即在毛皮交易衰落之后,土著居民就走向了加拿大经济发展的边缘,目前他们处在一个被政府调配和福利分配主导的世界。尽管在收入水平和劳动力状态上,土著居民和非土著居民存在明显的差异,但有身份的、居住在保留地内外所有的印第安人总收入的70%来自于雇佣收入,非土著居民的这一数值则是77%(Williams,2008)。雇佣收入表示,土著居民并不仅仅是"消费者",同时也是"生产者"。所以很明显,很多土著居民已经参与到了现代经济和社会之中。

第二,在这些方法论中,关于真正的土著文化构成的定义时常很模糊,有时甚至会基于未经证实的陈词滥调进行讨论。这些解释也运用了不具批判性的本质主义(uncritical essentialism),这种理论将土著文化和"欧加"主流文化描绘为统一的、包罗万象的、固有的文化。换言之,如果这些广大团体中的个体想成为真正的团体成员,他们都应该具有独特的世界观。这在阿尔弗雷德(Alfred,1999:42)关于"西方"和"土著"关于司法理解的阐述中,体现得尤为明显。此外,据人类学家诺埃尔·迪克(Noel Dyck):

印第安领袖提出的"文化主义"论断很好地支持了他们的土著主

张,这样尽管很有效,但是却有可能抑制了印第安人的政治主动性。这种宣扬静态印第安文化的主张,可能与缺少文化"色彩"、但实用的印第安人抱负的发展正相反。(1991:151)

第三,文化解释呈现概括过度的特点,并假设由于每个个体都有特定的背景或起源,所以每个人必定会不可避免地信仰某些事物(Coowley,1995:76)。克罗利称:"没人可以推测出这些有血有肉个体的想法,或是他们的信仰,他们想要的生活,因为他们是土著居民。"像概括"白"人的想法和信念那样概括土著居民的想法和信念,根本就是行不通的。

第四,一些批评家质疑过度同化(excessive assimilation)于"白人社会"的说法,认为这是一种"反向的种族歧视(reverse racism)"。撒切尔称:

> 无责任感的企业主管和没有同情心的政治家都饱受诟病。那些真切关注土著居民,且与土著居民感同身受的人也难辞其咎。一般而言,苦苦挣扎的工人和非土著居民祖辈的家长们会被认为和公司的大股东、经理人视为同类,尽管是后者制造并销售了那些潜在的令人堕落的产品,如好莱坞暴力电影、高脂肪汉堡、香烟和酒精。(2004:139)

就像撒切尔提到,无差别"白人社会"应对土著居民生存情况负责,认为所有白人,无论所掌握多大权力,都应该同等地为第一民族所面临的问题负责。

三、结构解释

结构解释将造成土著居民不良社会经济状况,归结于社会大环境下种族主义、歧视和经济差距。结构解释的研究集中于那些有意或无意影响土著居民发展的历史阻碍和当代障碍。就像我们在第三章读到的,历史上可以证明第一民族(印第安人)无法获得社会经济发展的机会和基本人权。

一些研究人员将经济劣势视为土著居民过度参与到司法系统中的原因(Royal Commission on Aboriginal Peoples,1996a:42-4)。按照这个说法,土著居民的严重贫穷状况,以及他们在司法体系中的出现比例过高,恰好反映了经济劣势与犯罪行为的更广泛联系。与此相关的还有,很多土著罪犯锒铛入狱,是因为他们无法支付罚款。司法体系的阐述中提到,很多土著男性正在服刑,仅仅是因为他们无力支付罚款。因此,过多土著居民入狱不是因为任何固有的与加拿大社会其他成员的差异,这反而是他们贫穷状况的直接反映。

四、历史的重量

第四种有关土著社会经济状况的解释,就是我们称为"历史的重量"的论断。这种论断有两种,一种是自由型(liberal versions),一种是保守型(conservative versions)。自由型论断将责任归咎于殖民压迫,保守型论断则把责任归咎于加拿大政府理应具备的宽宏大量。

关于历史重量的自由论断,可能是现有解释中最为流行的一种说法。一般来说,这种论断认为土著族群中存在的顽疾应归咎于以往政府的政策和举措(Waldram,Herring,and Young,1995:270)。"殖民主义",及其相关的意识形态、举措、政策和管控,是最常被提及的罪魁祸首。例如,诺埃尔·迪克(Noel Dyck)认为,日积月累的历史性的强制监护(historical coercive tutelage)对第一民族(First Nations)及其族群和非土著居民都产生了负面影响。有些假设称印第安人的个人缺陷或者文化缺陷是印第安问题产生的根源,迪克认为,不管这些假设是否公认,强制监护都是这些假设产生的前提(Dyck,1991:107)。迪克称:

尽管印第安人所经历的困苦与所有人类一样是繁多的,但是困扰了他们生活如此之久的"问题"和与之相随的惨痛后果,都是产生于他们所遭受的意图很好,但却是高压、专制的统治。(1991:162)

殖民主义也被认为是让土著民产生复杂心理问题的罪魁祸首。按照这种说法,第一民族的族民深受种族主义、歧视和消除权力(racism, discrimination and disempowerment)所累,而消除权力恰恰是"欧洲加拿大 - 土著"关系的典型特征。阿尔弗雷德称:

长时期的镇压对心智和灵魂都有深远的影响。我们必须正视殖民镇压对个人和集体所带来的影响。在很多人看来,政治经济问题不仅我们心理健康带来的损害。就像心理学家爱德华多·杜兰(Eduardo Duran)描述此问题所说的:"一旦一群人遭受到灭绝种族形式的袭击,他们普遍会产生心理问题。当受害者完全丧权,变得绝望,其心理就会随着绝对权力,也就是压迫者的权力,产生内化(internalizing)反应。印第安人就对其压迫者产生过内化进程,而讽刺的是,压迫者的权力就是从印第安人手中篡夺而来的。这时,个人或者集体的自尊就会沦为同等程度的自我憎恨。这种自我憎恨即可能内化,也有可能外化。"(1999:34 - 5)

阿尔弗雷德称:"被否认、被救治(medicated)、被合理化、被忽视或是被憎恶的现实,这些都在某种程度上影响到所有的土著居民。"(1999:35)

与历史的重量相关的,另一个经常被提及的论断是"寄宿学校"心态或症状。这一因素一直都在烦扰土著居民个体以及更广泛的土著族群。(Thatcher,2004:161)即便是寄宿学校已经在 20 世纪 50 年代开始退出历史舞台,但是其负面十分巨大。其中之一就是,它让这种体系内的土著居民无法拥有正常的家庭生活。在这种情况下,由于政府的干涉,家长无法独立地抚养他们的子女。同时,子女在长大的过程中,也无法学习到正常的为人父母的知识。根据金·安德森的说法：

> 在长达一个世纪的时间里，土著孩童被带离他们的亲生父母，置于那些很容易学到不良行为的寄宿学校。这也不良行为和性、亲密关系和爱有关。很多人在寄宿家庭里被虐待，变得营养不良。我们可以发现，这种历史效应会一代一代地往下传递……很多家庭现在没有教授爱的能力，因为他们自己从来没有接受过相关的教育。（Kim Anderson，2000：200）

然而也有关于"历史的重量"的保守论断。约翰·理查德斯（John Richards，1995）称，土著居民的贫穷率居高不下有一个主要的原因，那就是加拿大政府对土著居民表现出的历史性宽容。

> 尽管存在着历史性的（土著居民经历过的）不公平，对土著居民移交方案的宽容，并不是解决他们贫穷状况的方法，反而已成为造成土著民贫穷的部分原因。……不管是不是土著民，长时期对移交收入（transfer income）的依赖所带来的心理影响都是有害的……尤其是对于男性而言，长期的福利会导致自尊的丧失，造成抑郁，带来一些自我毁灭性的行为（例如滥用物质或者家庭暴力）。（1995：161）

政治学家托马斯·弗拉纳根（Thomas Flanagan）称，联邦政府提供的一系列社会援助在他看来是过度的宽容，或者是几乎毫无限制的支持，联邦政府是导致问题的部分原因。弗拉纳根称，"问题"是土著居民

> 丝毫没有现实世界的交易意识，因为他们得到的政府援助都是别人给掏的腰包。他们不需要为了得到那些援助项目付出任何代价。如果他们需要像其他加拿大人那样提出常规诉求，我想，很多在他们族群

里实施的政府项目都会被砍掉。(2000:197-8)

"历史的重量"自由版本的观点是,将"补偿"、更多的政府干预和更好的政策及项目,视为解决第一民族和土著族群所面对问题的方法(Thatcher,2004:134-7),保守版本则认为解决问题的出路在于减少政府干预,让市场的力量解决问题。

显然,历史的作用巨大。就像我们在第三章所看到的,历史条件和以往政策及举措的影响十分深远,也对现行政策、举措和机构组织的形成有极大影响。同时,在将"历史"视为解决当前顽疾和不良情况的原因时,一定要慎重。一些历史解释缺乏具体性,有关历史政策的宽泛概括有时被当作具体分析,用以研究特定社会行为和历史条件的具体关系。例如,虽然很多土著居民确实受到了寄宿学校体系的伤害,但是在其开始施行的20世纪四五十年代,只有不到一半的第一民族适龄儿童入学;更多人选择的是那种由联邦政府或是省级教育委员会管理的非寄宿学校(day school)。一些人不堪历史负面影响的重负,内化了外部社会的偏见,最终丢掉了自尊,不被自己的家庭和族群所尊重;但是也有人克服了这些问题(Anderson,2000)。撒切尔称:

> 这种隐喻式思维(metaphorical thinking)的产生是情有可原的,历史上有很多真实的记录也都是出自这种思维。但是从根本上来说,这种思维从根本上增强了无助感,并可能使人自我挫败。就此单个论断而言,它也忽略了内外部不同社会层次的区别,保留地社会的所有阶层(reserve society)一视同仁,认为它们毫无责任(blame-free fashion)。同时也认为非土著社会的所有阶层都应该为保留地问题负上同等责任。(Thatcher,2004:135)

撒切尔称,将"历史"理解为抽象的、隐喻式的概念,然后用来解释现有的社会情况和社会关系是不可取的。虽然"历史"毫无疑问与当前有着密不可分的关系,但是我们必须得给历史情况和个人情况之间勾勒出清晰的联系。

第五节　土著居民群体内部的阶层和差异

将土著居民与非土著居民在工资收入、受教育程度、从事职业等传统维度上进行对比,然后将观察到的差异冠以宽泛的解释。此类对比方法的一大缺陷就是,其往往既同质化了土著居民族群,又同质化了非土著居民族群。即在研究了土著居民和非土著居民在受教育程度、工资收入、就业情况、犯罪行为、健康状况等一些方面的差异后,研究人员总会混淆加拿大土著居民人口内部的差异性。这类错误的统计指标(Li,2003)也会适得其反地加固人们心中的过时成见,而这恰恰是与对比的初衷南辕北辙的。进行这些对比的初衷往往是善意的,这类对比旨在揭示土著居民的糟糕处境,认为只要有更先进的资源供给、更明智的政策、更优厚地政府待遇落到实处,土著居民的生活状况便能够得到改善。然而这种错误的对比方法和长时间关注土著居民生活里的负面因素会给人一种印象;即原住民及其群体几乎不能做成任何事情,而且所有的原住民在加拿大社会地位都很卑微。研究土著居民生活状况的一种替代方法是,花更多精力来研究土著居民内部的诸多差异。

土著居民是另外一种范例,有关这类范例的性别、"种族"、阶层类交叉分析极有可能取得成果。长期以来,土著裔学者是最清楚土著民族群内部社会、政治、经济差异和冲突的人群,所以他们往往积极倡导交叉分析。研究人员已经证明了土著人群体内的一些社会分化情况(这样的分化发生在都市和保守的第一民族之间;发生在"有身份的印第安人"内的不同社会阶层之间;发生在梅蒂斯人、因纽特人和印第安人的利益之间),我们已在本章之前的部分对这些分化做了简要的介绍。在本章的剩余部分,我们将会把注意力聚焦在两大主要差异上来:"性别差异以及领导者与群众之间的差异。"

一、性别

土著居民群体内的主要差异表现在性别差异和政治体制方面,这与其他少数民族群体还有"主流"群体十分相似。

第一民族群体内一次早期公共范围内的性别分化,发生在 20 世纪 70 年代,当时,印第安妇女群起抗争《印第安法案》具有性别歧视色彩的投票条款。令人啼笑皆非的是,第一民族大会(the Assembly of First Nations)内部的一些男性领导和其他土著居民组织最初反对通过改变《印第安法》的方式来消除性别歧视。一些人认为,他们之所以反对,是因为大量男性领导那根深蒂固、阴魂不散的男权思想在作祟(Silman,1987:200)。还有一部分人认为,这些男性领导人之所以反对,是因为他们不断游说,目的是为了能彻底改写《印第安法》,而不是在原有法案上小修小补。他们称,要改变法案,就一定要更全面的重新审视《印第安法》。而且,该机构的主要男性领导也考虑到了很多人重获印第安人身份所可能产生的经济影响。倘若基金储备一成不变,本就小得可怜的蛋糕还会被切得更小。不管这些男性领导人用了什么理由来拒绝创造一个公平的环境,他们的反对产生的长期性后果之一是,第一民族内女性的态度变得更加政治化,并认为第一民族男性领导所看重的利益与自己并不全然相同。

原住民女性身居高位的人数寥寥无几,安德森认为(安德森,2000:218):"这主要是拜男性话语权为主导的欧洲 - 加拿大政治体制所赐,该体制让加拿大男性位高权重,大权在揽。"安德森还认为(Anderson,2000:239),在重建土著居民群体内部性别关系以及改变土著居民男性身份权力等方面,殖民体系发挥了至关重要的作用。土著男性政治地位提高的同时,欧洲 - 加拿大政治体制却也剥夺了他们的权利,削弱了他们的男性角色:

> 土著居民女性对土著民男性所受的磨难深有感触,认为是殖民让

男性变得无所事事。许多土著居民女性都得以保留了生育下一代的责任，但许多土著居民男性的责任却随着殖民活动的进展消失殆尽。和女性相比，男性更难在殖民社会里寻得责任、重拾尊严、弄清意义。我们的群体驶离了男性狩猎的社会，进入到了更加城市化、更加工业化的社会，男性们必须要在这样的社会里"寻求工作"。当然，种族歧视总是让土著居民男性工作难觅。社会福利体系的建立增强了土著民的依赖感，这样的情况在此前的阶段从来没发生过。以上种种，都让土著居民男性与自己原有的角色渐行渐远。（Anderson,2000:239）

科拉·弗亚杰斯（Cora Voyageur,2008）关于加拿大女性酋长的研究震惊世界。该研究观察了几位加拿大女酋长如何处理自己的多重角色，同时也观察了她们如何推动性别、"种族"，还有政治的议题。科拉记录了这些女性领导如何在进一步为争取自己所处族群利益的同时，还克服了原住民和加拿大社会内的所存在的性别歧视，消除了自己心中的疑虑。科拉称，同其他身负政治责任感的女性一样，这些女酋长们努力维系工作、家庭和个人生活的平衡。（见专栏8.1）

专栏8.1 医生、律师、印第安酋长

"若是由女性当家做主，这世界将会是怎样?"这个老掉牙的问题也可以用来向第一民族政府提问:倘若女性拥有更多的政治权力，第一民族的世界将会怎样?

自1876年联邦《印第安法》制定以来，第一民族的政治生活大多是男性的天下。在该法案生效之前，第一民族的女性经由女性议会和其他咨询机构议定，出任酋长。联邦印第安法案剥夺了原住民女性的政治地位和投票权利，甚至剥夺了女性在公共会议上讲话的权利。在联邦印第安法案于1951年更改之前，女性不得出任酋长一职，在20世纪60年代之前，第一民族的女

性无权在加拿大大选中投票。

尽管被边缘化,加拿大女酋长的人数却上升了。全加拿大有六百多名酋长,女性就占了 15%。当代的加拿大女酋长通过开展族群活动,为年轻女性带来了希望,鼓舞了年轻女性,还为地区、国家带来了改变。

新领袖能力

金·贝德(Kim Baird)是第一民族杜华逊的酋长,她年仅 34 岁,却已经投身政届 12 年,担任酋长一职长达 6 年。贝德在土著居民保留区外的英属哥伦比亚低陆平原地区长大,她在青少年时期曾回过土著群落,在那里的所见所闻给了她行动的动力。

贝德说:"我回到学校,开始着手研究土著问题,我发现了土著所面对的殖民遗留问题,这让我思考,我们该如何改变土著从殖民时期所继承的遗产。"

贝德自告奋勇地为原住民争取土地权利而工作起来,她成立了一个土地权利声明研究部门。时至今日,她已经成为族群里的主要谈判人。

酋长雪莉·沃尔夫-凯勒(Shirley Wolfe – Keller)在为里贾那土著居民家庭支持服务工作 20 年后进入了政界。她服务的对象来自于马斯科温克地区(Muskowekwan),那儿是第一民族原住地,据市区 90 英里(约合 145 千米)远。马斯科温克人十分钦佩雪莉的能力和领袖风范,不顾她外族人的身份,要求她参选本族酋长。尽管雪莉在前两次竞选中以微弱的差距落败,但终于在第三次竞选中笑到了最后。

雪莉(Shirley)称:"族群需要大量的工作,还需要积极的方向,这些东西要求领导者不仅仅要有政治纲领,还要求领导者具有治愈性,能够解决问题,并能了解第一民族家庭、儿童、青年、老者等群体成员的真实想法和生活。"

第一民族内由女性处理的社会事务,却时常被男性领导人在政治舞台上轻视忽略。

第一民族保留地斯加瓦鲁(Skawahlook),毗邻不列颠哥伦比亚省的希望镇,其酋长马琳·查普曼(Maureen Chapman)称:"女性们往往十分关切我们族群的社会事务,而男性领导却更看重伐木和渔业。他们口口声声说自己支持青年支持妇女,但只要看看财政为青年妇女准备的预算,就知道他们在口是心非。"

查普曼曾在社会服务和教育部门工作,因此她将建立一个土著儿童福利机构作为工作的重点也就不足为奇了。对沃尔夫·凯勒来说,在保留地消灭毒品和饮酒暴力是她的主要挑战之一。她称:"事情的进展令我吃惊,族群资助的研讨会、会议还有聚会正在扭转局势,暴力行径开始消失,人们有了安居乐业的感觉,但我们不能掉以轻心。"

……

不仅仅只是一般的"社会事务"

尽管许多女性酋长都是由做社区工作起步,她们在面对以往由男性处理的工作时,依然表现得得心应手。比如,在贝德酋长的领导下,第一民族杜华逊同温哥华港口当局达成了一桩价值4700万的协议;沃尔夫·凯勒(Wolfe-Keller)在她担任酋长的第一年就将族群的贸易逆差减少了85%;查普曼制定了一系列的经济发展计划,其中包括了建立一个新的行政机构和一个贸易中心。正如贝德所言:"领导能力要比激情四射的公共演讲要重要得多。只有行动才能展现领导力。"女酋长是非常娴熟的谈判专家,人们经常要求她们运用自己的谈判技巧来沟通交流。沃尔夫·凯勒所面临的任务之一就是在马斯科温克第一民族原著地和邻镇莱斯托克间建立起更和睦的关系,这也是未来土地权利声明工作的一部分。她已经成功促进了莱斯托克镇和族群议会之间的关系。

来源:金·安德森(Kim Anderson),2005,《Herizons》杂志,网址:www.accessmylibrary.com/coms2/summary_02869546658_ITM。

二、领导者和被领导者

土著居民领导在近些日子沦为了千夫所指。令人遗憾的是,土著居民领导们腐败和族群基金管理不当的新闻在媒体上层出不穷。有时,部落首长被指责腐败,并不为社区谋福利。当然了,这样的一些事件有可能是被故意夸大了,意在吸引眼球,煽动公众已有的对土著居民的消极看法。毕竟,公正、高效、团结的族群是没有新闻价值的。

梅洛博尔特(Menno Boldt,1993)认为,印第安族群的主要分化存在于掌控印第安人管理机构的"精英"印第安人和保留地掌握政治经济资源的小圈子之外的印第安人群众之间。另外有人认为,土著居民领导和被领导者之间的分化更多表现在社会阶层概念上。人们利用了许多版本的社会阶层理念来了解土著居民在加拿大社会的地位。

梅蒂斯人学者霍华德亚当斯(Howard Adams,1999)提出了一个双阶层模型(two‑class model)。在他眼里,土著居民阶层由土著居民官僚和土著平民组成。尽管这两个阶层都面临着相同的问题并饱受来自外部白人社会的种族歧视(Adams,1999:111),两个阶层之间的关系错综复杂,并受白人社会的影响。

亚当斯随后将土著官僚阶层细分成了三个阶层。第一个阶层就是位居国家土著居民组织的"精英领导们",这些组织包括第一民族大会、梅蒂斯人民族委员会,还有土著居民议会。亚当斯毫不客气地称这群人"为虎作伥",因为他们同白人社会勾勾搭搭,只为保留自己在"种族"和阶层的特权利益。第二个阶层由土著居民内部的专家和知识分子组成,涵盖了律师、学者、老师还有社会工作者。第三个阶层则由小企业主、政府官员和各类培训项目的主管组成。亚当斯称(Adams,1999:118‑19),这三个土著官僚阶层的共同点是"它们以谋求社会地位为目标,努力学习掌握殖民者的语言文化,却装作地道土著的样子"。

在亚当斯看来,土著官僚站在位于加拿大社会底层的土著人民的对立面,土著人民的卑微地位是源于其低下的生产方式;他们在资本主义社会里做着技术含量低,卑微的工作(Adams,1999:111)。亚当斯认为,土著居民下等阶级的产生并不是因为该阶级智力低下、技能落伍,或人品卑劣,而是因为种族歧视和种族压迫。

在土著居民群体内部,两个阶层之间的关系特点是,官僚阶级在经济层面盘剥下层阶级,而由于同是被殖民者、官僚阶级和下层阶级又有着共同的心理。亚当斯称,土著居民里的商业经营者和那些土地权利要求行动中发展起来的大企业家,来越排斥传统阶级矛盾重重的土著民族群(许多马克思主义者曾认为阶级矛盾是白人社会的专属)。亚当斯用"买办资本主义"(comprador capitalist)来形容土著官僚阶级。土著官僚阶级游走在"白人社会"、政府和土著居民下层阶级之间。在亚当斯看来,"土著工人被资产阶级牢牢控制,他们在职业链底层难以翻身,很难团结起来。在近十年,阶级分化在土著民族群里愈演愈烈,造成了更严重的经济剥削和经济控制"(Adams,1999:124-5)。

亚当斯还认为,这类经济剥削还受到了复杂心理剥削关系的助推:

> 印第安人(梅蒂斯人)官僚都臆想自己过着白人中产阶级的生活,他们所戴的这份面具赋予了他们一个虚假的生活方式,隐藏了困扰他们内心的卑微和虚伪。他们尽管大声宣称自己具有印第安人血统,却拼了命的试图逃离底层印第安人(梅蒂斯人)。他们为了不被别人认作是底层印第安人(梅蒂斯人),甚至产生了厌恶自己的心理。这些土著官僚努力争取同化,以此来避免种族歧视和白人的蔑视。(Adams,1999:119)

和亚当斯相比,玛丽贝尔·米歇尔(Marybelle Mitchell,1996)关于因纽特人族群的社会结构分析里对官僚阶层的批评可是缓和多了。米歇尔认为,判定社会阶层的依据不应该是从属关系,而应该是对社会生产工具的控制。她称,凭借土地权利声明运动而崛起的经济发展企业是资产阶级悄然侵入因纽特人和其他加拿大北部土著民族群的工具。自1973年土地权利声明生效以来,全国范围内达成了15份全面土地权利声明协议,十几个其他土著民族群参与到了不同阶段的谈判中(Frideres and Gadacz,2012)。这些族群的土地权利声明得到满足之后,几乎都参与到了用大量土地换取现金、小片土地、野生动物管理权、环境保护、资源使用分摊费的活动中。

与一百年前印第安人和联邦政府所签署的让地条约不同,当下的土地权利要求条约意在为发展和资本扩张扫清政治和法律方面的障碍。随着加拿大北部的油气开采、淘金、掘钻,和其他金属开采活动变得热火朝天,确保经济发展在合法范围内进行也变得十分重要起来。因为许多包括因纽特人在内的土著居民从未正式地将自己的土地交给国家,所以加拿大政府开始带头与土著居民就土地权利要求条约协商,以此来为经济扩张和发展扫清法律和政治上的障碍。

尽管从理论上来讲,土地权利声明条约是旨在为所有符合条约条款规定的土著居民服务的,而且有时条约还会更改,以维护土著居民的文化特色和价值。一般来说,条约的最大受益者还是那些在发展企业里身居高位的领导。米歇尔认为,民族关系的发展情况和阶级关系息息相关。因纽特人的统治阶级是加拿大的产物,这样的统治阶级往往不具备其他资产阶级在国内所拥有的自主权利。该统治阶级也只能算是民族性质的辅助统治阶级:

> 因纽特人同工人阶级有许多共同点,而且我们也谈到了,由于发展企业的茁壮成长,因纽特人已经参与到统治阶层。因纽特人获得了政治的上升空间,还获得了发展企业里的阶级位置,可以控制劳动力、生产工具、资源分配以及和其他统治阶级合伙投资的机会。但需要注意的是,因为因纽特人的身份原因,这类合伙投资其实是不平等的。所有的因纽特人都在发展企业里拥有股东的身份,但有一个阶层的人们收

益更大,他们不是发展企业的拥有者,而是控制者。(Adams,1996:404)

米歇尔的研究强调了历史状况的重要性,但并没有将土著居民形容为历史的受害者,他们无法掌控历史。有一些土著居民拥有资源、权利和影响力;有一些土著居民拥有不同的价值观念等。研究中对于阶级和其他一些不平等现象的关注并不是为了催化群体内的分化和不满。分化和不满已经存在了,重要的是要找到了解这些分化的途径。

小　结

在这个章节里,我们集中讨论了三个主要内容。其一,我们尝试着了解了原住民认同的复杂性,还有这个群体的外部标签、自我认同,以及由不同土著居民认同所引发的社会冲突之间的相互关系。其二,我们提供了土著居民和非土著居民之间几种主要的社会经济差异记录,并辩证地研究了几种有关这些差异形成的解释。其三,我们思考了加拿大土著族群的问题,并集中讨论了作为当务之急的性别分化以及与领袖能力相关的问题。

思考题

1. 有何证据证明联邦政府继续奉行第一民族的同化政策?称 C-31 法案是一项"赦免"法案是否准确?

2. 为什么关乎原住民身份的讨论如此重要? 这些讨论仅仅是"政治正确性"问题?

3. 为解释原住民与非原住民之间的社会经济和健康状况差异而提出的四个解释有哪些优点和缺点?

4. 第一民族族群内部分层的一些方法是什么? 这些差异是否比起原住民与非原住民的集体差异更不重要?

讨论题

1.在解释原住民和非原住民之间的社会经济差异时,文化或结构性解释是否更好?为什么?两种解释是否都可以?从哪些方面表述?

2.在解释原住民群体中存在的社会经济差异时,文化或结构性解释是否更好?为什么?两种解释是否都可以?从哪些方面表述?

3.你是否对原住民的情况的社会生物解释深信不疑?证明你的想法。

4.许多原住民群体倡导自主决策,这可行吗?想想在加拿大联邦制的框架内可以实现的方式。

5.原住居民的社会不平等与加拿大其他群体中的社会不平等现象有何不同?在哪些方面不同?

延伸阅读

1. Cannon, Martin and Lina Sunseri, eds. 2011. Racism, Colonialism, and Indigeneity. Toronto: Oxford University Press.

此书收集的文章主要是由原住民学者撰写的,书中探讨了种族主义与殖民主义之间的相互关系以及这些力量如何塑造了加拿大原住民的生活和经验。

2. Frideres, James, and René Gadacz. 2012. Aboriginal Peoples in Canada, 9th edn. Toronto: Pearson.

此书详细、全面地总结和分析了原住居民社区当代的情况和争议,书中包含了最新统计数据、最新的法院裁决以及当前立法对原住居民的影响。

3. Voyageur, Cora. 2008. Firekeepers of the Twenty – First Century: First Nations Women Chiefs. Montreal and Kingston: McGill – Queen's University Press.

此书对原住居民妇女进行了深入研究,因为她们越来越多地在其社区内担任正式领导职务。书中记录的这项研究调查了妇女如何谈判重叠的性别世界、"种族"和政治储备。

4. Widdowson, Frances and Albert Howard. 2008. Disrobing the Aboriginal Industry: The Deception Behind Indigenous Cultural Preservation. Montreal and Kingston: McGill – Queen's University Press.

此书提出了对土地所有权和原住居民自治方式有高度争议,有助于在原住民族社区重现各种社会问题。

相关网站

1. Assembly of First Nations

www. afn. ca

第一民族联合会,这是代表加拿大印第安人/原住民族地位的国家组织网站。

2. Aboriginal Affairs and Northern Development Canada, AANDC

http://www. aadnc – aandc. gc. ca

原住民事务及北部发展组织,AANDC(以前称为印度和北加拿大)是负责加拿大印度政策管理的联邦政府部门。

3. Indian Residential Schools Resolution Canada

www. irsr – rqpi. gc. ca

印第安寄宿学校加拿大决议,该网站概述了解决住宅学校经验的索赔的机制。

4. Ipperwash Inquiry

www. ipperwashinquiry. ca

沃什咨询,在伊佩沃什事件中杀死 Dudley George 的公开调查的细节和结果可以在官方网站上找到。

5. Métis National Council

www. metisnation. ca

梅蒂斯全国委员会,梅蒂斯国民议会是代表加拿大梅蒂斯人利益的组织。

第九章　跨国还是离散？

全球化背景下的"种族"与认同

学习目标

◎赞成离散和跨国主义概念的阐述。

◎跨国主义和离散概念的定义随着时间的推移而发展。

◎离散加拿大人。

◎一些赞成离散和跨国主义概念的阐述是有问题的。

◎移民的跨国主义在历史上并非新鲜事。

◎"移民"和"移民工人"的法律区别仍然非常重要。

◎移民和族裔社区成员中有无数跨国的实例。

第一节　引言

在本书前八章中，我们在"种族"和民族关系领域提出了一些重要的概念区别和社会学观点。有些章节谈到外来移民，移居他国者、难民和非法移民之间的差异。其他章节谈到了族群、可见的少数民族、有色人种少数族裔、"种族"和种族主义。在我们的大部分讨论中，这些概念都是重叠的。此外,尽管我们在讨论中涉及了许多概念和理论,但我们的方法仍然没有涵盖该领域所有主要理论和概念传统。在最后一章中,我们希望在概念上和地域上拓展我们的讨论。我们想要考虑近来的新概念——"跨国主义"和离散,是如何帮助我们对加拿大或者世界其他地方的"种族"和种族关系的理解。这两个概念在亨廷顿对今天墨西哥移民问题的评估中具有重要的意义。

本章旨在对这两个概念进行批判性的评价。首先,我们描述了离散和跨国主义概念之间的一些主要的相似之处和差异,并评估了他们的相对优势和劣势。其次,我们尝试提供一种方法来讨论这两个概念和方法之间的联系。我们利用来自加拿大和世界其他国家的实例、案例来突出显示某些通过这些特定概念镜头来观察世界的主要问题。

第二节　离散和跨国主义的家谱

近二十年来,许多社会科学家对我们迄今为止概述的族群、"种族"、移民等种种方式表示不满。简单地说,他们的不满是对这个全球化、战争和看似棘手的种族冲突的新时代的不满。我们需要新理论和新概念,才能真正了解移民、族群形成、身份维护与变革的复杂性。因此,"离散"(diaspora)和"跨国移居"(transnational)的概念已经成为我们迄今为止所使用的许多术语的流行替代品,用于描述移居国外的人们以及他们的定居模式、身份和社区。许多学者现在谈论"移民"(transmigrants)(Basch et al.,1994),"跨国移民"(transnational immigrants)(Click Schiller,1999),"跨国社区"(transnational communities)(Van Hear,1998),"民族流离失所者"(ethno - national diasporas)(Sheffer,2003),"种族侨居者"(ethnic diasporas)(Tatla,1999)或"跨国种族侨居人士"(transnational ethnic diasporas)。有些像亨廷顿一样,认为这些概念所描述的新形式的移民和定居显著增长是惊人的。对于另一些人来说,这些新模式是值得庆祝的,因为它们代表了边界和壁垒的瓦解,也代表了创造新的、更具国际化身份的机会。

最近人们已经努力来定义、实施、理论化和批判这两个概念(Akenson, 1995;Brubaker,2005;Cohen,1995,2008;Vertovec,1999;Glick Schiller,1999; Reis,2004;Satzewich and Wong,2006)。然而系统地分析"散居国外"和"跨国主义"概念之间的关系的兴趣较少。尽管布鲁贝克(Brubaker,2005:6)指出,近年来,关于跨民族主义和散居的文化已经出现了融合,但他并没有系统地分析这一趋势。这些概念是否描述了同样的社会现实,还是试图捕捉社会生活的不同方面? 如果有差异,那么研究人员应该如何定义"离散"和"跨国主义"之间的关系呢? 散居国外和跨国研究的优势和弱势又是什么? 并且,这些方法真的能有效地替代我们目前在书中概述的方法和概念吗?

离散和跨国主义的概念在社会科学中的发展非常相似。即使离散的概念具有更长的历史起源(Cohen,2008;Safran,1991),但近期历史上他们有两个重要的趋同点。首先,这两个概念几乎同时于 20 世纪 90 年代在学术界流行起来。例如,"社会学摘要"搜索显示 1980 年至 1990 年间,"离散"一词出现在 93 篇文章的标题中,1990 年至 2000 年期间有 794 篇文章。2000 年至 2010 年间的 10 年间,"离散"出现在近 2500 篇文章中(Brubaker,2005)。虽然不像"离散"一词频繁使用,但"跨国移民"的概念在使用上也有相似的显著增长。"跨国移徙"一词在 1980 年至 1990 年期间出现在 6 篇文章中,1990 年至 2000 年期间出现在 108 篇文章中,2000 年至 2010 年期间出现在 491 篇文章中。其次,这两个概念的当代倡导者以不满意"传统"的移民与种族关系研究:即研究移民者、移民现象和"种族"的传统观念和方法,不足以帮助人们了解趋势和现实。科恩(Cohen,2008:xiv)在提出离散的概念时,认为移民理论的静态术语强调的是"移出国"和"移入国"的单向过程,然而理论已无太大用处(Anthias,1998:562)。科恩认为,移民的流动性很强:他们不再单纯地永久离开原籍国,也不会永远留在移入国。

所谓的族群和"种族"范例的失败在于他们侧重于民族国家之间的"同化、融合和适应或种族冲突和排斥"等过程(Anthias,1998:559)。根据安蒂亚斯的说法,"'族群'和'种族'这两个术语分析的焦点在特定领土内的种族间关系的过程"(1998:559),而不是特定国家以外的力量和状况促成"种族"内部关系的过程(Brubaker,2005)。换句话说,安蒂亚斯认为,要真正了解加拿大或其他国家的克罗地亚族、锡克教徒或加拿大穆斯林的结构和变动,需要了解他们来自哪里、如何与他们的祖居地保持联系,以及他们如何与其他国家相同族群成员的来往。

为了正确使用跨国主义的概念,巴修 等人同样认为,关于移民的社会学文献中,传统的术语,如出国的"移民"和"移居者",不再涉及复杂的社会现实。他们认为:

> "移民"一词让人想起永久的决裂,放弃旧的生活方式,痛苦地学习一种新的文化,而且经常使用一种新的语言……典型的移民是那些脱离旧社会的人,为自己创造新家园,并在一个他们讲宣誓效忠的新国家生活。另一方面,移居者是指流动工人,他们的逗留是暂时的,最终他们会回国或继续到其他国家去工作。然而越来越明显的是,我们在早期对现有的"移民"和"移居者"的定义还不充分。如今,移民促进了他们跨越祖国和移居国之间的人际关系、社会活动、生活方式以及意识形态的交流。(Basch et al. ,1994:3 – 4)

显然,离散和跨国主义的概念都指向同一个方向。支持者认为,这两个概念更好地诠释了很多人员群体真实的原籍地和想象中的原籍地重要性,这些群体包括移民、少数民族及他们的生活、身份,还有已移居海外的个人、家庭和族群在"祖居地"和"移居地"之间复杂的互动来往。

即使这两个概念出现在类似的批评之中,它们之间的一个主要区别在于它们在多大程度上渗透了大众的意识和广泛的公共话语。侨居的概念已经变得如此流行和有弹性,以至于在移民或"种族"之外的群体已经接受了这个标签,或已经被这样描述过(Bubaker,2005)。互联网的搜索可参考社交网站,不断通过空运传播疾病的网站,一场"太空堡垒卡拉狄加"游戏,"同性恋侨民",美国"亲战"骑自行车的侨民和纽约白原市的"山地骑自行车的侨民"。他们游荡于商店挑选平价且无须讨价还价的商品,诚心地寻求友好建议。"事实上,萨斯喀彻温省艺术委员会(www. artsboard. sk. ca/SCAM/s_curator. shtml)表示:"这个概念甚至延伸到了类似领域:野生鸽群被描述为人类文明边缘的一种艺术作品","更应该说是散居人士"。

现在许多移民和"种族"将自己定义为散居群体(Bubaker,2005)。此外,曾经拒绝标签的群体现在常常用这个术语来描述他们在国外定居的、更大的同族人社区。例如,在20世纪70年代,北美的乌克兰人普遍避免使用"离散"一词。那个时候,这个概念有消极的含义,被认为是一个苏维埃主义的术语,意在诋毁居住在国外的乌克兰和其他民族主义者,他们在伺机努力的推翻苏联。另一方面,当时的乌克兰人倾向于将自己定义为"正在移民",而不是"离散"。然而现在这个概念是被接受的,许多乌克兰人和他们在北美的组织将自己贴上散居的标签(Satzewich,2002)。现在包括乌克兰在内的世界各国政府都有各种政策和方案,甚至设有专门部门来帮助管理各自的移民。

相比之下,跨国主义的概念一般不会被纳入非学术界或移民族裔社区组织的词汇中。事实上,很难发现"种族"或移民组织领导人将他们的集体定义为"跨国"。

这就引出了一个质疑:为什么这两个学术界研究的渗透进个体、社区和机构的概念会有差异。换言之,为什么"种族"、移民和一些其他群体认为自己是侨民。反之,为什么跨国似乎比"离散"一词更没政治价值?

对此的解释也有很多假设。罗宾·科恩(1997:X)提出了一个可能性(没有系统地论证这一观点),即采用"离散"对于群体来说可能是"功能性的",它允许移民在定居国用"某种程度的社会距离取代高度心理疏离"。换句话说,像锡克教徒这样的群体可能将自己定义为一个离散移民社区,因为他们不觉得自己是他们所定居国家的完整且平等的成员。

"种族"和移民群体广泛采用侨居概念的另一原因可能是它具有源于犹

太历史经验的某些"积极"内涵。许多人指出,犹太人是"经典"的离散群体(Mandelbaum,2000;Cohen,2008)。尽管犹太人在历史上遭受迫害和痛苦,除犹太社区之外的一些民族群体也可能认为他们成功维护群体边界,维系了他们与祖居地的联系,在各自定居国保持了相对独立的宗教、教育和社区生活。对于一些民族社区群体来说,犹太人类似于"少数民族典范",其显而易见真真实实地融入各自的社会中,并在以色列境外维系犹太人身份和充满活力的社区生活,这是值得被效仿的(Weinfeld,2001:7)。

第三,离散的概念,其重点是不同形式的令人不快的传播,以及前几代相同族裔面临的实际和潜在的伤害,可能会帮助当代社区领袖和精英维护群体边界和在想象中更大的社区内培养团结精神。也就是说,受害者叙述的推广和培养,以及采取离散这个定义本身,可能都是精英们用来发展和维持社区团结、集体身份和群体边界的策略(Bubaker,2005)。哈立德·哈亚提在写到瑞典和法国的库尔德人时是这样说的:

> 坚称"我们都是库尔德人","无论我们住哪里,我们都属于一个被压迫的国家","我们不属于这里,因为这里不是我们的国家"等广为盛行的移民受害者宣传口号。在西方社会的库尔德政治组织、西方社会文化机构和网络中随处可见,他们将流散的库尔德人作为一个同质社区的成员,为库尔德"家园"的利益进行社会、文化和政治活动,以便使其准备好迎接"归乡者的待遇"。(Khayati,2008:4)

相比之下,跨国主义的概念并不具有同样的修辞价值,尽管有极大困难,也没有对创伤、伤害和生存相同的深刻历史和现代描述。正因为如此,"跨国主义"可能在移民和民族社区以及更广泛的公众中更少有政治共鸣,在争取权益的过程中较少被使用。为定义和理论化这两个概念而进行的各种努力有许多细微差别。本章的下一部分将不会回顾不同定义和方法的所有细微之处(Anthias,1998;Vertovec,1999;Smith,1999)。相反,我们专注于我们认为每个概念的良好的有代表性定义,并提供相关示例,强调如何使用方法和概念来更好地了解世界。

第三节　离散

社会学家罗宾·科恩(Robin Cohen,2008)提供了一个最全面和最有影响力的"离散"定义,并提出了一个广泛的论点,阐述如何以及为什么这个概念可以帮助人们理解移民及其后代。

科恩使用非洲加勒比、英国、亚美尼亚、中国、犹太、黎巴嫩和锡克人社区的案例,构建了一种理想的侨居群体和不同类型的侨民类型。他认为离散移民"通常"表现出以下特征:

- 从原始家园分散,往往会有创伤;
- 离开祖国到异国寻找工作、进行贸易或满足进一步的殖民野心;
- 关于家园的集体记忆和神往;
- 理想化的祖先家园;
- 归乡活动;
- 强烈的族群意识更年不变;
- 与定居国纷争不断;
- 与其他社会中的相同族裔团结一致;
- 有可能在包容的定居国特别的创造性的富足的生活。(Cohen, 2008:161-2)

虽然科恩(2008)定义中的一个重要因素是来自祖先家园的强迫和痛苦的移居,但离散移民也可能是出于经济原因,如寻求工作或贸易伙伴大规模流动。因此,政治迫害不是离散移民形成的唯一先决条件。

　　根据科恩的说法,一个群体成为群体在很大程度上取决于他们最初离开的原因。离散移民,如犹太人和亚美尼亚人,是由于在他们的祖国受到伤害而形成的,导致了大规模广泛地分散。英国离散移民是由于世界大国的殖民或军事野心而形成的。尽管苏格兰人、英国人和爱尔兰人之间存在着文化差异,但科恩认为,英国人移居到国外如加拿大等形成英联邦殖民移居。离散劳工主要是寻求雇佣劳动的群体,他们包括二战后的土耳其人移民到欧洲、北美和中东的各个国家。20世纪及21世纪20年代初期移民到东南亚的中国商人形成的贸易离散移民,他们离开家园,在新兴国际贸易体系中追求商品和服务的机会。最后,科恩提出了一个文化离散的概念,指二战后加勒比地区非洲裔后代的移民及定居经历。科恩(2008:18)认为这些移民是典型的在非洲、加勒比和新的定居国影响下发展出独特文化和身份的例子。

　　科恩划定一个理想类型的离散移民,为社会科学家提供了一个概念框架来研究民族社区的整体性。可以用这种方法在社会学上分析社区符合或偏离理想类型的程度,并为这些模式提供理论解释。这最终有助于阐明和了解民族社区生活的动态。正如我们在上一部分所讨论的,以色列以外的犹太社区往往被认为是"经典"离散受害者。因此,科恩(2008)认为,犹太人展示了理想类型的许多特征并不奇怪。与此同时,许多其他离散移民社区也有犹太人移居历史的要素。我们来详细介绍一下科恩的理想类型。

　　科恩表示,归乡运动是人们对祖先家园的一种复杂依恋感的产物。归乡运动可以有多种形式。例如,以色列的归乡法规定,世界任何地方的犹太人都有权移居到以色列生活和工作。许多犹太人已经利用了这一点,特别是在他们所居住的国家发生反犹太主义事件时。俄罗斯和苏联其他国家的犹太人也利用"归乡法"移居以色列;据估计,在20世纪90年代约有80万犹太人离开了苏联,搬到了以色列。许多其他犹太人回到以色列去探望家人和朋友,或去寻根。像"以色列生存权"这样的组织鼓励临时归乡,帮助个人维持犹太人的身份,了解犹太人的历史,并保持与祖先家园的联系。

世界其他国家也鼓励他们各自的离散者回"国"。像印度这样的一些国家鼓励归乡,因为他们重视居住在国外的个人商业头脑和资本(Bose,2007)。根据印度古吉拉特邦 2000 年的一项战略,"我们会照顾他们(非常住印度居民)的情绪,向他们借力来推进祖国发展(Bose,2007:178)。有时,归乡只是暂时的,只是为了增加旅游收入。在其他时候,国家鼓励那些已经移民到国外的医生和护士等技术专业人员回"国",临时帮助医院和医疗诊所。

也有这样的情况,一些政府鼓励定居国外的同族永久归乡,因为移出国家人口增长率低以及或者人口增长率下降。苏格兰政府最近从爱尔兰的情况中吸取经验并制定了一个"离散战略",因为爱尔兰已经成功地利用了与爱尔兰离散移民的关系,直到最近的全球经济危机爱尔兰离散移民才归乡爱尔兰。专栏9.1 中是苏格兰战略的部分内容。

科恩的理想类型的离散移民经常与包容并接纳他们的定居国之间纷争不断。这与犹太离散者有关:许多犹太人担心定居国的宽容程度在不断下降。正如我们在第七章中看到的,有证据表明出现了新型全球性的反犹太主义。其他社区在其各自的东道国社会面临敌意和歧视。在 20 世纪 90 年代,加拿大牙买加社区的部分人因为在多伦多发生与毒品、枪支有关的暴力事件而受到诽谤。

科恩(2008)的定义有利于了解其他社区,认为离散海外也是一种创新。科恩认为,尽管许多侨民群体最初从故土流落他乡的经历很痛苦,但他们最终定居的地方也可以为充满活力和创造性的文化生活奠定基础。犹太侨民为世界各地的教育、艺术、音乐、医药、科学和商业做出了重要贡献。科恩(1997:198)指出,在 20 世纪 90 年代初,阿里·马兹瑞(1990)就认为,尽管全球 1500 万犹太人只占世界人口的 0.2%,但他们占诺贝尔奖得主的25%。对其他侨居社区感兴趣的研究人员也注意到这个似乎矛盾的侨民生活的特征。黎巴嫩学者阿尔伯特·胡拉尼(Albert Hourani,1992,转引自 Cohen,2008:94)发现全世界的黎巴嫩移民的后裔中有"哥伦比亚总统、牙买加总理、美国参议院的多数党领袖、诺贝尔医学奖得主、(英国)皇家学会会长、一名世界著名心脏外科医生和一位获奖的澳大利亚籍黎巴嫩小说家"。科恩(Cohen,1997:24)认为,许多离散移民的创造力可能是由于民族、国家和跨国身份之间不可避免的紧张关系的结果。

专栏 9.1　苏格兰离散移民和离散策略:爱尔兰的洞见和经验

……考虑到爱尔兰和苏格兰都在重新界定与他们各自离散海外移民的关系,是时候进行这种比较了。从 21 世纪初开始,由于担忧重要经济部门的技能短缺和生育率下降,苏格兰行政院开始更加正视与苏格兰海外社区建立的关系。苏格兰政府在 2008 年 4 月发布的国家经济战略之后又发布了"国际框架",建立协调其国际参与的方法,将苏格兰离散移民定位为新的"重点优先事项"。2009 年的"返乡"旗舰活动邀请苏格兰人返回苏格兰度假或者停留更久一些,激发了人们进一步利用苏格兰离散移民的精力、知识、才能和善意。根据国际框架文件:

苏格兰分布在世界各地以及英国其他地区的众多离散移民,包括大量对苏格兰有善意的人,他们作为苏格兰使节,有潜力来提高声誉和推动经济发展。我们将继续与全球苏格兰人和苏格兰全球之友合作,建立互惠互利的关系,了解苏格兰和离散移民如何共同发展互利伙伴关系。2009 返乡年将成为激励和吸引离散移民的真正的焦点,我们将确保这会是与苏格兰离散移民更良好、更有效、更有影响力的永恒的遗产。

来源:Ancien,D.,Boyle,M.,and Kitchin,R.(2009).The Scottish Diaspora and Diaspora Strategy:Insights and Lessons from Ireland. Edinburgh,Scottish Government.

第四节　离散加拿大人？

加拿大人经常认为自己是移民国家。因此可能有"离散加拿大人"这个想法似乎有些奇怪。但是有迹象显示加拿大人也移民到国外,展开国外的生活,但继续对加拿大——他们的祖居家园有强烈的情感依恋。不仅如此,基于加拿大人的利益,加拿大正在努力想办法控制祖居人口,也是为了将这些移民更广泛地定义为离散加拿大人。亚太基金会最近的一项研究估计,2006 年有 280 万加拿大人居住在国外,约占加拿大总人口的 9%。其中估计有超过一百万加拿大人生活在美国、30 万人住在中国香港、7.3 万人在英国、4.5 万人在黎巴嫩、2.7 万人在澳大利亚。加拿大人的财力遍布中国、埃及、瑞士、新加坡和海地等世界各地。如果这 280 万人居住在加拿大,那么他们将是加拿大第五大省(Asia Patific Foundation,2011:11)。这项研究还估计,海外居住的加拿大人大多数是加拿大本土出生的人,但越来越多的归化加拿大人(移居到加拿大入加拿大籍的人)开始移居出国。

但移居国外的加拿大人真是离散者吗？在萨斯喀彻温省长大的牛津大学国际关系教授珍妮弗·威尔士认为是的。其他离散集体回忆起远方故土浪漫的情形是类似的,威尔士写道:

> 在萨斯喀彻温省南部的开阔的平原中,三千米长的石砾路向下流入曲普埃尔山谷郁郁葱葱的绿色。在我一生中,我已经走过这条路很多次,因为它也蜿蜒通往威尔士家的避暑小屋,这唤起了对萨斯卡通采摘浆果和深夜玩拼字游戏的温暖回忆。多年来,当我沿着路走过的时候,我看到了不同的草原天空,一片蔚蓝,阳光耀眼,晚霞绚烂,漆黑的夜空,星光璀璨。当然,在 6 月下旬,蚊子的嗡嗡声也是不绝于耳。
>
> 我在这里比在任何地方都有归属感。多年的海外高等教育经历、

航空旅行和远程电子邮件通信不能消除我对这块土地的强烈情感依恋。然而正如我所写到的,我现在正在另一个国家社区生活、工作、养育子女和缴税。让我正式成为(根据你的定义)加拿大250万到300万海外离散者中的一员。(Welsh,2011)

　　国外的加拿大人可能不会显示罗宾·科恩理想类型的离散移民的所有特点。至少加拿大联邦成立以后,加拿大人在国外的散布并不是由于在加拿大受到了迫害。大多数加拿大人移民可能是为了在国外获得更好的机会、去冒险,或者因为爱上了另一个国家的人,尽管一些入籍加拿大的移民移居国外是因为在加拿大遇到了困难。加拿大人在各自的定居国家并没真正遭受明显的歧视或敌意,反而与东道国关系良好。但加拿大人可能会显示出大部分科恩理想类型的特征,这就更加相信他们是离散移民了。加拿大人似乎与国外其他加拿大人很团结,他们可以并且的确在定居国家过着丰富多彩的生活(参考在美国的加拿大艺人、制片人和导演),理想的祖国家园,共同回忆加拿大,有时他们也会回"故国"。

　　从政治上来说,这也促进了我们思考离散加拿大人如何成为加拿大政策和意识中更受认可的一部分。联邦外交与国际贸易部(DFAIT)已经就加拿大的"全球公民"进行了讨论,其中重点讨论了如何动员离散加拿大人来提高国家在国外的利益。同样在这种情况下,亚太基金会也呼吁联邦政府制定更具体的政策和方案来培养和支持我们的侨民。他们对离散加拿大人战略的论点在专栏9.2中进行了概述。

专栏9.2　学习国际惯例的经验

　　加拿大亚太基金会委托撰写的一篇论文调查了全球移民参与的模式。作者马克·博伊尔和罗布·基钦确定了加拿大海外离散者开发策略的八项干预措施。包括:

1.确定完整的海外加拿大人的定义。苏格兰的离散战略的对象不仅包括出生在苏格兰的人,还包括血统离散移民(有苏格兰血统的海外个人)以及离散移民姻亲(与苏格兰人有姻亲关系,但非苏格兰血统)。建立移民支援计划,在自然灾害期间不仅提供应急的人道主义援助,更提供了领事服务。

2.自2004年以来,爱尔兰政府执行了一项方案,向易受伤害的爱尔兰移民提供文化敏感的一线福利服务。

3.鼓励加拿大海外离散者给加拿大人提供慈善捐助。在过去30年中,爱尔兰基金通过离散网络为国内项目已经筹集超过3亿欧元。

4.把离散移民市场的旅游活动作为目标。苏格兰2009年"返乡"是一次旗舰活动,力图确保离散移民的返乡活动,从而建立苏格兰及其离散移民之间的长期关系。

5.绘制加拿大海外商业网络的全部范围,以确定是否需要额外的网络。如果需要新的商业网络,加拿大可研究以下模式,诸如前进的澳大利亚(Advance Australia)、全球苏格兰人(Global Scot)、新西兰的食肉鹦鹉(Kea New Zealand)、印度企业家网络(Indus Entrepreneurs Network),以及由爱尔兰企业局(Enterprise Ireland)运营的网络。建立一个高级别论坛,通过该论坛,身在他乡的杰出加拿大人(Canadians Abroad)可以向相关的加拿大事务提供专业帮助。

6.世界级的新西兰网络(World Class NZ Network)是一个很好的模式,它汇集了经验丰富的新西兰人和"与新西兰友好"专家,致力于加快国家发展,提高国际竞争力和促进经济增长。

7.尊重身在他乡的杰出加拿大人,培养"加拿大思想"。印度政府每年在Pravasi Bharatiya Divas(海外印度人日 Overseas Indians Day),为促进国家发展和提升全球地位做出贡献的海外印度人颁发奖项。

8.考虑引入一个新的公民类别来平衡海外加拿大人的福利和责任。印度最近推出了一个新的公民类别,即印度的海外公民(OCI)。这种公民身份正式扩展了印度海外公民的许多指定权利,而不是提供一整套政治权利。

全文《加拿大的侨民战略？通过提高国际惯例的意识来丰富辩论》(A Diaspora Strategy for Canada? Enriching Debate through Heightening Awareness of International Practice)请见 http://www.asiapacific.ca/canadiansabroad。

资料来源：亚太基金会，身在他乡的加拿大人：加拿大的全球资产。亚太基金会，温哥华，2011，第 57 页。检索自 http://www.asiapacific.ca/sites/default/files/canadians_abroad_final.pdf。

第五节 跨国主义

巴修等人(Basch et al.,1994)将跨国主义定义为描述移民越来越多地参与某些活动的方法。他们认为,跨国主义是指:

> 移民打造和维持多元社会关系的过程,这些关系把他们移民前的来源国和移民后的定居地连接起来。我们称这些过程为跨国主义,以强调如今许多移民构建跨地域、文化和政治边界的社会环境。我们将发展和维持多种跨越边界关系(即家庭、经济、社会、组织、宗教和政治)的移民称为"移居者"(transmigrants)……移居者采取行动,作出决定,并发展人际关系中的主体性和身份,这种人际关系网同时将他们连接到两个或多个民族国家。(1994:7)

自从巴修、格里克·席勒(Glick Schiller)和斯兰通·布兰克(Szanton Blanc,1994)的《无国界的国家》(Nations Unbound)出版以来,在跨国主义的旗帜下进行了许多实证研究,其他研究反映了更广泛的概念和理论观点(Levitt and de la Dehesa,2003;Portes,1999;Satzewich and Wong,2003)。维尔托维茨(Vertovec)总结了这一文献,提出在社会科学文献中有许多不同的方式来界定和分析跨国主义。这些形式包括跨国主义作为社会形态或一种新的社区、一种意识形态、文化再生产的一种模式、生产资本的途径以及政治参与的场所（Vertovec，1999：455）。

作为一种社会形态，跨国主义指的是形成新的"种族"社区。在某些方面，这些社区与科恩所说的侨居相似。维尔托维茨认为，跨国族裔社区产生于以下三者之间的关系：分散在全球但有共同自我认同感的族群，这些群体居住的领土国家，以及他们或他们祖先的祖国（Vertovec，1999：449）。例如，在意大利以外定居的意大利人便组成了跨国社区，他们拥有强烈的民族认同感，独立于所生活的特定国家，与世界各地的意大利人团结一致，与意大利有着复杂的联系。尼古拉斯·哈尼（Nicholas Harney）这样描述了加拿大意大利社区的跨国联系：

（这些联系）还包括意大利裔加拿大人亲自拜访亲戚，或与意裔加拿大旅行团、运动队和民族志愿组织赞助的参加交换项目的学生一道探索意大利。一些努力工作的意裔加拿大人，例如为建设加拿大努力工作了三十年的人，在意大利进行土地投资，在他们出生的村庄建造了新的家园。（1998：7）

此外，居住在国外的意大利人现在能够在意大利的全国选举中投票，并可以选举自己的立法者代表他们作为跨国群体的特殊利益。

跨国主义作为一种意识是指个人现在拥有的多重身份。西蒙斯和普莱萨（Simmons and Plaza，2006：142－3）认为，在加拿大，许多加勒比各国移民的孩子都形成了"种族"间的跨国身份。这些混合身份体现在他们"接触了加勒比艺术、音乐、食物、服装、宗教、社会规范、神话、习俗和'语言'"（Simmons and Plaza，2006：143）。同时，这些身份也反映在诸如语码转换之类的事物中，包括与权威人士交谈时以"正确"的英语交谈，而在与亲密的朋友交谈时可用方言。这种混合身份使得父母来自加勒比地区的青年能够融入加拿大社会,及其父母或祖父母想象的和真实的社会。西蒙斯和普莱萨(Simmons and Plaza, 2006:143)进一步认为,语码转换是跨国社会融合的一种新形式:"一种语码有助于更好地融入主流的加拿大机构、工作和生活方式,而其他的语码有助于拓宽人际关系并便利社区内的生活。"

跨国研究领域的一些学者认为,这种语码转换以及混合和跨国的身份具有广泛发展的社会根源,即居住国家的社会排斥现象。也就是说,有人认为,加拿大和英美等国的种族主义、社会排斥和拒绝接纳鼓励了某些群体成员保留其祖先身份。如果人们感到不受欢迎,或者不是真正属于想象中这个国家的社区,那么他们会寻求社会和心理保护,并在其族裔社区和祖先身份中找到归属感(Simmons and Plaza, 2006; Faist, 2000)。在英国,英国社会的剥夺、歧视和社会排斥被认为可能造成了在英国出生和长大的年轻穆斯林成为极端分子,并参与2005年7月造成52人死亡的伦敦地铁和公共汽车的袭击(Parsons, 2005)。

维尔托维茨(Vertovec, 1999:451)认为,跨国主义作为文化复制的一种模式,指的是当代建筑风格、社会制度和日常实践的流行。反映在时尚、音乐和电影中的文化混合是各种国家和国际传统间相互妥协的复杂过程。例如,在跨国时尚方面,学者对与自己国家传统的时装形式、风格和材料如何与国际风格结合感兴趣,以及这些新的跨国风格如何反映社会中身份和权力关系的转变(Bryden and Niessen, 1998)。

在维尔托维茨这类的作者看来,"宝莱坞"(Bollywood)电影业就是一个很好的例子,证明了跨国主义是文化复制的一种模式。虽然印度电影原本的目标观众是印度人,但如今在北美和欧洲也广受好评,反映了海外的印度人也能接触电影业。宝莱坞电影业的这种国际化也导致了电影风格的变化。随着更多在英国和北美的印度人消费这种形式的娱乐,宝莱坞电影业正引入新的"西方"主题、问题和风格。2008年上映的电影"贫民窟的百万富翁"尽管由英国导演丹尼·博伊尔(Danny Boyle)执导,却在全世界取得了成功,可能反映了新型的国际化,以及好莱坞与宝莱坞的新型结合。由于原籍地和居住地之间复杂的互动往来,音乐形式和喜好也在重构。塔特拉(Tatla,1999:68)认为,彭戈拉(bhangra)音乐最初起源于旁遮普的民间舞蹈,已经成为"特别是在英国已经成为亚洲音乐的特征"。塔特拉(Tatla)认为:

> 虽然彭戈拉在20世纪60年代初登舞台反响平平,但是在80年代,几个彭戈拉乐团大受欢迎……虽然仍保持旁遮普歌词的地区传统,彭戈拉乐队试图"跨越"西方音乐。英国的彭戈拉乐团在洛杉矶、法兰克福和新加坡等地表演,而旁遮普的流行歌手则定期在离散国家登台。(1999:68)

当维尔托维茨谈到跨国主义是产生资本的途径时,他指的是国际货币和资源流动越来越多。金钱和资源的流动可以有多种形式,例如,跨国资本家们不仅跨越自己原籍地和定居地,而且在全球范围内生活、投资。王和何(Wong and Ho)(2006:249-52)写道:跨国资本家越来越多,李嘉诚(《福布斯》杂志表示,他在2012年世界富豪中排名第九)的长子李泽钜(Victor Li)便是其中之一。20世纪80年代,李泽钜来到加拿大,现在是加拿大公民。他迁往加拿大的部分动机是他的家庭希望将扩散作为保护其商业利益的一种方式,因为1997年英国政府将中国香港移交给了中国。李泽钜获得的商业利益巨大而多样。他的公司在加拿大、中国香港和全球市场都进行了投资。其中长江实业集团的业务范围涵盖物业开发、房地产、酒店、通信、电子商务、港口及相关服务和能源等。在全球40个国家开展业务,员工人数超过17.5万人,居世界100强企业之列(Wong and Ho,2006:250)。虽然李泽钜拥有巨额财富,但王和何(2006)认为,其他华裔加拿大人进行的小规模跨国投资也是加拿大和中国香港之间资本流动的重要方面,最近这种投资也在加拿大和中国大陆之间进行。

货币和资本的跨国流动不仅限于在世界各地投资的大型公司的资金资源流动,还包括养家糊口的"普通"个人带来的全球资金和资源流动。对于世界许多发展中国家,包括一些新兴的超级大国,汇款是其国内生产总值的重要组成部分。如表9.1所示,2010年,印度和中国各收到了五百多亿美元的移民汇款,而墨西哥和菲律宾各收到了二百多亿美元。德国、法国和比利时这类发达国家也收到大量汇款,但汇款在尼日利亚和孟加拉国等发展中国家的整体经济中作用不大(Castles and Miller,2003:170,Wong and Ho,2006:258)。

表9.1 2010年移民汇款收受国钱前十名(百万美金)

国家	百万美金	占GDP的百分数(%)
印度	54,035	3.0
中国	53,038	0.8
墨西哥	22,048	2.1
菲律宾	21,423	10.7
法国	15,629	0.6
德国	11,338	0.3
孟加拉国	10,852	9.6
西班牙	10,507	0.8
比利时	10,178	2.3
尼日利亚	10,045	4.5

来源:世界银行,2011,汇款数据流入,可查阅:http://econ. worldbank. org/WBSITE/EXTERNAL/EXTDEC/EXTDECP ROSPECTS/0,contentMDK:22759429? pagePK:64165401? piPK:64165026? theSitePK:476883,00. html#Remittances。

许多"种族"和宗教团体鼓励移居海外的人投资祖居地的非营利性项目。这些投资是货币和资源跨国流动的另一种形式。例如,在过去30年中,北美、英国和马来西亚的锡克教徒(Sikh)已经为各种学校、神社、保健中心和社区福利机构提供资金,所有这些都旨在促进旁遮普邦社区的福祉(Tatla,1999:64 – 5)。1991年以来,由于乌克兰的切尔诺贝利发生核事故,北美的乌克兰人资助建造教堂,存放图书馆的书籍和提供医疗援助资源(Satzewich,

2002 年)。世界各地的许多其他民族社区都支持类似位于祖居地的项目。当然,许多社区动员和筹集资金来支持自然灾害时期的原籍国或祖国。对这些得到跨国资助的各种祖居地的非营利性项目而言,资金规模很大但是很难精确计量,因为大部分资金来自非正式渠道,不一定计入政府的统计数据中。

跨国主义作为一种政治参与,在某种程度上是指移民和族裔群体继续参与各自祖国政治进程的方式。如上所述,对意大利人而言,这种跨国主义的形式包括正式参与国家选举。跨国主义作为政治参与的一种体现是双重国籍。目前全球约有 90 个国家允许双重国籍,据估计目前居住在加拿大的 50 万加拿大人拥有双重国籍(Fong,2006:A1)。双重国籍为某些个人提供两个国家的公民权和义务。对一些人来说,希望得到双重国籍主要是为了一种族群身份象征,通过拥有公民身份对祖居国的政治拥护只是用来确认根源和身份感,几乎没有或没有正式融入祖国。然而在其他情况下,希望获得和保留双重国籍的个人有更重要的原因。全球化的时代,双重国籍不仅可以促进旅游业的发展,还易于在祖居国和移居国进行投资和做生意。拥有双重国籍并在两个或更多国家具有商业利益的个人,可能能够利用其多重国籍来谈判获取更有利的税收政策,或获得非公民不可获得的国家补贴。

没有双重国籍,也可能参与祖国的政治,这包括支持国内的特定政党,游说定居国家的政府官员,以及更广泛地支持民主进程。乌克兰裔加拿大人代表大会(Ukrainian Canadian Congress)在加拿大政府的财政支持下,帮助组织和派遣乌克兰人前往乌克兰,监督 2004、2006 和 2012 年议会选举的公平性。在 20 世纪 90 年代,加拿大、美国、德国和澳大利亚的克罗地亚人筹集了近 400 万美元,用于支持克罗地亚主要政党之一的克罗地亚民主共同体(Hrvatska Demokratska Zajednica)(Winland,2006:266)。许多"种族"群体游说其定居国家的政府官员,帮助支持制定有利于祖居国发展的外交政策。例如,加拿大政府是 1991 年第一批承认乌克兰独立的国家之一,一部分原因是乌克兰裔加拿大人团体在加拿大进行了游说。

双重国籍和跨国政治关系出现了许多重要问题。首先,2006 年夏天以色列和黎巴嫩之间的冲突引发了一个问题,即对加拿大这样的国家而言,如果拥有其他国籍的居民长期离开加拿大,与加拿大的关系也相当薄弱,那么加拿大对其具有什么样的义务。据估计,在冲突开始前,约有五万名黎巴嫩籍加拿大人住在黎巴嫩。在冲突发生期间,15000 名黎籍加拿大人从黎巴嫩撤离,加拿大政府耗费约 8500 万美元;撤离的黎巴嫩人中有一半以上已经返回黎巴嫩(Fong,2006)。撤离引起的问题导致加拿大移民局(Citizenship and Immigration Canada)开始审查与双重国籍有关的权利和责任(Fong,2006)。

第二,这些跨国政治活动对于真正的政治忠诚有什么意义呢? 也就是说,当意大利籍加拿大人投票选举意大利议会的代表,或当乌克兰籍加拿大人在与乌克兰有关的问题上游说加拿大政府时,这是否意味着这些社区的成员对加拿大的忠诚度较低? 如果加拿大政府和祖居国之间发生冲突,"种族"或移民社区要在政治上支持两者还是仅仅支持祖居国?

加拿大的一些评论家正提出警告,有关离散移民群体对我们的外交政策明显影响过度(Granatstein,2007)。在最近对联邦政治家的严峻警告中,大卫·卡芒(David Carment)和伊阿哥迪森·萨米(Yiagadeesen Samy,2012)认为:"加拿大的领导人正在开放国门,这样一来其他国家剥削了加拿大,试图破坏我们的内政,利用离散移民来游说或影响我们的领导人,引发了冲突。"离散移民群体本身也有离散政治问题。

在第三章中,我们看到加拿大与另一个国家发生冲突时,与该国保持真实和想象的政治或社会关系的移民和族裔社区成员被认为对加拿大构成威胁。加拿大政府官员担忧关于分裂忠诚(divided loyalties)的看法,他们担心一些团体与其祖国有关的活动和身份破坏了该国的社会和政治稳定。例如,日裔加拿大人在第二次世界大战期间被拘禁,或投入战俘营,以获得真正和想象的跨国政治关系和身份(Sugiman,2006)。第一次世界大战期间,近 8600 名乌克兰人和其他国家的人被拘留在劳教所。不幸的是,这些人都来自奥匈帝国(Austro – Hungarian Empire),当时 1914 年与三国同盟(Triple

Alliance)发生战争时,他们还没有脱离加拿大公民的身份。乌克兰人和其他人受到拘禁的原因包括他们被认为在政治上忠于奥匈帝国,被认为是隐匿的第五纵队(fifth column),准备暗中破坏该国试图发起战争的谋划(Kordan, 2002)。在这两种情况下,与祖居国真实和想象的联系使移民处于政治危机之中,并导致他们受到联邦政府的严酷对待。

值得一提的是,这些恐惧在21世纪初并不一定会消失。正如我们在第七章所指出的那样,一些穆斯林和阿拉伯裔加拿大人担心,他们真正和想象的对维护与原籍国社会和政治关系的兴趣使他们成为国家特别监视的对象,因为他们被怀疑支持恐怖组织和恐怖活动(Arat - Koc, 2006)。其他"种族"和宗教团体的成员也被媒体或政府标榜为恐怖分子或恐怖主义事件的支持者,因为他们在真正或想象地支持其祖国的政治活动。在北美和英国,一直以来政府特别关心锡克教对旁遮普邦独立的支持,1985年一架从温哥华起飞的印度航空公司的飞机爆炸,这一事件造成了部分温哥华锡克族社区因涉嫌参与恐怖主义活动而受到更多审查(Tatla, 1999:174-5)。正如我们前面所说,美国的塞缪尔·亨廷顿认为,墨西哥裔人口是"美国文化蔑视"的第五纵队,并准备分裂美国,美国西南地区的州比如新墨西哥州、亚利桑那州和加利福尼亚州将与墨西哥北部的州联合组成北共和国(La Republica del Norte)(Huntington, 2004:42)。

因为他们与各自祖国的政治利益有着真实或想象的联系,可能会游说加拿大政府与原籍国保持有利的政治和经济关系,所以将移民和族裔社区成员作为特别监视对象,具有讽刺意味的是,这些利益和游说实际上可能导致加拿大的社会和政治更为一体化。显然,支持恐怖主义事业或利用暴力实现祖居国的政治目的,与外交政策问题上的合法民族动员有所不同。后者有利于加拿大和其他居住国家的社会和政治文化发展,因为它有助于团体学习政治情况,如何做出政治妥协,并加强民主与多元主义的价值观(Wayland, 2006)。

第六节　五个批判性的评论

　　侨民和跨国主义的概念已经为社会学家指明了方向。正如我们所看到的,一些移民确实返回原籍国或继续移居至其他地方。艾瓦·维克·弗雷博拉(Vaira Vike - Frieberga)在二战后从拉脱维亚来到加拿大,当时还是个孩子,她成年后大部分时间都在蒙特利尔大学做心理学教授,但退休后又回到拉脱维亚,1999 年成为总统(Wayland,2006:27)。许多其他离开原籍国的人现在正回国参与社会、经济和政治事务。艾伦·约翰逊·瑟利夫(Ellen Johnson - Sirleaf)在返回利比里亚之前,流亡了近十年,后来担任总统。一些移民人口最终也会成为其定居国的永久居民和公民。许多墨西哥工人最初进入美国但是没有居住证,他们已经在美国生活了几十年。显然,人们的来源无疑在身份和团体形成中起着至关重要的作用。因此,两个观念的倡导者已经归纳了移民和族裔群体生活的重要方面。然而与此同时,人们就这些研究方法所采取的概念性的描述提出几点评注在本章的结尾部分,我们要特别强调五个疑惑。

一、"旧"的区分过时了吗?

　　首先,"移民""移居者""难民"和其他类别的跨国界人士的区别不仅仅与世界体系中人们就这些研究方法所采取的概念性的描述提出几点评注相关。正如我们在第三章中所指出的,移民、移居者和非法移民之间的社会法律差异具有实在的影响,特别是在国家政策、公民身份和获得公共资源方面。在许多国家,"移居者"(只有临时进入和居住的权利)、"移民"(在其目的地国有永久居住权)和"非法移民"之间的区别,对于区分公民权利及获取相关公共资源权利仍然很重要(Satzewich,2006)。

此外,这些社会法律方面的考虑对社区形成和相关跨国行为的过程也有影响,这些问题显然是研究侨民和跨国行为学者的关注点。显而易见,对于比如每年从墨西哥来到加拿大或从孟加拉国或海湾国家的外来工人来说,他们都有临时入境的权利,但是在特定国家劳动力市场受到限制,被迫成为"跨国公民",同时也面临严重的外部限制,限制其成为工作国家相对永久的"侨居社区"的一员。拥有永久定居权的移民有更多的选择,面临不同的制约和关切。

二、从历史来看,跨国主义是新事物吗?

其次,虽然巴修等人(1994)的假设可能是正确的,即移民的"流行"是"离乡之风"(uprootedness)和"永久离开祖居国"的现象之一,但是早期对移民和移居者融合的研究确实认识到迁徙流动的复杂性、国际边界的流动性和移民对祖居国复杂的关系。一些作者没有提到跨国主义和与祖国的联系及身份认同的重要性,但他们却注意到了"跨国主义",尽管不一定为这样的活动和行为贴商标(Winland,1998)。正如一些历史学家一直竭力强调的,尽管跨国主义的形式和强度可能会变得更加复杂,移民一直都是跨国性的(Gabaccia,2000)。

例如,《美国历史上的移民》(1940年)和《大西洋大迁徙:1607—1860》(1961年)的作者美国历史学家马库斯·李·汉森(Marcus Lee Hansen)清楚地意识到存在跨国联系、国际边界的流动性和"祖国"对北美移民的生活、经历和行为的影响。在1936年发表的题为《跨越北部边界的迁徙》的文章中,汉森认为:

> ……加美边界对外交官、立法者和商人来说意义重大,但是有几十万人做出了本世纪的巨大贡献——将荒野变成农场和家园,在他们看来这一边界并不存在。如果忽略了这样一个事实,那么对于人口历史

意义的研究则是不完整的。(Hansen,1940:177)

汉森很早地认识到了国际边界和身份的流动性,这不仅与他对加拿大/美国移民模式的分析有关。1926 年出版的《移民是历史研究的一个领域》对这一方面作了概述,汉森深刻地意识到,美国的欧洲移民与其祖居国有着复杂的身份和关系。汉森认为,移民及其子孙后代,

> 有时相比现居国家的事务,更加关注针对祖国的战斗……研究可能将表明,世界大战后东欧和中欧新国家的出现,可能只是因为美国曾在一两代人的时间内殖民了这些国家,它们一直想独立,在关键时刻能够提供财政支持和施加政治压力。(1940:211 – 12)

此外,安东尼·里士满(Anthony Richmond)在 1967 年有个相当超前的观察,他在《加拿大的战后移民》一书中写道:

> 在可预见的未来,和世界其他地方一样,加拿大仍会面临国家主义和政治忠诚这一重要的社会问题。然而如果移民像其他形式的职业和社会流动一样,在工业社会是有必要有巨大作用的。那么诸如"吸收""同化"和"一体化"等的概念可能不再具有任何社会学意义。相反,需要关注特定的社会过程,比如群体形成、社会化、职业流动以及不断变化的移民和非移民参照模式。移民将在一个特定的国家或地区永久定居,这种假设是不合时宜的。在居住地生活期间最好地利用职业技能,促进社会关系的迅速获得和放弃,这一点非常重要。城市社会的政治和社会制度必须适应移民流动的需求而不是定居人口的需要。(Richmond,1967:278)

显然,这一领域的早期研究确实认识到边界的流动性、身份的暂时性以

及"祖国"对移民和族裔群体的生活、意识和社会和政治组织的影响（Brubaker，2005）。在某些方面，对所谓传统工作的批评是基于偷换概念。

对这种对跨国主义概念的历史性批评的反驳通常是这样的：新的通信和交通技术让跨国活动比过去更加紧密、直接和系统化。波茨等人（Portes et al. ，1999：225）认为，虽然前几代移民进行了一些活动以加强原籍国与其定居国之间的关系，但这些活动缺乏"跨国主义具有的规律性、日常参与性、重要性"。虽然他们认识到过去有一些合适的跨国主义事例，特别是"精英型"跨国主义和远距离贸易关系，但它们在很大程度上是个案，不适用于20世纪上半叶离开祖居地的欧洲人。在他们看来，"当代跨国主义代表世界经济演变的不同时期，代表人们对其主导逻辑不利条件下的不同的反应和策略。这就是其出现原因"（Portes et al. ，1999：227）。

然而过去移民通过信件、电报、火车和船只与家乡保持联系，如今他们则是通过传真、电子邮件和飞机，很少有人系统地比较新老方式的异同（Glick Schiller，1999）。虽然显而易见交通运输技术已经取得了发展，但这些技术已经产生了本质上不同种类的社区、定居模式和适应，这一点就没那么明显。换句话说，今昔的差异往往被武断下结论而不是实例论证。

三、民族国家（Nation-States）真的毫不相干吗？

民族国家（Nation-States）真的和跨国界的世界毫无干系吗？在影响移民生活和权利方面，国家与国际准则和公约之间的博弈究竟有多重要？克里斯蒂安·乔朴克（Chirstian Joppke，1999；Soyal，2000）认为，在自由民主社会里，移民的权利还是主要依靠在国内争取。乔普克并没有贬低国际人权宗旨、制度，以及公约的作用，他认为如果一个国家内部具有"良好的民主设施和传统，就没有必要依靠国际人权宗旨解决问题"。相反，他认为主要是在"不自由或刚刚民主化的国家"，国际人权宗旨才事关重大。"不自由的或刚民主化的国家。"有关乔朴克的言论，最有力的一个佐证是于2003年7月生效的《联合国移民工人权利保护公约》。该公约在"发达国家"反响平平，却让民主进程中的国家"兴趣盎然"。2004 年 1 月 1 日，宣布加入公约的国家有 32 个，分别是阿塞拜疆、孟加拉国、伯利兹、玻利维亚、波斯尼亚和黑塞哥维那、布基纳法索、佛得角、智利、哥伦比亚、科摩罗、厄瓜多尔、埃及、萨尔瓦多、加纳、危地马拉、几内亚比绍、吉尔吉斯斯坦、马里、墨西哥、摩洛哥、巴拉圭、菲律宾、圣多美和普林西比、塞内加尔、赛舌尔、塞拉利昂、斯里兰卡、塔吉克斯塔、多哥、土耳其、乌干达、乌拉圭。发达国家拒绝接受该公约的也实在不少：其中包括了澳大利亚、加拿大、美国，以及所有的欧盟国家（Satzewich，2006）。名单上的国家的特征一目了然，那就是这些国家都是移民输出国。为什么接受移民的发达工业化国家没有加入公约值得后期的调查研究（Weissbrodt，1999），但是这些没有加入的国家揭开了一个事实，那就是该国际条约对移民接受国效力实在是有限，但国家级别的宪章、人权法案还有立法在决定移民和移居者所拥有的权利时却有着恒久的影响。

不难看出，国家对离散和跨国政治和认同有着深远的影响力。安蒂亚斯（Anthias，1998：570）认为，离散者可能会资助国家发展项目，国家会将这些流落他乡的人们视作资源，运用若实若虚的民族纽带来得到资本、金融援助，以及政治影响力。加拿大和美国在经历了 2001 年"9·11"事件带来的冲击之后，依然持续不断的拨出经费和资源来确保民族国家的完整。加美两国正在采取措施，积极合作，分享信息，以强化边境控制和边境安全。

四、同化真的毫无关系吗？

比起当代批评者批判的那样，早期关于移居者和族群关系的研究更加细致入微。这也就是说，在跨国主义这个概念提出来之前，早期的学者们对移民如何在新国家安置下来、他们在新的国家从事何种行业，他们如何接受教育，他们在态度、文化、外表方面经历了何种同化，他们究竟保留了多少故国的身份和纽带等方面进行了研究（Alba and Nee，1999）。有一些专家将移居他国的过程视为融入和保留的一场较量。然而讽刺的是,今日的一些学者在寻找跨国的实例时,似乎忘了这些具有跨国背景的移民和特定民族已经在新的国家找到了工作或开办了企业,加入了贸易联盟或商务协会,为选举投票或者成为候选人,送自己的子女上学,看新国家的电视节目,购买当地的杂货,携探亲的亲戚去看尼亚加拉大瀑布。也就是说,这些移民既保留了跨国或移居身份及行为,同时复制了定居地的生活状态。这些日常的琐事以及非跨国的行为同回到原来的国家参与选举,向亲戚寄钱,在故国消磨时光一样,都值得研究了解。现代的一些有关跨国主义的研究给人一种印象,即所有移民和民族群体的所作所为都是在让自己看起来跨国际化(Roberts,Frank and Lozano - Ascencio,1999)。

离散这个概念的提出多少规避了这样一个缺点,因为离散者承认了移民和民族企业的辩证性关系。科恩(Cohen,2008)的研究证明,迫使移民背井离乡的经济条件会影响他们离散意识的形成,尽管科恩并没有系统地研究经济条件究竟是如何让移民背井离乡,抵达新家园的。科恩还认为,离散者同新的东道国之间的关系十分复杂,离散还能为创造力提供土壤。所以同跨国主义相比,离散这个概念在研究移民对故国的牵挂和移民国的融入关系上,显得更加有效一点。

五、边缘化(Marginality)和排外(Exclusion)是跨国主义(Transna-tionalism)的催化剂吗?

移民国家和故国的边缘化和排外性是造成跨国主义的罪魁祸首吗?一些学者似乎还没有意识到自己著作里的矛盾之处。尽管边缘化、排外性、停滞的流动性是跨国主义分析的研究主题,一些研究人员也认为有"精英"阶层的跨国主义的存在,在这个阶层里,具有更多特权的人们参与了资本、商品,以及服务的国际流通。菲斯特(Faist,2000:196)给出的这种跨国主义的例子是北美地区"移动性极强"的中国商人。他说,这些"宇航员"在新加坡开创了事业,却将家安在纽约或者多伦多,意在为自己的子女创造最好的教育条件,或是为子女提供逃避政治动乱的避风港。然而这些移民海外的中国商人一直以来因为"种族"原因没能很好地融入移民国家,他们的子女每天都在遭受北美地区的种族歧视(Li,1994)。在加拿大,这些富商的经济状况不利也是不争的事实,他们受到了欺压,社会流动性被封堵了,他们在加拿大种种不利的遭遇催生了跨国认同或跨国行为。

其他一些研究成果表明,并不是只有社会边缘化的群体才会发展出跨国活动(Matthews and Satzewich,2006)。举例来说,移民加拿大的美国人大多经济状况良好,却也喜欢参与个人和机构级别的跨国活动,而参与这类活动的群体一般政治地位较低、经济水平较弱。约翰·哈根(John Hagan,2001)对在加拿大的美国反战移民做了一个调查,发现许多在加拿大的美国人会在假日期间回美国探访朋友和家人。许多人会回美国住上一段时间然后再返回加拿大。此外,调查还发现,在多伦多拥有房产的美国移民低于多伦多人的平均水平。穆迪和特赛拉(Murdie and Teixeira,2003:177)则称:"这是因为美国公司雇佣的美国员工认为他们在多伦多的停留是暂时的。"而且,获取加拿大公民身份的美国人人数是移民团体最少的之一。鉴于这种情况,说他们保留了对原始祖国的认同感倒也有些道理,说他们和其他族群一样,想为自己和子女保留更多选项也是有些道理的。位于加拿大的美国移民有多种获取祖国消息的渠道,还能轻而易举地关注美国的经济、政治、文化还有体育盛事。"民主党人在国外"和"共和党人在国外"这样的机构鼓励旅居国外的美国侨胞参与美国政治(Matthews and Satzewich,2006)简而言之,边缘化、停滞的社会流动性、社会经济压迫并不是催生跨国主义的唯一因素。

小　结

在近二十年里,有关离散(diaspora)和跨国主义(transnationalism)的概念在学者们研究移民和民族群体生活的论文里变得十分重要起来。在现存的文献里,这两个概念对当下的文献都持有相同的批评意见,都十分关注移民身上发生的改变、民族群体内部的活动和族群生活。比如说,当阿里桑德罗等人(Alejandro porte,1999:221)谈到移民的跨国活动,"这些活动包括各种各样的社会文化企业,该些企业旨在增强移民的原始国认同感,促进集体文化",这些活动和科恩(Cohen,2008)所描述的离散者长期努力维系族裔集体意识十分类似。尽管离散概念和跨国主义概念具有相同的历史,并具有类似的分析方法,人们对于离散概念的批评还是更多一些。此外,这两种概念的问题也得到了很大的发展。尽管学者们尝试着弄清楚这两个概念之间的联系,本章还是认为将离散当作是跨国族群的一种特殊形式的理论是站不住脚的。本章提供了另一种思考两大概念关系的模式。该模式认为,这两大概念比那些用跨国观点暗示的方法更加兼容,将这两大概念融合的一种方法是,将跨国主义(transnationalism)定义为一系列的活动,这活动包括了离散(diaspora)、移民,以及其他因素。

思考题

1.按照科恩(cohen)的看法,离散的主要特征是什么? 请联想出一个你熟悉的族群,看其是否符合科恩关于离散群体的描述。

2.为了证实自己对离散(diaspora)还有跨国主义(transnationalism)概念的正确使用,学者们都用了那些论点? 这些论点有说服力吗?

3.移民会对自己的祖居国有哪些跨国行为? 跨国主义会影响他们对加拿大的奉献吗?

4. 当代跨国主义有哪些新的表现形式？

5. 跨国行为在过去 20 年里层出不穷，社会学家是如何解释的？

讨论题

1. 全球化在推动跨国认同方面扮演了什么样的角色？这两者是如何联系的？

2. 再把第一章和第六章阅读一遍。民族国家在建立单一的民族认同感方面还发挥着重要作用吗？民族国家是如何反复制造此类认同感的？

3. 由于国际跨国认同感不断上升，社会科学家还应该继续研究移民的扎根历程、行为性和结构性的同化、他们对祖居国认同的保留程度吗？不管赞成与否，请给出理由

4. 你觉得加拿大是否有离散的群体？他们在哪里？他们是如何发展的？

延伸阅读

1. Asia Pacific Foundation of Canada. 2011. Canadians Abroad：Canada's Global Asset. Vancouver：Asia Pacific Foundation of Canada.

此书为全面仔细研究加拿大人的移居状况提供了有说服力的例证，此书的发表也为加拿大人的移居如何有利于加拿大国家利益提供了建议。

2. Basch, Linda, Nina Glick Schiller, and Christine Szanton Blanc. 1994. Nations Unbound：Transnational Projects, Postcolonial Predicaments and Deterritorialized Nation – States. Amsterdam：Gordon and Breach.

此书对跨国主义的路径做了高度权威的陈述，书中的大部分例子都是从美国选取的。

3. Cohen, Robin. 2008. Global Diasporas：An Introduction (Second Edition). New York：Routledge.

作者科恩对移居的实用性价值做了全面客观的分析。此书研究范围广

泛,深入探讨了全世界的移居形式。

4. Goldring, Luin and Sailaja Krishnamurti, eds. 2007. Organizing the Transnational: Labour, Politics and Social Change. Vancouver: University of British Columbia Press.

此书收集的文章综合介绍了个体和组织如何参与加拿大跨国主义活动和社团。

5. Satzewich, Vic, and Lloyd Wong, eds. 2006. Transnational Communities in Canada. Vancouver: University of British Columbia Press.

此书收集了很多关于跨国主义的文章,由加拿大著名的历史学家、人类学家、社会学家、地理学家和政治学家所撰写。

相关网站

1. The African Diaspora Policy Centre

www. diaspora – centre. org

非洲离散政策中心,该中心是一个独立组织,于 2006 年成立于荷兰。非洲移居政策中心为欧洲的非洲离散移民搭建了平台,使之与非洲的联系更为紧密,整合力量,利用资源,积极承担并促进了非洲地区的和平、管理和人才引进。

2. Global Networks Journal

www. globalnetworksjournal. com

全球网络杂志,这是一个学术性杂志,研究全球网络问题,跨国性的事务和惯例及同全球化理论之间的关系。

3. The Scottish Diaspora Forum

http://scottishdispora forum. org

苏格兰人离散论坛,该论坛的目的是发展与加强国外苏格兰人同苏格兰政府之间关系的了解,通过对苏格兰人作为全球移居的未来前景来提问问题。

4. Transnational Communities Programme, Oxford University

www. transcomm. ox. ac. uk

牛津大学跨国团体项目,这是一个位于英国的研究项目,目的在于调查英国及全世界团体的跨国身份及惯例。

术语表

1. **原住民灭绝(Abocide)**：指消灭原住民，现用于批评联邦 C–31 法案，因为它能合法地"消除"连续代有身份的印第安人，一旦他们和非印第安人结婚，就会失去印第安人身份。

2. **原住民(Aboriginal people)**：贯穿加拿大宪法的术语，用于指所有当地人，包括有身份的印第安人、因纽特人、梅蒂斯人。

3. **归属性特征(Ascriptive characteristics)**：与生俱来的社会特征，如性别、肤色。

4. **同化(Assimilation)**：少数民族群体适应社会主流文化的过程。

5. **行为同化(Behavioural assimilation)**：少数民族群体获取主流群体文化价值。

6. **C–31 法案(Bill C–31)**：于1985年制定的议案，是对《印第安法案》的修订，删除了原法案的释放条款和父系条款，同时还给予当地群体决定成员的权利。

7. **受阻社会流动性(Blocked social mobility)**：波特认为，少数民族群体成为另一群体成员，意味着职业发展和向上层社会流动的机会更少。

8. **加拿大移民体系(Canadian immigration system)**：不断发展的政府移民政策，为移民进入加拿大设定了一系列标准。

9. **宪章群体(Charter groups)**：加拿大所谓的创始国：英国和法国。

10. **中国人头税(Chinese head tax)**：一条臭名昭著的税法，联邦政府于1885年规定向中国移民征收人头税，目的是阻止中国移民进入加拿大。

11. **集体意识(Collective consciousness)**：迪尔凯姆(Durkheim)提出，前现代社会的融合度很高，因为个人对集体有认同感和遵从性。这导致了社会群体边界和"爱我所爱"心理。

12. **集体民族认同(Collective ethnic identity)**：少数民族群体成员对群体组成及群体特征的共识。

13. **颜色编码垂直马赛克(Colour – coded vertical mosaic)**：在社会、经济、政治不平等的结构下，"种族"或"显性特征"已经代替了种族划分。

14. **接触假说(Contact hypothesis)**：不同群体间的跨文化交流和跨种族接触能减少偏见、歧视和种族歧视。

15. **批判种族理论(Critical race theory, CRT)**：不同的工作主体，关注社会物资和社会服务分配时的"种族"不平等现象。

16. **文化迁移(Cultural diasporas)**：形成的地域更广，对祖居国产生文化影响。如在英国和加拿大的非裔加勒比移民，在美国的拉美人。

17. **文化相对主义(Cultural relativism)**：不用自己的标准衡量其他文化。

18. **文化(Culture)**：一系列动态的社会进程和实践；这是社会中的个人根据社会结构对多变的外部环境做出的群体性反映。

19. **演绎式犯罪心理画像(Deductive criminal profiling)**：解读犯罪证据和其他信息的过程，目的是推导出罪犯的社会特征。

20. **民主种族主义(Democratic racism)**：加拿大社会的新型种族主义，特征是主流民主思想(如公平、平等、正义等)和共存的少数民族的消极情绪、态度、行为、偏见、歧视之间的冲突。

21. **移民去种族化(Deracialization of immigration)**：去除种族主义倾向明显的移民选择标准。

22.族群的历史维度(Diachronic dimensions of ethnicity):与某族群相关的故土、血统和文化。

23.侨居(Diaspora):古希腊词,字面意思为"流散",常指少数民族群体成员大规模地迁出或被迫离开故土。

24.免除(Enfranchisement):个人被迫或自愿放弃合法印第安人身份的过程。

25.进入群体(Entrance groups):除英国人和法国人外,移入加拿大的所有少数民族群体。

26.环境保护论(Environmentalism):认为少数民族是他们所处的自然环境的产物。

27."爱斯基摩"(Eskimos):欧洲人用来指代因纽特人的贬义词。

28.本质论(Essentialism):少数族群群体或个人不可磨灭、不会改变的本质特征。

29.种族组织(Ethnic institutions):少数民族群体满足自身需求的教育、经济、宗教、社会组织,与主流组织不同,且能加强群体成员沟通。

30.种族和族群范式(Ethnicity and "race" paradigms):多元的文学作品,主要关注特定国家中移民的同化、融合、适应、冲突和排斥。焦点是具体政治边界中的群体间关系。

31.种族中心主义(Ethnocentrism):用自己的文化标准评价其他文化的行为。

32.排外行为(Exclusionary movements):针对进入加拿大移民的种族主义行为。

33.第一民族(First Nations):始于20世纪80年代的术语,用于描述"有身份的印第安人",也就是政府承认的本地人。

34.非法移民(Illegal immigrants):通过非常规移民程序"非法"移入加拿大的人。

35.1910年移民法案(Immigration Act of 1910):议会颁布的歧视性法

案,禁止有"精神缺陷""身患疾病""身体缺陷"的人进入加拿大。

36. **移民分类（Immigration categories）**：政府以政策形式规定的移民分类,以此获准进入加拿大的移民包括家庭团聚移民,技术工人,商业移民,难民等。

37. **帝国侨民（Imperial diasporas）**：由英国、法国及其他殖民者因帝国征服组成的侨居者群体,如在加拿大、南非、印度的英国帝国侨居者;在加拿大、越南、阿尔及利亚的法国帝国侨居者。

38. **印第安人（Indian）**：（1）误称,哥伦布用于描述美洲原住民的词,他误以为自己发现了印度。（2）《印第安法案》用于描述在加拿大的某些当地群体的法律词汇。

39. **印第安法案（Indian Act）**：议会颁布的法案,定义了"印第安人",同时决定了联邦政府和加拿大原住民的关系。

40. **个人族群身份（Individual ethnic identity）**：个人和其所属族群的关系。

41. **归纳式犯罪心理简况（Inductive criminal profiling）**：根据过去研究过的罪犯的初期行为和人口特征,总结出某个罪犯的简况。

42. **制度完善（Institutional completeness）**：Breton 指出,该词汇说明了少数民族群体成员对群体组成的影响。

43. **制度种族主义（Institutional racism）**：社会制度结构和功能中出现的种族主义。

44. **跨文化主义（Interculturalism）**：魁北克的多元文化主义,不鼓励种族飞地,但鼓励少数民族的语言同化。

45. **伊斯兰恐惧症（Islamophobia）**：害怕信奉伊斯兰教人的一种偏见。

46. **离散劳工（Labour diasporas）**：因大规模劳工输出形成的离散现象。如巴基斯坦建筑工人在迪拜这样的中东国家。

47. **劳工市场（Labour market）**：买卖劳动力的竞争性场所。好的工作在一流劳工市场,较差的工作在次级劳工市场。

48. **梅蒂斯人**（**Métis**）：法语词，意为"混血"，用于描述 16、17 世纪法国 – 加拿大皮毛商人和"印第安"女性的后代。

49. **移民工人**（**Migrant workers**）：凭临时工作签证到加拿大从事特定工作（如季节性农活）的人，工作结束后必须返回原籍国。

50. **移民理论**（**Migration theories**）：关注移民模式的系列文献，说明人们迁出或迁入某国的原因及方式。

51. **人类同源说**（**Monogenism**）：认为所有人都是从同一群体进化而来的理论。

52. **垄断闭塞**（**Monopolistic closure**）：Weber 提出的词语，指排挤他人获取稀缺的宝贵的资源如财富、高社会地位、政治权力的行为。

53. **多元文化主义**（**Multiculturalism**）：指一种意识形态和一整套联邦政府项目，用于维护社会秩序，在多民族社会中管理族群和"种族"的关系。

54. **1952 年移民法案**（**1952 Immigration Act**）：国会颁布的法案，允许移民机构禁止所谓不受欢迎群体进入加拿大，禁止的依据是他们的"种族"、阶层、文化、"不适应""无法同化"等。

55. **无身份的印第安人**（**Non – status Indians**）：失去合法印第安人身份的个人。

56. **职业差异**（**Occupational dissimilarity**）：群体的职业地位和全国的平均水平有差异的现象。

57. **东方主义**（**Orientalism**）：欧洲人对阿拉伯人带有偏见的学术和文学研究。

58. **过度出警**（**Over – policing**）：当少数民族群体成为犯罪嫌疑人时，警方的反应过于激烈的情况。

59. **永久居民**（**Permanent residents**）：移民，又称居住移民，可获得加拿大的永久居住权。在加拿大居住三年后，他们可以申请加拿大公民身份。

60. **多元发生说**（**Polygenism**）：不同的"种族"是从独立的不同人种进化而来的学说。

61. **种族简况(Racial profiling)** : 考虑人们的"族群",来决定他们是否有犯罪倾向。

62. **种族化(Racialization)** : 根据人们的物理特征,将人口划分为不同群体的过程。

63. **种族主义(Racism)** : 因不同的"种族"的生理特性而对他们产生的歧视。

64. **合理适应(Reasonable accommodation)** : 魁北克的多元主义者认为,政府政策和项目不应仅限于包容,还应该适应新移民和少数民族群体的文化差异。

65. **居民学校(Residential schools)** : 政府教育部门安置原住民儿童的学校体系,目的是使其同化到主流文化中。

66. **1763 皇家宣言(Royal Proclamation of 1763)** : 国王乔治三世的宣言,为制定加拿大的原住民的皇家条约打下了基础。

67. **选择标准(Selection criteria)** : 移民政策规定的一系列标准,包括移民申请人的受教育情况、工作经验、年龄、官方语言水平、"适应性"等。

68. **社会阶层(Social class)** : 个人结构性经济地位,即(a)拥有的资产,(b)掌握的生产方式,(c)可支配劳工。。

69. **社会经济层级(Social - economic hierarchy)** : 社会和经济的金字塔结构,极少数社会群体处于塔尖,拥有更多的财富、权力、名望;而其他的大多数人处于金字塔的中下层。

70. **结构性同化(Structural assimilation)** : 指少数民族群体与东道国经济、社会、政治生活的融合。

71. **种族的共时维度(Synchronic dimensions of ethnicity)** : 个人或"种族"群体的身份被他人定义、评估、对待的方式。

72. **贸易离散(Trade diasporas)** : 大量商人因国际贸易的发展而移居的现象。如奥斯曼帝国时,希腊商人离散到维也纳、敖德萨、的里雅斯特;在19、20 世纪,中国商人离散到东南亚。

73. **跨国主义（Transnationalism）**：移民根据原住国、东道国和其他国家的地理、政治边界建立的多元社会、经济、文化关系。

74. **消极出警（Under – policing）**：指当少数民族成为受害者时，警方对他们保护不力的情况。

75. **垂直马赛克（Vertical mosaic）**：波特对加拿大社会的一种形容，指加拿大社会由很多"种族"群体（马赛克）组成，但存在着"种族"等级，英国和法国处于最顶端，而其他的群体处于社会、经济、政治结构的（垂直）下层。

76. **受害者离散（Victim diasporas）**：指少数民族群体因迫害和战争被迫离开故土。例如犹太人、亚美尼亚人、库尔德人、小亚细亚希腊人、巴勒斯坦人等。种族"清洗"导致受害者离散移居。

77. **零容忍（Zero tolerance）**：学校处罚"行为不当"学生的政策，通常被视为是体制种族主义的反映，因为这些政策主要针对少数民族学生。

参考文献

Abraham, Carolyn. 2005. "Race: Five Years Ago, the Human Genome Project Said Race Didn't Exist. Now, Huge Scientific Projects are Studying the Genetic Traits of Ethnic Groups. What Happened?" *The Globe and Mail*, 18 June: F1.

Abu-Laban, Yasmeen, and Christina Gabriel. 2002. *Selling Diversity: Immigration, Multiculturalism, Employment Equity and Globalization*. Peterborough: Broadview Press.

——, and Daiva Stasiulis. 1992. "Ethnic Pluralism Under Siege: Popular and Partisan Opposition to Multiculturalism," *Canadian Public Policy* 27 (4): 365 – 86.

Adams, Howard. 1999. *Tortured People: The Politics of Colonization*. Penticton: Theytus Books.

Agnew, Vijay. 1996. *Resisting Discrimination: Women from Asia, Africa, and the Caribbean and the Women's Movement in Canada*. Toronto: University of Toronto Press.

Agocs, Carol, and Monica Boyd. 1993. "The Canadian Ethnic Mosaic Recast for the 90s," in James Curtis, Edward Grabb, and Neil Guppy, eds, *Social Inequality in Canada: Patterns, Problems, Policies*, 2nd edn, 330 – 52. Scarborough: Prentice Hall Canada.

Akenson, Donald. 1995. "The Historiography of English Speaking Canada and the Concept of Diaspora: A Sceptical Appreciation," *Canadian Historical Re-*

view 76 (3): 377 –410.

Alba, Richard, and Victor Nee. 1999. "Rethinking Assimilation Theory for a New Era of Immigration," in Charles Hirschman et al., eds, *The Handbook of International Migration: The American Experience*. New York: Russell Sage Foundation.

Alboim, Naomi. 2009. *Adjusting the Balance: Fixing Canada's Economic Immigration Policies*. Maytree Foundation. www. maytree. com/policy.

Alfred, Gerald. 1995. *Heeding the Voices of Our Ancestors: Kahnawake Mohawk Politics and the Rise of Native Nationalism*. Toronto: Oxford University Press.

Alfred, Taiaiake. 1999. *Peace, Power and Righteousness: An Indigenous Manifesto*. Toronto: Oxford University Press.

Allahar, Anton. 1998. "Race and Racism: Strategies of Resistance," in Vic Satzewich, ed., *Racism and Social Inequality in Canada*. Toronto: Thompson Educational Publishers.

Allen, Robert. 1993. *His Majesty's Indian Allies: British Indian Policy in the Defence of Canada, 1774 – 1815*. Toronto: Dundurn Press.

Amit-Talai, Vered, and Carolyn Knowles, eds. 1996. *Re-situating Identities: The Politics of Race, Ethnicity and Culture*. Peterborough: Broadview Press.

Andersen, Kay. 1991. *Vancouver's Chinatown: Racial Discourse in Canada, 1875 – 1980*. Montreal and Kingston: McGill-Queen's University Press.

Anderson, Alan, and James Frideres. 1980. *Ethnicity in Canada: Theoretical Perspectives*. Toronto: Butterworths.

Anderson, Kim. 2000. *A Recognition of Being: Reconstructing Native Womanhood*. Toronto: Sumach Press.

Angus Reid Group, Inc. 1991. *Multiculturalism and Canadians: Attitude Study 1991*. Submitted to Multiculturalism and Citizenship Canada.

Anthias, Floya. 1998. "Evaluating 'Diaspora': Beyond Ethnicity?," *Sociology* 32(3): 557 –80.

Arat-Koç, Sedef. 2006. "Whose Transnationalism? Canada: Clash of Civilizations Discourse, and Arab and Muslim Canadians," in Vic Satzewich and Lloyd Wong, eds, *Transnational Identities and Practices in Canada*. Vancouver: University of British Columbia Press.

Ashcroft, Bill, Gareth Griffiths, and Helen Tiffin, eds. 2006. *The Post-Colonial*

Studies Reader, 2nd edn. London: Routledge.

Asia Pacific Foundation of Canada. 2011. *Canadians Abroad: Canada's Global Asset*. Vancouver: Asia Pacific Foundation of Canada.

Assembly of First Nations. 2001. "Assembly of First Nations—The Story."

———. 2006. "Key Elements of the Indian Residential Schools Settlement Agreement."

Association of Black Law Enforcers. 2003. "Official Position on 'racial profiling' in Canada." Toronto: Association of Black Law Enforcers.

Avery, Donald. 1995. *Reluctant Host: Canada's Response to Immigrant Workers, 1896 – 1994*. Toronto: McClelland and Stewart.

Aylward, Carol. 1999. *Canadian Critical Race Theory: Racism and the Law*. Halifax: Fernwood Publishing.

Backhouse, Constance. 1999. *Colour-coded: A Legal History of Racism in Canada, 1900 – 1950*. Toronto: University of Toronto Press.

Bakan, Abigail, and Daiva Stasiulis, eds. 1997. *Not One of the Family: Foreign Domestic Workers in Canada*. Toronto: University of Toronto Press.

Balibar, Etienne, and Immanuel Wallerstein. 1991. *Race, Nation and Class: Ambiguous Identities*. London: Verso.

Bannerji, Himani. 2000. *The Dark Side of the Nation: Essays on Multiculturalism, Nationalism and Gender*. Toronto: Garamond Press.

Bansak, Cynthia, and Steven Raphael. 2001. "Immigration Reform and the Earnings of Latino Workers: Do Employer Sanctions Cause Discrimination?," *Industrial and Labour Relations Review* 54 (2): 275 – 95.

Banton, Michael. 1970. "The Concept of Racism," in S. Zubaida, ed., *Race and Racialism*. London: Tavistock.

———. 1977. *The Idea of Race*. London: Tavistock.

———. 1979. "Analytical and Folk Concepts of Race and Ethnicity," *Ethnic and Racial Studies* 2: 12 – 38.

———. 1987. *Racial Theories*. London: Cambridge University Press.

———. 2002. *The International Politics of Race*. Cambridge: Cambridge University Press.

Barker, Martin. 1981. *The New Racism*. London: Junction Books.

Basch, Linda, Nina Glick Schiller, and Christina Szanton Blanc. 1994. Nations

Unbound: Transnational Projects, Postcolonial Predicaments and Deterritorialized Nationstates. Amsterdam: Gordon and Breach Publishers.

Basok, Tanya. 2002. *Tortillas and Tomatoes: Transmigrant Mexican Harvesters in Canada*. Montreal and Kingston: McGillQueen's University Press.

Basran, Gurcharn, and B. Singh Bolaria. 2003. *The Sikhs in Canada: Migration, Race, Class and Gender*. New Delhi: Oxford University Press.

————, and Li Zong. 1998. "Devaluation of Foreign Credentials as Perceived by Nonwhite Professional Immigrants," *Canadian Ethnic Studies* 30: 6 – 23.

Beaujot, Roderic, and Kevin McQuillan. 1982. *Growth and Dualism: The Demographic Development of Canadian Society*. Toronto: Gage.

Bibby, Reginald. 1990. *Mosaic Madness*. Toronto: Stoddart.

Bissoondath, Neil. 1994. *Selling Illusions: The Cult of Multiculturalism*. Toronto: Penguin.

Black, Jerome, and David Hagen. 1993. "Quebec Immigration Politics and Policy: Historical and Contemporary Perspectives," in Alain-G. Gagnon, ed., *Québec: State and Society*, 2nd edn. Toronto: Nelson Canada.

Blatchford, Christie. 2012. "Christie Blatchford: No Honour in 'Cold-Blooded, Shameless' Murder of Shafia Girls," National Post, 29 January: A2.

Bolaria, B. Singh, and Peter Li. 1988. *Racial Oppression in Canada*, 2nd edn. Toronto: Garamond Press.

Boldt, Menno. 1993. *Surviving as Indians: The Challenge of Self-government*. Toronto: University of Toronto Press.

Bonacich, Edna. 1972. "A Theory of Ethnic Antagonism: The Split Labour Market," *American Sociological Review* 37: 547 – 59.

————. 1976. "Advanced Capitalism and Black – White Relations in the United States: A Split Labour Market Interpretation," *American Sociological Review* 41: 34 – 51.

————. 1979. "The Past, Present and Future of Split Labour Market Theory," in Cora Bagley Marrett and Cheryl Leggon, eds, *Research in Race and Ethnic Relations: A Research Annual* 1: 17 – 64. Greenwich, CT: jai Press.

Bonnett, Alastair. 1998. "How the British Working Class Became White: The Symbolic (Re)formation of Racialized Capitalism," *Journal of Historical Sociology* 11 (3): 316 – 40.

————. 2000. *Anti-Racism*. London: Routledge.

Borjas, George. 1999. *Heaven's Door: Immigration Policy and the American Economy*. Princeton: Princeton University Press.

Borowski, Allan, and Alan Nash. 1994. "Business Immigration," in Howard Adelman et al., eds, *Immigration and Refugee Policy: Australia and Canada Compared*, vol. 1. Carleton, Victoria: Melbourne University Press.

Borrows, John. 1997. "Wampum at Niagara: The Royal Proclamation, Canadian Legal History, and Self-Government," *in Michael Asch, ed., Aboriginal and Treaty Rights in Canada*. Vancouver: University of British Columbia Press.

Bose, Pablo, 2007. "Development and Diasporic Capital: Nonresident Indians and the State," in Luin Goldring and Sailaja Krishnamurti, eds, *Organizing the Transnational: Labour, Politics and Social Change*. Vancouver: University of British Columbia Press.

Bouchard, Genevieve, and Barbara Wake Carroll. 2002. "Policy-Making and Administrative Discretion: The Case of Immigration in Canada," *Canadian Public Administration* 45 (2): 239 – 57.

Bouchard, Gérard, and Charles Taylor. 2008. *Building the Future: A Time for Reconciliation*. Gouvernement du Québec. Consultation Commission on Accommodation Practices Related to Cultural Differences. www. accommodements. qc. ca/documentation/ rapports/rapport-finalintegral-en. pdf.

Bourhis, Richard. 2003. "Measuring Ethnocultural Diversity Using the Canadian Census," *Canadian Ethnic Studies* 35 (1): 9 – 32.

Boyd, Monica. 1992. "Gender, Visible Minority, and Immigrant Earnings Inequality: Reassessing an Employment Equity Premise," in Vic Satzewich, ed., *Deconstructing a Nation: Immigration, Multiculturalism and Racism in '90s Canada*, 279 – 321. Halifax: Fernwood Press.

————, John Goyder, Frank E. Jones, Hugh A. McRoberts, Peter C. Pineo, and John Porter. 1981. "Status Attainment in Canada: Findings of the Canadian Mobility Study," *Canadian Review of Sociology and Anthropology* 18 (5): 657 – 73.

————, and Doug Norris. 2001. "Who are the 'Canadians'? Changing Census Responses, 1986 – 1996," *Canadian Ethnic Studies* 33 (1): 1 – 24.

Boyle, Mark and Rob Kitchin. 2011. *A Diaspora Strategy for Canada? Enriching*

Debate through Heightening Awareness of International Practice. Vancouver: Asia Pacific Foundation of Canada.

Breton, Raymond. 1964. "Institutional Completeness of Ethnic Communities and the Personal Relations of Immigrants," *American Journal of Sociology* 70: 193 – 205.

———. 1991. *The Governance of Ethnic Communities: Political Structures and Processes in Canada*. New York: Greenwood Press.

———, Wsevolod Isajiw, Warren W. Kalbach, and Jeffrey G. Reitz. 1990. *Ethnic Identity and Equality: Varieties of Experience in a Canadian City*. Toronto: University of Toronto Press.

———, and Howard Roseborough. 1971. "Ethnic Differences in Status," in Bernard R. Blishen, Frank E. Jones, Kaspar D. Naegele, and John Porter, eds, *Canadian Society: Sociological Perspectives*, 540 – 68. Toronto: MacMillan Canada.

Brimelow, Peter. 1995. *Alien Nation: Common Sense about America's Immigration Disaster*. New York: Random House.

Brown, Rupert. 1995. *Prejudice: Its Social Psychology*. Oxford: Blackwell Publishers.

Brubaker, Rogers. 2005. "The 'Diaspora' Diaspora," *Ethnic and Racial Studies* 28 (1): 1 – 19.

Bruquetas-Callejo, Maria, Blanca GaresMascarenas, Rinus Penninx, and Peter Scholten. 2006. "Policymaking Related to Immigration and Integration: The Dutch Case," imiscoe Working Paper: Country Report. www. imiscoe. org.

Bryden, Anne, and Sandra Niessen, eds. 1998. *Consuming Fashion: Adorning the Transnational Body*. Oxford: Berg Publishers.

Brym, Robert J., and Bonnie Fox. 1989. *From Culture to Power: The Sociology of English Canada*. Toronto: Oxford University Press.

Calliste, Agnes. 1987. "Sleeping Car Porters in Canada: An Ethnically Submerged Split Labour Market," *Canadian Ethnic Studies* 19 (1): 1 – 20.

———. 1991. "Canada's Immigration Policy and Domestics from the Caribbean: The Second Domestic Scheme," in Jesse Vorst et al., eds, *Race*, *Class*, Gender: Bonds and Barriers, 136 – 68. Toronto: Garamond Press.

———. 1996. "Antiracism Organizing and Resistance in Nursing: African Canadian Women," *Canadian Review of Sociology and Anthropology* 33 (3): 361 –90.

Cameron, David. 2012. "PM's Speech at Munich Security Conference." http:// www. number10. gov. uk/news/pms-speechat-munich-security-conference/.

Canada. 1947. *Debates of the House of Commons*. 1 May: 2644 – 6.

———. 1993. *Indian Treaties and Surrenders, From no. 281 to no. 483*. Vol. 3. Saskatoon: Fifth House Publishers. Canada. Citizenship and Immigration Canada. 2002a. *Business Immigration Program Statistics*.

———. 2002b. *A Look at Canada*. Ottawa: Minister of Public Works and Government Services.

———. 2003a. *Facts and Figures*. www. cic. gc. ca/english/pub/facts2003/overview/1. html.

———. 2003b. *Sponsor a Family Member*. www. cic. gc. ca/english/sponsor/index. html.

———. 2003c. *Who is Eligible for Selection?* www. cic. gc. ca/english/refugees/resttle-2. html.

———. 2003d. *Will You Qualify as a Skilled Worker?*

———. 2004. *Facts and Figures, 2004: Immigration overview*.

———. 2005. *Facts and Figures, 2005*. www. cic. gc. ca/english/pub/facts2005/ permanent/17. html.

———. 2008. *Facts and Figures 2007—Immigration Overview: Permanent and Temporary Residents*. Ottawa. www. cic. gc. ca/english/ resources/statistics/menufact. asp.

Canada. Department of Justice. 2002. *Immigration and Refugee Protection Regulations*. http://laws. justice. gc. ca/en/I2. 5/SOR- 2002-227/239632. html.

Canada. Indian and Northern Affairs Canada. 2004. *Basic Departmental Data 2003*. Ottawa: Indian and Northern Affairs Canada.

Canadian Race Relations Foundation. 2001. "Canada's Immigration polices: Contradictions and Shortcomings," *CRRF Perspectives: Focus on Immigration and Refugee Issues* Autumn/Winter. www. crr. ca/en/Publications/ePubHome. htm.

Carens, Joseph. 2000. *Culture, Citizenship and Community: A Contextual Exploration of Justice and Evenhandedness*. Oxford: Oxford University Press.

Carment, David, and Yiagadeesen Samy. 2012. "The Dangerous Game of Diaspora Politics," *The Globe and Mail*, February 10.

Carter, Sarah. 1990. *Lost Harvests: Prairie Indian Reserve Farmers and Government Policy*. Montreal and Kingston: McGillQueen's University Press.

Castles, Stephen, and Godula Kosack. 1973. *Immigrant Workers and Class Structure in Western Europe*. London: Oxford University Press.

————, and ————. 1984. *Immigrant Workers and Class Structure in Western Europe*, 2nd edn. Oxford: Oxford University Press.

————, and Mark Miller. 2003. *The Age of Migration: International Population Movements in the Modern World*, 3rd edn. New York: Guilford.

Cawley, John, Karen Conneely, James Heckman, and Edward Vytlacil. 1997. "Cognitive Ability, Wages, and Meritocracy," in Bernie Devlin et al., eds, *Intelligence, Genes and Success: Scientists Respond to* The Bell Curve. New York: Springer-Verlag.

CBC. *The Fifth Estate*. http://www.cbc.ca/fifth/2011-2012/thehouseofshafia/.

CBC News. 2003. "Ahenakew Charged with Spreading Hate," http://www.cbc.ca/news/canada/story/2003/06/11/ahenakew_charge030611.html.

————. 2011. "What As a Hate Crime?," http://www.cbc.ca/news/canada/story/2011/06/15/f-hate-crimes.html.

Chimbos, Peter, 1974. "Ethnicity and Occupational Mobility: A Comparative Study of Greek and Slovak Immigrants in 'Ontario City'," *International Journal of Comparative Sociology* 15: 57–67.

————. 1980. *The Canadian Odyssey: The Greek Experience in Canada*. Toronto: McClelland and Stewart.

Chung, Andrew. 2012. "Afghan Embassy Condemns Shafia Murders," *Toronto Star*, 31 January: A2.

Clement, Wallace. 1975. *The Canadian Corporate Elite: An Analysis of Economic Power*. Toronto: McClelland and Stewart.

————, and John Myles. 1994. *Relations of Ruling*. Montreal: McGill-Queen's University Press.

Cohen, Robin. 1995. "Rethinking 'Babylon': Iconoclastic Conceptions of the Diasporic Experience," *New Community* 21 (1): 5–18.

————. 1997. *Global Diasporas: An Introduction*. Seattle: University of Washington Press.

———. 2008. *Global Diasporas: An Introduction (Second Edition)*. New York: Routledge.

Collins, Jock. 1988. *Migrant Hands in a Distant Land: Australia's Post-war Immigration*. Sydney: Pluto Press.

Congress of Aboriginal Peoples. 1998. "Profile—Background Information. " www. abo-peoples. org/background/background. html.

Connolly, Kate. 2010. "Angela Merkel Declares Death of German Multiculturalism, " *The Guardian*, 17 October.

Cooke, Martin, Daniel Beavon, and Mindy McHardy. 2004. "Measuring the Wellbeing of Aboriginal People: An Application of the United Nations Human Development Index to Registered Indians in Canada, 1981 – 2001. " Ottawa: Indian and Northern Affairs Canada.

Cornelius, Wayne. 2004. "Spain: The Uneasy Transition from Labor Exporter to Labor Importer, " in Wayne Cornelius et al., eds, *Controlling Immigration: A Global Perspective*, 2nd revised edn. Stanford: Stanford University Press.

Cox, David, and Patrick Glenn. 1994. "Illegal Immigration and Refugee Claims, " in Howard Adelman et al., eds, *Immigration and Refugee Policy: Australia and Canada Compared*, Vol. 1. Carleton, Victoria: Melbourne University Press.

Cox, Oliver Cromwell. 1948. *Caste, Class and Race: A Study in Social Dynamics*. New York: Doubleday.

Cox, Oliver. 1948. *Caste, Class and Race*. New York: Monthly Review Press.

Creese, Gillian. 1984. "Immigration Policies and the Creation of an Ethnically Segmented Labour Market, " *Alternate Routes* 7 (1): 1 – 34.

Crowley, Brian Lee. 1995. "Property, Culture, and Aboriginal Self-government, " in Helmar Drost, Brian Lee Crowley, and Richard Schwindt, eds, *Market Solutions for Native Poverty*. Toronto: C. D. Howe Institute.

Cuneo, Carl, and James E. Curtis. 1975. "Social Ascription in the Educational and Occupational Status Attainment of Urban Canadians, " *Canadian Review of Sociology and Anthropology* 12 (1): 6 – 24.

Curry, Bill. 2005. "The Government Responds: Indian Affairs Minister Announces Plan to Relocate Settlement, Improve Sanitation, " *The Globe and*

Mail, 28 October: A1.

Curtis, Bruce. 2001. *The Politics of Population: State Formation, Statistics and the Census of Canada, 1840 – 1875*. Toronto: University of Toronto Press.

Daniels, Harry. 2005. "Bill C-31: The Abocide Bill." http://abo-peoples. org/programs/dnlsc31. html.

Daniels, Michael, Bernie Devlin, and Kathryn Roeder. 1997. "Of Genes and IQ," in Bernie Devlin et al., eds, *Intelligence, Genes and Success: Scientists Respond to The Bell Curve*. New York: Springer-Verlag.

Darroch, Gordon. 1979. "Another Look at Ethnicity, Stratification and Social Mobility in Canada," *Canadian Journal of Sociology* 4 (1): 1 – 24.

Davies, Scott, and Neil Guppy. 1998. "Race and Canadian Education," in Vic Satzewich, ed., *Racism and Social Inequality in Canada: Concepts, Controversies and Strategies of Resistance*, 131 – 55. Toronto: Thompson Educational Publishing.

Denis, Wilfrid. 1999. "Language Policy in Canada," in Peter Li, ed., *Race and Ethnic Relations in Canada*, 2nd edn. Toronto: Oxford University Press.

de Silva, Arnold. 1992. *Earnings of Immigrants: A Comparative Analysis*. Economic Council of Canada.

Devlin, Bernie, Stephen E. Fienberg, Daniel P. Resnick, and Kathryn Roeder, eds. 1997. *Intelligence, Genes, and Success: Scientists Respond to* The Bell Curve. New York: Springer-Verlag.

Devortez, Don, and Samuel Laryea. 1998. *Canadian Human Capital Transfers: The USA and Beyond*. Metropolis Working Paper series #98-18. Vancouver: Vancouver Centre of Excellence.

Dickason, Olive. 1992. *Canada's First Nations: A History of Founding Peoples from Earliest Times*. Toronto: McClelland and Stewart.

Driedger Leo and G. Church. 1974. "Residential Segregation and Institutional Completeness: A Comparison of Ethnic Minorities," *Canadian Review of Sociology and Anthropology* 2: 30 – 52.

Driedger, Leo. 1975. "In Search of Cultural Identity Factors: A Comparison of Ethnic Students," *Canadian Review of Sociology and Anthropology* 12: 150 – 62.

———. 1989. *The Ethnic Factor: Identity in Diversity*. Toronto: McGraw-Hill Ryerson.

———. 1996. *Multi-ethnic Canada: Identities and Inequalities*. Toronto: Oxford University Press.

———. 2003. *Race and Ethnicity: Finding Identities and Inequalities*. Toronto: Oxford University Press.

Dua, Enakshi. 2004. "Racializing Imperial Canada: Indian Women and the Making of Ethnic Communities," in Marlene Epp, Franca Iacovetta, and Frances Swyripa, eds, *Sisters or Strangers: Immigrant, Ethnic, and Racialized Women in Canadian History*, 71 – 85. Toronto: University of Toronto Press.

———. 2009. "On the Effectiveness of AntiRacist Policies in Canadian Universities: Issues of Implementation of Policies by Senior Administrators," in Frances Henry and Carol Tator, eds, *Racism in the Canadian University*. Toronto: University of Toronto Press.

Dufour, Christian. 1992. "A Little History," excerpt from *Le défi québécois*, in William Dodge, ed., *Boundaries of Identity*. Toronto: Lester Publishing.

Dunk, Thomas. 1991. *It's a Working Man's Town: Male Working-class Culture*. Montreal and Kingston: McGill – Queen's Press.

Durham, First Earl of. 1963. *The Durham Report*. Toronto: McClelland and Stewart. Durkheim, Émile. 1964 [1893]. *The Division of Labour in Society*. New York: Free Press.

Dyck, Noel. 1991. *What Is the Indian "Problem": Tutelage and Resistance in Canadian Indian Administration*. St. John's: Institute of Social and Economic Research.

Economic Council of Canada. 1991. *New Faces in the Crowd: Economic and Social Impacts of Immigration*. Ottawa: Ministry of Supply and Services.

European Union, 2010. *Racism, Ethnic Discrimination and Exclusion of Migrants and Minorities in Sport: A Comparative View of the Situation in the European Union*. Vienna: European Union Agency for Fundamental Rights.

Faist, Thomas. 2000. "Transnationalism in International Migration: Implications for the Study of Citizenship and Culture," *Ethnic and Racial Studies* 23 (2): 189 – 222.

Fanon, Frantz. 1961. *The Wretched of the Earth*. New York: Grove Press.

———. 1967. *Black Skin, White Masks*. New York: Grove Press.

Farmer, Nathan. 2005. "Kingston Police Chief Apologizes for Force's Systemic Racism. " http://friendsofgrassynarrows. com/item. php? 427F.

Feagin, Joe, and Hernan Vera. 1995. *White Racism*. New York: Routledge.

Flanagan, Thomas. 2000. *First Nations, Second Thoughts*. Kingston and Montreal: McGillQueen's University Press.

Fleras, Augie. 1993. "From 'Culture' to 'Equality': Multiculturalism as Ideology and Policy," in James Curtis, Edward Grabb, and Neil Guppy, eds, *Social Inequality in Canada: Patterns, Problems, Policies*, 2nd edn. Scarborough: Prentice Hall Canada.

———. 2012. *Unequal Relations: An Introduction to Race, Ethnic and Aboriginal Dynamics in Canada*, 7th edn. Toronto: Pearson Education.

———, and Jean Leonard Elliott. 1996. *Unequal Relations: An Introduction to Race, Ethnic and Aboriginal Dynamics in Canada*. Toronto: Prentice Hall Canada.

Fong, Petti. 2005. "BC Teen Pleads Guilty in School Beating Death," *The Globe and Mail*, 27 October: A11.

———. 2006. "Immigrant Groups Fear Dual-Citizenship Review," *The Globe and Mail*, 19 October: A1.

Forcese, Dennis. 1997. *The Canadian Class Structure*, 4th edn. Toronto: McGraw-Hill Ryerson.

Foster, Lorne, 2008. "Foreign Trained Doctors in Canada: Cultural Contingency and Cultural Democracy in the Medical Profession," *International Journal of Criminology and Sociological Theory* 1 (1): 1 – 25.

———. 2009. "Lawyers of Colour and Racialized Immigrants with Foreign Legal Degrees: An Examination of the Institutionalized Process of Social Nullification," *International Journal of Criminology and Sociological Theory* 2 (1): 189 – 217.

Francis, Diane. 2002. *Immigration: The Economic Case*. Toronto: Key Porter Books.

Fraser, Steven. 1995. "Introduction," in Steven Fraser, ed., *The Bell Curve Wars: Race, Intelligence and the Future of America*. New York: Basic Books.

Frideres, James, and René Gadacz. 2001. *Aboriginal Peoples in Canada: Contemporary Conflicts*, 6th edn. Toronto: PrenticeHall Canada.

————, and ————. 2004. *Aboriginal Peoples in Canada*, 7th edn. Toronto: Pearson Education Canada.

————, and ————. 2012. *Aboriginal Peoples in Canada*, 9th edn. Toronto: Pearson.

Friesen, Joe. 2005. "Another Funeral, This One Well-Guarded," *The Globe and Mail*, 28 November: A11.

Fulford, Robert. 2006. "How We Became a Land of Ghettos," *The National Post*, 12 June: A19.

Furi, Megan, and Jill Wherrett. 2003. *Indian Status and Band Membership Issues*. Ottawa: Parliamentary Research Branch, Library of Parliament.

Gabaccia, Donna. 2000. *Italy's Many Diasporas*. Seattle: University of Washington Press.

Gagnon, Alain-G., ed. 2004. *Québec: State and Society*, 3rd edn. Peterborough: Broadview Press.

Gains, Cork. 2011. "White Coaches Prefer White Quarterbacks, Black Coaches Prefer Black Quarterbacks, *Business Insider*, 14 September 14, http://articles. businessinsider. com/2011-09-14/ sports/30153148 _ 1 _ black-quarter-backshead-coaches-white-quarterbacks.

Galabuzi, Grace-Edward. 2006. *Canada's Economic Apartheid: The Social Exclusion of Racialized Groups in the New Century*. Toronto: Canadian Scholars Press.

Gibbon, Edward. 1998. *The Decline and Fall of the Roman Empire*. Hertfordshire: Wordsworth.

Gimpel, James, and James Edwards. 1999. *The Congressional Politics of Immigration Reform*. Boston: Allyn and Bacon.

Giroux, France. 1997. "Le nouveau contrat nationalist: Est-il possible dans une démocratie pluraliste? Examen comparatif des situations française, canadienne et québécoise". *Politique et société* 16 (3).

Glick Schiller, Nina. 1999. "Transmigrants and Nation-states: Something Old and Something New in the U. S. Immigrant Experience," in Charles Hirschman et al., eds, *The Handbook of International Migration: The American Experience*. New York: Russell Sage Foundation.

Goldberg, David Theo, ed. 1990. *Anatomy of Racism*. Minneapolis: University of

Minnesota Press.

———. 1993. *Racist Culture: Philosophy and the Politics of Meaning*. Oxford: Blackwell Publishers.

Gordon, Milton. 1964. *Assimilation in American Life: The Role of Race, Religion, and National Origins*. New York: Oxford University Press.

Granatstein, Jack. 2007. *Whose War Is It? How Canada Can Survive in the Post - 9/11 World*. Toronto: Harper Collins.

Goyder, John C., and James E. Curtis. 1979. "Occupational Mobility Over Four Generations," in James E. Curtis and William G. Scott, eds, *Social Stratification: Canada*, 221 – 33. Scarborough: Prentice Hall Canada.

Guillaumin, Colette. 1995. *Racism, Sexism, Power and Ideology*. London: Routledge. Hagan, John. 2001. *Northern Passage: American War Resisters in Canada*. Cambridge, MA: Harvard University Press.

Hansen, Marcus Lee. 1940. *The Immigrant in American History*. New York: Harper and Row.

———. 1961. *The Atlantic Migration: 1607 – 1860*. New York: Harper and Row.

Hardcastle, Leonie, Andrew Parkin, Alan Simmons, and Nobuaki Suyama. 1994. "The Making of Immigration and Refugee Policy: Politicians, Bureaucrats and Citizens," in Howard Adelman et al., eds, *Immigration and Refugee Policy: Australia and Canada Compared*, Vol. 1. Carleton, Victoria: Melbourne University Press.

Harney, Nicholas. 1998. *Eh, Paesan! Being Italian in Toronto*. Toronto: University of Toronto Press.

Harris, Cecil, 2003. *Breaking the Ice: The Black Experience in Professional Hockey*. Toronto: Insomniac Press.

Hawkins, Freda. 1988. *Canada and Immigration: Public Policy and Public Concern*, 2nd edn. Montreal and Kingston: McGillQueen's University Press.

———. 1989. *Critical Years in Immigration: Canada and Australia Compared*. Montreal: McGill-Queen's University Press.

Hennebry, Jenna. 2012. *Permanently Temporary? Agricultural Migrant Workers and Their Integration in Canada*. Montreal. Institute for Research on Public Policy.

Henry, Frances. 1999. "Two Studies of Racial Discrimination," in James Curtis,

Edward Grabb, and Neil Guppy, eds, *Social Inequality in Canada: Patterns, Problems, and Policies*, 3rd edn, 226 – 35. Scarborough: Prentice Hall Canada.

———, and Effie Ginzberg. 1985. *Who Gets the Work? A Test of Racial Discrimination in Employment*. Toronto: Urban Alliance on Race Relations and the Social Planning Council of Metropolitan Toronto.

———, and ———. 1988. "Racial Discrimination in Employment," in James Curtis, Edward Grabb, Neil Guppy, and Sid Gilbert, eds, *Social Inequality in Canada: Patterns, Problems, Policies*, 214 – 20. Scarborough: Prentice-Hall Canada.

———, and Carol Tator. 1999. "State Policy and Practices as Racialized Discourse: Multiculturalism, the Charter, and Employment Equity," in Peter Li, ed., *Race and Ethnic Relations in Canada*. Toronto: Oxford University Press.

———, and ———. 2010. *The Colour of Democracy: Racism in Canadian Society (fourth edition)*. Toronto: Nelson.

Herberg, Edward N. 1989. *Ethnic Groups in Canada: Adaptations and Transitions*, 2nd edn. Scarborough: Nelson Canada.

Hernandez-Ramdwar, Camille. 2009. "Caribbean Students in the Academy: We've Come a Long Way?", in Frances Henry and Carol Tator, eds, *Racism in the Canadian University*. Toronto: University of Toronto Press.

Herodotus. 1998. *Histories*. Hertfordshire: Wordsworth.

Herrnstein, Richard, and Charles Murray. 1994. *The Bell Curve: Intelligence and Class Structure in American Life*. New York: Free Press.

Hier, Sean, and Joshua Greenberg. 2002. "News Discourse and the Problematization of Chinese Migration to Canada," in Frances Henry and Carol Tator, eds, *Discourses of Domination: Racial Bias in the Canadian English-language Press*. Toronto: University of Toronto Press.

Hobsbawm, Eric. 1990. *Nations and Nationalism since 1780: Programme, Myth, Reality*. Cambridge: Cambridge University Press.

Hooten, Ernest. 1946. *Up From the Ape*. New York: MacMillan.

Hou, Feng, and T. R. Balakrishnan. 1999. "The Economic Integration of Visible Minorities in Contemporary Canadian Society," in James Curtis, Edward Grabb, and Neil Guppy, eds, *Social Inequality in Canada: Patterns, Prob-

lems, *and Policies*, 3rd edn, 214 – 25. Scarborough: Prentice Hall Canada.

Howard-Hassmann, Rhoda. 1999. "'Canadian' as an Ethnic Category: Implications for Multiculturalism and National Unity," *Canadian Public Policy* 25 (4).

Hrles, John. 2004. "Immigrant Integration in Canada and the United States," *American Review of Canadian Studies* 34 (2): 223-58.

Hum, Derek, and Wayne Simpson. 2007. "Revisiting Equity and Labour: Immigration, Gender, Minority Status, and Income in Canada," in Sean Hier and Singh Bolaria, eds, *Race and Racism in 21st Century Canada: Continuity, Complexity, and Change*, 89 – 109. Peterborough: Broadview Press.

Hume, David. 1964. "On National Characters," in T. H. Green and T. H. Grose III, eds, *The Philosophical Works*. Aalen: Scientia Verlag.

Humphreys, Adrian. 2012. "Violent Racist Gang Expands into Edmonton." http://news. nationalpost. com/2012/04/17/ violent-racist-gang-expands-intoedmonton/.

Huntley, Audrey, and Fay Blaney. 1999. *Bill C-31: Its Impacts, Implications, and Recommendations for Change in British Columbia—Final Report*. Vancouver: Aboriginal Women's Action Network and Vancouver Status of Women.

Huntington, Samuel. 2004. "The Hispanic Challenge," *Foreign Policy* 141 (March – April 2004): 30 – 45.

Hutchinson, Brian. 2011. "Blood and Honour 'White Supremacists' Charged over String of Assaults on Minorities." http://news. nationalpost. com/2011/ 12/09/whitesupremacists-who-allegedly-set-fire-tofilipino-man-charged-over-hate-crimes/.

Iacovetta, Franca. 1992. *Such Hardworking People: Italian Immigrants in Postwar Canada*. Toronto: University of Toronto Press.

———, and Robert Ventresca. 2000. "Redress, Collective Memory and the Politics of History," in Franca Iacovetta, Roberto Perin, and Angelo Principe, eds, *Enemies Within: Italian and Other Internees in Canada and Abroad*. Toronto: University of Toronto Press.

Inuit Tapiriit Kanatami. 2004a. "The Case for Inuit Specific: Renewing the Relationship between the Inuit and Government of Canada." Ottawa: Inuit Tapiriit Kanatami.

————. 2004b. "The Inuit Tapiriit Kanatami: The Origin of the itk." www. ta-pirisat. ca/.

Isaacs, Harold. 1975. "Basic Group Identity: the Idols and the Tribe," in Na-than Glazer and Daniel Patrick Moynihan, eds, *Ethnicity: Theory and Experi-ence*. Cambridge: Harvard University Press.

Isajiw, Wsevolod W. 1981. "Ethnic Identity Retention and Socialization." Paper presented at the annual meeting of the American Sociological Association, To-ronto.

————. 1999. *Understanding Diversity: Ethnicity and Race in the Canadian Con-text*. Toronto: Thompson Educational Publishing.

Jacobson, Matthew Frye. 1998. *Whiteness of a Different Color: European Immi-grants and the Alchemy of Race*. Cambridge, Mass. : Harvard University Press.

Jakubowski, Lisa. 1997. *Immigration and the Legalization of Racism*. Halifax: Fernwood Press.

James, Carl. 2005. *Race in Play: Understanding the Socio-cultural Worlds of Student Athletes*. Toronto: Canadian Scholars Press.

Jedwab, Jack. 2003. "Coming to Our Census: The Need for Continuing Inquiry into Canadians' Ethnic Origins," *Canadian Ethnic Studies* 35 (1): 33 – 50.

Jelinek, Otto. 1986. "Welcoming Remarks to the Multiculturalism Means Busi-ness Conference." Toronto, 18 May.

Jhappan, Radha. 1996. "Post-modern Race and Gender Essentialism or a Post-mortem of Scholarship," *Studies in Political Economy* 51 (3): 15 – 63.

Jiminez, Marina. 2003. "200,000 Illegal Immigrants Toiling in Canada's Under-ground Economy," *The Globe and Mail*, 14 November: A1.

————. 2005. "Broken Gates: How People Smugglers are Beating the System," *The Globe and Mail*, 20 April: A1.

Johnson, James, Walter Farrel, and Chandra Guinn. 1999. "Immigration Reform and the Browning of America: Tensions, Conflicts and Community Instability in Metropolitan Los Angeles," in Charles Hirschman et al., eds, *The Hand-book of International Migration: The American Experience*. New York: Russell Sage Foundation.

Johnson, Lisa. 2011. "Seeing Red: High School Controversy Leads to Some Seri-ous Hate," *Planet S*, Vol. 10, Issue 3, http:// www. planetsmag. com/story.

php? id =617.

Joppke, Christian. 1999. "How Immigration is Changing Citizenship: A Comparative View," *Ethnic and Racial Studies* 22 (4): 629 –52.

———. 2009. *Veil: Mirror of Identity*. Cambridge: Polity Press. Jull, Stephen. 200. "Youth Violence, Schools, and the Management Question: Discussion of Zero Tolerance and Equity in Public Schooling," Canadian Journal of *Educational Administration and Policy* 17.

Juteau, Danielle. 2002. "The Citizen Makes an Entrée: Redefining the National Community in Quebec," *Citizenship* Studies 6 (4): 441 –58.

Kalbach, Madeline, and Warren Kalbach. 2000. *Perspectives on Ethnicity in Canada*. Toronto: Harcourt Canada.

Kallen, Evelyn. 1995. *Ethnicity and Human Rights in Canada*, 2nd edn. Toronto: Oxford University Press.

———. 2003. *Ethnicity and Human Rights in Canada*, 3rd edn. Toronto: Oxford University Press.

Kant, Immanuel. 1960. *Observations on the Feeling of the Beautiful and the Sublime*. Berkeley: University of California Press.

Karmis, Demetrios. 2004. "Pluralism and National Identity(ies) in Contemporary Quebec: Conceptual Clarifications, Typology, and Discourse Analysis," in Alain-G. Gagnon, ed., *Québec: State and Society*, 3rd edn, 69 –96. Peterborough: Broadview Press.

Kaye, Vladimir. 1964. *Early Ukrainian Settlements in Canada: 1895 – 1900*. Toronto: University of Toronto Press.

———, and Frances Swyripa. *1982*. "Settlement and Colonization," in Manoly Lupul, ed., *A Heritage in Transition: Essays in the History of Ukrainians in Canada*, *32 –58*. Toronto: McClelland and Stewart.

Kelly, Karen. *1995*. "Visible Minorities: A Diverse Group," *Canadian Social Trends 37* (Summer): *2 –8*.

Khayati, Khalid. *2008*. From *Victim Diaspora to Transborder Citizenship: Diaspora Formation and Transnational Relations among Kurds in France and Sweden*. Ph. D. dissertation, Linkopings University, Sweden.

Kinder, Donald, and David Sears. *1981*. "Prejudice and Politics: Symbolic Racism versus Racial Threats to the Good Life," *Journal of Personality and So-*

cial Psychology 40: 414 – 31.

Kirkham, Della. *1998*. "The Reform Party of Canada: A Discourse on Race, Ethnicity and Equality," in Vic Satzewich, ed., *Racism and Social Inequality in Canada: Concepts, Controversies and Strategies of Resistance*. Toronto: Thompson Educational Publishing.

Knowles, Valerie. *1992. Strangers At Our Gates: Canadian Immigration and Immigration Policy, 1540 – 1990*. Toronto: Dundurn Press.

Kobayashi, Audrey. 2009. "Now You See Them, How You See Them: Women of Colour in Canadian Academia," in Frances Henry and Carol Tator, eds, *Racism in the Canadian University*. Toronto: University of Toronto Press.

———and Linda Peake. 2000. "Racism out of Place: Thoughts on Whiteness and an Anti-Racist Geography in the New Millennium," *Annals of the Association of American Geographers* 90 (2): 392 – 403.

Kordan, Bohdan. 2000. *Ukrainian Canadians and the Canadian Census, 1981 – 1996*. Saskatoon: Heritage Press.

———. 2002. *Enemy Aliens, Prisoners of War*. Montreal and Kingston: McGill-Queen's University Press.

Koser, Khalid. 2001. "The Smuggling of Asylum Seekers into Western Europe: Contradictions, Conundrums and Dilemmas," in David Kyle and Rey Koslowski, eds, *Global Human Smuggling: Comparative Perspectives*. Baltimore: Johns Hopkins University Press.

Koslowski, Rey. 2001. "Economic Globalization, Human Smuggling, and Global Governance," in David Kyle and Rey Koslowski, eds, *Global Human Smuggling: Comparative Perspectives*. Baltimore: Johns Hopkins University Press.

Krahn, Harvey J., and Graham S. Lowe. 1993. *Work, Industry and Canadian Society*, 2nd edn. Scarborough: Nelson Canada.

Krahn Harvey, Graham Lowe, and Karen Hughes. 2007. *Work, Industry, and Canadian Society*, 5th edn. Toronto: Nelson.

Kukushkin, Vadim. 2009. *Immigrant-Friendly Communities: Making Immigration Work for Employers and Other Stakeholders in SmallTown Canada*. Ottawa: Conference Board of Canada.

Kymlicka, Will. 1998. "The Theory and Practice of Canadian Multiculturalism." Paper presented to the Canadian Federation of the Social Sciences and Humanities, 23 November: 1 – 10. / www. fedcan. ca/english/ fromold/breakfast-kymlicka 1198. cfm.

———. 2010. *The Current State of Multiculturalism in Canada and Research Themes on Canadian Multiculturalism*, *2008 – 2010*. http://www. cic. gc. ca/english/resources/publications/multi-state/index. asp.

———. 2012. "Multiculturalism: Success, Failure, and the Future". Washington: Migration Policy Institute.

Lautard, Hugh, and Neil Guppy. 1990. "The Vertical Mosaic Revisited: Occupational Differentials among Canadian Ethnic Groups," in Peter Li, ed., *Race and Ethnic Relations in Canada*, 189 – 208. Toronto: Oxford University Press.

———, and ———. 2007. "Occupational Inequality among Canadian Ethnic Groups, 1931 to 2001," in Robert J. Brym, ed., *Society in Question*, 5th edn. Toronto: Nelson Canada.

Lawrence, Bonita. 2004. *"Real" Indians and Others: Mixed-blood Urban Native Peoples and Indigenous Nationhood*. Lincoln: University of Nebraska Press.

Lee, Yeuh-Ting, Victor Ottati, and Imtiaz Hussain. 2001. "Attitudes Toward 'Illegal' Immigration into the United States: California Proposition 187," *Hispanic Journal of Behavioural Sciences* 23 (4): 430 – 43.

Lehr, John. 1991. "Peopling the Prairies with Ukrainians," in Lubomir Luciuk and Stella Hryniuk, eds, *Canada's Ukrainians: Negotiating an Identity*, 30 – 52. Toronto: University of Toronto Press.

Leslie, Keith. 2005. "NDP Wants Safe Schools Act Repealed: Claim It Helps Gangs Recruit. " www. canada. com/ components/printstory/.

Levant, Ezra. 2008. "David Ahenakew, Celebrity. " http://ezralevant. com/ 2008/11/ david-ahenakew-celebrity. html.

Lévesque, Stéphane. 1999. "Rethinking Citizenship and Citizenship Education: A Canadian Perspective for the 21st Century. " Paper presented at the Citizenship Research Network Symposium, Fourth International Metropolis Conference, Georgetown University, Washington, DC, 129.

Levitt, Cyril. 1994. "Is Canada a Racist Country?," in Sally F. Zerker, ed., *Change and Impact: Essays in Canadian Social Sciences*, 304 – 16. Jerusalem: Magnes Press, Hebrew University.

Levitt, Peggy, and Raphael de la Dehesa. 2003. "Transnational Migration and the Redefinition of the State: Variations and Explanations," *Ethnic and Racial Studies* 26 (4): 587 – 611.

Lewis, Oscar. 1959. *Five Families: Mexican Case Studies in the Culture of Poverty*. New York: Oxford University Press.

———. 1966. "The Culture of Poverty," *Scientific American* 215: 19 – 25.

Lewycky, Laverne. 1992. "Multiculturalism in the 1990s and into the 21st Century: Beyond Ideology and Utopia," in Vic Satzewich, ed., *Deconstructing a Nation: Immigration, Multiculturalism and Racism in '90s Canada*. Halifax: Fernwood Press.

Li, Peter. 1988. *Ethnic Inequality in a Class Society*. Toronto: Thompson Educational Publishing.

———, ed. 1990. *Race and Ethnic Relations in Canada*. Toronto: Oxford University Press.

———. 1992. "Race and Gender as Bases of Class Fractions and the Effects on Earnings," *Canadian Review of Sociology and Anthropology* 29 (4): 488 – 510.

———. 1994. "Unneighbourly Houses or Unwelcome Chinese: The Social Construction of Race in the Battle Over 'Monster Homes' in Vancouver," *International Journal of Comparative Race and Ethnic Studies* 1 (1): 47 – 66.

———. 1998a. *The Chinese in Canada*, 2nd edn. Toronto: Oxford University Press.

———. 1998b. "The Market Value and Social Value of Race," in Vic Satzewich, ed., *Racism and Social Inequality in Canada: Concepts, Controversies and Strategies of Resistance*, 115 – 30. Toronto: Thompson Educational Publishing.

———, ed. 1999. *Race and Ethnic Relations in Canada*, 2nd edn. Toronto: Oxford University Press.

———. 2003. *Destination Canada: Immigration Debates and Issues*. Toronto: Oxford University Press.

———, and B. Singh Bolaria. 1979. "Canadian Immigration Policy and Assimilation Theories," in J. A. Fry, ed. Economy, *Class and Social Reality*, 411 – 22. Toronto: Butterworths.

Lian, Jason Z., and Ralph Matthews. 1998. "Does the Vertical Mosaic Still Exist? Ethnicity and Income in Canada, 1991," *Canadian Review of Sociology and Anthropology* 35 (4): 461 –81.

Lieberson, Stanley. 1980. "A Societal Theory of Race and Ethnic Relations," in J. E. Goldstein and Rita M. Bienvenue, eds, *Ethnicity and Ethnic Relations in Canada*, 67 – 79. Toronto: Butterworths.

Liodakis, Nikolaos. 1998. "The Activities of Hellenic-Canadian Secular Organizations in the Context of Canadian Multiculturalism," *Études Helléniques/ Hellenic Studies* 6 (1): 37 –58.

———. 2002. "The Vertical Mosaic Within: Class, Gender and Nativity within Ethnicity." Unpublished PhD dissertation, Department of Sociology, McMaster University, Hamilton.

———, and Vic Satzewich. 2003. "From Solution to Problem: Multiculturalism and 'Race Relations' as New Social Problems," in Wayne Antony and Les Samuelson, eds, *Power and Resistance: Critical Thinking about Canadian Social Issues*, 3rd edn, 145 – 68. Halifax: Fernwood Press.

Locke, John. 1960. *Two Treatises on Government*. New York: Mentor Books.

Lorimer, Douglas. 1978. *Colour, Class and the Victorians: English Attitudes to the Negro in the Mid-Nineteenth Century*. New York: Holmes and Meier Publishers Inc.

Louie, Vivian S. 2004. *Compelled to Excel: Immigration, Education, and Opportunity among Chinese Americans*. Stanford: Stanford University Press.

Luciuk, Lubomir, ed. 1994. *Righting an Injustice: The Debate Over Redress for Canada's First National Internment Operations*. Toronto: Justinian Press.

Lugo, Luis. 2003. "Remittances are Mexico's Biggest Source of Income, Says Fox." www. signonsandiego. com/news/ mexico/20030924-2051-us-mexico.

McAll, Christopher. 1990. *Class, Ethnicity and Social Inequality*. Montreal: McGillQueen's University Press.

McConahay, J. 1986. "Modern Racism, Ambivalence, and the Modern Racism Scale," in J. Dovidio and S. Gaertner, eds, *Prejudice, Discrimination, and Racism*. New York: Academic Press.

McIntosh, Peggy. 1988. "White Privilege and Male Privilege: A Personal Account of Coming to See Correspondences Through Work in Women's Studies", Working Paper 189, Wellesley College. McLaren, Angus. 1990. *Our Own*

Master Race: Eugenics in Canada, 1885 – 1945. Toronto: McClelland and Stewart.

Makabe, Tamoko. 1981. "The Theory of the Split Labour Market: A Comparison of the Japanese Experience in Brazil and Canada," *Social Forces* 59: 786 – 809.

Malloy, Jonathan. 2003. "To Better Service Canadians: How Technology is Changing the Relationship between Members of Parliament and Public Servants," *New Directions*, no. 9. Toronto: Institute of Public Administration.

Mandelbaum, Michael. 2000. "Introduction," in Michael Mandelbaum, ed, *The New European Diasporas: National Minorities and Conflict in Eastern Europe.* New York: Council on Foreign Relations Press.

Marger, Martin. 1997. *Race and Ethnic Relations: American and Global Perspectives.* Belmont, Calif. : Wadsworth Publishing.

Marx, Karl. 1994. "Theses on Feuerbach," in L. Simon, ed., Karl Marx. *Selected Writings.* New York: Hackett.

———[1859] 1970. *A Contribution to the Critique of Political Economy.* New York: International Publishers.

Mason, David. 1986. "Controversies and Continuities in Race and Ethnic Relations Theory," in John Rex and David Mason, eds, *Theories of Race and Ethnic Relations.* London: Cambridge University Press.

Massey, Douglas. 1999. "Why Does Immigration Occur? A Theoretical Synthesis," in Charles Hirschman et al., eds, *The Handbook of International Migration: The American Experience.* New York: Russell Sage Foundation.

Matthews, Kim, and Vic Satzewich. 2006. "The Invisible Transnationals: American Immigrants in Canada," in Vic Satzewich and Lloyd Wong, eds, *Transnational Identities and Practices in Canada.* Vancouver: University of British Columbia Press.

Media Awareness Network. 2010. "Decontructing Hate Sites." http://www.media-awareness. ca/english/issues/online_ hate/deconst_online_hate. cfm.

Migration Policy Institute. 2009. "United States: Inflow of Foreign-born Population by Country of Birth, 1986 – 2006. " www. migrationinformation. org/datahub/ countrydata/data. cfm.

Miles, Robert. 1982. *Racism and Migrant Labour.* London: Routledge and Kegan

Paul.

———. 1984. *White Man's Country: Racism in British Politics*. London: Pluto Press.

———. 1993. *Racism After "Race Relations."* London: Routledge.

———, and Malcolm Brown. 2003. *Racism*, 2nd edn. London: Routledge.

———, and Rudy Torres. 1996. "Does 'Race' Matter? Transatlantic Perspectives on Racism after 'Race Relations'," in V. Amit-Talai and C. Knowles, eds, *Resituating Identities: The Politics of Race, Ethnicity and Culture*, 24 – 46. Peterborough: Broadview Press.

Mill, James. 1820. *History of British India*, 2nd edn. London.

Mitchell, Katharyne. 2004. *Crossing the Neoliberal Line: Pacific Rim Migration and the Metropolis*. Philadelphia: Temple University Press.

Mitchell, Marybelle. 1996. *From Talking Chiefs to a Native Corporate Elite: The Birth of Class and Nationalism among Canadian Inuit*. Montreal and Kingston: McGillQueen's University Press.

Molotov, Alexander. 2012. "Not a Good Year for 'Blood and Honour' Canada." http://vancouver. mediacoop. ca/story/notgood-year-neo-nazi-blood-and-honou rcanada/10321.

Montagu, Ashley. 1964. *Man's Most Dangerous Myth*. New York: World Publishing.

———. 1972. *Statement on Race*. Oxford: Oxford University Press.

Monture, Patricia. 2009. "'Doing Academia Differently': Confronting 'Whiteness' in the University," in Frances Henry and Carol Tator, eds, *Racism in the Canadian University*. Toronto: University of Toronto Press.

Moodley, Kogila. 1983. "Canadian Multiculturalism as Ideology," *Ethnic and Racial Studies* 6 (3): 320 – 31.

Morley Johnson, Daniel. 2011. "From the Tomahawk Chop to the Road Block," *American Indian Quarterly* 35 (1): 104 – 35.

Murdie, Robert, and Carlos Teixeira. 2003. "Towards a Comfortable Neighbourhood and Appropriate Housing: Immigrant Experiences in Toronto," in Paul Anisef and Michael Lanphier, *The World in a City*. Toronto: University of Toronto Press.

Nadeau, Mary-Jo. 2005. *The Making and Unmaking of a Parliament of Women:*

Nation, *Race and the Politics of the National Action Committee on the Status of Women (1972-1992)*. PhD dissertation, York University, Toronto.

Nagel, Joane. 2003. *Race, Ethnicity and Sexuality: Intimate Intersections, Forbidden Frontiers*. New York: Oxford University Press.

Nagler, Mark. 1975. *Natives Without a Home*. Toronto: Longmans.

Nakhaie, Reza, ed. 1999. *Debates on Social Inequality: Class, Gender and Ethnicity in Canada*. Toronto: Harcourt Canada.

————. 2000. "Ownership and Management Position of Canadian Ethnic Groups in 1973 and 1989," in Madeline A. Kalbach and Warren Kalbach, eds, *Perspectives on Ethnicity in Canada*. Toronto: Harcourt Canada.

————. 2004. "Who Controls Canadian Universities? Ethnoracial Origins of Canadian University Administrators and Faculty's Perception of Mistreatment," *Canadian Ethnic Studies* 26 (1): 92-110.

National Post. 2007. "Mayrand Flouts Will of Parliament with Interpretation of Elections Act," http://www. nationalpost. com/news/ story. html? id = 27a9995c-e915-4f09-9ec1- 763cf8251532&k = 88632, 10 September.

Ng, Roxana. 1986. "The Social Construction of Immigrant Women in Canada," in R. Hamilton and M. Barrett, eds, *The Politics of Diversity: Feminism, Marxism and Nationalism*, 169 – 86. Montreal: Book Centre Inc.

————. 1991. "Sexism, Racism and Canadian Nationalism," in Jesse Vorst et al., eds, *Race, Class, Gender: Bonds and Barriers*, 12 – 26. Toronto: Garamond Press.

Nobles, Melissa. 2000. *Shades of Citizenship: Race and the Census in Modern Politics*. Stanford: Stanford University Press.

Noh, Samuel, and Violet Kaspar. 2003. "Diversity and Immigrant Health," in Paul Anisef and Michael Lanphier, eds, *The World in a City*. Toronto: University of Toronto Press.

Noivo, Edite. 1998. "Neither 'Ethnic Heroes' Nor 'Racial Villains': Inter-minority Group Racism," in Vic Satzewich, ed., *Racism and Social Inequality in Canada: Concepts, Controversies and Strategies of Resistance*. Toronto: Thompson Educational Publishing.

Odunfa, Sola. 2006. "Nigeria's Counting Controversy. " BBC News. http://news. bbc. co. uk/go/pr/fr/-/1/hi/world/ africa/4512240. stm.

Ogmundson, Richard. 1991. "Perspective on the Class and Ethnic Origins of Canadian Elites: A Methodological Critique of the Porter/Clement/Olsen Tradition," *Canadian Journal of Sociology* 15 (2): 165 – 77.

———. 1993. "At the Top of the Mosaic: Doubts About the Data," *American Review of Canadian Studies* Autumn: 373 – 86.

———, and J. McLaughlin. 1992. "Trends in the Ethnic Origins of Canadian Elites: The Decline of the BRITS?," *Canadian Review of Sociology and Anthropology* 29 (2): 227 – 42.

Omatsu, Maryka. 1992. *Bittersweet Passage: Redress and the Japanese Canadian Experience*. Toronto: Between the Lines Press.

Omi, Michael, and Howard Winant. 1986. *Racial Formation in the United States*. London: Routledge.

Ontario Human Rights Commission. 2005a. *Disproportionate Impact of "Zero Tolerance" Discipline*. www. ohrc. on. ca/en_text/ consultations/safe-schools-submission.

———. 2005b. *The Existence of Racial Profiling*. Toronto: Ontario Human Rights Commission.

Ooka, Emi, and Barry Wellman. 2000. *Does Social Capital Pay Off More Within or Between Ethnic Groups? Analysing Job Searches in Five Toronto Ethnic Groups*. Toronto: Centre of Excellence for Research on Immigration and Settlement. www. chass. utoronto. ca/ ~ wellman/publications/ ethnic14a/ooka-bw-uq-26feb03. PDF.

Ornstein, Michael. 1981. "The Occupational Mobility of Men in Ontario," *Canadian Review of Sociology and Anthropology* 18 (2): 181 – 215.

———. 1983. *Accounting for Gender Differentials in Job Income in Canada: Results from a 1981 Survey*. Ottawa: Minister of Supply and Services.

Osborne, John. 1991. " 'Non-preferred' People: Inter-war Ukrainian Immigration to Canada," in Lubomir Luciuk and Stella Hryniuk, eds, *Canada's Ukrainians: Negotiating an Identity*, 81 – 102. Toronto: University of Toronto Press.

Ostrovsky, Yuri. 2008. "Earnings Inequality and Earnings Instability of Immigrants in Canada. " Ottawa: Statistics Canada. Analytical Studies, Research Paper Series. Catalogue no. 11F0019M, No. 309. Park, Robert. 1914. "Racial Assimilation in Secondary Groups," *American Journal of Sociology* 607.

Parsons, Robert. 2005. "World: Muslims in the West—Young People Struggling To Cope With Social Exclusion, Deprivation, Discrimination (Part 2)." www. rferl. org/content/article/1061126. html.

Parsons, Talcott. 1991. *The Social System*. London: Routledge.

Pendakur, Krishna, 2005. "Visible Minorities in Canada's Workplaces: A Perspective on the 2017 Projection. " Research on Immigration and Integration in the Metropolis Working Paper no. 05-11. Vancouver: Vancouver Centre of Excellence.

————, and Ravi Pendakur. 1996. "Earnings Differentials among Ethnic Groups in Canada. " Ottawa: Strategic Research and Analysis, Department of Canadian Heritage.

Peritz, Ingrid. 2011. "Gatineau's Values Guide for Immigrants Stirs Controversy," *Globe and Mail*, December 4.

Persons, Stow. 1987. *Ethnic Studies at Chicago, 1905 – 45*. Urbana: University of Illinois Press.

Petryshyn, Jaroslav. 1991. "Sifton's Immigration Policy," in Lubomir Luciuk and Stella Hryniuk, eds, *Canada's Ukrainians: Negotiating an Identity*, 17 – 29. Toronto: University of Toronto Press.

Pettipas, Katherine. 1994. *Severing the Ties that Bind: Government Repression of Indigenous Ceremonies on the Prairies*. Winnipeg: University of Manitoba Press.

Phillips, Paul. 1967. *No Power Greater: A Century of Labour in BC*. Vancouver: BC Federation of Labour.

Picot, Garnett, and Feng Hou. 2011. *Divergent Trends in Citizenship Rates Among Immigrants in Canada and the United States*. Ottawa. Statistics Canada.

Pizarro, Marcos. 1998. "Chicana/o Power! Epistemology and Methodology for Social Justice and Empowerment in Chicana/o Communities," *Qualitative Studies in Education* 11 (1): 57 – 80.

Poirier, Agnes. 2009. "Britain Could Never Debate the Burka Like France," *Times Online*. www. timesonline. co. uk/tol/ comment/columnists/guest_contributors/article6565064. ece.

Poliakov, Leon. 1974. *The Aryan Myth*. New York: Basic Books.

Ponting, J. Rick. 1998. "Racism and Stereotyping of First Nations," in Vic Satzewich, ed., *Racism and Social Inequality in Canada: Concepts, Controversies and Strategies of Resistance*. Toronto: Thompson Educational Publishing.

———, and Roger Gibbins. 1980. *Out of Irrelevance: A Sociopolitical Introduction to Indian Affairs in Canada*. Scarborough: Butterworth.

Porter, John. 1965. *The Vertical Mosaic: An Analysis of Social Class and Power in Canada*. Toronto: University of Toronto Press.

———. 1985. "Canada: The Societal Context of Occupational Allocation," in Monica Boyd, John Goyder, Frank E. Jones, Hugh A. McRoberts, Peter C. Pineo, and John Porter, *Ascription and Achievement: Studies in Mobility and Status Attainment in Canada*, 29 – 65. Ottawa: Carleton University Press.

Portes, Alejandro. 1995. "Children of Immigrants: Segmented Assimilation and Its Determinants," in Alejandro Portes, ed., *The Economic Sociology of Immigration*. New York: Russell Sage Foundation.

———. 1999. "Conclusion: Towards a New World—The Origins and Effects of Transnational Activities," *Ethnic and Racial Studies* 22 (2): 463 – 77.

———, Luis Guarnizo, and Patricia Landolt. 1999. "The Study of Transnationalism: Pitfalls and Promise of an Emergent Research Field," *Ethnic and Racial Studies* 22 (2): 217 – 37.

———, and Min Zhou. 1993. "The New Second Generation: Segmented Assimilation and Its Variants among Post-1965 American Youth," *Annals of the American Academy of Political and Social Science* 530 (November): 74 – 96.

Poulantzas, Nicos. 1975. *Political Power and Social Classes*. London: New Left Books.

Pratt, Anna. 2005. *Securing Borders: Detention and Deportation in Canada*. Vancouver: University of British Columbia Press.

Preston, Valerie, Lucia Lo, and Shunguang Wang. 2003. "Immigrants' Economic Status in Toronto: Triumph and Disappointment," in Paul Anisef and Michael Lanphier, eds, *The World in a City*. Toronto: University of Toronto Press.

Principe, Angelo. 2000. "A Tangled Knot: Prelude to 10 June, 1940," in Franca Iacovetta et al., eds, *Enemies Within: Italian Canadians and Other Internees in Canada and Abroad*. Toronto: University of Toronto Press.

Quigly, Tim. 1994. "Some Issues in Sentencing of Aboriginal Offenders," in

Richard Goose et al., eds, *Continuing in Poundmaker and Riel's Quest*. Saskatoon: Purich Publishing.

Ralston, Helen. 1991. "Race, Class, Gender and Work Experience of South Asian Immigrant Women in Atlantic Canada," *Canadian Ethnic Studies* (23): 129 – 39.

Rankin, Jim, et al. 2002. "Singled Out: An Investigation into Race and Crime," *Toronto Star*, 26 October: A6.

Reis, Michele. 2004. "Theorizing Diaspora: Perspectives on ' Classical' and 'Contemporary' Diaspora," *International Migration* 42 (2): 41 – 60.

Reitz, Jeffrey G. 1980. *The Survival of Ethnic Groups*. Toronto: McGraw-Hill Ryerson.

———. 2001. "Immigrant Skill Utilization in the Canadian Labour Market: Implications of Human Capital Research," *Journal of International Migration and Integration* 2 (3): 347 – 78.

———. 1990. "Ethnic Concentrations in Labour Markets and their Implications for Ethnic Inequality", in Raymond Breton et al., eds, *Ethnic Identity and Inequality: Varieties of Experience in a Canadian City*. Toronto: University of Toronto Press.

———. 2008. "Tapping Immigrants' Skills," in Robert Brym, ed., *Society in Question*, 5th edn, 130 – 40. Toronto: Thomson Nelson.

———, and Raymond Breton. 1994. *The Illusion of Difference: Realities of Ethnicity in Canada and the United States*. Toronto: C. D. Howe Institute.

Richards, John. 1995. "A Comment," in Helmar Drost, Brian Lee Crowley, and Richard Schwindt, eds, *Market Solutions for Native Poverty*. Toronto: C. D. Howe Institute.

Richmond, Anthony. 1967. *Post-war Immigrants in Canada*. Toronto: University of Toronto Press.

Rivera-Batiz, Francisco. 2000. "Underground on American Soil: Undocumented Workers and US Immigration Policy," *Journal of International Affairs* 53 (2): 485 – 501.

Roberts, Barbara. 1988. *Whence They Came: Deportation from Canada 1900 – 1935*. Ottawa: University of Ottawa Press.

Roberts, Bryan, Beanne Frank, and Fernando Lozano-Acencio. 1999. "Transnational Migrant Communities and Mexican Migration to the US," *Ethnic and Racial Studies* 22 (2): 238 – 66.

Roberts, Lance, and Rodney Clifton. 1982. "Exploring the Ideology of Canadian Multiculturalism," *Canadian Public Policy* 8 (1): 88 – 94.

Rodriguez, Nestor. 1999. "U. S. Immigration and Changing Relations between African Americans and Latinos," in Charles Hirschman et al., eds, *The Handbook of International Migration: The American Experience*. New York: Russell Sage Foundation.

Roediger, David. 1991. *The Wages of Whiteness*. New York: Verso.

Rosen, Bernard C. 1956. "The Achievement Syndrome: A Psychocultural Dimension of Social Stratification," *American Sociological Review* 21: 203 – 11.

———. 1959. "Race, Ethnicity, and the Achievement Syndrome," *American Sociological Review* 24: 47 – 60.

Rosen, Jeffrey, and Charles Lane. 1995. "The Sources of the Bell Curve," in Steven Fraser, ed., *The Bell Curve Wars: Race, Intelligence and the Future of America*. New York: Basic Books.

Roy, Patricia. 1989. *A White Man's Province: British Columbia Politicians and Chinese and Japanese Immigrants, 1858 – 1914*. Vancouver: University of British Columbia Press.

Royal Commission on Aboriginal Peoples. 1996a. *Bridging the Cultural Divide: A Report on Aboriginal People and Criminal Justice in Canada*. Ottawa: Supply and Services Canada.

———. 1996b. *Report, Volume 1: Looking Forward, Looking Back*. Ottawa: Supply and Services Canada.

Royal Commission on Bilingualism and Biculturalism. 1969. *Report*. Vol. 3a. Ottawa: Queen's Printer.

Royal Commission on Equality in Employment. 1984. *Report*. Ottawa: Supply and Services Canada.

Ruck, Martin, and Scot Wortley. 2002. "Racial and Ethnic Minority Students: Perceptions of School Disciplinary Practices: A Look at Some Canadian Findings," *Journal of Youth and Adolescence* 31 (3): 185 – 95.

Rudin, Ronald. 1993. "English-speaking Quebec: The Emergence of a Disillusioned Minority," in Alain-G. Gagnon, ed., *Québec: State and Society*, 2nd edn. Toronto: Nelson Canada.

Rushton, J. Philippe. 1988. "Race Differences in Behaviour: A Review and Evolutionary Analysis," *Personality and Individual Differences* 9: 1009 – 24.

———, and A. Bogaert. 1987. "Race Differences in Sexual Behavior: Testing an Evolutionary Hypothesis," *Journal of Research in Personality* 21: 529 – 51.

Safran, William. 1991. "Diasporas in Modern Societies: Myths of Homeland and Return," *Diaspora* 1 (1): 83 – 99.

Said, Edward W. 1978. *Orientalism.* New York: Pantheon.

Sanchez, George. 1999. "Face the Nation: Race, Immigration and the Rise of Nativism in Late Twentieth-century America," in Charles Hirschman et al., eds, *The Handbook of International Migration: The American Experience.* New York: Russell Sage Foundation.

Satzewich, Vic. 1989. "Racisms: The Reactions to Chinese Migrants in Canada at the Turn of the Century," *International Sociology* 4 (3): 311 – 27.

———. 1991. *Racism and the Incorporation of Foreign Labour: Farm Labour Migration to Canada since 1945.* London: Routledge.

———, ed. 1998a. *Racism and Social Inequality in Canada: Concepts, Controversies and Strategies of Resistance.* Toronto: Thompson Educational Publishing.

———. 1998b. "Race, Racism and Racialization: Contested Concepts," in Vic Satzewich, ed., *Racism and Social Inequality in Canada: Concepts, Controversies and Strategies of Resistance.* Toronto: Thompson Educational Publishing.

———. 1999. "The Political Economy of Race and Ethnicity," in Peter Li, ed., *Race and Ethnic Relations in Canada*, 2nd edn, 311 – 46. Toronto: Oxford University Press.

———. 2000. "Whiteness Limited: Racialization and the Social Construction of 'Peripheral Europeans'," *Histoire sociale/ Social History* 32 (66): 271 – 90.

———. 2002. *The Ukrainian Diaspora.* London: Routledge.

———. 2006. "The Economic Rights of Migrant and Immigrant Workers in Canada and the United States," in Rhoda Howard-Hassmann and Claude Welch, eds, *Economic Rights in Canada and the United States.* Philadelphia: University of Pennsylvania Press.

————. 2007. "Whiteness Studies: Race, Diversity and the New Essentialism," in Sean Hier and B. Singh Bolaria, eds, *Race & Racism in 21st Century Canada: Continuity, Complexity and Change*. Peterborough: Broadview Press.

————, and Linda Mahood. 1994. "Indian Affairs and Band Governance: Deposing Indian Chiefs in Western Canada," *Canadian Ethnic Studies* 26 (1): 40 – 58.

————, and Lloyd Wong. 2003. "Immigration, Ethnicity, and Race: The Transformation of Transnationalism, Localism, and Identities," in Wallace Clement and Leah Vosko, eds, *Changing Canada: Political Economy as Transformation*. Montreal and Kingston: McGill-Queen's University Press.

————, and ————, eds. 2006. *Transnational Communities in Canada*. Vancouver: University of British Columbia Press.

————, and Terry Wotherspoon. 2000. *First Nations: Race, Class and Gender Relations*. Regina: Canadian Plains Research Centre.

Schissel, Bernard, and Terry Wotherspoon. 2003. *The Legacy of School for Aboriginal People: Education, Oppression and Emancipation*. Toronto: Oxford University Press.

Schoenfeld, Stewart, William Shaffir, and Morton Weinfeld. 2006. "Canadian Jewry and Transnationalism: Israel, Anti-Semitism and the Jewish Diaspora," in Vic Satzewich and Lloyd Wong, eds, *Transnational Identities and Practices in Canada*. Vancouver: University of British Columbia Press.

Sharma, Nandita. 2001. "On Being not Canadian: The Social Organization of 'Migrant Workers' in Canada," *Canadian Review of Sociology and Anthropology* 38 (4): 415 – 39.

————. 2006. *Home Economics: Nationalism and the Making of "Migrant Workers" in Canada*. Toronto: University of Toronto Press.

Sheffer, Gabriel. 2003. *Diaspora Politics: At Home Abroad*. Cambridge: Cambridge University Press.

Shepard, R. Bruce. 1991. "Plain Racism: The Reaction against Oklahoma Black Immigration to the Canadian Plains," in Ormond McKague, ed., *Racism in Canada*. Saskatoon: Fifth House Publishers.

Shull, Steven. 1993. *A Kinder, Gentler Racism? The Reagan – Bush Civil Rights Legacy*. Armonk, NY: M. E. Sharpe.

Siegfried, André. 1966. *The Race Question in Canada*. Toronto: McClelland and Stewart.

Silman, Janet. 1987. *Enough is Enough: Aboriginal Women Speak Out*. Toronto: The Women's Press.

Simmons, Alan. 1998. "Racism and Immigration Policy," in Vic Satzewich, ed., *Racism and Social Inequality in Canada: Concepts, Controversies and Strategies of Resistance*. Toronto: Thompson Educational Publishing.

————, and Dwaine Plaza. 2006. "The Caribbean Community in Canada: Transnational Connections and Transformations," in Vic Satzewich and Lloyd Wong, eds, *Transnational Identities and Practices in Canada*. Vancouver: University of British Columbia Press.

Small, Steven. 1994. *Racialized Barriers: The Black Experience in the United States and England*. New York: Routledge.

Smith, Graham. 1999. "Transnational Politics and the Politics of the Russian Diaspora," *Ethnic and Racial Studies* 22 (2): 500 – 23.

Soave Strategy Group. 2006. *The Impact of Undocumented Workers on the Residential Construction Industry in the Greater Toronto Area*. Toronto: Labourers' International Union of North America.

Solomos, John. 1986. "Varieties of Marxist conceptions of 'Race,' Class and the State: a Critical Analysis," in John Rex and David Mason, eds, *Theories of Race and Ethnic Relations*. London: Cambridge University Press.

Solomon, R. Patrick, and Howard Palmer. 2004. "Schooling in Babylon, Babylon in School: When Racial Profiling and Zero Tolerance Converge," *Canadian Journal of Educational Administration and Policy* 33: 1 – 16.

Sowell, Thomas. 1989. "Affirmative Action: A Worldwide Disaster," *Commentary* 12: 21 – 41.

Soysal, Yasmeen N. 2000. "Citizenship and Identity: Living in Diasporas in Postwar Europe?," *Ethnic and Racial Studies* 23 (1): 1 – 15.

Spener, David. 2001. "Smuggling Migrants through South Texas: Challenges Posed by Operation Rio Grande," in David Kyle and Rey Koslowski, eds, *Global Human Smuggling: Comparative Perspectives*. Baltimore: Johns Hopkins University Press.

Srivastava, Sarita. 2007. "Troubles with 'AntiRacist Multiculturalism': The

Challenges of Anti-Racist and Feminist Activism," in S. Hier and B. Singh Bolaria, eds, *Race and Racism in 21st Century Canada: Continuity, Complexity, and Change*. Peterborough: Broadview Press.

St. Germain, Jill. 2001. *Indian Treaty Making Policy in the United States and Canada, 1867 – 1877*. Toronto: University of Toronto Press.

Stalker, Peter. 2000. *Workers without Frontiers—The Impact of Globalisation on International Migration*. Geneva: International Labour Organization.

Stasiulis, Daiva. 1980. "The Political Structuring of Ethnic Community Action," *Canadian Ethnic Studies* 12 (3): 19 – 44.

———. 1990. "Theorizing Connections: Gender, Race, Ethnicity, and Class," in Peter Li, ed., *Race and Ethnic Relations in Canada*, 269 – 305. Toronto: Oxford University Press.

———. 1999. "Feminist Intersectional Theorizing," in Peter Li, ed., *Race and Ethnic Relations in Canada*, 2nd edn, 347 – 97. Toronto: Oxford University Press.

———, and Abigail Bakan. 2005. *Negotiating Citizenship: Migrant Women in Canada and the Global System*. Toronto: University of Toronto Press.

Statistics Canada. 1996. "Public Use Microdata File on Individuals – User Documentation."

———. 2003. *Ethnic Diversity Survey*. Ottawa: Supply and Services Canada.

———. 2003. *Ethnic Diversity Survey: Portrait of a Multicultural Society*. Ottawa: Statistics Canada.

———. 2006. Census of Population. Stevenson, Garth. 2005. "Remarks." Panel discussion of the Institute of Intergovernmental Relations, Department of Political Science, Brock University, St Catharines, 14 May.

Stoffman, Daniel. 2002. *Who Gets In: What's Wrong with Canada's Immigration Program— And How To Fix It*. Toronto: Macfarlane Walter and Ross.

Sugiman, Pamela. 2006. "Unmaking a Transnational Community: Japanese Canadian Families in Wartime Canada," in Vic Satzewich and Lloyd Wong, eds, *Transnational Identities and Practices in Canada*. Vancouver: University of British Columbia Press.

Synnott, Anthony, and David Howes. 1996. "Canada's Visible Minorities: Identity and Representation," in V. Amit-Talai and C. Knowles, eds, *Re-situating*

Identities: The Politics of Race, Ethnicity and Culture. Peterborough: Broadview Press.

Taguieff, Pierre-Andre. 1999. "The New Cultural Racism in France," in Martin Bulmer and John Solomos, eds, *Racism.* Oxford: Oxford University Press.

Tatla, Darshan Singh. 1999. *The Sikh Diaspora: The Search for Statehood.* Seattle: University of Washington Press.

Tepperman, Lorne. 1975. *Social Mobility in Canada.* Toronto: McGraw-Hill Ryerson.

Thatcher, Richard. 2004. *Fighting Firewater Fictions: Moving Beyond the Disease Model of Alcoholism in First Nations.* Toronto: University of Toronto Press.

Thomas, William, and Florian Znaniecki. 1920. *The Polish Peasant in Europe and America.* Boston: Gorham Press.

Thompson, Leonard. 1985. *The Political Mythology of Apartheid.* New Haven: Yale University Press.

Titley, Brian. 1986. *A Narrow Vision: Duncan Campbell Scott and the Administration of Indian Affairs in Canada.* Vancouver: University of British Columbia Press. *Toronto Star.* 2005. "Cast Aside by France." 10 November.

———. 2007. "Election Chief Stands Firm on Veil Rules." 10 September.

Ujimoto, Victor. 1999. "Studies of Ethnic Identity, Ethnic Relations, and Citizenship," in Peter Li, ed., *Race and Ethnic Relations in Canada*, 2nd edn, 253 – 90. Toronto: Oxford University Press.

US Government Accounting Office. 1990. *Immigration Reform: Employer Sanctions and the Question of Discrimination*, Report to Congress. Washington: United States Government Accounting Office.

Valentine, Charles. 1968. *Culture and Poverty.* Chicago: University of Chicago Press.

Valpy, Michael. 2005. "As Riots Rage across France, Troubling Parallels Emerge among Children of Canada's Visible Minority Youth," *The Globe and Mail*, 12 November: A1, A5.

———. 2006. "Westerners Face Up to Their Fear of the Veil," *The Globe and Mail*, 23 October: A16.

van den Berghe, Pierre. 1981. *The Ethnic Phenomenon.* New York: Elsevier.

———. 1986. "Ethnicity and the Sociobiology Debate," in J. Rex and D. Mason, eds, *Theories of Race and Ethnic Relations*. Cambridge: Cambridge University Press.

Van Hear, Nicholas. 1998. *New Diasporas: The Mass Exodus, Dispersal and Regrouping of Migrant Communities*. Seattle: University of Washington Press.

Vernon, Philip. 1984. "Abilities and Achievement of Ethnic Groups in Canada with Special Reference to Canadian Natives and Orientals," in R. J. Samuda et al., eds, *Multiculturalism in Canada*, 382 – 95. Boston: Allyn and Bacon.

Vertovec, Stephen. 1999. "Conceiving and Researching Transnationalism," *Ethnic and Racial Studies* 22 (2): 447 – 62.

Vlassis, George Demetrios. 1942. *The Greeks in Canada*. Ottawa.

Voyageur, Cora. 2008. *Firekeepers of the Twenty-First Century: First Nations Women Chiefs*. Montreal and Kingston: McGillQueen's University Press.

Voyer, JeanPierre. 2004. "Foreword to Special Issue on the Role of Social Capital in Immigrant Integration," *Journal of International Migration and Integration* 5 (2): 159 – 64.

Wagley, Charles, and Marvin Harris. 1959. *Minorities in the New World*. New York: Columbia University Press.

Wahlsten, Douglas. 1997. "The Malleability of Intelligence is Not Constrained by Heritability," in Bernie Devlin et al., eds, *Intelligence, Genes and Success: Scientists Respond to The Bell Curve*. New York: Springer-Verlag.

Waldram, James, Ann Herring, and T. Kue Young. 1995. *Aboriginal Health in Canada: Historical, Cultural and Epidemiological Perspectives*. Toronto: University of Toronto Press.

Wallerstein, Immanuel. 1974. *The Modern World-System I*. New York: Academic Press.

———. 1979. *The Capitalist World Economy*. London: Cambridge University Press.

Warburton, Rennie. 2007. "Canada's Multicultural Policy: A Critical Realist Narrative," in S. Hier and B. Singh Bolaria, eds, *Race and Racism in 21st Century Canada: Continuity, Complexity, and Change*. Peterborough: Broadview Press.

Ward, Peter. 2002. *White Canada Forever: Popular Attitudes and Public Policy towards Orientals in British Columbia*, 3rd edn. Montreal and Kingston: McGill-

Queen's University Press.

Waters, Mary C. 2000. *Black Identities: West Indian Dreams and American Realities*. Cambridge: Harvard University Press.

Wayland, Sarah. 2006. "The Politics of Transnationalism: Comparative Perspectives," in Vic Satzewich and Lloyd Wong, eds, *Transnational Identities and Practices in Canada*. Vancouver: University of British Columbia Press.

Weber, Max. 1958. *The Protestant Ethic and the Spirit of Capitalism*. New York: Scribner.

——. 1978. *Economy and Society*, Vol. I and II, Guenther Roth and Claus Wittich, eds. Berkeley: University of California Press.

Webster, Yehudi. 1994. *The Racialization of America*. London: Palgrave Macmillan.

Weinfeld, Morton. 1988. "Ethnic and Race Relations," in James Curtis and Lorne Tepperman, eds, *Understanding Canadian Society*, 587 –616. Toronto: McGraw-Hill Ryerson.

——, 2001. *Like Everyone Else ... But Different: The Paradoxical Success of Canadian Jews*. Toronto: McClelland and Stewart.

Weissbrodt, David. 1999. "Comprehensive Examination of Thematic Issues Relating to the Elimination of Racial Discrimination. " Working paper, Sub-Commission on Prevention of Discrimination and Protection of Minorities. Geneva: United Nations Commission on Human Rights.

Welsh, Jennifer. 2011. "Our Overlooked Diaspora," *Literary Review of Canada*. March. Wente, Margaret. 2009. "Ban the Burka? No, but ...," *Globe and Mail*. www. theglobe andmail. com/news/opinions/bantheburka-no-but/article1195738/.

West, Cornell. 1993. *Keeping Faith: Philosophy and Race in America*. London: Routledge.

Whitaker, Reginald. 1993. "From the Quebec Cauldron to the Canadian Cauldron," in Alain-G. Gagnon, ed., *Québec: State and Society*, 2nd edn. Toronto: Nelson Canada.

Widdowson, Frances, and Albert Howard. 2008. *Disrobing the Aboriginal Industry: The Deception Behind Indigenous Cultural Preservation*. Montreal and Kingston: McGill-Queen's University Press.

Williams, Cara. 2008. *Women in Canada: A Gender Based Statistical Report*. Ottawa: Statistics Canada.

Winland, Daphne. 1998. "Our Home and Native Land? Canadian Ethnic Scholarship and the Challenge of Transnationalism," *Canadian Review of Sociology and Anthropology* 35 (4): 555 –77.

———. 2006. "Raising the Iron Curtain: Transnationalism and the Croatian Diaspora since the Collapse of 1989," in Vic Satzewich and Lloyd Wong, eds, *Transnational Identities and Practices in Canada*. Vancouver: University of British Columbia Press.

Winn, Conrad. 1985. "Affirmative Action and Visible Minorities: Eight Premises in Quest of Evidence," *Canadian Public Policy* 11 (4): 684 – 700.

———. 1988. "The Socio-economic Attainment of Visible Minorities: Facts and Policy Implications," in James Curtis, Edward Grabb, Neil Guppy, and Sid Gilbert, eds, *Social Inequality in Canada: Patterns, Problems, Policies*, 195 – 213. Scarborough: Prentice Hall Canada.

Wong, Lloyd, and Connie Ho. 2006. "Chinese Transnationalism: Class and Capital Flows," in Vic Satzewich and Lloyd Wong, eds, *Transnational Identities and Practices in Canada*. Vancouver: University of British Columbia Press.

———, and Nancy Netting. 1992. "Business Immigration to Canada: Social Impact and Racism," in Vic Satzewich, ed., *Deconstructing a Nation: Immigration, Multiculturalism and Racism in '90s Canada*. Halifax: Fernwood Press.

———, and Vic Satzewich. 2006. "Introduction: The Meaning and Significance of Transnationalism," in Vic Satzewich and Lloyd Wong, eds, *Transnational Identities and Practices in Canada*. Vancouver: University of British Columbia Press.

Woodsworth, J. S. 1972. *Strangers Within our Gates: Or Coming Canadians*. Toronto: University of Toronto Press.

Wortley, Scot. 2005. *Bias Free Policing: The Kingston Data Collection Project, Preliminary Results*. Toronto: Centre of Excellence for Research on Immigration and Settlement.

———, and Julian Tanner. 2003. "Data, Denials and Confusion: The Racial Profiling Debate in Toronto," *Canadian Journal of Criminology and Criminal Justice* 45 (3): 1 – 9.

Wright, Erik Olin. 1983. *Class, Crisis and the State*, 2nd impression. London: Verso.

Zhou, Min. 1999. "Segmented Assimilation: Issues, Controversies and Recent Research on the New Second Generation," in Charles Hirschman et al., eds, *The Handbook of International Migration: The American Experience*. New York: Russell Sage Foundation.